公共行政与公共管理
经　典　译　丛

“十三五”国家重点出版物出版规划项目

PUBLIC ADMINISTRATION AND PUBLIC MANAGEMENT CLASSICS

公共行政与公共管理经典译丛

# 公共行政的语言

## 官僚制、现代性和后现代性

（中文修订版）

[美] 戴维·约翰·法默尔（David John Farmer）/ 著

吴琼 / 译

# THE LANGUAGE OF PUBLIC ADMINISTRATION

## BUREAUCRACY, MODERNITY, AND POSTMODERNITY

中国人民大学出版社

·北京·

# “公共行政与公共管理经典译丛”
# 编辑委员会

# 总　序

在当今社会，政府行政体系与市场体系成为控制社会、影响社会的最大的两股力量。理论研究和实践经验表明，政府公共行政与公共管理体系在创造和提升国家竞争优势方面具有不可替代的作用。一个民主的、负责任的、有能力的、高效率的、透明的政府行政管理体系，无论是对经济的发展还是对整个社会的可持续发展都是不可或缺的。

公共行政与公共管理作为一门学科，诞生于20世纪初发达的资本主义国家，现已有上百年的历史。在中国，公共行政与公共管理仍是一个正在发展中的新兴学科，公共行政与公共管理的教育也处在探索和发展阶段。我国公共行政与公共管理教育和学科的发展与繁荣，固然取决于多方面的努力，但一个重要的方面在于，我们要以开放的态度，了解、研究、学习和借鉴国外发达国家研究和实践的成果。另一方面，我国正在进行大规模的政府行政改革，致力于建立与社会主义市场经济相适应的公共行政与公共管理体制，这同样需要了解、研究、学习和借鉴发达国家在公共行政与公共管理方面的经验和教训。因此，无论是从我国公共行政与公共管理教育发展和学科建设的需要来看，还是从我国政府改革实践层面的需要来看，全面系统地引进公共行政与公共管理经典著作都是时代赋予我们的职责。

出于上述几方面的考虑，我们于世纪之交开启了大型丛书“公共行政与公共管理经典译丛”的翻译出版工作。自2001年9月本译丛首部著作《公共管理导论》出版以来，十几年间出版著作逾百种，影响了国内公共行政与公共管理领域无数的学习者和研究者，也得到了学界的广泛认可，先后被评为“十五”“十一五”“十二五”“十三五”国家重点图书出版规划项目，成为国内公共行政与公共管理出版领域的知名品牌。

本译丛主要选取国际公共行政与公共管理学界代表性人物的代表性作品，并持续介绍学科发展的最新研究成果。总的来看，本译丛体现了三个特点：第一，系统性，基本涵盖了公共行政与公共管理学科的主要研究领域。第二，权威性，所选著作均是国外公共行政与公共管理大师或极具影响力的学者的代表作。第三，前沿性，反映了公共行政与公共管理研究领域最新的理论和学术主张。

在半个多世纪以前，公共行政大师罗伯特·达尔（Robert Dahl）在《公共行政学的三个问题》中曾这样讲道：“从某一个国家的行政环境归纳出来的概论，不能立刻予以普遍化，或应用到另一个不同环境的行政管理上去。一个理论是否适用于另一个不同的场合，必须先把那个特殊场合加以研究之后才可以判定。”的确，在公共行政与公共管理领域，事实上并不存在放之四海而皆准的行政准则。立足于对中国特殊行政生态的了解，以开放的思想对待国际的经验，通过比较、鉴别和有选择的吸收，来发展中国自己的公共行政与公共管理理论，并积极致力于实践，探索具有中国特色的公共行政体制与公共管理模式，是中国公共行政与公共管理学科发展的现实选择。

本译丛的组织策划工作始于1999年底，我们成立了由国内外数十位知名专家学者组成的编辑委员会。当年10月，美国公共行政学会时任会长，同时也是本译丛编委的马克·霍哲教授访问中国行政管理学会，两国学会签署了交流合作协议，其中一项协议就是美国公共行政与公共管理领域著作在中国的翻译出版。2001年，中国行政管理学会时任会长郭济先生率团参加美国公共行政学会第61届年会，其间，两国学会签署了新的合作协议，并再次提及已经启动的美国公共行政与公共管理领域知名学者代表作品在中国的翻译出版。可以说，本译丛是中美两国行政管理（公共行政）学会与公共管理学术界的交流合作在新阶段的重要成果。

在译丛的组织策划和翻译出版过程中，中国人民大学政府管理与改革研究中心、国务院发展研究中心东方公共管理综合研究所给予了大力的支持和帮助。我国的一些留美学者和国内外有关方面的专家学者参与了外文原著的推荐工作。中国人民大学、北京大学、清华大学、中山大学、复旦大学、厦门大学、武汉大学等高校许多该领域的专家学者参与了本译丛的翻译工作。在此，谨向他们表示敬意和衷心的感谢。

**“公共行政与公共管理经典译丛”编辑委员会**

# 译者前言



在这本书的翻译过程中，我时常为一个问题所纠缠：公共行政的实践者和研究者们需要法默尔这样的理论反思吗？或者说，这样的反思究竟能给予他们什么样的东西？再或者说，这样的一种反思究竟是为了什么？如果说一本公共行政的著作，其中既没有传统意义上的公共行政的主题，也没有一个严格的公共行政研究的理论框架，那作者究竟想要做什么？我想，从这本书的题目入手，去探寻作者的写作意图，也许可以为我们找到一个进入这本书的门径。

"公共行政的语言"，这个标题的两个概念都需要加以说明："公共行政"，在此既指公共行政的理论或研究——我们通常称之为公共行政学的东西，也包括公共行政的实践或现象——我们通常称之为公共行政的"事实"。一般地，我们认为，公共行政的理论和公共行政的事实，尽管不能说是完全一一对应的，但至少是可以相互指涉的，理论的认识论构成总是与事实的现实构成有着某种可辨识的对应关系，前者是对后者的某种认识和反映，是对后者的一种言说。可在法默尔这里，"公共行政的语言"并不单一地指公共行政学的这种言说，在他看来，公共行政理论也好，公共行政事实也好，都是一种语言，都是一种言说方式。为什么这么讲呢？这与他所理解的"语言"概念有关。

语言这个东西，在日常的意义上，指的是一种言谈工具或言谈方式；在现代，尤其是现代主义的哲学和艺术中，它还与一种生存论意义上的存在方式联系在一起，与生存之意义的呈现和固持联系在一起，所谓语言是存在之家，是人的诗意的栖居，说的就是这个意思；可是，在20世纪结构主义语言学的语境之下，语言既不只是一种交流手段，也不只是意义的呈现，而是一种结构性的力量，是构建我们的世界观、我们的存在甚至我们的言谈本身的不可见的手。语言是一种规约，因为这种规约，我们才能够言说，才能够交流，才能够构建出一个公共行政的世界。因此，不是我们用语言来描述一个公共行政的世界，而是因为语言我们才能够描述这个世界，是因为语言我们的公共行政的世界才被描述为如此这般。这也就是说，我们所谓的公共行政的事实和公共行政的理论，实际上都是由语言或语言规约建构出来的，而不是先在地给定的。比如，在我们的公共行政的世界里，效率被视作一个理所当然的存在，其在实践和理论中都具有核心的地位，并构成了公共行政的一种语言，可是在另一种公共行政的世界，例如前现代时期的许多地方，我们就看不到这个东西。法默尔所谓的公共行政的语言就是在这个意义上说的。确切地讲，所谓公共行政的语言，不是指理论对事实的某种言说或反映，而是指我们在实践的运作和理论的反思中所运用的基本框架或范式。也就是说，他所关注的不是公共行政的事实或理论是什么，而是它们何以如此。

进而，法默尔的“公共行政的语言”还隐含着一层意思，那就是：对何以如此这一问题的回答其实也就是对构建公共行政的事实和理论的那一基本框架的反思，而这也就意味着其对这一基本框架的思考同样不能停留在“是什么”的问题上，而是必须用反思的视角进入其结构的深层，去探究这一基本框架实施构建的运作机制，法默尔将这称为“反思性的语言范式”。因此，所谓“公共行政的语言”，其实是对反思的反思，是关于语言的语言、关于范式的范式。从这个意义上，我们可以说，法默尔的思考带有元理论的意味——如果我们可以不把这个“元”（meta-）理解作“形而上”的意思的话。

除了“公共行政的语言”这一正标题之外，本书还有一个副标题：“官僚制、现代性和后现代性”。在此，“官僚制”显然是作者切入已有的公共行政事实和理论的一个平台或角度。也许通晓公共行政事实和理论的历史的读者会对这一平台或角度的普适性提出怀疑，因为自20世纪下半叶以来，以各种“再造”或“重塑”的名义出现的新公共管理的运动正是反官僚制的。但是，以一种后现代的视角看来，所谓的“反”官僚制，其实也就意味着官僚制正是它的参照，意味着“反”仍是由那一被反者所建构，甚至可以说，没有官僚制，那一反官僚制也是不可能的。

至于“现代性”和“后现代性”，正是作者依据公共行政发展的历史语境所选择的两个基本的语言范式或构建框架。在此，这两个术语的运用都是广义上的，它们既指谓着现代主义或后现代主义的公共行政，也指谓着构建这两种公共行政世界的语言范式，还指谓着形成这一范式的基本思维结构以及文化语境和基本的心灵框架。作者对公共行政的语言的考察，实际上就是以现代性和后现代性这两个视角来思考公共行政的事实和理论作为社会构成物的生产机制，亦即我们如何在现代主义和后现代主义的框架内来构建我们的公共行政的世界，这种构建的矛盾和盲点何在。

在法默尔看来，现代主义和后现代主义乃是我们看待公共行政的两个基本视角或基本的语言范式。在现代主义的视角中，公共行政被建构为一种科学、一种技术、一种企业、一种阐释，而在后现代主义的视角中，公共行政欲通过对想象、解构、非地域化和他在性的强调来掀起一场变革官僚制的革命；在现代主义的视角中，公共行政寻求的是科学性、客观性、效率和确定的意义，而在后现代主义的视角中，公共行政的世界为超现实的形象所淹没，所有的意义都遭到解构，所有的边界都被瓦解，行政为反行政所取代；在现代主义的视角中，那些建构之所以可能，乃是基于人与组织的理性化和主体的中心化，是基于笛卡儿主义的心灵模式，而在后现代主义的视角中，那些解构之所以可能，乃是基于主体的离心化和世界的图像化，是基于福柯式的自我的伦理学革命。

法默尔说，他之所以要提出一种反思性的语言范式，目的是使理论家和实践者摆脱对公共官僚制做单向的和歪曲的理解，使公共行政的研究和实践重新焕发出活力。也就是说，他的目的并不是要提出一个替代的理论框架来对公共行政的实践和理论加以解释，而主要是为了激发我们对公共行政的不同思考，避免在单一的视角中将理论和事实物化，陷入逻辑上不可避免的矛盾和盲点。而这将意味着作者必须与其研究对象保持一种解释学的张力关系，以一种审慎的、批判的反思性语言在各个视角的内部和外部游走，像释梦的精神分析学家那样在各种言说的意识表层捕捉无意识的征候，寻找语言的逻辑缝隙，以此来改造我们的思维惯性。

虽然名为“公共行政的语言”，而实际上，作者更多的是在考察现代性和后现代性的各种话语。理论文本的旁征博引、阅读技术的另辟蹊径、思维运作的来回跳跃，使得这本书带有强烈的探险色彩。但是，我也怀疑，究竟有多少公共行政的实践者和研究者会对这样的探险感兴趣，毕竟，探险与这个行当的心灵模式似乎有比较大的隔膜。

虽然法默尔并没有公开宣称自己是后现代主义者，但是显然，后现代主义乃是这本书写作的基本文化语境，在这一语境中，学术研究的一个重要特征就是要打破传统的学科边界的封闭性，以图在多学科、多视角的交织中保持思考的张力。法默尔的这本书在这个方面有重要的尝试。例如，他的反思性语言范式其实就是结合了解释学和解构哲学的一种阅读运作。但是，另一方面，我们也应该看到，作者的这种思维历险有太多炫技之嫌，尤其是其对解释学和解构哲学的理解有太多可疑之处——虽然这两者都反对文本只有唯一一种正确的解释，但它们也决然不会认同一种完全主观的误读。

和众多后现代的写作一样，法默尔的这本书也算得上是对读者的智力和耐心的一个考验。大量的穿插引述、论题的突然引入和突然离开、众多视角的相互交织、各种学术话语的混杂，以及佶屈聱牙的文风和不加解释的新造词的使用，使得这本书很难让人有阅读的快感。当然，这一切首先是对译者的考验，尤其是对一个公共行政学的门外汉而言。为此，在翻译过程中，为保持语意的通顺，在必要的时候，我尽量在不损害原意的前提下做了一些添加，虽是竭力为之，但不尽如人意处甚多。

其实，我对公共行政一直有一种矛盾的心理，一方面是对公共行政事务的先天反感，尤其是对中国的公共行政实践者先天地怀有一种坏人假设；而另一方面又对它有一种学术上的兴趣，总希望能在理论上弄清楚公共行政这一特殊的人类行为之于我们的真正意义。我不知道，中国的公共行政研究者是怎么看待我们的公共行政事实的，什么时候我们也可以在积极的解构意义上来做一做“重塑”呢？

在此，我要感谢刘晶女士对我的信任，同她合作是一种快乐，可以说，这种快乐是我接受这个翻译任务的唯一理由。

吴 琼

献给

美国政府

和纽约市

献给

R. L. F. 以及 E.，G.，M.，和 D.

# 前言



我们对官僚制的实际问题的处理总是受到主流公共行政思考 ix
那有限的自我认识和受限制的心灵模式的妨碍。现代主义公共行政理论尽管有其价值，且有能力产生出可能更为引人注目的成果，但其作为一种解决公共官僚制的本质、规模、范围和功能等基本问题和把公共官僚制转变为一种更积极的因素的解释性力量与激发力量，仍是有局限的。

本书的研究旨在为公共行政的思考提出一种反思性的语言范式，这一范式可从现代和后现代的视角来对公共行政加以观照。一个重要的发现就是，现代主义的公共行政理论（它把公共行政看作一种科学，看作一种技术，看作一种企业，看作一种阐释）正步履蹒跚地走向其尽头。这一处境因学科本身范围的限制而有所加剧。本研究想说明，后现代视角如何是有关公共官僚制的思考的一次革命，我们将通过考察想象、解构、非地域化和他在性来探究这一视角。公共行政的这一语言——不同于其现代主义的表现形式——不会遇到死胡同。

本研究表明，公共行政学科兴趣的特征和范围还有待拓宽。它还表明，公共行政的研究和话语可通过加强实际问题与哲学视角的联系而获得更长远和更根本的收益。例如，该研究将说明，对我们的理论框架影响力的认识可使理论家和实践者摆脱对公共官僚制作单向的和歪曲的理解。它还将说明，公共行政的研究和实践如何才能重新焕发出活力。

## 鸣　谢

写作任何一部严肃的公共行政著作，都应重复一句话，即首先要感谢那些让作者获益的实践者和思考者。尽管有许多针对公共雇员的讥刺和批评，但在我看来，
X 公共服务显然是一个值得一做的职业。我为自己曾经是一位公共行政者而自豪，因而我把这本书衷心地题献给两位前雇主。为像纽约市和美国政府这样的雇主工作，不获得一些洞识，不经历一些创痛，不留下许多美好的回忆，是难以想象的。我就从这一实践者的语境中学到了有关公共行政理论的许多东西。

我还要感谢那些对本书做出评论的人。感谢我在弗吉尼亚州立大学政治科学与公共行政系的同事们给予我的各种反馈意见，尤其是利·格罗斯尼克（Leigh E. Grosenick）和阿明·阿里马德（Amin Alimard）的辛苦付出。感谢我前任的系主任劳瑞恩·L. 亨利（Laurin L. Henry），有几年他和我一起给一个博士研讨班讲授行政理论。还有社会工作荣誉教授汉斯·S. 法尔克（Hans S. Falck）。我还要感谢出版者挑选的两位匿名评论人。感谢马尔科姆·麦克唐纳（Malcolm M. MacDonald）、凯瑟琳·斯万（Kathleen Swain）和亚拉巴马大学出版社优秀的编辑人员。感谢我的内当家罗斯玛丽·L. 法默尔（Rosemary L. Farmer）。当然，由本书引起的任何误解和误会，责任皆在作者。

公共行政理论的文献及相关文献浩如烟海。像这样的一本书总力图涉及这些文献的相关部分。这让我想起索尔兹伯利的约翰（John）在《逻辑学讲解》（*The Metalogicon*）中的一句话："夏特尔的伯纳德（Bernard）常常说我们像是站在巨人肩上的矮子。他指出，我们看到比我们的前辈更多、更远的事物，并非我们视力更好或身材更高，而是因为巨人的抬举，他们的崇高增加了我们的高度。"感谢下列出版机构允许我引用它们的出版物：

NASPAA（National Association of Schools of Public Affairs and Administration）特别委员会：《特别委员会关于未来公共服务的教育与鉴定的报告》（*Report of the Ad Hoc Committee on the Future of Public Service Education and Accreditation*），1992 年，公共事务与公共行政院系全国联合会（NASPAA）。

弗里德里克·莫什（Frederick C. Mosher）编：《美国公共行政学：过去、现在与将来》（*American Public Administration*：*Past*，*Present*，*and Future*），1983 年，亚拉巴马大学出版社。

赫伯特·西蒙（Herbert A. Simon）：《行政行为：行政组织中的行政决策过程研究》（*Administrative Behavior*：*A Study of Administrative Making Processes in Administrative Organization*）第 3 版，1945 年、1947 年、1957 年、1976 年，自由出版社麦克米伦出版公司。

玛格丽特·罗斯（Margaret A. Rose）：《后现代与后工业：批判的分析》（*The Post-Modern and the Post-Industrial*：*A Critical Analysis*），1991 年，剑桥大学出版社。

埃贡·格巴（Egon Guba）、伊维纳·S. 林肯（Yvonna S. Lincoln）:《自然主义研究》（*Naturalistic Inquiry*），1985 年，贤哲出版有限公司。

伊维纳·林肯编:《组织理论与研究：范式革命》（*Organization Theory and Inquiry：The Paradigm Revolution*），1985 年，贤哲出版有限公司。

迈克尔·M. 哈蒙（Michael M. Harmon）、理查德·T. 迈耶尔（Richard T. Mayer）:《公共行政的组织理论》（*Organization Theory for Public Administration*），1986 年，哈佩科林斯学院出版社。

雅克·德里达（Jacques Derrida）:《立场》（*Positions*），艾伦·巴斯（Alan Bass）译，1981 年，芝加哥大学出版社。

戴维·伍德（David Wood）、罗伯特·贝纳斯科尼（Robert Bernasconi）编:《德里达与异延》（*Derrida and Differance*），1988 年，西北大学出版社。

加雷思·摩根（Gareth Morgan）:《想象力：创造性管理的艺术》（*Imaginization：The Art of Creative Management*），1993 年，贤哲出版有限公司。

詹姆士·米勒（James Miller）:《米歇尔·福柯的情感世界》（*The Passion of Michel Foucault*），1993 年，西蒙和舒斯特出版公司。

让·鲍德里亚（Jean Baudrillard）:《仿象》（*Simulations*），1983 年，符号文本出版公司。

德怀特·沃尔多（Dwight Waldo）:《行政国家：美国公共行政理论研究》（*The Administrative State：A Study of the Theory of American Public Administration*），第2版，1984 年，霍尔默斯和迈耶尔出版公司。

# 目　录

# 第 1 章

# 导 论

语言不只是思维、认知和思想交流的工具。它也是构成我们世界观的观念、方法、直觉、假设和欲望的制造厂；语言构建了我们。可以看一下各民族语言的差异。法国人说到窗户的时候，其所设想的形状与美国人的窗户有所不同。他们不会想到两个长方形，一个叠在另一个的顶上；他们想到的将是法式窗户的形状。他们说到面包的时候，其所想象的形状也将有所不同；他们会设想一个长条的、薄薄的东西，而不是一个长方形的形状。当法国人说到法律条文的时候，他们心里想到的东西与英国人所意指的会有所不同；他们不会依据具体的案例来思考这个东西。此类的例子不胜枚举。[①] 语言的代码写入机制乃是语言的一个实质性特征，这就是：它能反映和构建我们的世界观。 1

维特根斯坦（Wittgenstein）对语言的本质作了更明确的阐述。在他看来，语言不是私人性的事务；它实质上是公共的和

① 例如，又见威廉·格思里：《希腊哲学家：从泰勒斯到亚里士多德》（纽约：1975），4～11 页。格思里解释说（4 页）："要理解（古代）希腊人的思维方式而又没有希腊语言的知识，那是很难的。语言和思想错综复杂地交织在一起，且相互影响。每个语言都有其历史和关联，它给使用它的人提供其含义的某一重要方面，这绝不是因为其影响是被无意识地感觉到的，而是被理智地领会的。"格思里还通过讨论某些希腊语词说明了这一点（5～11 页）。有关语法与思维的关系，也有专门的例子。例如，可参见贝特兰·罗素：《西方哲学史》（纽约，1972）。罗素评论了亚里士多德的形而上学及其对物与性质的区分。罗素写道（164 页）："事实上，作出这种区分（物与性质之间的区分）的真正根据乃是语言学上的；它源自于语法。我们有专有名词、形容词和关系词；所以我们可以说：'约翰是聪明的，詹姆士是愚蠢的，约翰的个子比詹姆士高'……自亚里士多德以来，形而上学家们都是形而上地解释这些语法上的差异；约翰和詹姆士是实体，聪明和愚蠢则是共相。（关系词则被忽略不计或是被错误地解释。）"

社会的。它是由某一语言共同体的成员相互创造和维系的，而且我们总是要参与各种语言游戏。维特根斯坦以一个建筑师与一个助手为例来说明某种原初的语言。[1] 这一语言是由**砖块**、**柱子**、**横板**、**横梁**这些词汇构成的。建筑师说出某个词汇，助手便把相关的石件运给他。词汇与行为构成了一个语言游戏。维特根斯坦使用“语言游戏”这个概念强调语言的言说是行动或生活形式的组成部分。[2]

在某一重要的意义上说，公共行政理论就是一种语言。公共行政理论当然是具有实质意义的信息的集合。正如这一名称所表明的，这个集合至少包括一个理论，还包括——也有可能不包括——诸多法则、假设、解释或其他命题。不过，公共行政理论又不仅仅是一个集合。其具有实质意义的信息——它反映着某人对公共行政实践的所思所言——以某种方式排列着。这一排列不一定是完备的或者说具有完全的一致性；不过，它又是可辨识的，排列总会产生某些结果。信息是“被排列的”，为更好地理解这一观点，可将其与计算机储存的信息作一类比；经过电
2 子处理和保存的信息是由计算机程序所结构的。受计算机程序影响的结构过程总会以这种方式——如对可接受处理的信息的内容和形式进行分区或划界——产生某些结果。

公共行政的信息被排列的方式就是公共行政的语言。这一排列有一部分就体现在我们称作日常语言的东西中；例如，我们的认识就是由诸如**公仆**、**官僚**、**私营企业**这样的语汇的存在、指谓和内涵所构建和限定的。这一排列的另一重要部分就是思维模式，它是由公共行政理论被阐述的方式——例如论题的范围、从事公共行政研究的可行方法、被认为有意义的有关公共行政的信息的陈述类型——所创造的。这些模式或多或少地为公共行政学家所共有。它们构成了这些思想家的亚文化，构成了公共行政理论研究的语言游戏或游戏。这一排列或排序主宰着公共行政的思维方法。通过影响观念扩展的方式，这一排列总能形成新的知识。通过主宰我们言说公共行政的方式，这一排列限制着对传统知识的考察。这一排列的作用就犹如所论及的思想的语汇、句法和语法。作为一种语言，公共行政理论体现为一系列的假设、直觉、观念、方法、担忧和希望，正是这些东西形成了公共行政的认识，指导着公共行政的作为。

探究“重新排列”的可能性和潜力乃是一项重要的阐释活动，是重新激活公共行政理论的指导性组成部分。这种重新排列有望在语言亦即公共行政理论的表层和深层进行。对这些排列与基本要素进行认识和阐释能使我们洞察到那一语言的言说者的生活方式。有人把对公共行政语言的隐秘深处和内在逻辑的探究比作释梦；它能揭示形成梦境的某些隐秘力量。

对于公共官僚制的本质、规模、范围和功能，我们能够做什么和应当做什么？

---

① 路德维格·维特根斯坦：《哲学研究》，安斯科姆比译（纽约，1958），3页。

② 维特根斯坦解释说，“在此，‘语言游戏’这个概念是想解释这样一个事实，即语言的言说乃是行动的一部分，是一种生活形式”（维特根斯坦：《哲学研究》，11页）。

该如何理解有关官僚制"不堪重负"的说法?[1] 能够把公共官僚制转变成一种更积极的力量，使其能实现我们的共同梦想，推进政府行政管理对公民和公务员的影响吗？我们该进一步把目标放在激活公共官僚制上——以便在公共组织中获得像企业一样的诱人效益——吗？为确保一个国家的官僚制是社会其他部分最佳的贡献者而不是拖累者，我们该做些什么？政府管理如何才能得到发展，就能显示出更大的创造性、活力和潜能——并能产生出道德的和有效的结果？类似的这些问题，对于那些想改进人类生活质量的人而言，是合法而且紧迫的。这些问题也是那些专业的公 3
共行政人员所关心的——他们同样受到"系统"的否定性方面的压制（不只是政府领导人和委托人)。即便所有的人都同意某一"主义"(资本主义、社会主义或其他什么"主义")，要实现社会的梦想，一个根本的阻碍就是，我们对如何最有效地改造官僚制这一问题相对地忽视了。

公共行政理论或公共行政的语言[2]，是动力机，能对公共行政的这些问题提供解释。本书的一个主张就是，现代主义的公共行政理论，尽管有价值，甚至能够产生出更引人注目的成果，但作为一种解释性的和激发的力量，其对解决有关官僚制的这些紧迫问题仍是一种限制。本书有一部分将专门说明公共行政理论的逻辑事实上将遭遇逻辑必然性的局限。在所有五条主要的基本发展路线中，矛盾是现代主义公共行政理论必将遭遇的。这五条路线在后面将在特殊主义、科学主义、技术主义、私营部门和解释学这样的标题下分别加以描述和界定。

对于公共行政和官僚制的思考，我们认为，必须努力超越这些局限。我们可以通过对公共官僚制的语言采取一种反思性的研究方法，对其自身的产出和功能的本质给予一种更敏锐的理解来做到这一点。这一反思性的语言研究针对的是公共行政理论的现代主义假设的圈套。它也可以用来针对在后现代性中有可能出现的陷阱。本书也有一部分要讨论后现代性与公共行政有着特殊关联的方方面面，我们将依据想象、解构、非地域化和他在性深入具体的细节之中。通过努力超越现代主义的心灵模式，公共行政理论可以重新焕发活力。

本书的目标在于，针对有关公共官僚制的本质、规模、范围和功能的问题（如

---

① 应当注意，对于被广泛强调的公共官僚制的否定性特征，人们是有争议的。例如，参见加里·瓦姆斯利等：《重建公共行政》(加利福尼亚，1990)，33页。作者们写道："由此我们的政治文化就公共部门和公共行政者提出了一个有害的神话，在美国对话进入新的和有意义的阶段之前，需要对这一神话做出修正。"在他们所列举的七条理由中，一条是："官僚制的大多数委托人并没有表示不满；事实上，他们中的绝大多数都十分欢迎所接受的服务和处理。"又见查尔斯、威廉·贝尔德：《官僚制的案例》，载《文秘杂志》，第93卷，209～214页，1933（4），转载于《公共行政评论》，第46卷，107～112页，1986（2）；还有贝弗莉·西格勒、赫迪·内斯文德：《美国政府入门教材中的"官僚制"》，载《公共行政评论》，第51卷，442～450页，1991（5）。西格勒和内斯文德依据理查德·斯蒂尔曼的《美国官僚制》(芝加哥，1987）中的观点，对"教材的观点"进行了反驳，并列举了美国政府入门教材中有关官僚制的章节最常用的八个官僚制神话。这些神话是：官僚制是美国政府的难题；政府官僚制是极其臃肿和铁板一块的；官僚永远都存在；官僚制在不断地发展；官僚制是全能的和不受控制的；政府官僚制是无效率的，是资源浪费；官僚不能代表美国民众；官僚制只会产生官样文章。西格勒和内斯文德还提示说（448页)，"显然，有许多美国政府入门教材是要永远地维持这所谓的神话……正如斯蒂尔曼和其他人必须要提供经验数据来支持其论点一样，这些教材的作者也要如此"。

② 有关公共行政和公共官僚制的范围的解释，参见第3章的简要评论和第7章的讨论。

由此前数三段提出的那些问题）的阐释，提供一些铺垫，以便能给出更令人满意的回答，并探究公共行政的反思性语言范式的用处。使用**范式**这个词是不得已而为之，之所以这么说，部分地是因为它传达了一种理论点金术的观念。其实对于官僚制的问题，根本就不存在什么理论点金术，不存在万灵药，也不存在立竿见影的解决方式。没有任何新的灵丹妙药能够解释一切和适合于一切形式，且可在瞬间甚至更短时间内被学会。不过，范式是公共行政学科的一个常见概念，对它的运用，尽管有诸多不利，却能指示出我们正瞄准的一般方向。

本书所探究的针对公共行政的反思性语言范式和反思性阐释乃是一种思维方法，它不仅与现代性而且与后现代性都有某种内在联系。在语法上，反思总指涉着一个具有同一的主体和直接的客体的动词。例如，他**打扮打扮**自己。在哲学中，反
4 思性是所谓的透视主义的一个特征。在一开始，我们可以把反思性语言范式描述为某一个体和群体对其与公共官僚制的语言的基本内容进行游戏的和和谐的对话这一过程的介入。**游戏的**这个词并非意味着缺乏严肃性①；我们用它来意指公共行政的事实本质上具有的解释学特征所暗示的机遇的创造性实现。**和谐的**这个词则意指在思维的反思特征和语言与思维的关系的约束内可行的创造性机遇。反思性语言范式在本书中的运用就体现为依据现代性和后现代性对公共行政理论进行阐释。这一范式的基本原理将在第 2 章的第一部分加以解释；其运用于本书的特征将在第 2 章的第二部分加以讨论。这一范式的本质则在第 3～14 章通过阐述反思性阐释的运用而得到说明。反思性阐释不是又一个食谱或现成的解决方案；我们已经说明了这一点。

这一探究将表明，我们对公共行政理论的作用和本质进行理论化的方法需要一次根本的变革。同时，在其他社会科学和行动方案的研究中，也需要做相应的调整，尽管我们在本书中对此只给予了有限的关注。在后者的意义上说，本书对公共行政的阐释可以理解为是对所有社会科学和行动方案如社会工作、教育和卫生行政管理所面临的处境的一个案例研究。对于关于治理的思考的作用以及这一思考活动本身的认识，我们所持有的传统的现代主义态度也必将发生翻天覆地的变化。在公共行政的认识基础方面，若是没有这样一种彻底的转变，对有待我们回答的那类问题的处理就不会让人满意。官僚制的那一可见之手就仍将是严重的和不适宜的。

在我们这个已经变革且还在变革的时代语境中讨论官僚制的这些根本的和实际的问题，应当是有益的。美国公共行政学的许多研究者对展望和趋势甚感兴趣。例如，托夫勒（Toffler）和奈斯比特（Naisbitt）这些人对未来的预测，就一度盛行。② 不过，这类预言——尽管它们预言了巨变的世界令人惊讶的发展——并没有阐明现代性基本的心灵模式被背弃的运动。其他一些作家描述了我们是如何从现代

---

① 汉斯-格奥尔格·伽达默尔：《真理与方法》（纽约，1975），91 页。伽达默尔评论说：“更为重要的是，游戏活动本身就具有一种独特的，甚至是神圣的严肃。不过，在游戏行为中，所有这些决定着活动的和忧烦着的生存的目的性关系并未简单地消失不见，而是以特有的方式获得了不同的性质。”

② 阿尔文·托夫勒：《第三次浪潮》（纽约，1980）；约翰·奈斯比特：《大趋势：改变我们生活的新方向》（纽约，1982）。

性过渡到一个新的和根本上不同的时代，他们仪式化地名之为后现代；还有一些人对后现代性提出了不同的看法。在他们看来，我们已经临近了现代时代的终结，就如同古代世界的终结一样。作为一个必要的分割，我们从那各种各样的描述中选择了现代性和后现代性这两个说法；第3章和第9章将补充一些限制条件，并对其他观点略作说明。

**现代性**指的是有关人类主体和人类理性之力量和本质（以及相关的问题）的各 5
种假设和信念的独特核心，是这些东西构成了西方近500多年来——这个时期出现了如此之多技术的、社会的、政治的和经济的“奇迹”——主导的心灵模式。一种观点认为，现代性的谋划激起了人们对无限制的进步的期待，仿佛是对笛卡儿(Descartes)所谓的“主宰自然”和“自由自在地享受地上的果实”① 的回应。这一谋划把新型的主体性和理性等同于解放，等同于经济、社会、政治和道德的持续进步。这一等同形成且预示了我们当代的文化环境。

我们不妨看一下马克斯·韦伯对现代性的理解；韦伯在美国公共行政学史中常常被置于首要的地位。在韦伯看来，现代性是通过更大的理性化发生的。现代主义的理性化——不同于前现代的合理性观点——认为，没有一种自然模式是人类必须遵循的；在它看来，自我是不受制约的。这一理性化的本质就在于对实质理性(substantive reason)的抛弃，后者把某些价值当作给定物加以接受——这也就是圣安瑟伦（St. Anselm）在说他不是为高尼罗的“愚人”写作时所接受的那种合理性（rationality)。个体自我现在能够自由地选择价值、目标和意义。这种合理性也被解释为意味着对规则的遵从，是与本能冲动或盲目的行动相反的东西。正如施尔斯（Shils）所解释的：“韦伯用理性化来意指信仰与行动按照一个统一的中心标准有序地联系在一起……信仰的系统化就是逻辑不连贯性的消除，是魔鬼武装的解除，是巫术花招的否定，是理论综合性或普遍性的加强，是所有个体的特例向普遍的类的状态的还原，不论它们是多么的不同。”②

正如布鲁贝克（Brubaker）所解释的，这一使现代西方文明与众不同的“特殊的和独特的理性主义”就体现为——在马克斯·韦伯看来——社会关系的非人化，计算技术的精密化，专业知识的社会重要性的增强，技术理性对自然与社会过程控制的蔓延。③ 布鲁贝克还指出，韦伯所讲的“理性的”有16种明显的含义：深思熟虑的、系统的、可计算的、非人的、工具的、确切的、定量的、受规则主宰的、可预知的、讲求方法的、有目的的、清醒的、审慎的、讲求效能的、理智的、连贯一致的。从这种形式的合理性（formal rationality）中当然可以获益，但要以抛弃实质的合理性（substantive rationality）为代价。在韦伯看来，针对目的——实质的合理性的对象——的冲突在技术上不可能有理性的解决。

后现代性转变了已确立的思维方式，尽管并不存在一个唯一的后现代主义观

---

① 勒内·笛卡儿：《论方法和第一哲学沉思录》，第3版，唐纳德·克里斯译（印第安纳波利斯，1993），35页。

② 爱德华·施尔斯：《论传统》（芝加哥，1981），291页。

③ 罗杰斯·布鲁贝克：《理性的界限：马克斯·韦伯的社会和道德思想论文集》（伦敦，1984）。

点；毋宁说，后现代主义者是各持己见，其中的许多人否认这个标签。没有肯定的纲领，没有整齐划一的概念体系，没有对未来的承诺。这一称呼本身不是神圣不可侵犯的；不出一年，后现代性可能就被称作别的什么东西了。这一名称的多样性、
6 否定的特征，甚至对它的保留，都反映在这样一个描述中，即把后现代主义看作“终结现代时代的一堆否定性的称谓，它（后现代主义）是从反讽的时代转变到戏仿的时代的不恰当称谓。现代主义之后（post-modernism）并不是对某一肯定的纲领或概念体系的称谓；它也不是对恐怖传说的叙述，它不会求助于原初的整体性隐喻，也不会为未来的乌托邦提供基础”①。

后现代主义者如鲍德里亚声称，与现代时代的根本断裂是最近才发生的。鲍德里亚描述处于后现代的人是活在超现实之中，这种超现实模糊了现实与非现实之间的区别。根据他的观点，在后现代时代，摹本取代了现实。② 大众传媒、信息系统、技术成为新的控制形式，它们改变了政治和生活的本质。在他看来，信息与娱乐、形象与政治之间的边界正在爆裂；社会本身在内爆。他认为，后现代性就是意义破裂的过程。和其他后现代主义者一样，鲍德里亚批评真理、合理性、基础、确定性和连贯性的理想。在他看来，历史已经终结。后现代性，用他的话说，是这样一个世界的特征：“在那个世界里，不再有确定性的可能……一切都是完成的。这些可能性已经达到了极限……所存在的一切都将是碎片的游戏。碎片的游戏——这就是后现代主义。”③

显然，如此富有挑战性的观念是不可能以三言两语来概述或归纳的。这表明，后现代主义者一开始就是在言说实际上不可言说的东西；不过，这些观念可能是对的。例如，一个共同的后现代观念认为，对于社会或世界，不再有君临一切的解释。这一观念直接导致了一个反思性的难题；声称不再存在君临一切的解释，这本身就是一个君临一切的解释。后现代主义者力图言说不可言说的东西，这一尝试导致了言语和言语游戏的激流，导致了一系列缺乏条理的观念。不过，后现代主义不会因为这些理由而被轻易打发。

那些批评后现代主义的人，如法兰克福学派的批判理论家，认为现代性还没有上演完毕。尤尔根·哈贝马斯（Jürgen Habermas）和其他批判理论家把现代性看作一个未完成的谋划。他们强调的是一种重构的而不是解构的方法。他们反对后现代主义者强调的现代性与后现代性之间的断裂，他们接受批判理论的某些区分，而后者正是后现代主义者所拒绝的。例如，后现代主义者拒绝社会体制这样的观念。不过，批判理论和后现代主义都批评现代性。

批判理论家指出，他们考虑的是现代性的压迫特征。例如，霍克海默（Horkheimer）和阿多诺（Adorno）在他们的《启蒙的辩证法》（*Dialectic of En-*

---

① 斯蒂芬·泰勒：《不可言说者：后现代世界的话语、对话和修辞》（麦迪逊，1987），3 页。

② 鲍德里亚用迪士尼乐园来说明他的观点。参见让·鲍德里亚：《拟象与仿象》，见：《鲍德里亚选集》，马克·波斯特编（斯坦福，1988），172 页。正如鲍德里亚所说：“迪士尼乐园被呈现为想象的，是为了让我们相信，当事实上洛杉矶和包围着它的美国的一切不再真实，而超现实和仿象的秩序是真实的时候，其余的必定也是真实的。”

③ 让·鲍德里亚：《与眩晕游戏》，载《在沙滩上》，第 5 卷，24 页，1984（1）。

lightenment）中就讨论了现代性中新的社会统治形式的发展。他们探讨了通过工具理性与资本主义的结合——利用大众传播与大众文化、科学与技术、官僚化与理性化的国家机器——而确保服从的社会体制。他们声称：“现代人的堕落本质与社会 7 进步有着不可分割的联系。一方面，经济生产率的增长为一个更为公正的世界提供了条件；而另一方面，它又允许管理它的技术机器和社会集团具有凌驾于其他人之上的不恰当的优越性。”①

在第3章我们可以更明确地看到，对于有关公共行政的思考而言，现代性的一个首要意义就在于，现代性对思考和理论的渴望可以为其提供认识论的保障。在第9章我们将说明，与之相反，后现代性绝不会承诺这样的保障和这样的确定性。在现代性的心灵模式内思考公共行政，被认为就是去寻求可靠的知识，坐收已经牢固的理性思考之利。而在后现代性的心灵模式内思考公共行政，则被认为就是清理因抛弃被视作现代性的虚假认识和其他幻觉而来的根本后果。

要想充分地阐述官僚制的问题，就必须适应有关现代性和后现代性的文献所表达的那些见解。② 未来是不可预知的。在20世纪50年代的步调一致中，是看不到20世纪60年代的嬉皮士和骚乱的。20世纪60年代，是不可能预期到20世纪70年代的石油危机和秩序的。③ 20世纪70年代，是不可能预期到20世纪80年代大号轿车会再次流行的；也不可能预见到苏联的剧变的。不过，在这每一种情境中，都存在一个共同的方面：变化总是令人目不暇接。世界及其可能性在最近的50年已经发生了转变；在未来的日子里，它们还会转变，甚至是以更为激烈的方式转变。如此往复，这一转变是无须争论的，如果那些言说历史终结的后现代主义者是正确的。不过，尽管使用了现代—后现代的框架，可读者不要对预言未来（或者说命运）抱有任何希望。在一个最起码的立场上说，你尽可以把这一情境看作一个“身临其境”（as if）的练习，一个启发装置。在考察官僚制的核心问题的时候，不对表面上昭然若揭的东西那具有诱惑力的虚妄加以戒备是危险的。其中最具诱惑力的是这样的错误认识，即认为“常识总归是一种意识”，“彻底的范式转换是不可能的”。

有可能，人们会认为，随着问题的进一步深化，质疑官僚制的重要性会越来越紧迫。用前面的话说，更重要的是要找到一些方法，把公共官僚制转变成实现我们共同梦想的更积极的力量。政府面临的难题越来越尖锐，而在环境、能源、饥饿、人口增长、期望值增大、核扩散等现在已算是“古老”的领域，“新”难题又层出不穷。有记录表明，政府官僚制就是在穷于应付中发展壮大的。④ 不过，其无效性

---

① 马克斯·霍克海默、西奥多·阿多诺：《启蒙的辩证法》（纽约，1972），前言，14页。

② 随着我们的论述的展开，将更清楚地看到，为什么说**后现代**这个概念作为一个标签或迟或早肯定会过时是离题之论。

③ 20世纪60年代就有一本预言持续的城市动荡的出版物，见戴维·法默尔：《整治内乱：市政协调合作计划》（芝加哥，1968），1页。

④ 政府规模问题将在第4章讨论。例如，1960—1985年，经济合作与发展组织的所有国家的一般政府支出在国民生产总值中的百分比一直在增加。

8 的差距似乎正以类似马尔萨斯（Malthusian）的方式在扩大；尽管其应付问题的能力在以算术级数增长，可事实上，问题的层次性和复杂性却在以几何级数增加。越来越多的人感觉到了政府的局限和腐败。这种无能在最近几年的一份流行刊物的标题中有所反映，这份刊物在追踪美国住宅与城市发展部（the U. S. De-partment of Housing and Urban Development）的丑闻时提出了这样一个问题："政府死了吗?"美国的一个事实也反映了这一点，即不止一个获胜的总统候选人都曾经"冒犯官僚制，冒犯华盛顿"[1]。已有的思考模式有足够的影响力扭转——且不只是暂时地或边缘地——这一否定性的下滑吗?

本书是为五类主要的读者群而写。第一类是政治家和有影响力的人物，他们无论在现在还是在将来在行政管理中都将扮演不同的角色。第二类是公共行政理论家以及公共行政的其他研究者。第三类人群是公共行政的实践者。第四类是社会行动和社会科学的专家，他们的规划目标的实现需要不同的行政。第五类是［用阿尔蒙德（Almond）的术语说］"关心公共事务"的人，他们认识到，如果我们想保持我们的生活质量，变换一下行政方式是至关重要的。

本书还会引起第六类群体的兴趣，这就是那些对现代主义、后现代主义以及当代社会感兴趣的人。那些有关后现代主义的反思性文献——如果我们可以这样来描述它们的特征——现在不只是作坊工业。那些文献从否定的方面描述官僚制，但它的分析总是戛然而止。现代主义和后现代主义的思考者本应对官僚制有更深入的分析。他们本应进入与公共行政思想家的对话，后者最在行的是公共行政的语言。这一对话不仅需要有一个"行动"文献，而且需要尊重公共行政理论已经做出的实际成就。

然而，本书关心的毕竟是公共行政的问题。哲学观点只有在与这些问题相关时才会被涉及，但其意图不是要"玩什么形而上学"（do metaphysics）。哲学之于社会思考的意义，与哲学之于哲学本身和社会思考之于形而上学的意义，这两者之间是有区别的。因此，本书不想花费时间——例如——去解释为什么对社会现象的解释学特征的认识和对社会思考的反思性的谈论都不包含着——尽管也不存在这种情况——对多样化的世界作任何本体论的承诺。我们的焦点将集中在公共行政的语言上。

不容否认的是，任何学科的成员都难以阅读一本既不在正典之列又没有那一学科的心灵习惯的著作。首要的困难通常不是理解上的，而是对不熟悉的意象、名词、例子的运用。甚至还有写作风格上的别出心裁。哲学家看不大懂公共行政的著
9 作；这些作品没有相同的公设或期待，也没有相同的或熟悉的作家群。公共行政学

① 西格勒、内斯文德：《美国政府入门教材中的"官僚制"》，449页。在其对美国政府入门教材的分析中，西格勒和内斯文德断定说："一般来说，1985年以后的出版物中，以直言不讳的卡通形式攻击以官僚为毕生之业的作品明显增多。"也可参见阿伦·维尔达维斯基：《无处不在的反常：意识形态异见时代的公共服务》，载《公共行政评论》，第48卷，753页，1988（4）。维尔达维斯基写道："在一篇论述领导者的短文中，欧文·斯皮泽伯格谈到了'联邦服务中无处不在的反常'，并对那一情形作了精彩的描述。现实是丑陋的，不可能有改观。"维尔达维斯基接着还给出了他的诊断。

家——尽管有第2章提到的“大杂院”（big tent）的倾向——觉得哲学中也有同样令人恼火的心灵习惯。例如，第2章的第一部分就混合了公共行政和非公共行政的例子来讨论公共行政理论以及“事实”的解释学特征。有人甚至对不熟悉的概念，如解释学（如果说它是不熟悉的），被反复使用感到很不适应。这种不适应乃是我们为知识的过分专业化付出的小小代价。就像爱看戏的人必须打消心中的疑虑才能享受到看戏的快乐一样，读者也应当锻炼自己以适应多样性。

本书是怀着与那些在官僚体制中工作和思考官僚制的人的心灵习惯息息相通的心情写成的。作者在许多政府职能部门工作过的背景使得这一态度并不奇怪。听人讲公共机构和公共雇员的好人好事——如何雪中送炭，某个勇敢的雇员如何抢救火灾中的儿童，系统如何运转——当然令人鼓舞。公共服务的重大成就值得尊敬。不过，我们不应否认所存在的根本困境：卡夫卡风格的官僚制和新环境下官僚制的方方面面。①

本书分为三个主要部分，在此对这些部分先加以一般概述应当是有益的。第一部分是导论，包括第1章和第2章。第2章讨论的是反思性语言范式的特征、范式的基本原理和本研究的一般方法。基本原理包括建立一个与现在具有不同特征的公共行政理论。为此，第2章解释了公共行政的理论和事实如何和为什么是社会地建构的，同时还描述了所谓公共行政的研究者是公共行政形象能动的共同创造者这句话的意思。这些背景材料是重要的，因为本书的一个意图就是要揭示运用反思性解释的价值。首先，这有助于让人们认识到为什么我们总是按照自己的方式去理解。其次，这有助于探究产生不同认识的替代性假设的可能性。

第3章到第8章构成了第二个主要部分。在这些章节中，我们在现代主义的语境中对公共行政的语言进行了分析。第3章描述了作为现代主义世界观基础的各个假设，讨论了理解这样一种说法——这些假设构成了现代主义的视角——的不同方式。同时还描述了现代性的心灵模式，认为是它构建了公共行政理论所遵从的基本发展路线。接下来的几章（第4～8章）依据这些发展路线分析了现代主义的公共行政理论。我们把这些路线分别名之为特殊主义、科学主义、技术主义、企业和解释学。第4章集中讨论了由特殊的学科范围强加于公共行政研究的本质和局限，这一范围部分地是由现代主义日益加强的学科自主和专业化趋势形成的。第5章分析 10

① 有关“卡夫卡风格”的含义的讨论，参见弗雷德里克·卡尔：《弗朗兹·卡夫卡：表征的人》（纽约，1991），757～760页。正如卡尔所解释的（757页），“人们借用卡夫卡的名字表达的整个含义有助于阐释20世纪后期可怕的历史……对于卡夫卡风格，在其意义最丰富和夸张的层面上说，它意指着一个有自身规则、自身指导原则、自身行为方式的世界，这一世界与人类意志格格不入。卡夫卡风格事实上意指着其自身的意志，它显然是对人类努力的毁灭。显然，它与人类的方向或目标或目的是相冲突的，它是制造痛苦的形式。卡夫卡风格在我们的世纪已经取代了现已过时的‘命运’或‘宿命’，甚至‘环境’和‘偶然事件’”。卡尔还说（759页），“卡夫卡风格不一定完全指非人或否定性。在卡夫卡自己看来，这个修饰语所描述的状况在他自己有着西西福斯的性质……在他死后，在这个修饰语的发展中，我们已把这个词转变为‘世界的存在方式’。而且自那一方式变得具有如此之否定性之后，我们发现卡夫卡风格成了一种否定，或者说是对等着我们落网的陷阱的界定”。卡夫卡风格这个术语，在美国已被广泛地“使用和滥用”，有关情形见约翰尼斯·厄兹迪尔：《走向卡夫卡》（底特律，1968），30～31页。厄兹迪尔抱怨说（31页），1941年之后，“这个名字便成为某些群体内受各种各样的不安全感、患得患失和不能充分领会的宗教笃信所折磨的个人心理问题的一般指称”。卡夫卡风格这个术语在我们的这本著作中是在卡尔所说的“意义最丰富”的意义上使用的。

了公共行政作为科学的发展路线的本质及其所导致的矛盾和盲点。这一分析还考察了行政伦理学所面临的某些复杂性。第 6 章考察了依据技术对公共行政的发展做理论化思考而导致的局限。第 7 章讨论了因为限制公共行政运用私营企业解决问题的方式和公共选择的分析方法而导致的矛盾和盲点。第 8 章接着考察了公共行政作为一种阐释活动的发展。它解释了对理性的意义的寻求如何受到另一些盲点和矛盾的局限。到第 8 章的概要部分，读者将可以看到，现代主义的公共行政理论已经产生出的有益成果和能够生产出的甚至更有效的成果。不过，读者也将看到现代主义公共行政逻辑上的局限，尤其是它理解和改良官僚制的能力上的局限。所有这些章节都表明，某一特殊的发展路线必然地会以悖论和盲点告终。

第 9 章到第 13 章是第三部分，主要讨论后现代主义语境中公共行政的语言。这些章节将说明，超越在现代主义的参照框架内获得的认识是可能的。第 9 章对后现代的视角提供了一个说明，考察了应如何理解这一视角。我们还描绘了一幅否定现代性的基本心灵框架的后现代性的图画。接下来的几章（第 10～13 章）分析了后现代话语所关注的四个兴趣点。这就是：想象、解构、非地域化和他在性；它们中的每一个都对公共行政研究有所助益。第 10 章讨论了想象对后现代性中的公共行政的激发作用，这一作用类似于理性化在现代性的公共行政中的角色。第 11 章对解构进行了解释，描述了文本和叙事的解构对于公共行政活动的价值。第 12 章勾勒了在后现代性中公共行政及其他思考在特征与组织上的根本变革，这一勾勒依据的是非地域化的概念。其对公共行政理论的描述，就犹如在现代性中所使用的终止概念。第 13 章探讨了后现代性的伦理态度，并依据所谓的反行政趋向考察了这些态度对于公共行政的意义。

在第 13 章的结尾，我们通过对透视角度或者说现代性与后现代性这两个对立的心灵模式的对比，将看到它们各自对于考察官僚制和公共行政的效用。读者将看到运用反思性解释的价值，那就是能超越对公共行政的语言的单向度理解。因此在接下来的一章我们分析了反思性的语言范式、这一范式的基础以及本研究的方法论。

# 第 2 章

# 方法：反思性的阐释



能够被理解的东西就是语言。

——伽达默尔（Gadamar）①

当我们拒绝在语言的束缚下思考的时候，我们就不再能思考……理性的思想是依据我们不能摆脱的范式进行的阐释。

——尼采（Nietzsche）②

早年的登月者并没有期待着在月球上遇到政府、预算、薪资、主管这样的实体性存在。这些公共行政实体并非自然之物；它们不是既定的。公共行政的实体和事实是社会地构想的和社会地建构的。这些观念、实体和事实由**犯罪**、**预算**、**政府**、**雇员**、**公共部门**这样的名词代表着，并且如下面所讨论的，它们是社会构成物的典型例子。

公共行政理论也是社会地构成的，和其他公共行政“事实”或认识并无什么不同。这一理论作为我们认识官僚制的方法的前提条件可以具有与现在不同的形态和特征。公共官僚的语言运用可以说是一种选择，类似于（并且具有相似的深远后果）法国人讲法语和西班牙人讲西班牙语的“选择”。这种社会构成物和这种选择并不意味着任何理论或是好的，或是坏的，或是别的什

① 伽达默尔：《真理与方法》，432 页。

② 弗雷德里希·尼采：《权力意志》，瓦尔特·考夫曼、霍林格达勒译（纽约，1968），283 页。

么。也不意味着那些选择不会对我们的生活方式产生影响。例如，一个能认识其社会构成物的理论当然要比不能如此的理论更具优势。

意义的各个层面或者说各互动层面与公共行政“事实”的生成总是联系在一起。我们可以简化地提及两个孪生的层面。一个是环绕着且构成被研究客体的意义的层面。另一个——与第一个相互关联（为此我们使用了**孪生**这个形容词）——是环绕着且渗透到从事研究的主体的层面。[①] 后者是观察者如科学家、科学共同体和
12 社会所贡献的意义层面。这一解释学的分层是所有社会或行为科学的特征，如经济学、社会学或心理学，同样也是有关公共行政事实的认识的一个特征。

本章的前两个部分将讨论反思性的语言范式及其基本原理，第三部分则为本书的研究提供一个方法论的说明。第二部分有关基本原理的讨论在一开始就指出了在所有公共行政实践的研究中都要涉及的两个孪生层面。对这一解释学语境的说明在一定意义上说是简化的，因为我们作为框架运用的是一种“主体认识客体”的现代主义模式，而且我们只论及了解释学的两个层面。接着，我们将对反思性范式提出的视角和其他问题加以评述。第三部分首先解释了在眼下的这一研究中将公共行政理论视作公共行政语言以及分析对象的原因。接着更具体地讨论了这一阐释性分析的本质，包括本研究的出发点。

## 2.1 范　式

在第 1 章，我们把反思性语言范式描述为是同公共官僚制语言的基本内容进行游戏的和和谐的对话的过程；读者可以参照这一描述。反思性语言范式实际上并非另一种现成的或食谱性的解释。同公共官僚制语言的基本内容进行的游戏的[②]和和谐的对话与单一的按部就班的方法论研究是不相兼容的；反思性的阐释是一门艺术。

反思性的阐释是这样的一门艺术，它力图描绘出和运用我们借以理解和创造公共行政现象的方法所具有的解释学的、反思的和语言学的系列特征；它还是一门考察构成我们用来观看的理论透镜的那一系列假设和社会构成物的艺术，它思考的是我们借以观看的那一系列替代性的、社会地构成的假设（它们又构成了另一组透镜）。这一阐释之所以是反思性的，就因为——基于相同的原因——其关注的焦点乃是透镜和替代性的透镜，而不是通过这些透镜而“被观看”的对象。也就是说，其所关注的是看的行为和看的视角选择。

因此，这一艺术的第一个目标，就是要分析那一系列的假设——亦即语言形式——是它们塑造了我们对公共行政事实的构建。这一分析应包括探究和评价这一

---

① 安东尼·吉登斯：《社会学方法的新准则》（伦敦，1976）；安德鲁·萨伊尔：《社会科学的方法：一种现实主义研究》（纽约，1992）。吉登斯和萨伊尔也依据一种双重解释学来描述社会科学。

② 有关“游戏”的观点参见伽达默尔：《作为本体论阐释之入门的游戏》，见：《真理与方法》，91～119 页。

系列假设与“事实”以及可能的“事实”之间的联系，还应包括评价产生这些事实的一系列假设的特征。基于这一目的，视角的选择是必需的。我们首先选择现代性来说明这种阐释，因而我们首先要考察的是现代性的一个方言。其最基本的观念在现代主义的心灵模式的核心里可以看到，这一核心包括有关人类状况、认知、社会诸如此类的东西的基本哲学思考和其他反思。它还可以在这一核心对于公共行政这 13
样的行为学科的社会构成所意味着的发展路线中看到。作如此之选择是为了在同与这一论题有关的文本和文献的“对话”中进行这一分析（这一分析被认为具有批判的重要性，这一点随着对后现代性的讨论的展开，将变得更加清晰）。作如此之选择还是为了辨识这些发展路线的逻辑特征；在这里，现代主义的路线似乎导向的是矛盾或悖论。这最后一句话之所以仍使用“作如此之选择”的提法，是因为别的人可能更倾向于选择一个替代方法来研究反思性的阐释。我的第二个目标就是要对另一套核心假设做类似的阐释。这一尝试需要依据第二套假设的本质和条件做出一定的修正（即，如果这第二套假设还没有导致任何“事实”）。我们挑选后现代性作为对阐释的第二次分割，因而我们的第二个关注点是后现代性的方言。描画所谓的发展路线，这不符合后现代性的基本态度，但是，为了对我们的论题做出思考，我们还是可以对重要的态度加以阐释。不同于现代性，后现代性不会把人引向公共行政的谋划，任何阐释都应当尊重这两者间的差异。当然，我们也可以不确定地增加另外的步骤或采纳其他的假设。无论如何，对方法论步骤的任何列举都过于简单化和有缺陷；概而言之，这样做不符合这样一个假设，即实际上根本不存在什么阿基米德点。我们的考察将反复强调避免公式化的必要性，甚至对这句话本身。

反思性的阐释所关心的是，为什么我们只能看到（理解）我们正在看（理解）的东西，以及通过改变透镜来观看（理解）不同的东西的可能性。继续这一透镜的比喻，可以说，我首先感兴趣的不是我通过望远镜（或眼睛）所看到的天体，而是望远镜（眼睛）本身。这意味着，对公共行政现象——它们如其本然地存在——进行思考和理论化的方式，就是要假定公共行政的望远镜（眼睛）的本质将决定我们能看到什么。有人可能会进而提出这样的观点，即人类的状况如其本然地存在着，望远镜将决定我们能看到什么。**透镜**这个术语在此指的是我们借以观看的系列假设和基本的理论框架。我们不可能逃避框架，但我们需要认识到，正是它形成了（创造了）我们观看的方式。我们首先关心的是，为什么我们只能看到我们正在看的东西和是否我们能以不同的方式观看；这就是反思性的阐释。

要了解反思性的语言范式，最好的门径就是说明它的基本原理和它运用于当前的研究的特征，这也正是本章的意图所在。我们对范式的理解在第 3～14 章对它的当下运用的说明中可以显示出来。进入基本原理和范式的入口，就是去认识公共行 14
政事实和其他知识的产生不可逃避的解释学语境。根本不存在任何形式的非构成的观看方式。进入的第二步就是去领会这样一个不好理解的观念，即假定我们的语境必将为各种透视角度所包围，假定根本就不存在一个阿基米德点可让我们借此看到全景而不需凭借某一视角，就仿佛我们是从内部来认识社会事实，这将是有帮助的。进入的第三步就是承认构成的行为不可避免地要在语言的语境内进行，因为思考离不开语言。在本章开首引用的伽达默尔和尼采的言论与这一观点是一致的。

## 2.2 范式的基本原理

现在我们要考察实体的社会构成，即包围和构成公共行政对象的解释学层面。卡尔·波普（Karl Popper）描述了三个世界。[①] 世界一为物质存在的世界。世界二为人们心中的思想即精神现象。世界三则是指作为心灵产物或文化遗产的客观结构。公共行政和社会科学的研究对象——和花语中花的含义一样（见下面的花语词典的描述）——属于世界三。公共行政和社会科学的对象——正如已经指出的——是社会产品。

不妨看一下美国的**犯罪**、**预算**、**政府和雇员**这样的概念。正如人们所理解的，这些概念有着特殊的目的，能产生某一确定的结果。有可能以不同的方式构建这些社会产品吗？是的，可以这样。

犯罪率是在上升还是在下降以及上升或下降多少，这至少部分地与某一特殊的犯罪概念的功能有关。“美国犯罪通报”重点在第一部分的那些犯罪，一般地指街头犯罪和财产犯罪；它突出某些特殊的犯罪（如经济犯罪），而忽视更根本的团伙犯罪和孕育犯罪的条件。因而我们可以补充上银行抢劫、强奸、凶杀、汽车偷盗（还有林林总总其他的犯罪，仿佛抢劫就等于是强奸就等于是谋杀就等于是汽车偷盗）的数字，我们把盗用公款、绑架、贩毒等罪行从第一部分的犯罪统计中排除出去。我们忽视了公司组织（如银行）维持现有安全水平的决策——在那里，组织认定，它所付出的成本并不能证明额外安全措施的花费的合理性。银行安全决策（和与之类似的组织一样）的其他选择确实能影响进入犯罪统计的犯罪行为。如果某一银行管理层预计，其在安全支出方面的决定是根据每年有 25 次抢劫和一个雇员伤亡做出的(相比之下，只有 15 次抢劫和无雇员伤亡就需要更高的安全费用支出)，但结果只发生了 5 次抢劫，那么其安全费用总支出该与多少起犯罪联系在一起？如
15 果还是这一管理层，做的还是同样的预期，但结果没有抢劫发生，那是不是就意味着根本没有犯罪？[在另一个可能的世界，对于犯罪的这一更根本的始作俑者——或合谋者——必定会有一个名称。一个可能的名称就是“华列克”（Warwick），意即导致犯罪的公司或组织决策。这个名称是莎士比亚在《亨利六世》（*King Henry* Ⅵ）和其他地方称作“王位操纵者”的“华列克伯爵”的类比——一定意义上说，组织也就是犯罪和罪犯的制造者。在《亨利六世》下篇第三幕第三场中，莎士比亚写道：“住口，傲慢无耻的华列克，你这操纵王位的提线人。”] 关键在于：**犯罪**的社会构成是至关重要的。

**预算**的概念在美国政府那里经历了一系列根本的变化。在有一段时间，预算被

---

① 卡尔·波普：《客观知识》（伦敦，1972）。

看作把我们与线性项目（line items）和绿眼膏般僵硬刻板的方式（green eye-shades）联系起来的一种记录手段。在后来（中间一段时间也有些许变化），它被看作计划—预算—评估的过程。在19世纪，司法预算是一个不同于行政预算的概念，它有着不同的结果。被看作财政政策工具或经济手段的预算概念与凯恩斯（Keynes）1936年的《就业、利息和货币通论》（*General Theory of Employment, Interest and Money*）之前使用的这一概念有着不同的对象。理性的—综合的预算与林德布罗姆（Lindblom）的渐进主义所体现的预算并不是同一个东西。

**政府**不过是一个社会地构成的实在。来看看一个特殊的政府例如美国政府的情形。如果问及美国政府所在地，回答应指向白宫？还是国会？抑或星条旗？或是财政部（the Internal Revenue Service）的地方机构？或八角大楼北面的停车场？一般地看，我们并不清楚政府在何处终结而非政府从何处开始。不清楚为什么在私营企业的办公室监督我们工作的独裁者并不能主宰我们，尽管确实是他或她给我们下命令和实施奖惩。十多年之前，公共与私营企业的监督者都对雇员工作之余的所作所为更感兴趣；例如，据说20世纪60年代纽约市警察局就对中层管理人员的婚姻忠诚度表现出浓厚兴趣。十多年之前，监督者感兴趣的是雇员工作服的选择；对于一个男人来说，在领带上面可以不惜一切代价。准政府实体如公共社团和非营利组织的存在也让人对政府的本质产生质疑。共同体联合会——看起来就像是一个私营式的政府——的存在也是如此。根据共同体联合会协会（the Community Associations Institute）的报告，1989年美国有130 000个这样的联合会。比较大型的联合会（就像一些虚拟的城镇），比如加利福尼亚的拥有21 000人的“休闲世界”（Leisure World）和拥有27 000人的“木桥村”（Woodbridge Village）就是典型的例子。如同什么是政府是不明确的一样，谁应当主导政府工作也是不明确的。这一点不只是学术上的不确定，因为理论化会改变人们对那一难题及其解决方式的理解。例如我们可以把消防机关看作防火和灭火的一线主力，我们也可以认为防火、
灭火这样的难题只需更多、更优秀的消防员和更完善的技术就可得到解决。另一方 16
面，我们也可以把防火和灭火看作一组准无政府主义结构的首要职能，消防机关不过是其中的一个投入物。

意义和社会构成是我们的语言——读者的语言和他或她的群体的语言——所提供的。不妨看一下F. H. 布拉德雷（F. H. Bradley）有关花的语言的例子。① 在有关花的语言中，有些花是有意义的，而有些花没有。那些花是如何变得有意义的？显然，这是因为阅读花的公众赋予了某些特殊的花以意义。花语的观念本身就是一个社会产品。

让·马什（Jean Marsh）报告说，有关花语的词典和书籍自乔治四世（George Ⅳ）一直到维多利亚（Victoria）统治的早期在英国十分流行。这种时尚后来在美国也一度出现。马什引用一部花语书籍的解释说：“一帮人在花园里散步，用花相

---

① 弗朗西斯·布拉德雷：《逻辑原理》（牛津），2～3页。

互表达自己的想法，这种交谈可能是一种问候，一种机智的应答。”[1] 她告诉我们，例如，一个手拿一束常春藤的人知道有人会问她：“我可以和你跳下一支舞吗？”美国人用立金花表示这样一个意思：“美不可言；你就是我的女神”；野生的雏菊则意味着“我会想一想”；枯干的白玫瑰意味着“宁可死，也不要失去纯洁”；在日本，玫瑰（显然是一种拐弯抹角的问候）意味着“美丽是你独有的魅力”。让·马什列举了700余种花草的含义。显然，不是世界上所有的植物都有意义。同样一目了然的是，意义乃是由人类通过读者所共享且运用的公共语言而提供的。当花语的运用者看到日本玫瑰，她便看到了花中的意义，但她错了。其意义——不同于花瓣——并不在花中。[2]

**雇员（或者说劳动者）**和花的语汇一样，也是社会地构成的实在。赫伯特·西蒙等人对**雇员**的社会地决定的本质有所认识。西蒙在《行政行为》中写道：“在许多社会中，社会地决定的一个角色就是‘雇员’。这一角色特殊的内容——期望中的服从程度——将随着社会情境的变化而变化。例如，今天的美国产业工人受雇的范围——就雇主的要求而言——可能比其父辈狭窄得多。”[3] 莱斯特·梭罗（Lester Thurow）在《面对面》（*Head to Head*）中也讲了许多例子。[4] 梭罗对比了在他所谓的社群主义社会（如德国和日本）和个人主义社会（如美国和大不列颠）看待和对待雇员的不同方式。

需要补充的是，接受知识是社会地构成的这一说法，并不意味着就没有其他的构成因素。社会构成的程度，从某些角度说，要受到物理的或其他因素的局限。例如，人不可能像鸟一样飞翔，也不可能像鱼一样生活在水中，这一事实可看作是既
17 限制同时又有助于形成现实的社会构成的物理现实；人的肉身和生命是可朽的，这一事实提供了社会现实在其中被构造的参数。马克思主义的观点——作为另一个例子——认为社会构成主要地是由经济因素决定的。下层结构——在那里，生产工具形成了社会的阶级关系和其他关系——作用于上层建筑。上层建筑——主导的哲学和社会理论是其构成部分——又反作用于下层结构；上层建筑和下层结构不停地相互作用。马克思主义认为，在这方面，生产工具就是作为限制因素作用于社会构成(或者说是社会构成的决定因素)。

说公共行政这类学科所研究的那些“事实”是社会构成物，在那些对社会科学的哲学感兴趣的人当中，相对而言，对此没有什么争议。可这一说法在社会学、教

---

① 让·马什：《花语解读》（纽约，1978），14页。

② 玫瑰本身并没有意义。同样的，书页上的“玫瑰”字符也没有内在的意义。看一下下面的系列字符：“Esel mögen Spreu lieber als Gold”，见约翰·萨里思、肯尼思·马利：《赫拉克利特断片：附海德格尔/芬克有关赫拉克利特的讲座》（亚拉巴马大学，1980），6页。这些字符是亚里士多德归之于赫拉克利特的一组希腊符号的翻译。这些字符或符号本身没有任何意义，除非社会通过其共享的语言赋予它们意义。看一下另一段翻译：“Do nke ys pre ferst rawt ogo ld”。当讲英语的读者理解其意义时，这意义并不在于莫名其妙；是我们赋予了它莫名其妙的意义。公共行政和社会实体没有差别：它们本质上都是解释学的实体。

③ 赫伯特·西蒙：《行政行为：行政组织中的决策过程研究》（纽约，1945），130～131页。

④ 莱斯特·梭罗：《面对面：日本、欧洲和美国之间即将来临的经济大战》（纽约，1992），第2章。

育学和心理学这些领域一直存在争论。[①] 当然，这些说法是那些对阐释和批判理论感兴趣的公共行政学家提出的，但不能确定的是，这些说法在关心公共行政的人当中是否也会获得同样广泛的承认。

再看一下人类观察者的解释学——解释学的孪生层面的另一面。主体的解释学特征是公共行政观察者和其他观察者都不可避免的。古立克（Gulick）——他提出了这样一个看法，即管理者的功能可归纳为 POSDCORB 这个缩略语——似乎注意到一个问题，即某一机构的首脑是不是对计划或组织提不出任何的设想或者说负不了任何责任。（正如我们知道的，POSDCORB 是计划、组织、人事、指挥、协调、报告和预算的首字母缩略词。）他率先把管理者这一社会现实的构成物说成是 POSDCORB 式的。就其角度是古立克 1937 年提出 POSDCORB 透镜的角度而言[②]，一个管理者是不可能理解行政世界的——在那里，行政管理者的首要工作是维护外部关系。确实，我们常常遇到行政管理者抱怨他们外部事务太多以至于没有时间做他们的“本职”工作；在那里，他们的本职工作被认为就是和下属以及上级打交道。这个角度就是透过 POSDCORB 的眼睛看行政世界。有人解释说，伦纳德・怀特（Leonard White）——著名的多卷本行政学史的作者——在他的著作的前两卷也是从 POSDCORB 的角度来“看”和写那一世界的。[③]

可以想象一下新公共行政的拥护者对机构运作的分析。新公共行政这一运动坚持认为，行政管理的职能的重要部分就是强调相关性、平等、公正和代表制。我们还可以想象一下弗雷德里克・泰勒（Frederick Taylor）的信徒对同样的机构运作的分析。后者是通过行政效率的透镜来看机构的活动，将其视作一种不同的社会地构成的现实。这些拥护者和信徒将看到不同的行政事实；每一方都会从他们的角度 18
建构出不同的世界画面。

有一种观点认为，社会科学是通过人类主体中立地观察客体的活动与互动——让事实自己说话——来进行知识的积累和扩充，这一观点是站不住脚的。还有一种观点倾向于认为，心灵是外部实在如印象和观念的消极感受器——心灵可以作用于观念（对它们进行综合、比较等），但只能如其本然地接受印象。这种观点也是有问题的。属于这一传统的洛克（Locke）等人的观点，到休谟（Hume）那里发展到了顶峰，后者描述心灵是印象和观念的集合。[④] 在休谟看来，心灵实际上不过是知

---

① 例如，参见彼得・伯杰、托马斯・勒克曼：《现实的社会构成：论知识社会学》（花园城市，1966）。

② 路德・古立克：《论组织理论》，见：《行政科学论文集》，路德・古立克、厄威克编（纽约，1937），13 页。在 1937 年的版本中，古立克把行政主管的角色理论化为组织内部的角色。例如，他定义（13 页）“协调”（POSDCORB 中的 CO）为“把工作的各个部分相互关联起来的最重要职责”。他定义“报告”（POSDCORB 中的 R）为“行政者负责任地通报工作进程，包括他自己和他的下属通过记录、研究和检查获得的信息”。后来这一理解有所扩展（例如二战期间军事领域运用 POSDCORB 时）。

③ 例如，参见杰拉德・纳什：《行政研究的视角：历史的追忆》（柏克莱，1969），29～30页。纳什写道：“细读怀特的行政史可看出，其写作起先是从 POSDCORB 的方向开始的。比较他在 1926 年出版的《公共行政》与 1948 年出版的《联邦主义者》或 1951 年出版的《杰斐逊主义者》的目录，就可看出其中的相同点。怀特运用同一个框架去分析当代行政和过去的事件。因而，他关心的是总统制作为一个制度的运作，行政部门的功能以及公务员。不过，到他出版那一系列著作第三部的时候，怀特自己显然发现他的 POSDCORB 参照框架也是有局限的。”

④ 以为这一传统随休谟而走向了它的终点，这肯定是一种误解。例如我们还可以指出逻辑实证主义者。

觉的集合；他坚持认为恒久的自我不能通过内省来证明。

事实不能自说自话。首要的是，事实既不能说也不能写；言说需要有说话者，言说和写作都需要一个有语言能力的主体。已知的事实只能通过命题来建构；即便命题源自单一的观察，命题的表达也必须通过语言。对于实在论者而言——例如——说水是两个氢原子和一个氧原子构成的，这不仅需要有一定的世界状态，而且需要有表达这一世界状态的语言。事实不能言说自身，因为，从另一方面说，没有中介，主体就不可能“看到”客体。主体必然地是通过他们使用的语言所体现出来的某一概念系统来看客体。这不只是说，主体是通过其语言的迷雾、概念工具的伪装来看客体。这一描述意味着，认知主体与其语言和概念框架是相分离的。而事实上，主体与所用语言的关系十分密切。有人可能会说，主体的心灵是由她运用的语言所结构的。

看起来，更激进的实在论观点（至少）会把主体看作所接受的意象的能动构形者，看作在有意识的心灵中生成客体的能动构形者。康德是一位改变西方哲学面貌的思想家，他强调了主体的能动作用。在《纯粹理性批判》(*Critique of Pure Reasen*)中，主体（例如科学家）看到的只是现象的世界。[①] 在康德看来，那被看到（或被听到、被触摸到等）的东西其实是主体和物自体相互作用提供的结果。物理现实——就其是物自身而言——是超越于我们的观看之外的。例如，看一下如其本然的世界的一个明显方面，即空间。康德认为，空间是主观的，因为它的存在有赖于主体。[②] 我们不可能完全“如其本然地”看世界（或空间），这一点通过患有白内障患者的经验陈述就可得到证明。有些患者是天生因为白内障“色盲”的成年
19 人，后来他们的白内障被摘除了。在手术过后，这些人据说还是看不见在“指定的”三维空间位置的桌子和椅子；他们看见的只是一些模糊的光。例如，明顿(Minton)和施普卡(Shipka)指出：“患者感觉到自己直接面对的是一面由不同色块不加分别地相互组合在一起的墙。所感知的墙面是绝对没有意义的……根本意识不到形状和大小，也没有任何距离观念……只有过很长一段时间且费力地辨识之后，患者才能形成客观的空间观念。”[③] 这两位作者引用马库斯·凡·辛登(Marcus von Senden)的话说：“刚刚动手术的患者对他们的视觉印象没有方位感；他们无法把这些印象和任何方位联系在一起，无论是眼睛还是平面，甚至一个球形表面；他们看颜色如同我们嗅泥炭或油漆的气味，那些气味环绕着我们，但没有任何特殊的广延——在更严格的可界定的意义上。”[④] 总之，主体至少是形象能动的共

① 伊曼纽尔·康德：《纯粹理性批判》，诺曼·斯密译（纽约，1965）。

② 斯马特：《空间》，见：《哲学百科全书》（纽约，1967），506～507页。正如斯马特指出的：“在《纯粹理性批判》中，康德既反驳了天真的绝对空间理论，也反驳了相关的观点。他认为，空间是纯粹主观的东西（或‘现象’），我们是在观念上把非空间的‘物自体’安置在那里面的。他还部分地通过指出某些二律背反或矛盾是不可避免的——只要我们把时间和空间看作客观的实在——而得出这一观点。”有关康德的空间观的发展，参见克里斯托弗·布鲁尼·加内特：《康德的空间哲学》（华盛顿，1965）。

③ 阿瑟·明顿、托马斯·施普卡：《哲学：悖论与发现》（纽约，1990），3～4页。

④ 马库斯·辛登：《空间与视觉》（纽约，1960）。

同创造者。①

可以想一想那要求我们想象用望远镜去观看的古老故事。当我戴上有红色镜片的眼镜时，我看到的世界都呈红色。我已经习惯于看红色的世界，以至于我相信世界实际上就是红色的。当我把镜片换为蓝色时，世界就呈蓝色。我肯定会怀疑世界到底是红色还是蓝色。我能够说世界既不是红色也不是蓝色的吗？不能，它可能是，也可能不是。我能够说——至少——世界的颜色不以我用有色眼镜看的方式为转移吗？没有了眼镜，我就什么也看不到——我就不可能看。同样地，我们也必定是通过语言的眼镜去看世界。我们不可能摆脱语言的透镜。我们只能依据某一概念系统、某一视角来看世界。

在这方面，公共行政与其他任何社会科学没有区别。看一下主流经济理论家的例子。这种经济学家的分析之所以有用，恰恰是因为他或她倾向于依据某一经济理论来看世界。② 否定的一方会说，坚持这么做的人会很难做到以其他任何方式看待实在。主流的理论家看到的经济世界将不同于——比如说——马克思主义经济学家。价格的本质是又一个例子。正如理查德·艾比林（Richard Ebeling）指出的，"无论如何，如果不是单单从个体的角度把'价格'界定为一个普遍的约束因素，而是也把它看作在劳动分工体系中个人计划相互调节的社会手段，那么，单靠这一个技术是不可能解决所有问题的"③。

建构观察者的思维方式——建构一个人语言运用的一整套概念、认知体系以及其他东西——形成了这个人的视野。这些思维方式是社会的和主体间的。当然，我的语言，你的语言，各有自己的特色；不过，只要如此这般地说出来了，那我的语言在所有重要的方面就都是公共的，即便仅仅是出于交流所需要的公共性。要成为能交流的观察者，就必须进入一套公共的语言游戏。

先前所给出的诸多例子都有一个局限，即它们没有提供一个足够有说服力的画面，以说明语言运用的渗透特征。我们的语言就是我们的概念集合。超出了这一 20
点，语言就犹如入侵我们的整个存在和我们与世界的整个相互关系而自身也受到这

① 也许主体的能动作用通过其对客体的呈现也能得到说明，例如贾斯特罗著名的鸭—兔实验、希尔的老妇—少女实验和奈克的立方体实验。贾斯特罗鸭—兔图形比时看是一只鸭，彼时看是一只兔。鸭（和兔），有人评论说，不被认作是鸭（和兔），除非观看者以前就知道鸭（和兔）的形状。对鱼形几何图形的凝视能使人看到以前看不到的客体；圣公会的盾形徽章和关岛的旗帜，依据罗伯特·拉维罗所谓的"神圣几何学"，看起来是不同的。见罗伯特·拉维罗：《神圣几何学：哲学与实践》（纽约，1989）。也可看一下小说、戏剧和生活中的情形。艺术中的角色和生活中的人经受悲欢离合，是因为他们对世界的一般态度决定了他们能看到什么。例如，性格大度的人在其他人那里看到的是大度，而邪恶的人看到的只是邪恶。参见赫尔曼·麦尔维尔：《比利·布德及其他故事》（纽约，1986）。看一下比利·布德的语言。看一下可敬的爱德华·费尔伐克斯·维尔船长的语言以及他的世界观。斯皮特赫德号的水手的不满引发了一场口水战，并在诺尔号舰艇上愈演愈烈，以致大打出手，维尔船长看到比利·布德用右手击倒了克拉加特，当即受到战地军事法庭的审判，维尔作证说："是上帝的天使打死了克拉加特。不过天使必须上绞刑架。"外科医生看到的画面则不同。麦尔维尔写道（352 页）："不论维尔船长，正如外科医生凭专业私下推测的，是否真的是过失意外的受骗者，每个人都必须自己决定这一叙事可能产生的后果。"

② 例如，参见史蒂文·罗德斯提供的解释：《经济学家的世界观：政府、市场与公共政策》（纽约，1985）。

③ 理查德·艾比林：《什么是价格？解释与理解》，见：《经济学与解释学》，唐·拉沃伊编（纽约，1990），191 页。

些东西侵害的癌细胞。这与黑格尔所讲的逻辑的东西就隐含在日常语言和心灵的本质中是一致的。①

有人把公共行政的“现实”是否是社会地构成的这一问题与有关那一现实的研究的恰当本质的问题分离开来；就是说，解释学的构成物并不必然伴随有解释学的分析。马克斯·韦伯坚持认为，社会客体是社会地构成的，但他也赞同对这些实在作实证主义的研究。伯杰（Berger）和勒克曼（Luckman）正确地指出：“知识社会学把人类现实理解为是社会地构成的……简而言之，我们的知识社会学概念意指着一般社会学的一个特殊概念。这并不是说，社会学不是一门科学，它的方法不是经验的，或者它不可能‘价值中立’。”②

之所以不应把针对公共行政问题的实证主义研究排除在外，这仅仅是因为研究的主体乃是社会地构成的；其潜能是不可轻视的。方法的选择部分地取决于目标，而最简便易行的做法就是认同有用的、经验—分析的目标。③ 人们可以在公共行政和社会科学中寻求关系的规律。不论社会地构成的实在是什么，也不论它是如何构成的，那实在都具有可资探究的性质；它与其他社会地构成的实在具有可辨识的关系。丽娜塔·特舍（Renata Tesch）描述规律的发现是四种主要的定性研究之一种。正如她所说的：“某些学者是从他们认作‘属性’‘概念’甚至‘变体’的资料中挖掘实在。在大多数情况下，他们假定那被发现的东西之间具有某些联系或关系。规律被认为是概念的排列体系。其他的研究者更倾向于洞察式的描述，在那里，结构就体现在再平凡不过的数据中，如在数据中重复出现的模型。”④

确实，对于实证主义的地位以及实证主义社会科学的结论，人们可以提出许多批评。关于地位的问题，第 5 章将指出，当代实证主义已无能为科学陈述的优先地位提供一个普遍认同的解释。有关结论的问题，可以说，公共行政理论和社会科学不仅无法达到自然科学的最高成就，而且无法获得对公共行政和社会科学问题的最

---

① 格奥尔格·黑格尔：《逻辑学》，引文见安东尼·曼塞尔：《布拉德雷的逻辑学》（托托瓦，1983），34 页。黑格尔写道：“思维形式，首先展现和记载在人的语言中……在已经成为人的内在的东西如思想或观念的一切中，是语言渗透到使人成其为自己的一切中……逻辑是人的自然方面，实际上就是他特有的本性。如果人们把自然本身作为物理的东西，而与精神的东西对立起来，那么，人们一定会说，逻辑的东西是高于自然的，它遍布于人与自然的一切关系，遍布于他的感觉、直观、欲望、需求、本能等，并通过这样把自然的东西转变为人的东西。”当然，对于语言与认知能力的关系，人们的看法不一。例如，可参见菲利普·列伯曼：《生物学与语言的进化》（剑桥，1984），95～96 页。列伯曼提到了布罗诺维斯基、洪堡、霍尔夫、卡西尔等人的观点。他写道（95～96 页）：“布罗诺维斯基的立场实际上不是哲学争论中的极端，因为他本质上证明说，人类所具有的认知基础，在其他动物中可能也存在，而这正是语言赖以建立和发展的基础。”列伯曼认为洪堡的观点（1836 年）要“更为极端”：“洪堡的观点——最近的一些理论如霍尔夫的理论（1956 年）对其有所表述——是‘人首要地是与他的客体共处……而语言则把这些客体呈现给他。通过相同的过程，他把语言置于自己的存在，他诱惑自己进入它；而且每种语言都给它所归属的人划出一个神奇的圆圈，这个圆圈无可逃避，谁也不能靠走出它进入到另一个来获得拯救。’根据这一观点，卡西尔作了比洪堡和霍尔夫更丰富的发展，人类思想、文化和语言一起形成了一个矩阵来界定人类状况的性质。然而，这一矩阵的最深层就是语言学层次。卡西尔由此说理性和逻辑都来自语言。”

② 伯杰、勒克曼：《现实的社会构成》，172～173 页。

③ 尤尔根·哈贝马斯：《知识与人类旨趣》（伦敦，1971），他在这里区分了经验—分析的、解释的和批判性—分析的等知识形式。

④ 丽娜塔·特舍：《定性研究》（纽约，1990），59～67 页。

佳理解。公共行政仍是一种前科学。它还不能对——例如——两个事件之间的因果关系做出规律性的解释；它还不可能得出科学意义上的定律，如“除非有外力作用，处于静止或直线匀速运动状态的物体将保持不变”。不过，这些还不是最重要的困难。正如第 5 章将要说明的，实证主义的目的在于解释而不在于理解。实证主义对于价值领域、目的领域和意义领域不能告诉我们太多的东西——还有，对于实证主义或其他研究所运用的框架，它也说不出什么。 21

那一分岔口的另一方，就是要更多地关注和更为努力地通过阐释来寻求理解。在此有一个说法是，就我们的认识发展现状而言，公共行政理论只需借助后一分岔口就可以给公共行政现象的研究提供方向和热情。在一个被认为充满意义的世界或领域里，转向意义研究似乎是自然而然的。我们应该重视这一前提性的短语。意义、价值和目标不仅仅是数据库中的附加范畴，不是实证主义碾磨里的谷物。相反，是它们共同生成了世界以及那正在运用的研究工具和假设。

解释学关心的是文本；它操心的是阐释，是意义的具体阐述，使意义获得可理解性。在此，文本都是被写的文本或者说社会实践、制度或其他安排和活动意义上的文本；我们常常说到的“阅读情境”就是这种安排或活动的一个例子。信使赫尔墨斯（Hermes）传达和解释的是神的消息；解释学有着悠久的历史和丰富的文献，最近两个世纪在德国和欧洲其他地区尤其繁荣。①

我们看一下玩具和眼镜的例子。我并不想否认实证主义对玩具这一社会地构成的实在的研究价值。例如，对于一个企业主来说，若能拥有经验研究的结果，且可以证明某一特殊的玩具设计能否吸引某一年龄段的人群，这是很有趣的一件事；这个人同时还发现，若能拥有经验研究的结果，且可以说明是否某一种大小和形状的玩具能使孩子沉迷其间，也是很有用处的。不过，对玩具语言的研究不能被排除在外。例如，对于一个企业主而言，他有必要了解对玩具的思考是如何构建了我们和孩子对玩具以及玩具的目的的认识；他还发现认识到我们有关玩具的思维结构是如何反映我们对于社会地构成的客体亦即我们称作玩具的东西的社会地构成的经验，也是有益的。同语言进行“游戏”是有价值的。

在下面的例子中，我们可以用“公共行政理论”替代“眼镜”，用“现代主义”以及接下来的“后现代主义”替代“我借以认识眼镜的眼镜”。在反思性范式的写作中，所暗示的研究类型乃是对我借以（或用以）构型世界的眼镜的研究。何谓我的眼镜的本质向我透露了我通过它们来构建的世界的本质？何谓它向我透露了我“必须”通过它们来构建的世界的本质？如果我更换镜片（例如从绿色换成红色），结果又会如何？我的眼镜看起来像是什么？如果（不，下面这句话并不是印刷错

① 有关从阿斯特到利科的解释学传统，参见盖尔·奥米斯顿、艾伦·舍里夫特：《解释学的传统》（纽约，1990）。有关解释学在社会科学中的运用，参见齐格蒙特·鲍曼：《解释学与社会科学：理解研究》（伦敦，1978）。鲍曼讨论了卡尔·马克思、马克斯·韦伯、卡尔·曼海姆、爱德蒙德·胡塞尔、塔尔科特·帕森斯、马丁·海德格尔和阿尔弗雷德·舒茨对解释学的贡献。有关当代解释学的三个分支的情况，参见约瑟夫·布雷切：《当代解释学：解释学作为方法、哲学和批评》（伦敦，1980）。布雷切区分了寻求客观意义的解释学理论和不以方法论程序为目标“而以阐述和现象学地描述时间性和历史性中的人类此在为目标”的解释学哲学以及批判的解释学。

误）我更换"'我用于'看'我使用的眼镜'的'眼镜'去看世界"，我的眼镜看起来像是什么？将这一系列的提问依次作一个转译，可得出：公共行政理论的本质能
22 就那已经构成的公共行政事实的本质向我们说些什么？如果我们从一套公共行政理论转向另一套公共行政理论，结果又会如何？公共行政理论看起来像是什么（例如从现代主义的角度看）？而从不同的角度看（例如从后现代主义的角度看）它又像是什么？这一系列的问题是同语言进行"游戏"的又一个例子。

让我们沿着一个方向对这个例子进行扩展。公共行政研究总想揭示与这一学科的基本心灵模式即主流的公共行政研究的心灵模式相匹配的官僚制实践的世界。公共行政学家看到的只是公共行政学家的世界——犹如经济学家看到的只是经济考虑和经济力量所主宰的世界，医生看到的只是需要治疗的病患的世界，物理学家（或化学家）看到的只是物理（或化学）现象的世界，训练有素的政治迫害者看到的只是巫师的世界。在此，"基本的心灵模式"这个短语指的是有关目标和过程——它们主宰着所接受的实践和思考——的一整套基本假设。它也意味着作为学科基础的最基本的目标、动机、隐喻和能量源泉。根本不同的心灵模式能揭示出不同的世界图景。有着自身个性（偶然超出常规的思考者除外）差异的主体，在学校获知以某一方式观看公共行政世界的理论家，看到的将是他们的亚文化习惯于描述和讨论的特征和机制。非专业人员也是由为社会所接受的学科特征所塑造。然而，基本的心灵模式不是静态的；它们可以调整，有可能会随内在论和/或外在论因素的变化而相应地变化。不过，主体的考古学将揭示出源头性的基本心灵模式的持久影响。公共行政的研究在这方面与其他学科并无不同。它也有自己的作用力，可能还有自己的盲点，这些在其基本的心灵模式中都可以看到。这表明，通向这一信息的道路必须是通过研究公共行政的语言。

"所有的克里特人都撒谎"，一个克里特人对圣保罗（St. Paul）作的这一陈述是反思性的一个经典例子。（如果那个克里特人的说法为真，那他的陈述就为假。①）早些时候，有人认为，对公共行政进行理论化的一个有用的启发式手段，就是认定我们的语境陷入了视角的罗网，我们的观点总是来自一大堆视角的内部。同样地，这也表明，（由于我们所有的概念化和思考都是依据语言进行的）认识到我们总是陷在语言的语境内，我们无法从外面看到全景，这也是有益的。依据这一假设，说所有的视角都是社会地构成的，这也是一个社会地构成的观点；我们不能说它**绝对**为真。

对于反思性的这些常见立场，在此我们只讨论其中的两种。一种是把反思性立

---

① 有关"说谎者悖论"的形式和反驳的意见，参见理查德·柯克哈姆：《真理理论：批判性的导论》（剑桥，1992），271～306 页。正如柯克哈姆所评论的（271 页），说每个人都是说谎者，这"并不是说他所说的一切都是谎言"。他简述他的解释（306 页）说："我们已经看到语言层面的回答既能解决说谎者的悖论，也能解决那个说所有的人都说谎的说谎者的人工语言的悖论，但它不能解决自然语言的悖论。真理一价值鸿沟的研究能解决说谎者的人工语言和自然语言的悖论，但不能解决说所有的人都说谎的说谎者这两种语言的悖论。真理一价值鸿沟的研究再多也不能免于不明智的危险。情境一语义的研究能解决这两种语言的悖论，但只有当我们承认我们不可能言说整个世界的时候。"

场看作从事公共行政理论研究使用的一种启发性工具。另一种立场则把反思性看作 23
人类状况的实际特征。前者对于在公共行政思考中使用反思性语言范式是完全必要的，但有的人可能倾向于选择后者。其讨论将从解释前者如何可能这一问题开始。

有关特殊科学与形而上学的关系，有着各种各样的观点，这些观点与这样一个一般的说法是相一致的，即反思性立场可以作为进行理论化的启发性手段。这暗示着一种观点。① 一种特殊的科学如物理学或社会学（或公共行政学这样的学科）是因其自身而存在的，从事理论思考的人可以提出各种可供选择的模型或描述，以方便那一特殊科学的工作，即方便它进行解释和理解。

作为例证，我们重新描画一下辛格（Synge）对 R 世界和 M 世界的分划。② 如同辛格所描述的，R 世界指的是“现实世界，或者说我们在其中生活、活动并获得我们的存在的具有无限复杂性的世界”③。他把这一世界与我们所拥有的各种各样的 M 世界亦即模型世界相对比。牛顿的世界就是 M 世界的范例，辛格称之为 M1；爱因斯坦的世界也属于 M 世界的范例，辛格称之为 M2。他们所提供的解释不能说在所有的方面都是现实的真实描述。辛格接着说，“就其作为 R 世界的准确意象而言，它们（即 M1 和 M2）都是不正确的。没有一个 M 世界是真实的。但它们都是 R 世界的某些特征的真实意象，而有许多现象是它们都无法解释的”④。显然，M 世界和 R 世界是相互关联的。不过，辛格的一般观点（当然，对于辛格而言并非什么特殊的观点）是，把“所是”和模型等同起来是至为糟糕的。辛格称把 M 世界和 R 世界混为一谈是“皮格马利翁的征候”。正如他所说：“我称（那一混淆）为‘皮格马利翁的征候’，指的是皮格马利翁（Pygmalion）创造了一个雕像，她是如此之出神入化，以致都获得了生命——M 世界在热情的物理学家心中都成了 R 世界。”⑤

我们的语言（我们的理论框架）构建世界，这一事实留下了这样一个疑问，即是否存在唯一正确的描述世界的方式。例如，康德的观点是，只存在一套正确的构成世界的法则，这套法则适用于全人类。黑格尔的观点是，看待世界的方式是由我们在历史中的位置、我们的语言和我们的社会创造的。而上面那一启发性手段的优势是，绕开这类问题，把更大的哲学问题留给明天的人们。可以说，我们没有必要先解决更深层的哲学问题，再去从事公共行政研究。

有关反思性的文献浩如烟海，因为对它的讨论是理解尼采、维特根斯坦、海德格尔（Heidegger）、德里达这样的思想家的必要条件；他们全都认为我们陷入了语言的概念罗网。正如海德格尔所说：“人类必定是且已经在语言的存在之中，没有

---

① 戴维·法默尔：《在时间之中：麦克塔伽特悖论观中时间的本质》（兰哈姆，1990），5 页，其中做出了类似于辛格的解释。

② 约翰·辛格：《论相对论》（阿姆斯特丹，1970），16～19 页。

③ 同上，16 页。

④ 同上，17 页。

⑤ 同上，18 页。

24 了语言，人类就寸步难行，从别的什么地方根本无法认识人的存在。”① 在《逻辑哲学论》（*Tractatus*）中，维特根斯坦说：“我的语言的边界就是我的世界的边界。”② 还有，视角的困难有可能是尼采以如此晦涩的方式写作的一个原因；视角论者不希望对“真理”信口开河，因为他或她的陈述并不比其他任何视角具有更大的优越性。③ 尼采选择的写作方式是先暗示，再从另一个角度加以提示，然后再换一个角度进行言说，他还选择使用各种各样的文学手段。

不过，正如希拉里·劳森（Hilary Lawson）所说明的，尼采、海德格尔和德里达——与维特根斯坦不同——还是对语言的本质给出了一般的论述。这里存在一条既能防御又能进攻的路线。有关防御的方面，请注意劳森的解释，即尼采、海德格尔和德里达的大部分作品都是对反思的困境的回应。对于这一困境，他们采取的立场是“一种反思性的、悖论式的自我意识”。劳森说：“对这整个困境的一个简单回应且是令许多分析哲学家着迷的回应，就是证明：陷入了这一困境，就意味着犯有根本性的错误。只要我们把知识的事业，即启蒙运动时代的梦想，看作完整的，这一证明就是迫切的。而尼采、海德格尔和德里达的作品就还具有外围的价值。”④ 至于进攻的方面，劳森的解释是，尼采、海德格尔和德里达也关心推进“反思性的解构方面至它们的极限”。他解释说：

> 结果，他们据称打开了一个后现代的世界——一个没有确定性的世界，一个没有绝对的世界。反思性的这一新影响部分地是因为批判焦点的转移，即从个人主体转向了文本。因而，从尼采到德里达，我们看到主体——传统哲学思考的焦点，被看作是经验、道德、选择和意志的场所——逐渐地被抛弃……这些哲学家提出的替代思维模式既依赖又联合了一种自我包容的反思性……在尼采、海德格尔和德里达看来，这一反思性不仅寻求改变我们的角度，而且提出了一个新的思维模式。⑤

## 2.3 本书的研究对象

为什么本书要把公共行政理论当作公共组织的语言加以研究？官僚制的语言具有各种形式。我们依据一个分类体系区分出四种或四类语言；当然也可依据别的分类体系区分出别的种类。这四种中的第一种便是官僚制的产出本身。例如，公共卫生部门可以为保持城市清洁做好事（或坏事），可以根本没有（或有一些）丑闻，

① 马丁·海德格尔：《通向语言之途》，彼得·赫兹译（纽约，1971），134页。

② 路德维格·维特根斯坦：《逻辑哲学论》，佩尔斯、麦克古尼斯译（伦敦，1961），5、6页。

③ 对于其他原因的解释，可参见乔治·摩根：《尼采意味着什么》（纽约，1941），14～20页。摩根（16页）写道：“（尼采）使用格言文体进行写作的一个原因是，这使他的真实想法能摆脱那些不适合把握它的东西。”

④ 希拉里·劳森：《反思性：后现代的困境》（伦敦，1985），28～29页。

⑤ 同上，10～11页。

没有（或有一些）政治交易，可以要求货车保持清洁（或是任其脏乱）。这类语言与我们说一个拳击手用他的拳套说话或一个画家用他的画笔说话这个意义上的语言是一样的。第二种就是官僚所说的语言。例如，一个被解雇的职员可能会愉快地说 25
“我能帮你什么忙?”或不愉快地说“站在白线之外”；一个管理者可能会说，“马上干活”或“你乐意做这件事吗?”第三种就是官僚写作的语言（例如内部的备忘录、公共信函和日程安排）。第四种则是指一整套被认为能指导官僚行为的理论——公共行政和任何规划的专业理论，如针对公共工作工程师的工程学和针对公共卫生医生的医学。这每一种语言形式或类型都可以在表层或深层来加以考察。例如，在表层，观察一下好客的言语模式是有益的。在深层，有人力图分析他们所谓的言语类型的基本特征。

公共行政理论就是本研究将要加以分析的语言。也可以分析其他语言，而且有些工作就是以它们为基础的。① 这种研究具有重要的价值。确实，选择公共行政理论作为分析对象不过是出于偏好。然而，除此之外，选择公共行政理论作为语言也有一定的好处，因为它是比其他语言更为根本、更为基础的语言。在重要的意义上说，它通常是其他语言类型的基础。如此说来，它或许可以为深化理解和影响更大范围的改变提供更多可能。

不妨看一下体现官僚文体的文件。我们在第 10 章引用了美国政府的部分采购明细单。其中就包括有牛肉香肠，这差不多是美国人的苹果派。这个明细单是官僚文体的典型例证。读者可能会由此想到许多类似的例子；和我一样，他们可能也参与了这类文体的书写。对这类官僚产出（上面提到的第三种形式）的分析确实可以通过考察基本的和更一般的语言得到深化。我们认定，对这些文件的表面特征的分析会导向更深层的认识，亦即：那从官僚制的内部看显得理性和合乎需要（事实上是必要）的东西，从官僚制的外部看，却又似乎是非理性的和不合需要的（事实上是荒谬的）。这种不一致仅仅是角度的问题吗，或者说仅仅是公民误解了官僚制的实际难处的问题吗？比如说，是法律与政治的态度和压力影响问题呢，还是无效率的公共管理的问题呢——也就是说，这些问题可以通过更有效的体制分析，更周详或更透彻的公共雇员的判断，以及更训练有素或更精心挑选的公共管理者（甚至有可能使用具有深厚的私营企业背景的人）而得到纠正吗？问题真的就出在这些特殊的官僚或特殊的官僚制或整体的官僚与官僚制身上吗？还有更深层的理由吗？例如，可能与官僚制和人类状况的本质，与公共管理和组织理论的本质有关，也可能与对官僚合理性的本质的认识有关——这些认识就体现在公共行政理论、其他理论和前理论或它们共同的假设中吗？还有其他的或伴随的理由吗？例如，与公共行政 26
理论缺乏影响力有关，与可以解释何以有影响或何以没有影响的基本因素有关吗？难道我们非得抱着理解官僚制的这一处境的愿望深入下去吗？确实，我们需要考虑

① 例如，参见拉尔夫·赫梅尔：《管理者讲述的传奇：为什么它们既有效又是科学》，载《公共行政评论》，第 51 卷，31～41 页，1991 (1)；查尔斯·古德塞尔：《行政作为仪式》，载《公共行政评论》，第 49 卷，161～166 页，1989 (2)。

更根本的问题，这一考虑将把我们（至少）带到公共行政理论的更深层。

面对这些处境，我们应寻求更根本的因素。我们必须看到发生这些怪事（和稀奇古怪的梦一样）的基础，从官僚制的外部或从官僚制的内部是看不到这些的。有人会说，理由是显而易见的。一个更有意义的研究，就是考察公共行政理论得以可能的基础——以及它不可能的基础和为什么可能或不可能。本书的研究的出发点，就是把公共行政理论看作公共组织的语言。

本书的研究程序将追随伽达默尔、哈贝马斯、阿佩尔（Apel）和利科（Ricoeur）的足迹，借用解释学研究的某些方面。① 不过，必须强调一点，我们根本没打算对这些思想家亦步亦趋。阐释的目标或者说这一方法论解释学的目标，就是要对公共行政的语言给出一个一致的和连贯的解释。开始之路——是借来的——首先是要对现代主义公共行政理论的阐释给出一个最为一般的前提假设。这一假设直接关注的是公共行政理论独有的特征，接着将结论性的认识纳入一个连贯的阐释。有一种观点认为，这一过程将引发进一步的问题，因为有些特征只是勉强地适合，因此必须提出另一个阐释，如此等等。还有一种观点认为，这一前进或后退的阐述系列构成了一个解释学的循环。我承认我得益于这些作者，受到了他们的启发，但（要反复强调的是）我所论述的东西，这些作者都没有，或者说，虽然方法一样，但我得出的是我的结论，他们得出的是他们的结论。

解释学循环的任务就是要通过深入到表层的背后来进行理解。有几种类比可以帮助理解本书所运用的阐释方法。在此仅从现代主义的视角描述一下这些类比；在后现代的语境中，情形要更为复杂。一个类比就是把阐释的方法比作一般的理性分析，有人就是据此依照现代主义和后现代主义的诉求来考察公共行政理论。在这方面，阐释过程被认为类似于许多哲学家的做法（例如，先是提出和解释那些诉求，再从各个角度加以探究，考察正面的论点和反面的论点，再对这些诉求进行修正和再思考）。在这方面，阐释过程也被认为类似于许多理论社会科学家的做法（例如，经济学家就是先提出解释模型，然后对模型作全面思考，依据已知的东西对模型进
27 行考察，再对模型重新阐述）。在这方面，阐释过程还被认为类似于文学批评家的做法（例如，对诗歌的探究、阐释与再阐释）。

如果认同这样的类比，就可以用理性的分析——以哲学分析的方式——得出安东尼·韦斯顿（Anthony Weston）所提出的那种模式。例如，韦斯顿谈到“探究问题”的方法。他论述说，这需要依据问题的各个方面提出论证，对所出现的每一论证的前提进行质疑或辩护，再对论证进行修正和再思考。韦斯顿还谈到“论辩性论文的构成”，在此“论辩”当然不具有日常的否定性含义。他还论及了对问题的解释，对反驳的考察，对诉求或观点的界定，对替代性观点的思考以及对论点的充分阐述。韦斯顿还说到了“论辩性论文的写作”。他论述说，必须把导论写得简洁

① 例如，参见伽达默尔：《真理与方法》；汉斯-格奥尔格·伽达默尔：《怀疑的解释学》，见：《解释学》，格里·沙皮罗、艾伦·西卡编（阿姆赫斯特，1984）；汉斯-格奥尔格·伽达默尔：《文本与阐释》，见：《对话与解构》，迪安·米歇尔费尔德、理查德·帕拉默（阿尔巴尼，1989），21～71页。

明了（我认为我违背了这一规则）；必须"明晰、明晰、再明晰"；必须以论证来支持反驳；并且不要超出已有分析做出结论。①

在此有帮助的另一个类比就是把理论（记住我们言说的角度并非后现代的）比作梦，把阐释的任务理解为是梦的分析。由于公共行政理论是社会地构成的，梦的内容必定有所不同——如果作为其基础的诸因素有所不同。在这一类比中，我们尝试依据人类状况的现代主义和后现代主义倾向的某些方面，通过考察公共行政理论（被比作梦）来分析梦的内容和基本要素。

如果认同的是这样的类比，就会认定梦的分析将受到弗洛伊德（Freud）在《梦的解析》（*The Interpretation of Dreams*）和其他作品中描述的原则的影响。例如，我们的关注对象并不是作为整体的梦，而是梦的内容的各独立部分。我们是在现代主义和后现代主义的标题下探讨公共行政理论的各部分。又如，我们会意识到梦的显意与隐意的区分。再如，我们还会警惕防御机制，并且（后现代的阴影）会记住弗洛伊德的告诫，即神秘的内核总是处于"梦的中心，使其成为未知东西的场所"②。

当弗洛伊德写作《梦的解析》时，他小心翼翼地揭示他的思想以给读者留下空间。例如，在他的书中第 2 章他告诉我们梦是愿望的满足；而到第 4 章我们才得知梦是被压抑的愿望伪装的满足，接着到第 7 章才知道那被压抑的愿望其实是婴儿期的愿望。乍一看，我们对阐释公共行政材料的过程的描述似乎面临着相似的危险。其所采用的方式似乎与公共行政学科的技术要求有相当的隔阂。我们谈到了解释学；还提到了现代主义和后现代主义；而现在这一描述以将其类比于梦的解释而 *28*
告终。不过，在此没有告诫的必要；这种思维张力在公共行政中已经牢固地建立起来了。例如，看一下第 8 章对公共行政的阐释主义（interpretationism）的讨论，也可看一下登哈特（Denhardt）有关弗洛伊德对公共行政的贡献的论述。③另外，公共行政的边界很不严谨，对来自其他学科的观念有一种"大杂院"的态度。

解释学的循环需要有一个起点高的出发点。以前认识作为基础，这一研究的起始假设是，现代主义公共行政理论所具有的许多关键特征——它同样是被建构的——将导向悖论。当我们在后现代的语境中考察公共行政时，可获得对这些悖论更有用、更全面的认识。在这类解释学的分析中，起始假设常常是极其一般化的，且与那一描述完全吻合。其中一个原因是**悖论**这个术语本身就是一般性的。奎因（Quine）——比绝大多数人都更有资格谈论悖论——提出了这样一个观点："所谓悖论，就是这样一种结论：乍一看是荒谬的，而实际上有论证支持它。"④不过，他补充说，这一解释还有许多未说出的东西："支持悖论的论证可能是揭示了一个已被埋葬的前提的荒谬性或先前被看作物理理论、数学或思维过程之核心的某些前

---

① 安东尼·韦斯顿：《论证规则》（印第安纳波利斯，1992）。

② 西格蒙德·弗洛伊德：《梦的解析》（纽约，1978）。

③ 罗伯特·登哈特：《公共组织诸理论》（蒙特里，1984），32～36 页。

④ 威拉德·奎因：《悖论的方式及其他》（剑桥，1976），1 页。

概念的荒谬性。因此，灾祸可能就潜伏在看起来最纯洁的悖论中。在历史中，不止一次，悖论的发现是思维基础重要的重构机会。”① 奎因区分了三类悖论：证实的、证伪的和二律背反。证实的悖论发生于荒谬（矛盾或对立）被解决的地方，证伪的悖论发生于荒谬未被解决的地方。奎因把这两种悖论和二律背反区分开来，他把后者描述为通过接受推理方式而导致的自相矛盾的悖论。二律背反尤其重要，因为，正如他指出的，它关涉的是推理模式的错误和避免那一模式的必要。② 悖论的荒谬总离不开对立或冲突的前提——或对立，或冲突，或两者皆备（或仿佛必定会这样）。对立的陈述是因为矛盾，正如科内勒斯兄弟（Martha Kneale and William Kneale）所解释的亚里士多德的定义，当陈述不能同时为真也不能同时为假时，它们就是矛盾的；当陈述不能同时为真但能同时为假时，它们就是对立的。③

本书的研究将从一个一般假设开始，即公共行政理论显示了矛盾意义上的悖论。我们的起始观点是，这些矛盾就出现在主要的结论和程序中。在那一系列重要的基本发展路线中，每一个都有望产生重要的结果，直至这样一个时刻，即那时我们明显地可以找到一条相反的发展路线。在此提出告诫是必要的，因为所有的悖论都有赖于假设（常常是隐含的），并因为悖论有时可通过付出高昂的代价即牺牲隐含的假设而避免。例如，非矛盾律就可以通过运用辩证的程序而被避免，但这要付出昂贵的代价。④

29 当我写下本章第一稿的时候，我还不知道这一一般假设是否能被证明是正确的。事实上，我们的工作总要从假设开始，就此而言，对起始态度的这一解释但愿不像是唱高调；它也的确不是。反思性的语言范式的任何运用都像是一次游戏似的、驶向相对未知的东西的航行，像是夜晚在幽暗的大海上的航行；而且必定是游戏，是观念探险，而且必须认识到航行比到达目的地更有价值。这一解释学循环的第一部分将要为公共行政理论发展的基本逻辑的所谓关键特征各自的对立面一一加以说明，接下来的六章（第3～8章）将表明，这一起始假设对于那所有的特征而言何以为真。不过，其结论不是否定性的；总的来说，现代主义语境中的那些见解是有其效用的；另一方面，我们也需要超越现代性来考察这些见解。接下来的五章（第9～13章）——解释学循环的第二部分——将依据后现代主义来考察公共行政理论。有望在超越现代主义——但不是忽视它——的过程中能有根本的改进。

本研究的焦点即公共行政理论，都是公共行政学科所接受的正典或文献。对于对公共行政学比较生疏的读者而言，思考一下这样一个观点，即公共行政是一门学科，将可以对那些文献的轮廓有更加清晰的认识。正如麦克库尔德（McCurdy）在

① 威拉德·奎因：《悖论的方式及其他》（剑桥，1976），1页。

② 同上，5页。正如奎因所说：“它确立了一点，即纯粹的可靠的推理模式必须直截了当，因此不需要加以修正。”

③ 威廉·科内勒斯、马莎·科内勒斯：《逻辑的发展》第二版（牛津，1984），56页。

④ 法默尔：《在时间之中》，69～77页。其中对这一直接的假设尤其是对非矛盾律进行了讨论。

阐述自己的观点时指出的：

> 有三个特征可以作为学科成立的证据：首先是有一套核心的价值、知识和理论，它们通常是与享有学术领袖声誉的创立者联系在一起的；其次是有可分解的或有实际意义的现象，如组织，可供研究；第三是有某些附带物，如以此命名的学派或大学科系、学会和年会、热诚的专家，至少还要有一份杂志，最好还有一个政府部门，或更理想的是总统行政办公室的一个特殊机构。①

麦克库尔德补充说："即便是片断的，即便还缺乏一个一般理论，都不能消除其(公共行政）作为学科的资格。"②

麦克库尔德的论点有些方面不够清晰。例如，我们希望更清楚地了解这样一个说法，即公共行政有一套核心理论和一套核心价值（例如，人们总想知道这套核心价值如何被证明是合理的，那些持异议的人的地位如何）。有些说法应该经过深思熟虑，因为它们本身就是可疑的。例如，第二个特征就受到一些人的反驳，他们认为公共行政学的分析单位应当是个人［如奥斯特罗姆（Ostrom)］。而第三个特征实际上是武断任意的。整套特征的准确性也常常受到质疑。例如，占星术会因此偷 30
偷潜入吗？占星术似乎能满足前两个标准但可能不能满足第三个标准。一个错误的认识是，精神分析学在这一点上和占星术的命运相同，因为前者的传授据说是在独立的协会而不是在大学。不过，正如麦克库尔德所界定的，公共行政是一门学科，这是千真万确的。

同样真实的是——尽管还有疑问——麦克库尔德的标准的支撑物是有说服力的。虽然与其他学科相比，界定还不够确切，但公共行政学的确有自己的正典文献。例如，一个从未听说过亚里士多德或康德的哲学家肯定是一个有欠缺的哲学家；一个对边际性或国民收入分析不甚了解的经济学家肯定会受到批评。同样地，对于公共行政学而言，正典已经被确认了——而且可能已经被证明了。一个从未听说过（限制在古典的例证）弗里特（Follett)、巴纳德（Barnard）或西蒙的公共行政学家作为公共行政学家肯定是有欠缺的；一个无视人力资源开发或财政管理的公共行政学家作为公共行政学家肯定是要受到批评的。

麦克库尔德的第二个标准正确地表明，公共行政学的研究领域的确存在，尽管对于它的本质与其他学科相比还有更多分歧。这一分歧就体现在视角方面。例如，哲学十分兴旺，但如果哲学家对哲学的本质存在分歧，我们会感到奇怪吗？分歧不是什么了不起的事情，尤其是在研究社会行为的学科中，但它令那些决意捍卫其领地的学术专家感到不安。对于学科的"地理"范围和形态存在分歧是正常的。在第7章我们就公共行政学的研究范围提出了一个观点，这一观点与那些依据政府做什么以及分析的单位是组织还是个人来思考问题的人的观点有所不同。我们在第7章提出，那一研究范围应包括"公共性"的供给与需求的问题，即产品或服务是不是

---

①② 霍华德·麦克库尔德：《公共行政学文献目录》（华盛顿，1975），9页。

由某一公共机构产生的，并且要说明，何谓公共产品必须是只能集体地消费。这一边界线的特异性就在于它只集中于产品的民用功能。我们把军事排除在公共行政的范围之外，这似乎是为了便利而不是为了原则。① 不过，尽管有这些困难，我们还是认为，公共行政研究的一般领域无疑是存在的。认识这一领域存在的一种方法，就是运用“无利害”测试。“无利害”测试包括提问是否公共行政学家（注意，这句话里没有说每一个公共行政学家）不应该只对研究主题的某一特殊分项有专业兴趣。例如，公共行政学家是不是不应该只对政府预算、政府人事或政府管理有专业兴趣？

麦克库尔德的第三个标准反映了一种外部论的科学发展观。② 这一外部论的观点是，知识的发展不仅仅是因为研究主题的内部动力。这一观点表明，知识是社会的，科学知识是有其特殊性的，因为它的提出要求能为社会所接受且相信为
31 真。社会倾向于把知识的可接受性的责任委派给它认为是专家的群体。海洋学家（或生物学家、心理学家、医生）是决定什么是科学的海洋学（或生物学、心理学、医学）信息的主要角色；附属的角色则包括其他被认为属于科学共同体的成员，属于大学共同体的行政者，以及相关的基金会认同的管理者。麦克库尔德说，那些被视作科学和学术仲裁者的人都会接受公共行政学。社会同意授予研究社会活动的专家这样一个称谓远不及——例如——授予物理学家的称谓多，这一事实是有趣的，但这与我们所说的一般观点无关。公共行政学科和公共行政学家的主流确实存在。

主流公共行政学科的基本心灵模式的确谈不上严格。相反，主流公共行政理论缺乏它应有的普遍一致的力量，尽管这一理论有了进一步的发展。未来公务服务教育与鉴定特别委员会（the Ad Hoc Committee on the Future of Public Service Education and Accreditation）1992 年提交给公共事务与公共行政院系全国联合会的报告以“多元创新”表达了这一点。特别委员会的报告一开始的两个结论说：“多元创新是我们领域的一个首要特征，这反映了美国政府与社会的需求的系列看法，这些看法构建和再次构建了本世纪的公务服务的高等教育。这一多元论是 NASPAA 机构所确认的，它明确地使用了那一关键词，来描述这一系列的想象物——公共行政、公共事务、公共政策、公共管理——的特征。”③ 这一多元论——并非公共行政所独有——在公共行政的核心理论的现状中有所体现——软联合、范式的多样化、备选的目标。

---

① 布拉克·布朗：《公共行政研究：走自己的路》，载《公共行政评论》，第 49 卷，216 页，1989（2）。布朗评论说：“每年要花几千万美元和有上万个专家介入海底、地上和全球的公共管理活动。军备占了美国国家开支的最大部分，而公共行政在实践中仍忽视一体化的军事。公共行政的这一巨大构成部分甚至在基础性的教科书中也难占有一席之地。”古立克确实没把军事放在心上，他不正确地说，“如果政府关心它，它就是‘公共行政’”。参见路德·古立克：《反思公共行政：过去和现在》，载《公共行政评论》，第 50 卷，602 页，1990（6）。

② 有关美国公共行政发展过程中美国公共行政学会（ASPA）的重要作用，参见达尔·普格：《ASPA 的历史：前言!》，载《公共行政评论》，第 45 卷，475～484 页，1985（4）。普格的文章还讨论了 1970 年和 1976 年 ASPA 分别与公共事务与行政学会全国联合会（NASPAA）和全国公共行政协会（NAPA）的分离。

③ NASPAA 特别委员会：《未来公共服务教育与评定特别委员会的报告》（芝加哥，1992 年 4 月 12 日）。

使用**多元创新**这个术语当然不只是赋予这一情形一个肯定的特征。我们有必要从不同的方面来看待它。无论如何，如果看的方式比较充分，那就有望在量的方面增加其价值。所谓看，就是要认识公共行政"事实"的社会构成，在早先提及的意义上说，它当然是反思性的。例如，我们应当把看的方式和被看物关联起来。另外，可能的话，视角越多样化越好。从第 3 章到第 8 章的论述，我们可以清楚地看到，由公共行政、公共事务、公共政策和公共管理这一系列的想象物提供的视角——尽管是在现代主义的传统中——要比现代性—后现代性的视角结合得更为紧密。同样的紧密结合在现代主义公共行政理论内部的诸范式（如组织人道主义的范式、公共选择的范式、古典的范式）中也可以看到。不过，在一定意义上说，本书所运用的视角将有助于阐发多元创新固有的价值。

麦克库尔德提及的"价值、知识和理论的核心"与其说是一种复合物，不如说是一种混合物。麦克库尔德自己还提及了片断和一般理论的缺乏。公共行政没有一 32
个统一的、类似于把经济理论统一在一起的经济学核心那样的东西。沃尔多对"大写的公共行政"(Big P. A.) 与"小写的公共行政"(little p. a.) 的区分反映了公共行政理论核心的特征。沃尔多的区分是元经济学家不可能做出的。正如沃尔多所说的：

> 在这篇论文中，我继续最近的做法来应对这样一个事实，即"公共行政学"是一个捉摸不定的术语。我使用大写的公共行政学来指涉一种自觉的活动——教学、研究等。而使用小写的公共行政学来指涉 (1)"显现于此"的活动，或者说教学和研究的对象，或 (2) 各种现象和活动、公共行政机构、公共行政行为、教学和研究等等整个的综合。①

沃尔多还补充说："但是有时候，一个东西会遮蔽另一个东西；如果某人想要同时指涉这两者怎么办？我发现对这一问题没有好的解决办法。"他说他的区分存在这些困难，这是正确的。[例如，为什么沃尔多想要以"小写的公共行政"归总一切——他所说的 (1) 和 (2) ——这是不明确的。又如值得怀疑的"自觉研究"的观点，对此我们将在第 4 章加以讨论。] 难以想象，一个经济学家会说"大写的经济学"是自觉的活动（例如教学和研究），而"小写的经济学"是我们此处的活动或者说现象和活动的总体综合。难道说，经济学家不会描述"大写的经济学"的实质内容吗？

特别委员会有关公共服务教育发展的报告给出的解释值得在此简要地引述：

> 任何明白公共服务教育根基的人都知道为什么多元创新是这一领域的深层特征。据说在过去的百年间有关公共服务培训的高等教育部门掀起过四次创新

① 怀特·沃尔多：《70 年代公共行政的教育》，见：《美国公共行政：过去、现在和将来》，弗雷德里克·莫什编（亚拉巴马大学，1975），181 页，以及怀特·沃尔多：《导论：回顾与展望》，见：《行政国家：美国公共行政的政治理论研究》第二版（纽约，1984），10 页。

> 浪潮。每一次都是因为对政府和社会的需求的不同认识。每一次都给这一领域留下了不同的课程设计。这些课程的重叠赋予这一领域一种整体的多元创新的特征。①

报告描述了这四次浪潮。报告说，第一次浪潮“创造了早期公共行政学的纲要，孕育了进步时代想把行政与政治分开使其成为一个专业的专家研究领域的急切愿望”。第二次浪潮是公共事务运动，其基础是对政策与行政的分离的反驳。根据报告的说法，“一代经济学家和公共行政学专家——他们中的许多人见证了战时的事务——着手拟订了公共事务的新纲要，赋予公共行政学的纲要一种公共事务的模型”。第三次浪潮是20世纪六七十年代由政策分析家的需求理论所推动的公共政策运动。第四次浪潮是公共管理运动。报告说：“对约翰逊执政之初许多公共政策结果的失
33 望引发了这样一个观点，即认为政府需要的是熟练的政策分析家而不是能制定和实施规划并具体操作的熟练管理者。”报告描述这次浪潮经历了三个发展阶段：公共管理规划的商业学派、一般管理学派以及强调管理的公共政策学派。它还说，“这一多元论在1970年创立且授名的公共事务与公共行政院系全国联合会即NASPAA这一名称中有所反映，同时在联合会宪章的第1章第4部分对‘领域范围’的界定中也包括所有这四个关键词，即公共行政、公共事务、公共政策、公共管理，且与席卷公共服务教育的系列创新浪潮是联系在一起的”。报告继而在结束这一解释时断言说：“我们自一开始就在寻求对标识出我们领域的多元创新给以制度性的支持。”②

## 2.4 概　要

公共行政理论一度具有与现在不同的特征，这部分地是因为公共行政理论和事实是社会地建构的。

观察者是能动的形象创造者。构建观察者的思维方式（或语言）决定了他的想象，因为除非通过一种语言，我们是不可能观察的。公共行政学应将其认识和努力更多地致力于通过阐释而不是通过实证主义的研究来发展理解。反思性的语言范式是这一努力有用的启发性工具。

反思性语言范式分析的是语言，即构建我们的公共行政事实这一构成物的假设。这是一门艺术，它所要考察的是我们用以理解公共行政现象的方法的解释学的、反思性的和语言学的特征。它既关心为什么我们要以我们的方式来理解，又关心能产生不同理解的另一套假设（或另一种视角）的可能性。

本书的解释学研究将把这一反思性语言范式运用于找出位于表层背后的理解对象。作为一个初始的角度，本章的最后部分考察了公共行政学科的表面特征。本书的研究开始于一个起始的一般假设。这一假设就是，公共行政理论在每一个

---

①② NASPAA特别委员会：《特别委员会的报告》。

主要的基本发展路线中都将遇到矛盾。到第 8 章的末尾，我们将看到这一假设被证实。

现在我们要开始考察构建公共官僚制当下语言的现代主义。我们将继续把当代的公共行政理论看作现代性的一个有局限的方言。

# 第 3 章



## 现代性：方言

34 任何国家、任何时代都不曾像近代西方这样深切地体会到，国家生活的整个生存，它的政治、技术和经济的状况绝对地和完全地依赖于一个受过专业训练的官员**组织系统**。

——韦伯①

例如，在我们这里有着理性化的神秘沉思……如同有着理性化的经济生活、理性化的技术、理性化的科学研究、理性化的军事训练、理性化的法律和行政一样。

——韦伯②

现代主义的公共行政理论有着其自身的价值，但也有其自身的局限。公共行政学的文献在日益增多，但作为解决官僚制难题的一种说明性的和激发的力量，它是有局限的。这些局限——正如下面将要说明的——不仅仅是偶然的（是期待的结果，是历史发展的偶然结果），而且是逻辑的（是学科之本质或必然性的结果）。作为历史发展的结果，公共行政学家经历了从早期对改革和对建立一门科学而持有的乐观主义态度向（或者说通向）关注同一性危机即公共行政的本质的危机的转变。作为期待结果，它经历了对现代主义成果的颠覆。现在，人们甚至认定，理性的正确运用——在公共行政领域和其他领域——并不能给官僚制的问

① 马克斯·韦伯：《新教伦理与资本主义精神》，塔尔科特·帕森斯译（纽约，1958），16 页。
② 塔尔科特·帕森斯：韦伯《新教伦理与资本主义精神》，译者导言，26 页。

题提供根本的解决办法。不过，这并非历史之偶然，因为解除官僚制的重负并不能保证委托人和公民就可以摆脱现代主义公共行政范式的排他性诉求。在现代主义的学术语境中来解释（或理解）官僚制的现象，这一目标在逻辑上说是不可企及的。公共行政理论这一现代主义的方言是有局限的，因为它的构成即是矛盾，这些矛盾就体现在对于其发展至关重要的每一方面。

公共行政理论面临着与每一重要的发展路线——我们将在第 4～8 章加以考 35
察——相伴随的诸多悖论。这些路线分别是特殊主义、科学主义、技术主义、企业模式以及已经走得很远的现代主义解释学。其合成的结果就是一种现代主义公共行政理论的视角，这一视角在各个方向上——它们对于增强公共行政学的解释或理解能力是至关重要的——设置了众多的限制和围墙。不妨看一下解释学路线中的一个不太重要的悖论，即讨论公共行政理论发展的解释学路线和第 8 章所论述的那一并非最根本的矛盾。在这一亚范畴中，解释学的一个主要错误（原罪）就是想把对象物化，而现代主义传统中的政府管理的本质就是物化。说现代主义不可避免，这当然是错误的，对这一错误的惩罚就是错误的认识。一方面，我们认为，公共官僚和官僚制的研究者不会物化；另一方面，这种物化又不可避免。

更详尽地考察一下这一不太重要的悖论。在有的人（如行为理论家）看来，解释学传统的第一个矛盾对立面，就是认为官僚（以及官僚制的研究者）不会物化。所谓物化，就是在处理社会构成物的时候，仿佛它们具有不可变更的自然本质，仿佛它们是给定物。因此，当某个官僚说“是部门政策要求我如此这般……”的时候，她就是在把部门政策物化；当她说“管理的功能就是……”的时候，她就是在物化；当她声称“宪法提供了……”的时候，她就是在物化。第二个并且相反的矛盾对立面，就是认为现代主义文明的本质特征就意味着物化。看一下法律条文；那就是一种物化，是我们的自由（更大的物化）的核心部分。圣托马斯·莫尔（St. Thomas More）这样的英雄就死于这种核心的物化。“法律面前人人平等”和“官僚犯法，与庶民同罪”——这些都是物化，它们只能作为牺牲品，作为抛弃有人视作西方文明成就之本质（这是另一种物化）的东西的代价。在法律实施中，官僚如何才能避免把法律物化？当然，法律可以恩威并施，甚至会因为日常观念或偏袒而得以缓和，但不将其物化，就是无视它的存在。在为千百万委托人实施某一计划时，如果不把计划方案物化，那如何才能毫无偏私地实施它？官僚制本身，就其是司法机关的工具而言，就是一种物化。物化似乎就处在民主制和官僚制的核心。

何谓现代性？什么是结构“现代”或“现代主义”公共行政理论的现代性？什么是构建我们理解公共行政事实与视角的方式以及导致现代主义公共行政理论悖论特征的一般心灵模式？这一构建，正如我们将看到的，采取的是与现代性对待人类主体的独特态度联系在一起的理性化和推理的表现形式。对现代性的本质的讨论对于我们依据特殊主义，依据实证主义的科学观与技术观，依据企业第一性以及依据现代主义解释学来理解对公共行政理论的这一构建、这一格式化是必要的。

36 术语的问题烦扰着有些人，尽管也有可能不是这样。我们谈到了现代的、现代主义的和现代性；有时还使用其他的语汇如现代化和现代主义。司各特·拉什（Scott Lash）说道，我们应当追随韦伯和哈贝马斯，使用**现代化**这个词来表示文化多样化和社会自主化的进程。① **现代性**开始于十六七世纪，并在启蒙运动的谋划中达到顶峰。**现代主义**——正在向社会的方面扩展，但开始于“19世纪末出现的艺术范式变革”——则是对现代性的困难的一种回应。② 一般地，我们可以遵循这一惯例。

## 3.1 现代性的要旨与理性的节日

在1980年的一篇论文中，哈贝马斯依据启蒙主义的谋划的意图来界定现代性。③ 他还讨论了现代化的问题；他一上来先回顾了马克斯·韦伯关于文化现代性的特征的描述，即“体现在宗教和形而上学中的实质的合理性分化为三个自主的领域……即科学、道德和艺术”。从此我们便把这三者看作“知识、正义与道德以及趣味”的问题；它们形成了有某方面特长的文化专家的地盘。现代性的谋划就是启蒙主义的谋划。正如哈贝马斯所说的：

> 18世纪的启蒙哲学家所阐发的现代性的谋划，就在于他们极力想依据各自的内在逻辑来创立客观的科学、普遍的道德与法律以及自主的艺术。同时，这一谋划还意图使这每一个领域的认知可能性摆脱它们的神秘形式。启蒙哲学家想要利用这一专业化的文化积累去丰富日常生活——也就是说，去丰富理性的、组织化的日常社会生活。④

插上一句，我们也可以把公共行政理论描述为是这一“理性的、组织化的日常社会生活”之一种。启蒙思想家如孔多塞（Condorcet）期望——哈贝马斯解释说——艺术和科学能把人带向征服自然、对世界和自我的理解、道德进步、制度公正和人类幸福。

1793年11月10日，在圣母玛丽亚大教堂举行了理性的节日，类似的崇拜性节日在全法国都甚流行。这一节日可以说是现代性谋划的一种符号化。托马斯·卡莱尔（Thomas Carlyle）描述——他不赞同这一节日——说：“这是我们的新神；理性女神受到人们的敬畏；从今往后我们膜拜她……理性再次驾临，端坐在——正如有人说的——身着罗马服装的人们所制造的大篷车内，由风笛、红色小帽、疯狂的世界护送着。而且就这样，理性直接地坐上了圣母玛丽亚的祭坛宝座，人们，如报

---

① 司各特·拉什：《现代性还是现代主义？韦伯与当代社会理论》，见：《马克斯·韦伯：理性与现代性》，司各特·拉什、萨姆·威姆斯特编（伦敦，1987），355～377页。

② 同上，355页。

③④ 尤尔根·哈贝马斯：《现代性：未完成的谋划》，见：《反美学：后现代文化论文集》，福斯特编（华盛顿，1983），9页。

纸所说，向她履行必要的仪式。”[1] 卡莱尔——他发觉忽视了一点——接着问道：“但是有一个东西我们应当最容易理解：理性自身一直怎么看待自己。例如，可 37
怜的摩莫罗夫人（Mrs. Momoro）（代表理性女神）的那些言辞究竟意味着什么；什么时候她不再被看作女神，什么时候圣经学者和她可安静地坐在家里享用晚餐。”[2]

对于革命的法国所举行的无数节日——在 18 世纪达到顶峰——的意义，人们有着更深入细致的评判。这一评判并没有把这些节日仅仅看作政治手段或革命的越轨行为而打发完事。但亨德森（Henderson）这样做了，他还补充说：“那是对国民大会（the National Convention）的永久玷污，它屈从地成为了所有这一反基督教的可笑仪式的参与者，它允许自己被这种昙花一现的激情所控制。”[3] 奥佐夫（Ozouf）的阐释更为感性化。[4] 林恩·亨特（Lynn Hunt）在奥佐夫著作的前言中解释说，大多数历史学家都倾向于认为大革命的节日（如自由女神的节日、理性的庆典、上帝崇拜）是无效的或“无生命力的官方文化令人讨厌的例证”。奥佐夫指出：“节日不只是大革命进程中古怪的边缘物。节日提供给人们批判的观点洞察法国革命的意义；它们显示了一个处于自我更新过程中的社会。”[5]

也可把这一理性的节日看作是对现代性主旨的说明。它生动地体现了启蒙主义的谋划以及构成现代性谋划的意图。启蒙主义是对有关主体和理性的流行态度的一种描述，这些态度体现了西欧思维方式——尤其是 18 世纪——的特征。**启蒙主义**这个术语通常被看作“理性的时代”的同义词，这个时期包括 17 世纪、18 世纪。[6]

现代性意味着对传统的权力和状况的反抗——在前现代社会中，这些权力和状况被认为是自然的和不可避免的——这明显是现代个人主体获得更大自由和更多机会的结果。阿多诺和霍克海默界定启蒙是一种使个体意识摆脱自然力量的、与人类历史的神话阶段关联着的局限和决定作用的谋划。[7] 这种反抗和这种主体性的指涉在理性的节日中被符号化了。旧的神灵和旧的宗教——被认为是自然秩序的一部分——遭到批判；主体现在在理性女神面前不再受约束，可以自由地选择。在理性的节日上，每个膜拜者都可以界定自己，且不必以上帝和自然秩序中其他类似的给定物作为参照。自我成为参照的中心。

理性的节日是对拒斥所有的价值的符号化——这些价值以前被认为是一种自然的约束力，人们就生存于（或者更确切地说是必须生存于）其中。每个膜拜者对于自己的价值和生活方式都可自由地做出理性的选择，再也不必受传统价值和社会角

---

① 托马斯·卡莱尔：《法国革命史》（伦敦，1837），653～654 页。

② 同上，654 页。

③ 欧内斯特·亨德森：《法国大革命中的象征与讽刺》（纽约，1912），406 页。

④ 莫纳·奥佐夫：《节日与法国大革命》（剑桥，1988）。

⑤ 林恩·亨特：奥佐夫《节日与法国大革命》，前言，9 页。

⑥ 对“启蒙主义”这个术语也有人提出了更广义的理解。例如，参见卢西恩·古德曼：《启蒙哲学：基督教自由民与启蒙主义》（剑桥，1973），5 页。

⑦ 霍克海默、阿多诺：《启蒙的辩证法》。

色的主宰。正如韦伯论及现代性时说的，正是在个体应尽的理性义务中，价值终于被发现了。现代性拒绝固定的善的概念，传统被废弃，但源自于理性的世俗性、科学主义和享乐主义除外。正如韦伯所解释的，“我们的生活同未从神灵和魔鬼的法
38 术中解脱出来的古人并无差别，只是含义有所不同罢了。正如希腊人时常向其城邦的诸神献祭一样，今日的情形也如出一辙，只是那些礼俗中所包含的神秘但内心深处觉得真实的变化，已遭除魅和剥离而已”①。

自足的主体在理性的节日中是权力的中心；正如卡莱尔所说，摩莫罗夫人不具备传统的权力去使膜拜者始终如一。现代性把权力置于主体之中，主体现在主宰着她的物理的、社会的和政治的环境。自我获得了对自然的技术控制权；正如列奥塔（Lyotard）指出的，人类的可能性将因为对生活条件的主宰而获得解放。② 在政治方面，这一自由就反映在自由共和国的意识形态、经济个人主义、民主制和民族—国家的至上性中。霍布斯（Hobbes）、洛克和其他社会契约论理论家的个人主义思想就体现了这一观点。同时也体现在现代主义对公共行政加以理论化的语境及其特征之中。这种理论化——例如——就发生在经济企业第一性与民族—国家主导性的语境中，并一直处于其阴影之中。

理性的节日表明了崇拜的自我对理性的承认。所谓“理性之于**哲学**如同恩宠之于基督徒”就是一个强有力的证明。③ 在这一描述中，理性乃是拯救的工具。伟大的科学进步——例如牛顿所取得的那些进步——改变了世界。牛顿的宇宙本质上是机械论的宇宙：它依据某些可认知的规律自动地运转。到 18 世纪，这些进步的意义被更充分地认识到。超自然的存在被认为是多余的。以共识和科学为基础的理性带来了进步和幸福。它被看作实践的。和其他现代主义谋划一样，公共行政理论也是由这一科学观建构的。它反映了一种不受旧的神灵和价值假设妨碍的理性的观点。科学主义就是公共行政理论的一个方面。

狄德罗（Diderot）的 17 卷《百科全书》（*Encyclopedia*）的存在本身就象征着对理性的实践作用的重视。理性被认为有益于强调功用的世界。这个时期是亚当·斯密（Adam Smith）和杰里米·边沁（Jeremy Bentham）的时代。进步说乃是启蒙主义的创造，它将通过理性的运用而被实现。理性若能被恰当地运用，就能推进人类幸福。这一理性与合理性的观点结构了公共行政理论这样的现代主义活动。其所强调的就是技术或技术主义。

理性的节日象征着新的等式；理性的力量现在成为神圣的力量。理性在现代性的谋划中被看作一种创造性的和有用的力量，能使自我从迷信、夸夸其谈、恶习和无知的局限与束缚中解放出来。这些局限受到严厉的攻击，例如在伏尔泰（Voltaire）的《人类心灵之局限》（*Bornes de L'Esprit Humaine*）中。伏尔泰解释说，

① 马克斯·韦伯：《以学术为业》，见：《马克斯·韦伯读本》，汉斯·格特、赖特·米尔斯编（纽约，1946），148 页。

② 让-弗朗索瓦·列奥塔：《后现代状况：知识报告》，本宁顿、马苏米译（明尼阿波利斯，1984）。

③ 参见克朗·布里顿：《启蒙运动》，见：《哲学百科全书》，保罗·爱德华兹编（纽约，1967），524 页，这段引文来自狄德罗的百科全书的“哲学”条目。

理性“在许多人那里因教会、牧师、恶习、迷信和贫穷这样一些文化因素而被认为虚弱不堪；人们需要启蒙”①。正如康德指出的：“所谓启蒙，就是人摆脱由其自身 39 所造成的依附状态。这一依附状态使人没有他人的指导便不能运用自己的理性……因而启蒙的座右铭是：‘敢于认识！敢于运用自己的理智！’”②

在理性的节日中被符号化的启蒙理性被认为是自我和社会的解放者。现代性发展的关键，如极少乐观主义的韦伯所认为的，亦如第 2 章所说的，就是理性化。对于现代主义的公共行政理论而言，情形亦复如此。社会逐步走向理性化，专业分化也逐步出现。理论的、实践的和审美的领域将依据其自身的逻辑发展；话语将分化。话语的分化最终将为公共行政学这样的学科划定学科界限——公共领域与私人领域、政治领域与非政治领域的分离。理性化促成了现代主义学术研究的特殊主义，或者说学术和思维领域的原子化。

主观地确立的理性取代了传统的万能上帝的位置，受到崇拜。请注意看一下巴托罗兹（Bartolozzi）当时的一幅素描的题词。亨德森复制了这件“爱与理性拥抱的迷人素描”，并评论说：“人们惊讶地发现，像巴托罗兹如此知名的一位艺术家居然会援手于宣传，尽管他无疑会因此受到奖赏。”③ 巴托罗兹的题词有一部分是这样写的：“朋友们，在今日没有任何束缚的情形下，你们会对爱无动于衷、视而不见吗，会对理性、崇高置之不理吗，我们已是借助于它的火炬，整个地改变了法兰西的命运？正是借助于对国家、对神圣理性的爱，在这一广阔宇宙的地平线上燃起了星星之火！……正是借助于人性的上帝、至上的理智，使法国人成为那鄙俗的生命的报复者。哪里有三色旗，哪里就是万能的幸福象征。”④ 理性具有极端爱国主义的方面，它支撑着特殊的民族国家，它有助于民族国家为所有的生灵实现合理性的福利。

我们也可把理性的节日解释为现代性的主体—客体关系的象征。主体是膜拜者，理性是描绘世界亦即客体的工具。现代哲学，从笛卡儿到现时代，关心的主要是认识论和基础主义的问题。正如麦迪逊（Madison）指出的：“（那）赋予现代哲学以逻各斯中心主义的在场形而上学这一著名特征的东西，似乎可以实现哲学的传统目标，即通过向内转进入到认识主体自身——在那里，它力图发现能说明此后我们有关‘外部世界’的‘知识’的确定性根基——来获得基础的、根本的知识（这一知识被认为既是心理学的，又是先验的）。”⑤ 主体性是现代哲学的基础。这一主

① 彼得·盖伊译：伏尔泰《哲学词典》（纽约，1962），122～123 页。在前几行，伏尔泰写道：“你想知道为什么你的手臂和脚会遵从你的意志，而你的肝脏却不会吗？你想知道为何思想是在你弱小的知性中形成自身，而婴儿却是在母亲的子宫里孕育成形的吗？……你的同行已就这类问题著述千万……但实际的情形究竟如何？你称之为精神的这个东西——来自拉丁语中意指呼吸的词——根本不能做得更好，因为你对它一无所知……不过你有一定的学历，你有皮毛作掩护，你的大学方帽也是皮毛的，它们称你为主人……蒙田的格言是：‘我能知道什么？’而你的格言是：‘我不知道什么？’”

② 伊曼纽尔·康德：《何谓启蒙?》，见：《康德论历史》，刘易斯·怀特·贝克编（印第安纳波利斯，1963）。

③ 亨德森：《法国大革命中的象征与讽刺》，405 页。

④ 同上，插图 166，407 页。

⑤ 加里·麦迪逊：《后现代性的解释学：人物与主题》（布鲁明顿，1988），前言，10 页。

体性把心灵和个人意识等同起来，而主体和非主体的区别是最基础的区别。个体是哲学思考的基础，哲学的目标就是确证我能认识什么和如何认识，就是为我在个体
40 中的认识活动奠定基础。不妨看一下笛卡儿对知识基础的探索；这一探索体现了现代主义的自我确证。正如布卢姆伯格（Blumenberg）阐述的："现代主义的自我确证是一种存在主义的图谋，依据这一图谋，人把他的存在置于某一历史情境中，暗示自己将如何处理他周围的现实和用什么来构成向他开放的可能性。"① 根据这一观点，现代性的目的就是这一以认识论为核心的哲学的目的，也是面对客体世界的主体的目的。

因此，现代性是主体中心化的时代。这一陈述概括了现代哲学的认识论和基础主义特征。"所是"依据呈现给单个主体的方式以及这一认识如何在那同一个别主体中确立起来而得到考察。正如后面将看到的，后现代性则被描述为是主体离心化的时代。

对现代性的这一描述可以通过考察海德格尔有关主体的出现导致的世界图像化的观点得到更清楚的说明。自我在其中被中心化的认识活动认为世界是由主体所图像化的东西构成的，海德格尔说，这一图像化的过程完全是现代的。海德格尔写道：

> 当我们沉思现代时代时，我们就是在追问现代的世界图像。我们通过把它与中古和古代的世界图像相区别，来描绘现代的世界图像。但是为什么在阐释一个历史性的时代之际，我们要来追问世界图像呢？莫非每个历史时代都有它的世界图像，并且是这样，即，每个时代都尽力谋求它的世界图像？或者，对世界图像的这一追问就是现代的表征，并且仅仅是现代的表征吗？②

海德格尔还说："成为新的，这乃是已经成为图像的世界的特异之处。"③ 这一图像化的行为可以解释现代个体借以进行理解的根本方式；例如，根基于数学的理性概念，在海德格尔看来，是与表征的力量联系在一起的。主体之所以处于中心位置，是因为主体是表征者，是绘图者。理性是主体的工具。我们可以期待在公共行政理论和其他现代主义行当——科学的、技术的和解释性的行当——中发现这一观点。

## 3.2 后启蒙的悲观主义

哈贝马斯提出了一个问题。在他看来，20 世纪挫伤了启蒙主义的期望。理论领域、实践领域和美学领域的分离导致了学科自足，导致了对他所谓的"日常交往

① 汉斯·布卢姆伯格：《现代的合法性》，罗伯特·华莱士译（剑桥，1985），75 页。
② 马丁·海德格尔：《世界图像的时代》，见：《论技术及其他》，威廉·洛维特译（纽约，1977），128～129 页。
③ 同上，132 页。

阐释学”的偏离，还导致了“‘否定’专业文化的倾向”[①]。笛卡儿范式根基的动摇
在 19 世纪黑格尔、马克思、弗洛伊德这样的思想家那里也发生过，我们将在第 8
章讨论这一主题。(例如，马克思论及了经济因素的决定作用，弗洛伊德则讨论了心 41
理的力量。）我们应该记得 20 世纪的除幻，我们难道应放弃现代性的谋划，或者说我
们应悬置“启蒙的意图，因为它们太虚弱了”[②]？哈贝马斯自己的回答是，我们不拒
绝将现代性当作一个被遗忘的事业。相反，我们应当向影响人们去否定现代性的那些
错误学习；我们应当把现代性，正如前面所说的，理解为是“一个未完成的谋划”。

在另一些人看来，现代性是一个死胡同；根本没有办法实现它。有些批评家已经谈到了现代性的崩溃，或是必然崩溃，或是已经崩溃。例如，阿多诺和霍克海默认为，现代性自身就包含有自我瓦解的因素，更大的理性化导致更大的非理性。[③]不过，在另一些人看来，这种质疑是不着边际的；在他们看来，我们已经离开了现代性，进入了后现代时代。鲍德里亚就是一个典型，他因其比较早的描述而被称作是后现代主义者。在他看来，美国的问题就在于，“面对持久性和恒定性的难题，一个已经达成的乌托邦陷入了危机”[④]。他把欧洲的难题看作未达成的乌托邦的危机，即欲达成其理想（如启蒙理想）的愿望的落空。

19 世纪、20 世纪有关现代性的悲观主义在韦伯和其他人那里都有所反映。韦伯描述“现代经济秩序的整个世界”是“一个牢笼”，那里只有“缺乏精神的专家，缺乏心灵的感觉论者”，还有这样的“幻觉”，即认为它已经达到比此前各个时代更高的文明水平。[⑤] 韦伯相信官僚制将激励一致性。“官僚制发展得越是完善，就越是‘非人化’，就越是能成功地削弱官方事务中能逃脱计算的爱、恨和所有纯粹人格的、非理性的和情感的因素。”[⑥] 唯一可能的防御武器就是“意志”，无论如何人们也不能让自己被看作一群动物。不过，正如科尔布（Kolb）解释的，韦伯对此不抱什么希望：“最有可能的过程是遏制官僚制一直所受到的魅力型政客们的干扰，后者总是把他们的个人激情引入新的价值来唤醒人民的意志。因此魅力领袖将通过赋予官僚更大的合法性而获得认同、被惯例化并走向终结。这一体系只会受到来自外部的这种闯入的激情的干扰，但后者并不能阻止牢笼再次关闭。”[⑦]

理性的节日中的愉悦与乐观主义在 1793 年 11 月 10 日有突出表现，并在近两
百年间因对现代性的某种保留和除幻而取得成功。效能的问题出现了。为什么日益
加深的理性化会带给我们大屠杀、城市和环境的破坏这样的理性的人不愿面对的后
果？人们对现代生活的否定方面已经有所认识。例如，人们所体验到的随大众传播
这类发展而来的异化、颓废以及非人化的方面。这些问题是显而易见的，尽管理性
化的运作在公共行政这样的领域仍在发挥作用。理性的节日的乐观主义——在科学 42

①② 尤尔根·哈贝马斯：《现代性：未完成的谋划》，9 页。

③ 霍克海默、阿多诺：《启蒙的辩证法》；马克斯·霍克海默：《理性的消逝》（纽约，1974）。

④ 让·鲍德里亚：《美国》，克里斯·特纳译（伦敦，1989），77 页。

⑤ 韦伯：《新教伦理与资本主义精神》。

⑥ 马克斯·韦伯：《经济与社会》，格恩思·罗斯、克劳斯·维特切编（柏克莱，1968），975 页。

⑦ 戴维·科尔布：《纯粹现代性批判：黑格尔、海德格尔及其他》（芝加哥，1986），13 页。

和哲学中对知识的理性的追求——现在失去了基础。弗洛伊德等人公开反对社会进步的观点。[①] 尽管他说过电话这一现代奇迹使得父亲可以和儿子通话，尽管他也记得是火车这个现代奇迹首先使儿子可以出门远行。

现代性的两难似乎离解决还很遥远。如何把自由的个体联合为一个共同体，自由和权威在一个自由的社会中如何关联，平等的权利如何影响人们对差异的承受，这些都是两难的例子。现代性的某些批评家是保守主义者。例如，芝加哥经济学派的弗兰克·奈特（Frank Knight）就怀疑官僚制是否有足够的力量维护社会秩序；他认为宗教是必要的。[②] 阿拉斯代尔·麦金太尔（Alasdair MacIntyre）对亚里士多德的德行伦理学进行了重新阐述。[③] 一些公共行政学家回应了麦金太尔的观点。例如库珀（Cooper）和赖特（Wright）编写了一本书讨论"公共行政学家，一些著名的、只为少数人所知的公共行政学家，他们典型地把德行理解为是特殊的品格，理解为是在公共行政实践中对整一性生活的追求"[④]。

## 3.3 特殊的和独特的理性主义

西方现代性所特有的特殊的和独特的理性主义[⑤]——在启蒙运动和理性的节日中受到欢迎——被后启蒙思想家所重新评价。正如前面说到的，韦伯是后启蒙的一位悲观主义者。我们在第1章解释了他把计算的和工具—目的类型的合理性看作社会进步的主导。他的悲观主义的一个源头，就是他看到了形式的合理性对社会的统治；实质的合理性被排斥。在他看来，价值冲突的解决根本不存在理性的道路（正如前面已经提到的）——而这一解决又是十分重要的。

马克斯·韦伯主张事实与价值的二分，他的这一区分为我们后来将在西蒙的《行政行为》中看到的观点提供了支持。韦伯指出，如果以演绎的方式来证明价值（或价值原则）的合理性，那么在证明终极价值的时候必定会遇到困难；就是说，价值A是从一个更高级的价值B中推导出来的，而更高的价值B又是从另一更高的价值C中推导出来的。这样一来，就必须有一个最高的终极价值，那一终极价值不能以推导的方式被证明，因为再也没有比它更高的价值。在韦伯看来，价值和政治的领域根本上是非理性的和自相矛盾的。在伦理的领域，韦伯讨论了他所谓的责任伦理（consequentialist ethics）（考虑行动的后果）和信念伦理（deontological ethics）（基于行动者的义务）之间的冲突；他认为解决冲突的唯一途径就是选择。在政治领域，韦伯给出的一个例子是，公正是否意味着必须把更大的机会让给更具才

① 西格蒙德·弗洛伊德：《文明及其不满》，詹姆士·斯特拉切译（纽约，1961）。

② 弗兰克·奈特：《竞争伦理学及其他》，米尔顿·弗雷德曼、霍默尔·琼斯、乔治·斯蒂格勒、阿伦·瓦里斯编（纽约，1935）。

③ 例如，参见阿拉斯代尔·麦金太尔：《德性之后：道德理论研究》（圣母玛丽亚大学，1981）。

④ 特里·库珀、戴尔·赖特编：《模范公共行政者：政府中的主角与领导者》（圣弗朗西斯科，1992），7页。

⑤ 韦伯在《新教伦理与资本主义精神》中谈到了"西方，尤其是现代西方理性主义的特征"，26页。

能的人，或者相反，是否“人们应尽量使心智能力分配不均的非公正平均化”①。韦伯认为，对于诸如此类的问题“不可能有确切的回答”②。他认为那种演绎的理性是必需的，但不可能解决伦理领域的问题，因为在他看来，伦理领域是与政治领域分离但又相互渗透的。因此，制定专业规则的科学家应当把自己局限于事实研究。特纳（Turner）和法克特（Factor）提到了施姆勒（Schmoller），后者在方法之争（Methodenstreit）中属于韦伯的对立面。他们论及韦伯的观点说：“有人把价值当作事实，这不仅仅动摇了其听众的客观性，而且是对他们的欺骗。韦伯认为施姆勒就是这样做的。”③ 43

我们可以看到韦伯式的两难（形式的合理性与实质的合理性的两难）在行政决策理论的发展中的作用。看一下马奇（March）对于决策行为的评论：“如果科学进步可以以简化来评判，这就是一种倒退。从一个预期的、推论的和理性的抉择的简单角度看，我们首先获得的将是对理性的局限的承认，接着是对内部冲突的关心，再就是对人类行为的历史依赖性的认识，最后是对围绕着组织行为的重大模糊性的认识……生活本来就比我们早先有关它的神话学论述更为复杂。”④ 对理性的局限的承认似乎是对韦伯所描述的两难的调整。

其实，在联结着马奇和西蒙的发展中，确实存在很多复杂性，马奇称之为“倒退”。对于公共行政学中所运用的理性，人们确实存在误解，如果说有限的理性并非总是如其本然地被认识，就是说，被看作工具理性。一个决策可以是理性的，因为所选择的决断规则并不是仿效主导的微观经济理论的综合理性的模式。理性的决断可在更少综合理性卷入的基础上做出。综合型的理性需要思考，即在选择最佳、最优化的决断前，必须分析所有可能的替代和考察所有可能的结果。换句话说，综合理性的模式寻求把选择者的效应最大化；最后的效应在可能的选择中被放大。西蒙本人论及了行政人的有限理性，在那里，做出某一选择，不是因为它是最优的，而是因为它能“令人满意”⑤。西尔特（Cyert）和马奇把有限理性的观念运用于私营企业。⑥ 有限理性包括考察一系列任意排列的选择，在那里，决策的原则就是，所选中的第一选择即是“足够好的”选择。若能做一番更详尽的考察，便可找到一个或几个更好的选择，但次优的选择作为足够好的选择也是可以接受的。有限理性并不就是对理性的限制。相反，综合理性与有限理性都是理性地做出最好选择的方法，它们都是手段—目的型的理性的典范。

林德布罗姆的不连贯渐进主义理论是对西蒙最杰出的解释之一，被认为反映了韦伯对实质合理性的理解。⑦ 就其是透视的而言，林德布罗姆的理论对寻求最好的政治

①② 马克斯·韦伯：《社会科学方法论》，爱德华·施尔斯、亨利·芬奇编（纽约，1949），16页。

③ 斯蒂芬·特纳、罗杰斯·法克特：《马克斯·韦伯和理性与价值之争》（伦敦，1984），57页。

④ 詹姆士·马奇：《决策与组织》（牛津，1988），15页。

⑤ 例如，参见西蒙：《行政行为》，以及詹姆士·马奇、赫伯特·西蒙：《组织》（纽约，1958）。

⑥ 理查德·西尔特、詹姆士·马奇：《公司的行为理论》（英格尔伍德·克利夫斯，1963）。

⑦ 例如，参见查尔斯·林德布罗姆：《“鬼混”的科学》，载《公共行政评论》，第29卷，316～325页，1969（2）；亦可见1961年、1963年、1965年、1979年的其他出版物。

结果的实质合理性的两难给予了关注，林德布罗姆相信，利益集团的相互影响将产生
44 （以亚当·斯密的方式）出最好的结果。他的方法取决于所存在的、能影响政治决策的诸因素的互动。林德布罗姆的不连贯渐进主义——也可称之为连续的有限比较，分支方法或渐进主义——类似于西蒙的有限理性，因为它承认人类处理信息的能力是有限的，有的东西要被忽视。它也思考了对“令人满意”的东西所做的手段—目的分析；但是林德布罗姆提出了一个重要的观点，即若是不考虑手段的可行性，目的就不可能达到。林德布罗姆的程序是非中心化的，它有赖于利益集团的互动和声音的碰撞，为的是整个地修正有限的决断甚至非决断。在林德布罗姆看来，行政决断是在边缘处做出的，它们是分批的和补救性的。

阿米泰·艾特泽尼（Amitai Etzioni）的“混合扫描”理论是西蒙与林德布罗姆的解释之间的桥梁，是处理形式的合理性和实质的合理性的又一个尝试。艾特泽尼自己认为他的研究既非理性主义亦非渐进主义。正如他所说的：“（理性主义）研究之所以是乌托邦的，是因为行为者不能控制理性主义决策的做出所需的资源和力量。渐进主义则忽视了重要的创新的机会，忽视了一个经验的事实，即渐进的决策实际上常常是在基本决策的语境中做出的。”[①] 艾特泽尼所说的“理性主义”其实是指某种合理性；例如他说道，理性主义的“模式总是把决策者方面的决策情境置于高度的控制之下”[②]。艾特泽尼的混合扫描方法区分了高级层次和低级层次，在前者那里，是对基本的政策方向的确定；在后者那里，是对渐进的过程的具体贯彻。先是在高级层次思考有计划的理性，接着在低级层次在渐进的基础上展开具体的细节。

另有人把综合理性的方法与渐进主义的方法之间的这种对立进一步推广，尤其是在预算中。[③] 1961 年引入国防部（the Department of Defense）的计划—立项—预算体系（PPBS）就是综合理性研究的一个例子。阿伦·维尔达维斯基（Aaron Wildavsky）的观点就是渐进主义的一个例证。[④] 维尔达维斯基的解释不仅是描述性的（对所是的描述），而且是透视性的（对他认为应当的东西的透视）。他认为预算应当是渐进的；他相信渐进主义会导致更好的结果。这些更好的结果中有一部分就是，渐进主义更适合于政治体系。

## 3.4 现代性论述的几个假设

我们要看一下有关现代性论述的几个假设。一个假设是认为我们继承了一个连

---

① 阿米泰·艾特泽尼：《重访混合扫描》，载《公共行政评论》，第 46 卷，8 页，1986（1）。

② 阿米泰·艾特泽尼：《混合扫描：决策研究的“第三条道路”》，载《公共行政评论》，第 47 卷，385 页，1987（6）。

③ 在预算之外的其他职能领域的例子，参见格拉汉姆·阿里森：《决策的本质》（波士顿，1971）。阿里森分析了古巴导弹危机期间的外交决策，他为此运用了三个模式。第一个模式是把国家看作理性的行动者，第二个模式关注的是组织过程，第三个模式是依据官僚政治分析决策过程。

④ 阿伦·维尔达维斯基：《预算过程的政治》（波士顿，1964），也可参见其他出版物。

贯的和独特的西方思想与倾向的遗产，尽管其中有些是相互冲突的，尽管我们可能不同意那些遗产的本质和因果关联。[①] 现代性在文化的各个不同方面都有体现，如在哲学话语中，在社会理论中，在艺术和建筑以及其他文化传达中。说西方遗产是 45
连贯的和与众不同的，意思是说这些表达乃是基于一个共同的世界观（Weltanschauung），这一世界观对可能位于其边缘的东西视若破烂，而对位于其核心的东西加以模式化。当然，究竟是文化的哪一方面或哪些方面构成了独立的变量并构建了现代性的其他方面，人们对此说法不一。哈贝马斯认为，现代性是其“哲学话语”的一种功能，而另一些人则认为哲学表达是其他因素的一个依赖性变量（如马克思主义者就强调经济发展的首要作用）。还有一些人对这两种观点都持否定态度。例如卡斯卡迪（Cascardi）就声称，现代性不仅仅是哲学的，也不仅仅是历史的。[②] 不过，尽管在细节上有这些差异，它们都有一个共同的假设，即现代性代表了一个独特的心灵模式（mind-set）。

现代性不仅仅是一个时代问题。实际上，现代性的心灵模式早在五个世纪之前就已经出现了，并且在那个时期就已经广泛地确立起来。例如伯曼（Berman）曾描述了现代性的三个历史阶段。第一阶段是现代生活的开端，从16世纪初到18世纪末；第二阶段开始于法国大革命时期；第三阶段是全球扩展的阶段，结果产生了一种“现代主义的世界文化”[③]。不过，不能把现代性的心灵模式完全地和单一地等同于五百年前或任何特定的历史时期的心灵模式。霍克海默和阿多诺从《奥德修斯》（*Odyssey*）开始来谈论启蒙，尽管他们认为18世纪的启蒙运动是启蒙的充分展开。[④] 韦伯论及了中世纪僧侣的理性化生活。[⑤] 而且，当时的社会还包含有现代性的许多例外，如艾米什派。[⑥]

我们必须警惕年代中心主义（chronocentricity）的倾向，这一幻觉认为我们这一代人是特选的子民。有些目中无人者居然断定说我们的时代是独一无二的，或是认定我们正处在两个时代的交汇点。当然，这两个时代是不同的，可困难在于如何比较这各个时代，如我们自己的时代和希腊化时代。尤金·韦伯（Eugen Weber）指出，希腊化时期已出现了类似于我们时代的后现代和现代倾向。正如尤金·韦伯所说的，希腊化时期的学术氛围——从亚历山大（Alexander）逝世到克雷奥帕特拉（Cleopatra）逝世——的典型特征就是出现了反理性主义的潮流。这个时期体验

---

① 戈登·列夫：《中世纪视野的消亡：论14世纪知识与精神的变革》（纽约，1976），2～5页。他写道（2页）：“我们称作视野的东西是一种抽象，或更严格地说是一组抽象，它形成于我们对不同个体或群体的思想、态度和信仰的认识。”接下来（4～5页），他又补充说：“因此，根本就不存在——或只是例外地——单一的现实观来主宰一切的认识。我们认作视野的东西更像是人们共同坚持的有关现实之意义的绝对假设的框架——如有关上帝、人、自然、社会、宇宙的假设——这一框架是存在于它之中的理论世界各个不同程度的连贯性和阐述的中介。在规范的意义上说，这指的是神学家和物理学家以及其他学术代理人的框架，而不是农民和接受者的框架。”

② 安东尼·卡斯卡迪：《现代性的主体》（纽约，1992），2页。

③ 马歇尔·伯曼：《一切坚固的东西都烟消云散了：现代性的体验》（纽约，1982）。

④ 马克斯·霍克海默、西奥多·阿多诺：《启蒙的辩证法》，约翰·库明译（纽约，1972），43页以下。

⑤ 韦伯：《新教伦理与资本主义精神》“作者导论”。正如施卢切特所说：“和资本主义一样，理性主义在韦伯看来不只局限于现代西方。”见沃尔夫冈·施卢切特：《西方理性主义的兴起：马克斯·韦伯的生平》（柏克莱，1982），9页。

⑥ 列夫：《中世纪视野的消亡》4页。列夫写道：“视野不会被混合为一，不会朝向单一一个方向。”

到了心理和美学的碎片化；对自我的兴趣；面对大都市产生的非人化的感受；对政治参与的冷漠；异域崇拜；另类时尚；对神秘宗教、星象学和巫术的信赖。还有现代主义的倾向，如对宏大的痴迷，对制定规则感兴趣的官僚制，对财富的执着追求。所缺乏的是在无时间形式的范围内进行创造的意志力。如同在艺术中所反映的(如卢维里的萨摩忒拉斯的维克多)，希腊化时期热衷于动感、感性和开放。韦伯列举的这些例证让我们想起我们自己的时代。①

46 当进入对后现代性起始日期的确定时，或者说当我们想要确定现代性终结的日期时，遇到的困难要更大。其中一个困难在这样一个事实中可以看到，即有些思想家并不把现代和后现代看作连续的时代。正如罗斯告诉我们的：“‘后现代’这个词并不总是‘现代’的延续或者说比后者更晚，相反，这两者有可能是同时的，或者如列奥塔所说，前者要‘先于’后者。”② （列奥塔对这一观点的表述是：“一部作品要想成为现代的，必须首先是后现代的。因此，所谓的后现代主义并不是现代主义的终结，而是现代主义的初始状态，而且这一状态是川流不息的。”③）时代的这一关系有赖于人们如何理解现代性和后现代性的概念。我们可以谈论两个不同的时代，或者说我们可以依据这些相互竞争的观点把现代性和后现代性理论化。例如，我们注意到，现代—后现代的争论“在许多方面已经明显地成了有关在新兴的‘后工业’社会中文化和社会生产的本质争论”④。

与这些思路一起，有一种可能性就是把现代性—后现代性的对立看作心灵模式或倾向的对立（或者说，如果不是对立，也是一方对另一方的限制），这些模式或倾向在所有时代以不同的比重呈现着。我们可以围绕着对理性的不同诉求来展开对这一对立的描述，而且还可以描画出各种类比。一种是把这些心灵模式的对立类比于阿波罗（Apollo）与狄奥尼索斯（Dionysus）的区别。每年有九个月的时间，希腊人在德尔菲纪念与理性有关的阿波罗神；狄奥尼索斯则主管其余三个月的德尔菲神谕，并且这个时期强调的是放纵、迷醉和非理性。沃尔多将阿波罗崇拜与狄奥尼索斯崇拜当作一对矛盾⑤，此前的尼采和荣格（Jung）也作过这种区分。⑥ 正如有

① 尤金·韦伯：《在西方的传统中》，声像资料，（桑塔·巴巴拉，1989）。

② 玛格丽特·罗斯：《后现代与后工业》（剑桥，1991），5页。

③ 列奥塔：《后现代状况》，79页。

④ 波里斯·弗兰克尔：《后工业的乌托邦》（剑桥，1987），10页。

⑤ 德怀特·沃尔多：《大动荡时代的公共行政》（斯克兰顿，1971），270～273页。沃尔多写道（270页）：“深深地写进人类状况的是两种倾向、两种可能之间的一种二元性，以及一定程度上的对抗性。这些对立面的一方指的是理性、理性主义、认知、逻辑、古典主义这样的东西，另一方则是指信仰、情感、直觉、感觉、激情等。西方历史的写作可能且一定程度就是依据一方对另一方的相对统治和特殊的‘混合’：阿波罗崇拜和狄奥尼索斯崇拜、信仰的时代、启蒙时代、古典主义和浪漫主义时期、双重真理学说、科学与神学的斗争等等。”在1971年出版的这本书的后面一点，他还说（271页）：“有关我们现在所处的时代的假设似乎不需要任何证明，在这个时代，狄奥尼索斯崇拜居于主导，与阿波罗崇拜进行着激烈的对抗。”

⑥ 有关尼采对阿波罗崇拜和狄奥尼索斯崇拜的关系的不同认识，参见乔恩·斯塔姆鲍格：《尼采的时间问题》（伦敦，1987），19～37页。例如，她写道（26页），我们“对阿波罗崇拜和狄奥尼索斯崇拜有两种不同的理解：（1）阿波罗崇拜和狄奥尼索斯崇拜作为两种同等原始的艺术力量，（2）狄奥尼索斯崇拜作为首要的统一性产生阿波罗崇拜的表象世界。在这两种理解中，尼采谈到了一种矛盾”。也可参见卡尔·荣格：《心理类型》，古德温·巴恩斯译（纽约，1923）第3章，其中考察了尼采在《悲剧的诞生》中对阿波罗崇拜和狄奥尼索斯崇拜的对比。

人描述尼采的对比时所说的：

> 阿波罗，（尼采）认为，代表了理性的控制、科学、对万物分门别类——首先是把观察者与被观察对象分开——的意识，还有为主宰我们周围的世界和避免所有灾难而必需的一般知识。另一方面，狄奥尼索斯则代表着忘却自己是谁和身处何方的欲望，代表着打破分割主体与客体的界限，和世界融合为一的欲望——人与人、人与群体、人与自然、人与神或宇宙的统一。①

现代性与后现代性的不同的另一个类比是依据左右脑的共存来描述的。作这样的类比仅仅是为了解释，它并没有在一种“主义”与某一半脑（假定对左右脑的解释是正确的）之间做任何匹配。② 还有一个类比则是依据女性气质与男性气质的对比做出的，弗洛伊德和荣格认为是它们共同构成了人的性格；例如，弗洛伊德就说：“纯粹的男性气质和女性气质是不确定的内容的理论构成物。”③ 在有些人和群体那里，是现代主义居于主导；在另一些人和群体那里，是后现代主义居于主导。然而，那不居主导的一方与另一方是共存的。

后现代性可以说是对理性的范围的限定。有人把理性的统治看作没有限制的、 47
透明的，以至于他们认为，凭着理性，他们就可以论断一切。这一理解既可运用于公共行政学，也可运用于其他学科，但在有些哲学家那里表现得更为明显。泰勒主义的管理者就力图理性地安排其下属的所有任务；这一管理者对理性的范围不加任何怀疑。麦克塔伽特（McTaggart）这样的哲学家——依赖于无限制的理性统治和无限制的言说事实的能力——认为他能证明时间的存在是不可能的。在他看来，怀疑理性的范围是不可想象的。同时，怀疑被言说的东西的范围也是不可想象的。④

依据这一观点，现代主义便是一种可言说的东西；后现代主义，正如在第1章所暗示的，则是不可言说的东西。现代性反映了对理性的语言把握世界的能力的完全信任。它也是乐观主义的反映，声称完全的认识是可能的。后现代性则是这一信念、这种乐观主义以及对权力的这一诉求的否定。它拥抱那令人不安的反思性。后

---

① 托马斯·古尔德：《柏拉图式的爱情》（纽约，1963），38页。古尔德接着说：“因此，阿波罗的王国包括科学、哲学、政治、商业，以及向我们揭示世界秩序的那些艺术。但是狄奥尼索斯则是酣醉、性欲、宗教迷狂，以及更粗野的音乐和舞蹈的化身。”后面，古尔德补充说（39页），“要谈论阿波罗和狄奥尼索斯，就要冒险被今天的大多数学者指控为浅薄”。

② 有关大脑分裂的观点，参见赫伯特·西蒙：《管理决策：直觉和情感的作用》，载《行政管理学术期刊》，第1卷，60～61页，1987（1）[也收录于韦斯顿·阿戈尔：《组织中的直觉：有效的领导与管理》（加利福尼亚，1989），26～27页]。西蒙说：“对‘大脑分裂’的生理学研究——大脑皮层联结着大脑的两个半脑——鼓励人们提出两个在质上完全不同的决策观念——分析的，对应于巴纳德的‘逻辑’方面；直觉的和创造的，对应于‘非逻辑’的方面……大脑分裂理论更浪漫的想法把这一结论外推为两极的思维，即上面所说的分析的和创造的……对于我们来说，重要的是行为上的差异，而不是半脑上的差异。把它与两个半脑联在一起是风马牛不相及。”

③ 弗洛伊德：《梦的解析》。

④ 麦克塔伽特对时间存在的反驳，在我看来，可以通过区分本体论和谓项，通过否定所是即是所说来加以反击。麦克塔伽特对本体论与谓项之间的区分没有警觉，他没有区分本体论意义上的时间和作为谓项的时间。他认为，由于存在的本体论属性是如其所是，因而必然能够对属性作出论断。参见法默尔：《在时间之中》，173～179页。

现代主义否定中心化的解释；它拥抱这样一个事实，即这种否认本身就是一个中心化的解释；它拒绝寻求逃避路线，声称它的否定是一种元语言。

尽管对于现代性的起讫日期以及它与后现代性的关系还很难给出确定的回答，但显然，现代性的世界同一性的观点在后中世纪的西方逐渐发展、繁荣并成为主导。**主导**这个动词应当被强调。这是一个科学成就、技术奇迹和发明创造空前繁荣的世界；知识过度膨胀，自大和迷信逐渐退去。权力和统治主宰着一切，主宰着环境和其他人；我们全都清楚我们现在有多大能力去创造财富、医治疾病、旅行、建筑、毁灭和传播。在政治、社会、经济和其他领域，我们可谓是硕果累累。现代性孕育了现代时代的一切成就；它是一套在启蒙运动的谋划中就已充分表达的假设和态度。

公共行政理论是现代性的一个范式典型。现代性的主体中心化和主体不受约制的观点参与了一种认识论谋划——在那里，真理和价值需要以自我为基础——这一谋划已经在公共行政理论中导致了理性化和理论化的诸多独特特征。许多公共行政理论把启蒙运动所欢呼的理性化精神具体化：如韦伯所描述的计算或工具理性、哈贝马斯所描述的目的理性的理性化。这一理性化就体现在想依据科学和技术路线发展公共行政学科的尝试中，也体现在想把资本主义的价值纳入官僚企业的尝试中。
48 部分公共行政学的路线——如解释学的路线——是这一理性化的另一种形式。这一理性化也导致了特殊主义，导致了公共行政学的论题范围的确立；事实上，这种特殊主义是公共行政理论创造的基础，并且是与现代主义的民族—国家观联系在一起的。

我们现在要看一下构成现代主义公共行政理论基本的逻辑形态的核心特征：特殊主义、科学主义、技术主义、企业化倾向和解释学。在接下来的五章，我们将分别描述这些特征，尽管对于这些特征并没有提出一个先后顺序；这根本就没有必要，因为这样做没有什么实质意义。对于这每个特征的细节，我们没有作详尽的描述；别的人可以进行补充，或是以不同的方式来加以划分和解说。这些特征足够呈现现代主义构形公共行政事实的图像的基本模式。

## 3.5 概　要

对于现代性的本质，人们已经提供了形形色色的描述。例如韦伯依据特殊的和独特的理性主义和哈贝马斯依据启蒙主义的谋划意图所作的描述；海德格尔对导致世界图像化的主体的讨论。理解现代性本质的一种方式就是把焦点集中于启蒙主义，尤其是集中于理性的节日这样的仪式。构成现代性的基本假设在五百余年的现代时代并不是同等地居于主导地位，例如重要的后启蒙主义批评和悲观主义情绪所表达的。

现代性是主体中心化的时代，而后现代性是主体非中心化的时代。在现代性中，理性的运用被认为能产生不受限制的人类进步，其中的一个主旋律就是理性化。现代性导致了对被认作自然约束力的传统权力和价值的拒绝。实质合理性被抛弃。自我成为自主的，因为它摆脱了迷信。现代性是主体遭遇世界的时代，哲学集中于基础和认识论的建立。

有关现代性的论述的一个假设就是，我们已经继承了独特的西方思想遗产。然而，现代性也许是，也许不是时代的问题。现代性可以说是一套理解无限理性的范围的假设；后现代性则假设了一个界限。因而，现代性代表着这样一个假设，即所有事实都是可说的；后现代性则代表着对这一假设的否定。

公共行政学是现代性的一个范式典范。本章揭示了把公共行政理论限定为一种理解和改变官僚制力量的观点的基础。伴随着每一个重要路线的发展，公共行政学将遭遇一系列的矛盾。

# 第 4 章



# 现代性：特殊主义的局限

49 在这个国度存在的众多职业和专业领域中，公共行政学……在许多方面都是独特的。……人们也把它与那大多数的领域区分开来，后者最大的特征，从仅仅一个小的方面说，就是依赖于其他国家的学术和专业发展。尽管美国的公共行政学隐隐约约地根基于英国宪政的历史，根基于基本上已被抛弃的德国财政学以及外国的军事改革（为了适应世纪之交美国的军事建设），但它主要还是美国人的发明，是土生土长和自成一体的。

——莫什[1]

学科的专业化和自足——加剧了学科分化——乃是现代主义学术的特征。据说，一直到 16 世纪末，一个家庭图书馆就能将所有的学问一网打尽。也是自那以后，学术如雨后春笋般迅速成长和分化，哪怕是最为贪婪的私人藏书家也只能望洋兴叹。达米科（D'Amico）描述了文艺复兴时期图书馆规模的扩张。他说道，彼特拉克（Petrarch）有藏书 200 册，“按照 14 世纪的标准，这是一个庞大的数量”。印刷术的发明使得图书大量增加，达米科记述说，哥伦布（Columbus）的儿子菲迪南德（Ferdinandus）有藏书15 000册之多。正如达米科所描述的，“在不长的一个历史时期里——大约在 15、16 世纪之交——狂热的藏书家可以在

① 莫什：《美国公共行政学》，7～8 页。

家里收藏所有的学术。那样一个时代已经过去；尽管私人图书馆在 17、18 世纪迅速成长，但学术的繁衍和分化使得其成果已非个人图书馆所能囊括殆尽”①。社会科学和其他科学在不断“繁殖”和增加，分支学科也在发展。朝向分化的现代趋势在美国越来越高涨。各种各样的行为学科已经出现，公共行政学就属于其中的一员。和其他专业学科一样，美国的公共行政学也是为适应某一知识领域的特殊分支的呼声而发展起来的。专业化和分化——我们不妨以中性的**特殊主义**一词称述之——是所有当代学科和专业的一个主要特征；前现代的普遍主义不再可能。

对于美国公共行政学的边界——特殊主义的实际形态在美国公共行政学的情形 *50*
中有所体现——可以通过考察这一学科名称的每一要素来加以分析。矛盾是显而易见的；对普遍性的迫切要求和对特殊性的关注就是矛盾的双方。例如，就其是自然科学意义上的实证科学而言，主流的公共行政学理论都渴望一种普遍性。而就其只局限于某一国族（甚至民族主义）的问题和经验以及社会知识的某一特殊分支（甚至学科专业化和自律化的某一特殊形式）而言，公共行政理论所关注的只是特殊性。不妨想一想把一个国家作为例子加以关注的情形，想一想公共行政学想成为一门科学的情况。仅仅得出一些与文化有关的结论的物理学或化学学科不可能是现代科学。罗伯特·达尔（Robert Dahl）说，公共行政学要求成为科学的诉求取决于发展出“一套独立于其特殊的国家平台的一般原则”②。

盲点也应当加以注意。美国公共行政理论就其本质而言已经取得了重要成果。不过，问题需要一分为二。美国公共行政学的**美国**特征——若想了解非美国的情形，那肯定会大失所望——在处理诸如腐败和政府规模这样的领域的时候总会陷入盲点。就公共行政理论是政体的某一特殊视点和政治哲学的某一特殊领域的仆人这一点而言（不论有多么的优秀），实践上与这一视点或领域不相适应的地方，就必定会出现这些盲点。美国公共行政学的**公共**方面不利于人们对公共领域与私人领域之间的重要共性的认识。美国公共行政学的**行政**方面一直是公共行政理论家最为关注的领域，尤其是以政治—行政二分的方式。

## 4.1　美国方面

现代时期的特殊主义不仅体现在学科分化方面，而且体现在民族主义方面，而

---

① 约翰·达米科：《手稿》，见：《剑桥文艺复兴哲学史》，查尔斯·施米特、奎恩丁·斯金纳、艾克哈特·克斯勒编（剑桥，1988），27 页。当然，有些专业学科在这之前就出现了。例如，参见列夫：《中世纪视野的消亡》，10～11 页。列夫声称，14 世纪在数学、物理理论和逻辑学方面取得的进步大于中世纪其他任何时期。他还说，“尽管这些分支和其他知识分支的独立发展在某些方面——尤其是逻辑学——可回溯到 12 世纪，但它们在 14 世纪获得了新的同一性……当时许多著名的人物，如布拉德瓦尔丁、布里丹、奥里斯姆的尼古拉斯，同时也都是哲学家或神学家或牧师，或三者皆备，但许多人还是整个地投身于科学或逻辑研究”。

② 罗伯特·达尔：《公共行政的科学：三个问题》，载《公共行政评论》，第 7 卷，1～11页，1947（1）。

且后者时常帮助形成分化的准确形态。在现代时期，人们已经看到了民族—国家的创造与发展和民族主义的力量。据说，马克斯·韦伯对马基雅维利（Machiavelli）所提及的佛罗伦萨人大加赞赏，因为“在他们看来，其出生地的强大比他们灵魂的拯救更为重要”①。在当时的这位民族主义者看来，这一选择显然不是应当的选择。有人把这种特殊主义推向更远，甚至达到了民族主义的高度，以至于把民族主义等同于普遍主义，把民族和世界看作一回事。还有人对世界的其他地方只怀有边缘的兴趣。民族主义对美国公共行政学学科边界的形成发挥了重要作用。

51 对于美国公共行政学的美国方面，我们可从四个层面加以考察。第一个层面讨论的是这一地方主义存在的证据。但对于这一构成要素人们总是感到左右为难，因而第二个层面关注的是为解除这方面的限制做出的努力。第三个层面承认把公共行政学理论化为一个美国谋划也具有某些优势。第四个层面说的是不利因素，也就是矛盾和盲点。

我们首先确立的是公共行政学的地方特征。可以依据对地域或地理的相关方面的诉求把公共行政理论和经济理论做一对比。经济理论要诉求于普遍性。公司理论，或分析各种市场条件下公司的产出与价格行为的理论，被认为可应用于资本主义的所有公司，不论公司是在迈阿密、麻省还是在孟加拉。更确切地说，所有经济理论，不只是公司经济学这样的例子，都想适用于所有的地理语境，因为它适用于其中的某一个语境。经济学的理论化都把焦点集中于普遍性，而对经济理论做出贡献的是来自哈佛、伦敦经济学院、东京、德里或德班的经济学家。相比之下，公共行政理论——它自上世纪以来在美国已经发展壮大——首要关注的是一个国家。美国的公共行政理论，尽管在第二个层面会提到一些例外，其实就是典型的美国公共行政学。

下面的三个例子反映了这样一个观点，即地区性的公共行政文献基本上受关注一个国家的主宰。首先，回想一下第 2 章概述的 1992 年 4 月 NASPAA 特别委员会对这一学科本质的解释，它已成为这个国家各大学的公共行政学课程的指定部分。② 报告解释公共行政学的内容应受历史主导。更有趣的是，受某一特殊国家即美国历史的主导。

其次，注意一下 1992 年《公共行政评论》(*Public Administration Review*) 上的一篇社论。社论一开始就试图解释为什么新近重建公共行政理论与实践的尝试没有取得成功。它接着说：“这一点也不奇怪。历史上，美国公共行政学几次大的重新定位都与占主导地位的政治派系、政党或运动——它们认同一个相对一致的意识形态，即把行政改革看作实现其政治目标的关键——的兴起有关。类似的例证有：联邦党人、杰克逊主义者、公务员改革家和进步论者、新政人士，以及 20 世纪 60 年代的人权/大社会运动。”③ 这些都是国内事件。

① 斯蒂芬·特纳、罗杰斯·法克特：《马克斯·韦伯和理性与价值之争》，49 页，引文见马克斯·韦伯：《译文选》，路西曼编（剑桥，1978），223 页。

② NASPAA 特别委员会：《特别委员会报告》。

③ 赫扬·兰、戴维·罗森布鲁姆：《公共行政在转型吗?》，载《公共行政评论》，第 52 卷，535 页，1992 (6)。

最后，看一下选集《美国公共行政学：过去、现在与将来》的情况。这是这个领域的一部经典，对学科的这一历史梳理和解释乃是麦克斯威尔行政和公共事务学院与 NASPAA 的联合计划的成果。本章开篇的那段引文就是选集中莫什的解释。52
这一段警言妙语声称，美国公共行政“是美国人的发明，是土生土长的和自成一体的”。莫什接着还解释说，除极少数的例外，如汉密尔顿（Hamilton）和托克维尔（Tocqueville）的评论，公共行政学作为一个研究主题和一种专业在 19 世纪末之前基本上无人问津。学者们如当时从事这一研究的威尔逊（Wilson）和古德诺（Goodnow）使用的是欧洲文献和例证，但是，他接着说，美国公共行政学的真正源头是在城市。① 莫什比较了美国的公共行政与非美国的公共行政思想。他说道：“实际上，欧洲所有的公共行政思想、文献和教育都是从民族—国家开始，并且是面向下层。而在美国，情形刚好相反。”② 非美国的思想被描述为本质上是与美国不相关的。

莫什在导论中还提到了选集中非美国人的思想的地位以及国际技术搬运者的困难。在提到选集时，莫什指出：“其中有许多研究者和作者在书中都占有一席之地，而他们只有很少一部分不是美国人，实际上，这些人主要是出现在脚注的参考文献之中：韦伯、法约尔（Fayol）、凯恩斯、厄威克（Urwick）、克罗兹尔（Crozier）等等。”③ 在说到二战后美国对公共行政学的技术方面的积极介入时，莫什评论说，令许多“昙花一现的‘专家’——无疑还有人数更多的外国读者——感到灰心丧气和懊恼的是，有太多实践证明可取的美国思想、技术和原理或是用处不大，或是隔靴搔痒，不着边际”④。至于那些只是在脚注中被提及的贡献者，如马克斯·韦伯和约翰·梅纳德·凯恩斯，莫什希望这本选集“能对两类人有所裨益，一类是对不论哪国的公共行政学的跨文化传播感兴趣的人，一类是美国在这一领域的研究者和实践者”⑤。

认为属于某一群体的当事人与别的人有着根本的不同，这是美国公共行政学史的一个论题。公共行政理论，随着它在美国的发展，一直受到美国梦的影响。这一梦想有时被看作成功的同义词，尤其是个人的经济机遇和成就。不过，不论这一梦想是不是还包括别的什么东西，有一个常常被强调的观念认为，美国政治生活在某些重要方面是与众不同的。这一观念还认为，与别的体制不同，正是美国宪法——广义上说应归功于伍德罗·威尔逊（Woodrow Wilson）（“国家机制的基本秩序”⑥）——才使得那种成功有了可能。其他体制可能会竞相效仿，但只有在美国

① 莫什：《美国公共行政学》，7～8 页。莫什写道：“只有极少数的例外——汉密尔顿在《联邦党人文集》的某些段落，托克维尔的某些有趣的观察，林肯和其他政治领袖的某些修辞性的抱怨——公共行政学作为科学，其研究或一般化在宪法起草的那个世纪基本上无人问津。作为一个专业，它并不存在。在学术方面，一直到 19 世纪末 20 世纪初才零星有学者从事这一研究，如威尔逊、古德诺等，而且他们利用的是欧洲文献和例证。但正如斯通兄弟在论文中明确地说的，公共行政学的真正源头在城市，尤其是大城市。”

② 同上，8 页。

③④ 同上，9 页。

⑤ 同上，10 页。

⑥ 约翰·罗尔：《伍德罗·威尔逊的宪政世界》，见：《政治与行政：伍德罗·威尔逊与公共行政研究》，杰克·雷宾、詹姆士·鲍曼编（纽约，1984），44 页。

才有成功，或者说，只有在那里才有“时代新秩序”（novus ordo seclorum）[①]，就如同出具美元支票一样。这一观点还认为，美国的基本政治体制是依照诸如自由、民主这样的概念被结构和设计出来的，因而美国公民为人类发展提供的可能性是别的地方所无法比拟的。这一观念因欧洲相对弱小的军事、除德国外所有欧洲国家的经济衰退以及那在一个向前看的超级大国看来既迷人却又难以接受的向后看的怀旧
53 态度（最明显地体现在对前现代的形式如君主制和明显的社会等级区分的保留中）而得以强化。这一态度对于公共行政理论显然是重要的，一定意义上说，公共行政学的事务不仅仅（用伍德罗·威尔逊的话说）“是要研究一部宪法”，而且还要研究一个特殊的宪政。

对于美国要素的问题，人们抱着一种既爱又恨的矛盾心理，有人尝试想超越刚刚所说的那种排他主义。这些尝试在比较公共行政学中，在对美国公共行政学前辈的认识中，在诸如西蒙和奥斯特罗姆这样的理论家的著述所具有的“普遍主义”倾向中，都有所反映。

比较公共行政学的运动动摇了民族主义的诉求，这是公共行政学和比较政治学的一个分支学科，也是特殊主义倾向的一个例外。[②] 这一运动出现于二战以后。其对公共行政领域的作用最近似乎有所衰退，对公共行政学的影响受到局限。正如黑迪（Heady）指出的：“美国的公共行政学研究者和实践者自一开始就对历史上的或当代的其他政治体制的行政经验怀有兴趣……但这从不是这一研究领域主导的关注焦点，因为它所首要关注的还是美国问题和美国对这些问题的解决。”[③] 乔治·格斯（George Guess）把比较公共行政学的历史分为几个时期：战后宽松时期（1943—1948 年）、遏制边疆时期（1949—1960 年）、进步联盟时期（1961—1972 年）、新方向时期（1973—1980 年）和私营部门创立时期（1981 年至今）。[④] 他说，有两个主要的兴趣点，即公共行政学的模式比较和国际公共行政学。格斯这样来评价其成果：“尽管这在现实中有实际的基础，但许多比较公共行政学研究总是对一些非问题故作姿态，整个领域常常因此而受到批评，被认

---

① 理查德·斯蒂尔曼：《美国宪法两百周年和行政院一百周年纪念》，载《公共行政评论》，第 47 卷，4～5 页，1987 (1)。正如斯蒂尔曼评论的：“1787 年的宪法根本上改变了政治秩序的基础，因而也使世界变得更加美好了……宪法反映了独特的制度秩序，用有关美国黑人的一句座右铭说，‘时代新秩序’……这一‘时代新秩序’在政府科学的发展方面是真正的‘第一’。正是美国人大胆的创新，使得甚至像原子裂变或登陆月球这样的美国‘第一’科技都走在了前列。新宪法秩序也阐述了政府可能的最大困难，那就是以其大量的内部钳制和平衡、严格列举的司法权力、特别阐明的人权、有限的制度功能、非中心化的权威和代议制的治理来进行管理。在试图以这种方式治理其政府事务并使其正常运转之前——甚至之后——是没有任何行动的。”

② 不过，动摇是有限的。参见艾列诺·劳迪西纳：《百花齐放：公共行政学的几部新作》，载《公共行政评论》，第 47 卷，275 页，1987 (3)。劳迪西纳评论说（她评论了七部论著）：“然而，还是存在严重的分歧。在那些最耀眼的东西当中，缺乏的是比较的角度。除非介绍者把补充性的作品如桑赫尔的作品包括在内，否则大多数学生在入门课程中就只知道美国模式。”也可参见布拉切·布朗：《公共行政研究》，215 页。布朗评论说：“第四，从威尔逊到达尔到现在，跨文化和国际性的视角与研究的呼声基本上被忽视了。”

③ 费雷尔·黑迪：《比较与国际行政学的问题》，见：《公共行政学手册》，杰克·雷宾、巴特利·赫尔德特、杰拉德·米勒编（纽约，1989），501 页。

④ 乔治·格斯：《比较与国际行政学》，见：《公共行政学手册》，杰克·雷宾、巴特利·赫尔德特、杰拉德·米勒编，477～497 页。

为是生产了近似无意义的信息。”他相信，比较公共行政学研究已变得更加经验化了，更多与政策相关，更多折中主义和跨学科：“我们不能断言说，公共行政学仍是它的主要边界。”① 黑迪形象地把当前的研究状态描述为处于“低谷但仍给人深刻的印象”②。

对先前的和国外的著作的认识也有助于缓解美国公共行政学的地方主义描述。德怀特·沃尔多和丹尼尔·马丁（Daniel Martin）就比较强调前辈的作用。正如沃尔多所说的：“应当把美国的具有自我意识的公共行政学看作那一已被描述的漫长历史的一部分。这样看的话，它就根本不是什么新的和不同的玩意，而只是一个流传已久的故事的又一篇章。”③ 他还补充说：“但是，以历史的角度看待公共行政学也揭示了某些不同寻常的、实际上的特征。它是某一特殊历史时期和某一特殊的新世界环境可辨认的产物。”④ 他断定，美国人可以且已经向西欧学习，但欧洲公共行政学显得优秀的理由不能被移植。他说：“行政管理的技术，首要的是，深深植 *54* 根于文化和社会政治环境。”⑤ 沃尔多对美国有自我意识的公共行政学的解释，正如前面已经说明的，在“自我意识的研究”这一说法的含义和指谓方面还存在许多困难。在含义方面，说某一论题对其自身有所意识，这不过是一句废话。因此，那一说法真正的意思应当是，论述论题 Y 的作者在从事其研究时意识到他的研究应属于包括论题 Y 在内的某一学科。无论如何，这一提法还是有些模糊，含义仍不很清楚，除非它能准确地说明，某人在写作时必须对写**什么**和**如何**写有所意识（例如，是研究这一学科的所有内容或部分内容，或仅仅只是证明这个学科的存在）。当然，威尔逊和古德诺对行政理论的重视不如沃尔多，何况自我意识的特征也是多变的。在指谓的方面，当人们自我意识地研究论题 Y 时，就必须说明它是如何变化和为什么会变化。如果说毕达哥拉斯学派所研究的东西就是（或不是）他们所认识到的几何学，那是不是还有更多（或更少）的几何学？难道因为牛顿的主要著作被理论地表述为“自然哲学的数学原理”这样一个标题就不再是物理学了吗？我们并不清楚，沃尔多依附于自我意识的提法究竟是出于何样的理由。

还有一种看法是——常常被认为是理所当然的，但又未明确说出来——美国的公共行政学在这一学科中应占有一席之地，这一看法因丹尼尔·马丁对 19 世纪法国公共行政学的描述而受到动摇。⑥ 马丁说：“实际上，直到 1937 年（自威尔逊的论文发表以来，这个学科到这时已经走过了一半的历史），存在于美国公共行政学文献中的每个重要的概念 1859 年在法国就已经出现了。其中有许多在 1812 年就有

---

① 乔治·格斯：《比较与国际行政学》，见：《公共行政学手册》，杰克·雷宾、巴特利·赫尔德特、杰拉德·米勒编，493 页。

② 费雷尔·黑迪：《比较与国际行政学的问题》，499 页。

③④ 德怀特·沃尔多：《公共行政的事业》（诺瓦托，1980），10 页。

⑤ 同上，11 页。

⑥ 德怀特·沃尔多的书信：《沃尔多致威尔逊》，载《公共行政评论》，第 48 卷，834～835 页，1988（4）。沃尔多补充说（834 页）：“在我看来，遗憾的是，在四五千年的文明历程中，行政学的历史是如此之不发达，如此之残缺不全。当然，在这个或那个时期，在这样或那样的制度与体制中，也还是有一些优秀的论文。但是行政学史，一般来说，其本身并不是历史学家的一个‘领域’。尤其是，我们对这方面的人类努力还缺乏一个伟大的比较—综合的论述。”

人使用了。”① 他在那篇论文中以及在他的那本指南的“前美国公共行政学的历史”一节中引证了大量出版物。② 其中就有查尔斯-让·邦宁（Charles-Jean Bonnin）的《公共行政学原理》（*Principes d'administration publique*，出版于1812年）和亚历山大·弗朗西斯·奥古斯特·维维恩（Alexandre Françoise Auguste Vivien）的《行政研究》（*Études administratives*，1845年出版了两卷本，1859年出版了第三版）。马丁列举和讨论了这些法国文献中所确定的十个原则，而它们在美国的公共行政学中是独立地被重新发明出来的。这些原则包括有：“政治与行政的二分法”；“科学的公共行政学研究将有利于原则的发现”；“实践者可以在学校学习行政管理”；“管理者必须制定计划”；“官僚制必须被组织为一个等级，且最好是单一领导”；“雇员的位置、培训和状况必须导引到组织的目标”；“最高领导必须做出决策，发布指令，在组织内拥有领导权”；“工作的各部门必须相互配合”；“管理者必须向主管领导通报决策的影响和其他社会需求”；“预算必须有计划，行政人员的财政核算必须有保障”③。

55 美国公共行政学的地方主义诉求也为赫伯特·西蒙和文森特·奥斯特罗姆这些学者的著作所动摇。西蒙的《行政行为》以及后来的著作直接地想建立一个以决策行为研究为核心的公共行政科学，例如，他的有关理性的本质和组织在利用理性方面的功能的结论绝非狭隘的地方主义。文森特·奥斯特罗姆的《美国公共行政的思想危机》（*The Intellectual Crisis in American Public Administration*）以及后来的著作导致了将公共选择的研究运用于公共行政语境的流行。奥斯特罗姆的著作在某些方面强调的是一国的经验（例如在他的民主制行政的理论中）。不过，公共选择的研究力图运用经济学的相关概念，而经济学是具有一定的普遍主义倾向的。

文化内部的特殊主义自有支持自己的有利论据。有人可能会说，根本就不存在学术上的真正替代物。至少可以说，跨文化的论述是极度困难的，因为（正如莫什所说明的）要注意到具体的令人眼花缭乱的各个变化是不可能的。

尼斯卡宁（Niskanen）的官僚制模式就是一个例子。④ 那所谓的普遍模式（甚至超越了时间和空间）结果证明至少有一个隐蔽的假设来伪装模式的局限、应用范围和它的特殊主义；当这一模式被运用于某些文化语境时，它总包含着一个令人迷惑的变数。尼斯卡宁的模式说官僚是这样的人，他们力图将其部门的总预算最大化，并认为他们部门的生产能力要高于社会的最理想水平。官僚的动机是“薪水、津贴、公共声望、权力、资助、部门的产出、灵活机动、部门管理得心应手”，而这所有的动机中只有最后两个动机能对官僚任职期间部门总预算起到积极作用。⑤ 而那个令人迷惑的变数就是这样一个隐含的假设，即官僚们是缺乏机动的中间代理；如果他们是灵活多变的，那官僚的动机就不可能对部门的总预算单向地起到积

---

① 丹尼尔·马丁：《已经不新鲜了：美国公共行政学的法国先驱》，载《公共行政评论》，第47卷，297页，1987（4）。

② 丹尼尔·马丁：《公共行政学的基础指南》（纽约，1989），3～24页。

③ 马丁：《已经不新鲜了：美国公共行政学的法国先驱》，298～301页。

④⑤ 威廉·尼斯卡宁：《官僚制与代议制政府》（芝加哥，1971）。

极作用。确实，中间代理的机动，尽管有诸如高级行政职务制度的尝试，在美国政府中相对比较困难。不过，这一模式不能这样运用于所有文化语境，因为中间代理有意义的机动性在其他文化语境中是存在的。在英国——在那里，邓拉维（Dunleavy）对尼斯卡宁作过这样的批评[①]——中间代理的机动性要更大一些。要准确定位令人迷惑的变数的目标是不可能的。

美国公共行政学的国家特殊主义因其矛盾与盲点的存在而有着诸多的不利方面。其中的一个矛盾就是早先提到的特殊主义与普遍主义之间的矛盾。还有，希望减少限制和关注更多的限制也是一对矛盾。就公共行政学是一种阐释主义（inter- 56
pretationist）而言，它所感兴趣的乃是文化限制尽可能少的阐释。在跨文化研究中，这一兴趣就在于充分利用各自的见解。例如，若是没有跨文化研究的兴趣，肯定就会忽视那些有洞察力的问题。我们也就无法提出建设性的问题，如为什么我们美国有 17 500 个警察局，而在其他发达国家数量要小得多（如在法国只有 2 个），并且我们还有大量不知名的私人保安机构。若是没有跨文化研究的兴趣，就不可能有与其他国家的重要的对比。莱斯特·梭罗建议，我们可以提出一个基准（benchmarking）来提高——例如——我们的教育的生产效能。他解释说，一个“想要赢”的国家首先要研究竞争对手：“目的不是效仿，而是商业世界的所谓‘基准’。先是在世界上找到那在经济效能的各个方面都居于最前列的竞争对手，把你的绩效和别人的进行对比，认识到为什么他们能做得更好。再给自己设定目标：首先是达到同等水平，接着再超越它们。”[②]

一个学科若是首先把焦点集中于一个国家，那它必定会与国外的优秀思想失之交臂，甚至会贬低自己先辈的思想。例如，公共行政学的研究决不应排斥米歇尔·福柯这样的人对“治理”（governmentality）的研究。我们将在第 10 章讨论福柯的治理概念；有人认为它反映了福柯的兴趣“不仅在于治理的政治方面，而且还有（治理的）教育学的、精神的和宗教的维度”[③]。没有一个学科会承认其与自己的先辈没有最充分的联系。例如，托马斯·杰斐逊（Thomas Jefferson）和亚历山大·汉密尔顿都提出过行政的观点，而对于他们的理论，考德威尔（Caldwell）、莫什和其他人也有过论述。[④] 不过，例如，治安科学（police science）的特征及其与公共行政学的联系还没有被探究，结果甚至连这一科学的意义也无法得到广泛承认。**治**

① 帕特里克·邓拉维：《民主制、官僚制与公共选择》（赫姆普斯特德，1991）。

② 梭罗：《面对面》，260 页。

③ 詹姆士·米勒：《米歇尔·福柯的情感世界》（纽约，1993），299 页。正如米勒评价治理时说的（301 页）：“（福柯）在最终对‘治理’的研究中所描述的心理力量的培植与《规训与惩罚》中的描述是一样的。一方面是强调无所不在的治理机器，精细的设计为的是把法律铭刻进‘个体的性格’中；另一方面强调人的孤独，它的追求自由的本能的受挫，‘最终只能以自己作为宣泄口’——正如尼采的《道德的谱系》所说的。”也可参见阿诺德·达维森：《作为美学的伦理学：福柯、伦理学史及古代思想》，见：《剑桥福柯指南》，加里·古丁编（纽约，1994），118～119 页。

④ 林顿·考德威尔：《汉密尔顿和杰斐逊的行政理论：他们对公共行政学思想的贡献》（纽约，1964）。也参见其他人的著作，如伦纳德·怀特：《杰斐逊主义者：行政学史研究》（纽约，1951）。例如，怀特写道（4 页）：“抛开对特殊情形的论述，在（杰斐逊的）公开或私人的手稿中，几乎没有提到公共事务的管理，这种沉默与乔治·华盛顿那深入人心的格言和亚历山大·汉密尔顿有关行政的艺术与实践的丰富假设形成鲜明对照。”

**安**这个词不同于当代的狭隘含义；19世纪之前，人们是依据“共和国的治理”“内政治理”和“治理”这样的概念来给**治安**下定义。[①] 米兰大学政治经济学和治安科学的教授贝卡里亚（Beccaria）对此解释说：“因而，科学、教育、好的秩序、安全和公共安定，所有这些以治安的名义来理解的客体构成了公共经济学的第五个也是最后一个对象。”[②] 启蒙运动时期繁荣起来的治安科学被描述为是整个现代时期文献生产的一个“高峰”[③]。这一科学在“新大陆”（New World）被列为讲授的课程。1799年，托马斯·杰斐逊总督在弗吉尼亚的威廉和玛丽学院——创立于三百年前——再度设置教授席位，其中包括一名法学和治安学教授。乔治·威思（George Wythe）第一个担任此职，接着是圣乔治·图克（St. George Tucker）。[④] 图克讲授的治安学课程被描述为是讨论“某一政治单位的内部组织或管理，这一单位通过政府权力的操控进行控制和管理……这一控制和管理涉及的事务会影响到一般的身心
57 健康、道德、安全和公共繁荣”[⑤]。图克认为，法律系的所有毕业生都应当熟悉“内政史和市政的法律与治安”[⑥]。

如此专注于一个国家的公共行政学当然会限制其理论的力量，因为它专一地只擅长依据美国特有的情形来描述问题。根据特殊组织的需要提出的理论问题［如要求描述美国司法部（the U. S. Department of Justice）通行的实践方式］实际上是地方性的。当然不要进而觉得这意味着不应该向美国司法部提出应用性的问题。相反，我认为，一个学科的形态与特征可以提高或降低有趣理论问题的“准入门槛”（barriers to the entry）。

---

① 艾伦·威廉姆斯：《巴黎的治安，1718—1789年》（巴顿·罗格，1979），8页。威廉姆斯说，罗伯特·埃斯迪恩在1539年的词典中把**治安**定义为“共和国的治理”。他还引用了罗伯特·考特格拉维在1611年的词典中对这个词的定义“市民治理”；他还写道，尼古拉斯·德拉摩尔在1720年说，这个词“仍常常被理解为指称治理”。威廉姆斯评论说（8、9页）：“在所有这些定义中……治安都是作为治理的同义词，或者，有人说，是管制行为的同义词。”他还补充说（8页），在17世纪，这个词“开始被赋予更有限的含义，这一含义后来逐渐居于主导地位”。有关这个词在18世纪的英语中的运用，参见斯坦利·帕尔默：《1780—1850年英国和爱尔兰的治安与抗议》（剑桥，1988），69页。帕尔默评论说（第69页）：“这个词本身对于英国人是陌生的。”他接着说：“当英国人使用这个词时，他们指的是某个城市的一般管理或治理，以及它的道德和经济。法语中的这个词源自希腊词 *polis*……在英国，亚当·斯密在1793年说，这个被输入的法语词‘恰当地意指了公民治理的政策，但现在却意指着下级政府部门的管理工作，即整洁、安全（现代定义）、廉价或量大（如一般的治安）’。威廉·布莱克斯通在1765年就觉察到了同样的狭义化的倾向。”

② 凯萨里·马切斯·贝卡里亚：《公共经济学原理》（米兰，1804），22～23页，引文见帕斯奎勒·帕斯奎诺：《剧场政治：资本的谱系——治安与国家繁荣》，见：《福柯的影响：治理研究》，格雷汉姆·布切尔、柯林·戈登、彼得·米勒编（芝加哥，1991），109页。

③ 帕斯奎诺：《剧场政治》，108页。根据帕斯奎诺的观点，“治安科学……使所有文献的写作达到了顶峰。……它横跨整个现代时期，伴随和支撑着我们所认识的自启蒙时代以来的社会秩序的结构。”

④ 接下来担任法学和治安学教授席位的依次有威廉·尼尔森、罗伯特·尼尔森和詹姆士·辛普勒。

⑤ 查尔斯·卡伦：《圣乔治·图克与弗吉尼亚的法律》（弗吉尼亚，1971），202页。

⑥ 同上，172页。有关乔治·威恩和圣乔治·图克给威廉和玛丽学院讲授“法学与治安学”课程的材料，也可参见《ΦBK联谊会原始记录》，载《威廉和玛丽学院历史季刊》，第4卷，264页，1896（2）。我得感谢我的许多研究生提醒我注意关于治安主题的这些和其他参考资料。

在人类状况的问题上，现实主义的解释——它与我们对人性和人类历史的理解相吻合，并且承认自大的危险——可能是有帮助的。因为美国既是一个军事超级大国，也是一个经济超级强国，所以它对于国家之独特性的历史诉求不可能是世界主义的。梭罗在经济的语境中论及了这一点：

> 为什么有的人会对完善一个已经健全的体制心有所虑？……认为美国体制是健全的，不必再完善了，这样的观点来自于美国特殊的历史。美国的国父们［托马斯·杰斐逊、乔治·华盛顿（George Washington）、本杰明·富兰克林（Benjamin Franklin）］是神，或者即使不是神，至少也是比现在活着的任何人都完美的个体。他们设计了一个独特的体制，能永久地延续下去，而不需改进。它过去是、现在仍是完善的。再也没有一个国家有美国这样的国父。[1]

不过，我们所说的是一个部门，在那里，独特性的感觉甚至更为强烈：公共的、政治的。

美国公共行政学把注意力集中于一个国家，由此而来的盲点有两个典型的例子，一个是对腐败采取的最低限度的行动，一个是政府规模的决定因素。[2] 这些主题已经有人论述过；有关腐败[3]和规模[4]的论著都可以找到。例如，罗尔（Rohr）所讨论的“下层路线”（low road）[5]，还有一部文献讨论了责任。不过，这些论题还未得到应有的广泛研究。例如，在麦克库尔德或帕亚德（Payad）编写的文献目录中，就没有列出这些论题的参考文献。[6] 在前五年的《公共行政评论》杂志中，没有一篇论文——在写作的时候——涉及这类主题。

不幸的是，腐败开始出现一种倾向，就是极力想玷污反腐败战士和评论者的声誉，把他们说成和犯罪者一样。反腐败近似于成了一个政治上不正确的主题。例如，它任由一个人走向了非逻辑的进程，就类似于孩子的关于国王为了一个马蹄钉而失去一切的童谣：如果你说腐败根本不是几个坏苹果的问题，你就是在说那一体制没有打击腐败；如此，你也就是在说那一体制在鼓励腐败；再如此，你也就是在说那一体制本身就是腐败；更进一步，你也就是在说那一体制根本上是恶的，在说 58
别人的体制要更好一些，如此等等，而所有这一切都不过是为了说，腐败根本就不是几个坏苹果的问题。正如卡纳普委员会（Knapp Commission）有关纽约警察腐败的报告所解释的，烂苹果理论——“有意义的改革的基本障碍”——就是：“任

---

① 莱斯特·梭罗：《面对面》，261 页。

② 有关这些盲点的其他例子还有许多。例如，有人指出，尽管有关这两个论题都有大量的文献，尽管有一个有限的司法机关，但在美国，那些关心犯罪整治的人还是有许多盲点，尤其是当面对这样的问题时，如枪支管制和暴力倾向。

③ 例如，参见杰拉德·凯登：《治理行政腐败》，见：《行政伦理学手册》，特里·库珀编（纽约 1994）。

④ 例如，参见保罗·阿普尔比：《大民主》（纽约，1970），11～27 页。

⑤ 约翰·罗尔：《官僚伦理学：论法律与价值》（纽约，1989）。

⑥ 麦克库尔德：《公共行政学文献目录》；奥罗拉·帕亚德：《美国公共行政学的组织行为研究：注释性文献目录》（纽约，1986）。

何被发现有腐败的警察必须果断地当作一个烂苹果开除而换上完好无损的苹果。我们不必认为他个人的腐败就是基础不适的征兆。”① 看到别人国家的腐败要比看到自己国家的腐败更容易、也更能够接受。讨论奢侈在非洲和贿赂在意大利的作用要比承认我们自己的后院的这类问题更有快感；对我们而言，看到对意大利行政管理的讨论应考虑到黑手党的作用要比认识到有组织的犯罪是美国公共行政学研究的一个因素更为容易。腐败与有组织的犯罪之间存在着某种联系，而美国就有许多犯罪组织；正如卡纳普委员会的报告所描述的纽约的情形：“有组织的犯罪是政治腐败最大的源头。”② 对于特殊主义的研究而言，出现盲点是自然而然的。

让我们继续以警察管理作为例证。尽管事实上，没有一个警察总局不需要一个内部事务单位（一个属于机构内部的警察单位，任务就是处理自己警务人员的事务），但警察管理的文献一直对腐败问题极少给予关注。③ 有关警察管理的标准文本即 O. W. 威尔逊（O. W. Wilson）的《警务管理》（*Police Administration*）的前三版甚至连**腐败**这个词都没有出现。这一遗漏在第四版得到纠正。④ 不过，那一疏忽依然存在。而且，正如卡纳普委员会的报告出色地解释的，警察腐败是体制的问题，并不只局限于个人或警察。正如卡纳普委员会有关纽约市警察腐败的文件所说的，警察分赃的第二大原因“就是借纽约市治安管理条例的混乱来钻空子这种行径的合法化”；并且“在只要存在警察腐败的地区，在其他政府机构、工业和劳动部门、职能部门，也同样存在腐败”⑤。问题并不局限于某一特殊的部门，如处理建筑工业事务的部门。在有组织的犯罪猖獗和私人利益高度受到重视的环境中，腐败是一个普遍的行政主题。那不是一个清扫垃圾的主题，不是一个在与之相关但更为狭隘的主题——如“责任”——的掩盖下来清扫的问题。

美国的公共行政学所关注的是这样一些中心论题，如“借鸡生蛋”（getting things done through others）⑥ 或决策制定，而对政府规模的问题很少给予关注。在学术上，它实际上关注的是细枝末节的问题，犹如盲人摸象，除了大小，别的都关注到了。不过，正如一般公众所明显地知道的，大象显然是个庞然大物。这种态度，加上国家的预算形势，对特殊主义文献的生产尤其富有成效，这些文献关心的是诸如“花最少的钱做最多的事”和削减管理开支这样的主题。不过，特殊主义的
59 文献在认识我们语境中的问题时必定会遇到困难。例如这样一个事实：美国的政府开支在 1987 年占国民生产总值的 34.8%，而在 1960 年只占 27%，这一事实引

① 警察腐败与城市反腐败程序卡纳普调查委员会：《委员会报告》（纽约，1973），6 页。

② 同上，68 页。

③ 尼纳·杜查尼：《警察腐败文献》（纽约，1979）。其时，卡纳普调查委员会举行听证会的同一个房间，也正是 1993 年纽约市警察局腐败听证会的场所。

④ 奥兰多·威尔逊、罗伊·麦克拉伦：《警务管理》（纽约，1978）。

⑤ 卡纳普调查委员会：《委员会报告》，分别见 68 页和 5 页。

⑥ 迪莫克夫妇评论说：“对于公共行政学的定义，为这一领域提供了奠基性论文的作者其实有着一致的看法。”马歇尔·迪莫克、格拉迪斯·迪莫克：《公共行政学》（纽约，1953），3 页。迪莫克夫妇引用詹姆士·普菲弗纳的话说，行政管理“在于通过和人民共同努力来实施治理，这样，他们就能一起完成各自的任务”。在同一段，迪莫克夫妇还引用了威尔罗比、伦纳德·怀特和路德·古立克的话。

发了一系列的问题和认识。要知道，在上两个世纪，所有发达国家的政府开支都相对地呈上升之势，尤其是二战以后。认识到了这一点，就能在一个不同角度提出问题。当然这里还存在其他的问题（如增长率的差异问题）。

有几个普遍的因素可解释政府规模的变化。米勒（Mueller）为庞大的理论与经验文献提供了一个很好的概述和评论——这些文献来自公共行政学科以外的领域。[①] 政府提供公共产品和削减外部因素的作用，政府对财富重新实施分配的功能，以及利益集团的影响，是米勒所描述的三种解释，它们都来自古典的民主制国家理论——这一理论对绝大多数的公共选择活动持“公民高于国家”的观点。[②] 官僚制作为政府膨胀催化剂的作用（上面提到的尼斯卡宁的模式就包含有这样的思想）以及财政作为政府规模推动者的幻觉是另外的两个解释，米勒描述它们的特征是将国家置于公民之上。[③] 美国的公共行政学科确实应该关心这样的问题；它必须认真地提出一个理论，来探讨官僚实体的恰当规模或大小。

尽管有这样那样的功过是非，但把知识局限于文化内部的任何观念都是有局限的。如果眼睛太近或太直接地去看某个东西，比如说看花上的花瓣，那么近的视角就会限制对所看对象的理解。因而让眼睛看得更远，去考察语境和那使花瓣之为花瓣的相互关系，应当是有所帮助的。这有助于我们看到花瓣与花的关系，又进而是花与植物的关系，再进而是这类植物与其他植物的关系，又进而是与花园里的所有植物和相关昆虫的关系，等等。多个角度有助于扩展我们的理解。地方主义是一种近距离地看，它只能看到分析对象本身，因而有着自身的局限性。

## 4.2　公共方面

美国公共行政学这一短语的第二个概念，即特殊主义中的**公共**，也同样会导致矛盾和盲点。有关这个学科对公共与私人边界划分的恰当性，人们有着不同的看法。可以想一想围绕着公共行政的空间且拥挤在一起的各学科对各自领地的诉求。当然，这里指的是学术领地——它们针对诸如谁有权讲授公共行政学和谁堪称是这方面的权威这样的问题进行着小里小气和故作姿态的斗争。不过，这些斗争有着更深远的意义；总体来说，它们对于应当如何看待公共行政实践这类问题的形成发挥了重要的作用。领地的问题朝着两个方面发展，有的人把公共行政学扩展到对行政 60
管理的一般研究，而另一些人则把行政管理狭隘地归之于公共行政学的分支。一方是一般的取向，即认为“行政管理”（或组织，或其他某个部分）应服从于某个人为的区分——当将它局限在“公共”或“事务”方面时。另一方是分项的取向，即认为“行政管理”（或可称作公共行政学领地的其他某个部分）实际上是与特殊的分项联系在一起的。例如卫生行政管理、社会工作行政管理、公园和娱乐场所行政

① 丹尼斯·米勒：《公共选择》（第 2 卷）（纽约，1989），322～347 页。

②③ 同上，344 页。

管理、司法行政管理、教育行政管理，以及有人称作亚项目的东西如心理卫生行政管理或高等教育行政管理等，都属于这种分项。

确实，在重要意义上说，现行的政府其实有所不同。例如，公共部门和私营部门扮演着不同的角色；政府协调私营部门的各个方面；公共生产和机构运作是在一个明显地属于政治的环境中进行，而官僚制就是这一政治过程的组成部分；公共机构从属于不同的司法语境，针对其职能而局限在各自的范围，如人事管理和协调员工关系；还有，公共机构与新闻和利益集团之间也有着特殊的关系。[①] 不过，把行政管理的范围局限在公共部门，会导致一系列的矛盾和盲点。一般的观点是把行政管理看作是一个普遍的现象，包括公共部门、私营部门和第三部门的活动；这为一般地评价每一部门的实践提供了更大的视野，这样，每个部门都可以从其他部门那里获益。这一观点还坚持认为，实质上，“行政管理就是行政管理，而不是别的什么东西”（administration is administration is administration）。这一矛盾的特殊论观点所关注的是公共部门管理的特殊性。有些盲点是围绕着这两个部门的分工形成的；另一些盲点则是由于不愿意吸取被排除在外的部门的先进经验。局限于公共部门的公共行政理论的必然损失，应当说是现实地存在的，如同两者分离的益处也是实际存在的一样。例如，有人仍然坚持公共管理者应当从商业管理者群体中招募；另外，商业管理的研究据说强调的是定量程序。类似的系列矛盾和盲点在诸如卫生行政管理这类有计划的亚部门也有可能出现。

最典型的有三个盲点。首先，在公共行政管理和商业行政管理（以及在政治学和经济学领域）中存在一种倾向，即忽视了这样一个事实：公共部门和私营部门是社会地构成的。其次，这两个部门间的相互联系——出于所有实际的目的——是必要的和紧密的。最后，每一部门的基本运作原则有许多可相互传授。

公共领域和私人领域都是人为的产物。它们是被界定的，且能再次被界定；它们能再次被创造，甚至被抛弃。可以看一下尤尔根·哈贝马斯在《公共领域的结构
61 转型》（*The Structural Transformation of the Public Sphere*）一书中对**公共**和**私人**概念的解释。[②] 哈贝马斯描述了现代性初期“资产阶级公共领域”作为调节公共与私人领域的中介的出现。这一领域包括政治俱乐部、报纸和杂志——它们是理性争论的场所。哈贝马斯接着又描述了这一领域的衰落，即它逐渐地被私营公司和国家所取代。国家在经济活动中扮演着管理的角色，它接管了诸如教育和社会福利这样的职能。私营公司接管了公共领域；见证了公共关系和广告的兴起，见证了公司对文化的接管。理性的个体成为文化消费者。哈贝马斯在论及公共领域的再度封建化时说：“这是因为大众娱乐与广告的整合，这一整合以公共关系的形式已经具有了一种‘政治’特征，它甚至使国家本身也屈从于它的语码。由于私营企业在其消费者那里激发了这样一种观念，即在他们做出消费决定时，他们是作为公民依据自

① 对于这些论题的文献的综述，参见马丁：《公共行政学基础指南》，37～181 页。

② 例如，参见尤尔根·哈贝马斯：《公共领域的结构转型：资产阶级社会研究》，托马斯·布尔格、弗雷德里克·劳伦斯译（剑桥，1989）。罗伯特·登哈特也在不同语境中举了这个例子。参见登哈特：《公共组织诸理论》，169～170 页。登哈特引述了尤尔根·哈贝马斯的论文“公共领域”，见《德意志新批评》，49～55 页，1974（3）。

己的能力做出选择的，因而国家必须像对待消费者一样‘对待它的公民’。结果，公共权力机关也参与了公共性的争夺。”[①] 这一描述所依据的公共领域和私人领域是社会地构成的观点，与——比如说——萨缪尔森（Samuelson）和诺德豪斯（Nordhaus）的《经济学》（*Economics*）中依据公共部门与私营部门社会地构成的观点的描述，并无根本的不同。[②]

再举一个例子，这就是乔治·弗雷德里克森（George Frederickson）对公共行政学中的**公共**概念的理解。弗雷德里克森提出这个概念是要区分**公共的**与**政府的**。正如他所说的，“公共生活独立于政府而存在，而政府只是它的一种表现”[③]。他深感不满的是，**公共**这个词的含义“在我们的时代开始取得一种狭隘的意义”，即我们“把公共看作与政府相关的东西，涉及的是投票和选举官员的事务”[④]。在更早的一篇文章中，弗雷德里克森就深表遗憾地说，在公共行政学中，既没有一个广泛详尽的文献讨论公共，也没有“一个一致同意的公共理论”[⑤]。他评论了他描述的有关**公共**的五种角度，发现每一种都不完备。这五种角度分别把公共看作利益群体、消费者、被代表者、委托人和公民。他的这些观点属于公共利益文献的传统。[⑥] 弗雷德里克森的观点是，一个充分的公共理论应当以宪法为基础[⑦]，以一个完善的公民理论为基础，以符合“集体的公共利益和新生的公共利益”的体制为基础[⑧]，以慈善和爱为基础。

有一种理论认为存在着独立的和实际上自足的公共领域与私人领域，这一理论是难以站住脚的，因为难以想象谁会持守这样的观点。不过，真的有人这么认为；赫尔布鲁纳（Heilbroner）就批评了这样一个观点，即“在政府处理经济事务的地方，或一定程度上经济处理政府事务的地方，两个不相关的国度使用的方式是一样的”[⑨]。

---

① 哈贝马斯：《公共领域的结构转型》，195 页。

② 保罗·萨缪尔森、威廉·诺德豪斯：《经济学》13 版（纽约，1989）。

③ 乔治·弗雷德里克森：《在公共行政学中发现公共》，见：《公共服务中的行政领导》，罗伯特·登哈特、威廉·斯特瓦特（亚拉巴马大学，1992），32 页。

④ 同上，24 页。

⑤ 乔治·弗雷德里克森：《走向一种公共行政学的公共理论》，载《行政与社会》，第 22 卷，395 页，1991（4）。

⑥ 例如，有关公共利益的一种观点，参见格伦顿·舒贝特：《公共利益：一个政治概念的理论批判》（格伦科，1960）。舒贝特写道（223 页）：“对有的读者而言，要接受这样一个结论可能有点困难，即根本没有公共利益理论配得上这个名称，这个概念本身主要是作为政治学的一个资料而具有意义。就其本身而言，它时常只具有‘微不足道’的功能……它也可能只是一个标签，不加分别地附加在一堆乱七八糟的特殊片断上。”还有另一种观点，可参见理查德·弗拉瑟姆：《公共利益：论政治学的一个规范话语》（纽约，1966）。弗拉瑟姆的公共利益研究不仅使用了他所谓的“政治学研究的标准材料和方法”（前言 10 页），而且运用了日常语言哲学。

⑦ 乔治·弗雷德里克森：《走向一种公共行政学的公共理论》，408 页。他说：“公共行政学的一般公共理论的第一个必要条件就是，它必须以宪法为基础。”有关公共行政学的这一一国论的讨论，参见这一章的“美国方面”一节。接下来，弗雷德里克森解释说：“由于宪法是一页纸，它的合法性来自以之为生的主权人民的行动……（政府）官员受少数服从多数的原则的支配，这一原则就是宪法秩序。第一道德责任就是公共行政者是每个公民的基础价值的卫士和保护者。”有关此处所讲的道德控制的讨论，可参见第 5 章“企业伦理”一节。

⑧ 同上，410 页。

⑨ 罗伯特·赫尔布鲁纳：《资本主义的本质与逻辑》（纽约，1985），123 页。赫尔布鲁纳接着（123～124 页）说：“间谍作为人事从一个领域交换到另一个领域；论文作为法律被协商；有影响的领域作为政策被界定和承认。”赫尔布鲁纳同意（如 143 页）商业的王国和国家的三国是存在的，但他指出（104 页）：“认为资本主义本质上是一种‘私人’经济体系，那是极其错误的。”

不受干扰的私营部门——独立于政府而存在，仿佛它就是一片未开垦的森林——的
62 观点是不完备的。总的来说，私营部门必须在一个合法框架的语境内运作，包括至少要有一个法规来保护契约双方。例如，我们可以思考一下限制企业法人个人责任的合法条款的经济意义。

且不做这样的考察，主流经济学有一个广泛一致的观点，即：尽管在一个自由市场的价格体系中，自私的企业主和消费者的活动具有创造财富的力量和分配财富的效用，但两者之间建立有意义的相互关系对于避免市场失败的后果还是十分必要的。自由市场是财富增长的推动者，但它们所面临的困难表明，需要有公共部门的介入。我们将在第 7 章讨论这些困难；在此我们只是简略地提一下。例如，私营部门需要公共部门在三个主要点上有所作为。一个作为点是阻止恶性竞争的不良行为；其次是缓和商业循环的周期性衰退；第三点是防止公共产品的地下生产和刺激经济增长。我们在第 7 章还要针对政府行为的特征和范围——它们也适合于归在这些标题下面——提出不同的认识角度。例如，对于政府的角色，如协助它的合作企业以更长远的眼光来思考，使其更有效地同他国企业竞争，并为将来的发展提出超级公司的战略等等，就存在不同的看法。对于政府在限制财富不均——这在自由市场中似乎是不可避免的——方面的再分配作用，也存在不同意见。这些差异不仅存在于社会主义和其他社会之间，而且也存在于以自由市场为基本的追求目标的社会内部。不过，要反驳在公共部门与私营部门之间建立有效关系的必要性，是不可能的。有关政府"干预"的争论其实就是在思考有限利用的方式；正如萨缪尔斯(Samuels) 所看到的，"那通常所谓的'干预'并非指政府强行介入以前一直没有介入的某个领域，而是指政府给以支持或政府常常支持的利益群体的改变"[①]。

相反的方向对于公共行政实践也是重要的。公共部门在传统中被认为是外在于私营企业的领域的。现实主义的一个缺陷，就是不承认企业主只愿和付得起钱的人做生意，而政府就是财富之源，税减免就像是补助金，政治支付和经济支付常常是可以互换的来钱方式。理性的企业主总希望能影响私营企业竞技场的走向，而且这一影响力可以借助公共部门来施展。独立的公共部门的观点和独立的私营部门的观点都站不住脚。不受干扰的公共部门的观念——独立于私营企业而存在——同样是不完备的。公共部门——以及公共行政——与经济环境是密不可分的，其影响是相
63 互的，在两个方向都存在。公共部门和公共行政受到周围的经济形态和经济效能的影响——例如受这些因素的影响：不断变化的产出，雇佣关系和股市，还有工业化和后工业化的范围与特征。公共行政实践也会通过诸如政府开支的水平和对象、税收评价形态、直接和间接的商业调控以及政府自己的商业活动等手段来影响经济。

对于一个如此关心政治—行政二分的学科而言，公共行政理论的一个盲点就是，它对于经济—行政的二分则不那么热心。难道政府的行政管理就是处理在公共

① 沃伦·萨缪尔斯：《国家发挥经济作用的基础》，载《经济问题杂志》，第 23 卷，432 页，1989（2）。也可参见赫尔布鲁纳：《资本主义的本质与逻辑》，122 页。赫尔布鲁纳评论说："不干涉主义决不意味着在经济领域内根本没有政府的'干预'。"

或私营部门运作的私营企业主所关心的核心问题的吗？当政府行政管理者依据程序管理最大的纳税户的时候，当他们按程序协助企业保证出口订单的时候，当他们指挥企业把宇宙火箭发射到火星的时候，还有当他们依据程序决定私营企业应纳税额的时候，他们难道仅仅是在公共或私营领域运作吗？我们的社会地建构的公共部门形态乃是公共行政理论局限的表现（有可能是它的原因，也有可能是它的结果）。

## 4.3　行政方面

美国公共行政学的第三个词**行政**的特殊主义同样也导致了一系列的矛盾和盲点。第一，那体现在**行政**一词中的职能特征在公共行政学科的大多数目标和亚结构中都有所反映。第二，对职能的追求与关注政治和程序的需要形成了矛盾和竞争。这一对立可能是范式的多样化和流动性——这正是行政研究的特征——的基础。然而，一个更可能的解释是缺乏一个强有力的指导性理论。第三，对职能的追求和相反的对政治与程序的追求这一悖论导致了学科成员所谓的“同一性危机”。这一危机就体现在政治—行政的二分中。第四，这些困难在被描述和解释为宏观行政的层面上显得更为突出。接下来我们将分别讨论这几个方面。

首先，我们要看一下这样一个说法，即公共行政理论的目标和亚结构本质上是职能性的，而且这一组织化的原则会遭遇到一个限制。学科目标的职能特征在公共行政研究的古典描述——如把它描述为借鸡生蛋、POSDCORB——和西蒙的决策理论中都有所体现。这一职能性不仅反映在它的标题中，而且反映在大学的公共行政学课程和公共行政学教科书对学科本身进一步再分的典型方式中。例如，看一下 64
麦克库尔德在其文献目录中使用的编排体系体现出来的本质上的职能特征：管理；组织理论与行为；行政管理的技术；比较行政学；公共政策；城市和跨政府政策；官僚制；公共行政学的一般研究；财政和经济政策。[①] 看一下丹尼尔·马丁的指南第二部分使用的标题：科学管理；伍德罗·威尔逊与行政科学；马克斯·韦伯与官僚制；雇员动机分析；领导；人事；决策与专家；预算与财政管理；政策分析。[②] 还可以看一下雷宾（Rabin）的手册中主要的标题：公共行政学的历史与组织理论；公共预算与财政管理；决策；公共人事管理和劳动关系；封建制与跨政府关系；政策科学；比较与国际行政学；公共法律与法规；公共行政教育学；数据管理与研究方法；司法管理；政治经济学；公共行政学的专业。[③]

公共行政学对职能的强调既不全面，也整个地难以让人满意，何况还附加了许多程序方面的东西。职能自然会导致对实践的评价。程序管理者或行政管理者——作为专业研究人员，作为行为者，作为一定行政语境中的实施者，作为能使行政实

① 麦克库尔德：《公共行政学文献目录》。
② 马丁：《公共行政学基础指南》。
③ 雷宾、赫尔德里特、米勒编：《公共行政学手册》。

体产生应有的效果的职能者——的功能与目标受到高度评价。获得最高度评价的方面似乎是结果的达成或任务的完成。公共行政研究一个基本的动力——目标、隐喻或能量源——就是所要求的行动必须依据行政者或行政管理一贯使用的方式来实施。学科的目标实际上就是行动。然而，行动所需要的不只是功能分析；它还需要对程序内容的理解。职能总会有一个限度。

其次，职能与程序的冲突可能是学科的多样化范式和流动性的一个基础。公共行政学范式的多样性主要地是由学科的环境形成的；也就是说，这种多样性乃是学科以外的学术、政治、社会、经济和其他因素的结果。这种多样性也——或许是在较小程度上——与学科研究对象的范围、内部因素的逻辑联系有关。一种内部的解释总要求助于学科的逻辑；在这种情况下，解释即是悖论，遭遇学科边界就体现了这一点。如果说要解决学科的一系列问题，或对这些问题发挥有意义的影响，必须依赖学科以外的、与论题相关的资源和技术，那肯定会出现输入这种资源和技术的
65 压力。这一压力有可能会持续下去，除非遇到了阻力，如在学科内本来就有一套理论或其他资源，足可以抗衡内部的压力。

这种范式多样性和这种流动性的中心化可以依据学科出身的异质性、核心的特征、NASPAA 的观点和与其他社会科学的比较来建立。下面我们依次加以讨论。

公共行政研究的范式确实存在多样性和多变性。这一事实在第 2 章也已经提及。主流的“大写的公共行政”的核心实际上是行政理论或组织理论。不过，甚至在这里，也有大量的“范式”。例如，哈蒙对他所谓的古典范式、新古典范式、系统论范式、晚出的人际关系范式、市场范式、阐释和批判范式以及应急理论范式进行了区分。① 这一分类体系的各个方面可能会受到批评。例如，对于“应急理论”实际上是否是一个独立的范畴，并不是确凿无疑的。不过，这里提到它是为了强调核心的异质性。

这一异质性也反映在核心的出身中。公共行政学利用了心理学、社会学、政治科学、行为科学、系统论和其他各种学科。其中有某些学科要利用得更多一些。例如，它可能依赖组织理论要更甚于经济学和道德哲学。有些部分利用的是某一类社会科学和其他学科；另一部分利用的是一种经过修正的综合。它倾向于认定，依据整体大于部分之总和的观念，这些理论视角的结合可根本地改变各个不同视角的性质。但是现存记录并未表明，整体确确实实要大于部分之总和。

对于主流的公共行政理论，人们的认识也各有不同。有人在普遍的意义上来看待公共行政学，即把它看作事务性的领域（例如威尔逊和古德诺）。有人把它看作行政科学并依据效率对它进行思考（如古立克和厄威克）。还有人认为这一学科归属于不同的领域，且是以政治为中心。例如塞尔（Sayre）就先是依据政治学后再依据行政学来思考。沃尔多把公共行政学理论化为一个其边界和性质都有争议的研究领域。他认为公共行政学家应当把他们的学科当作一个职业来研究。莫什喜欢在公共行政学和医学之间作类比，但对于公共行政理论的性质，他没有给出确定的

① 迈克尔·哈蒙、理查德·迈耶尔：《公共行政学的组织理论》（波士顿，1986）。

解释。

NASPAA 特别委员会的报告——正如在第 2 章所讨论的——指出，对多元论的强调自 NASPAA 建立以来就已存在，而且，“这一多元论的价值，我们在 1977 年的科罗拉多会议上就已经强调了。当时，NASPAA 保证，依据公共服务教育的多个视角而不是坚持单一的一个视角进行程序考察和同级评估，必能产生良好的后果”①。这一多元论，这种异质性，具有多方面的特征。麦克库尔德描绘了三个相对独立的分支的发展路线图，他还依据三个发展时期来描述这些分支：正统时期 66
(1887—1944 年)，政治时期（1945—1963 年)，程序时期（1963 年至今)。其他人也提供了各自的发展路线图。②

范式的多样性当然是许多社会科学和相关学科的特征，类似的评论在所有这些学科中都能看到。分析性社会工作就是这种学科的一个例子。拉切勒·多尔夫曼(Rachelle Dorfman) 列举了分析性社会工作的九种范式和五种元范式。③ 与公共行政学的情形类似，社会工作是一个例子，在那里也存在着边界的狭隘性（如：对于一个面临着许多难题的学科来说，边界的问题需要超出已经确立的学科主题的边界来寻找学术资源)。因外部学术资本而造成的内部压力是强大的，根本就不存在一个学科内的理论或其他资源，能强大到足以提供抗衡。

有着强烈的理论意图的经济学可以提供相反的例证。在经济学内部，对于主流范式只存在很小的竞争，尽管这些范式的历史并不悠久，如制度经济学和马克思主义经济学。它有着类似的边界或范围问题，可这一学科能够通过它强大的内部抗衡克服这些问题。(不过，经济学的边界已经从某几类行为扩展到行为的某几个方面。④) 然而，经济学为其成功的褊狭性付出了代价。对于经济学而言，损失在于它倾向于整个地依据经济学来解释经济现象。相反，经济决策既不能仅仅由经济学的思考来形成，也不能整个地依据经济学来获得最好的理解；例如，如同公共选择研究所表明的，经济学和政治学之间有着一种联姻关系。

最后，对行政（功能）的追求和与之形成竞争的对政治（程序）的关注已经导致了政治—行政二分的问题，这一问题长期以来困扰着公共行政理论。⑤ 传统的观点认为，政治—行政的二分应追溯到伍德罗·威尔逊，他被认为是美国公共行政学的创始人。威尔逊把行政研究从政治研究中分离出来，他反对把美国公共行政的独

---

① NASPAA 特别委员会：《特别委员会报告》。

② 例如，尤维格斯和凯勒对“创立”以来的发展按每十年一个时期进行了命名。参见约瑟夫·尤维格斯、劳伦斯·凯勒：《美国公共行政学的第一个百年：美国生活中的公共管理的研究和实践》，见：《公共行政学手册》，雷宾、赫尔德里特、米勒编，1～42 页。

③ 拉切勒·多尔夫曼编：《分析性社会工作的范式》(纽约，1988)。

④ 莱昂内尔·罗宾斯：《论经济科学的本质与意义》(伦敦，1962)。

⑤ 汉斯·法尔克在社会工作的语境中考察了类似的问题。参见汉斯·法尔克：《美国社会工作：发现中心》(理查蒙德，1993)，4 页。法尔克在独特性的诉求和中心性的诉求之间进行了区分，他指出，社会工作中真正的问题就是发现中心。正如他所说的：“对于中心性，可定义为是对于所诉求的东西而言必要的特征；而且没有它，它就不能成为其所是。它指的是核心条件。它不同于独特性的诉求，后者倾向于依据经验把社会工作和其他专业相比较，且关注的是使社会工作成其为社会工作的东西。”

特性归结为是其政治独特性的结果。①

在威尔逊看来，行政管理属于事务性的领域②；它是“政治生活的一部分，这仅仅是因为办公室的工作方法是社会生活的一部分”③。正如他在1887年那篇使其名闻遐迩的论文中所说的：“如果我看到一个凶徒正在磨刀霍霍，我可以借用他的使刀锋利的方法而不必借用他可能想用刀杀人的意图；同样地，如果我看到一个彻头彻尾的君主主义者很好地管理公共事务，我可以学习他处理事务的办法，而不必改变我作为共和党人的立场。”④

因而在此，矛盾出现了。一方面，依据政治—行政的二分来描绘公共行政领域
67 的轮廓会产生某些盲点；另一方面，从相反的基础，这么做又会孕育其他的盲点。看一下前一种情形下治理与管理的总体特征。二分法伪装了治理对于政府管理的普遍影响，或者说政治对行政实践的实际影响；现实是，行政实践是社会地建构的，而且一个重要的构成因素就是归属于政治的一系列影响。又如，可以想一想提供给警察和其他司法程序行政者保护自称受到死亡或攻击威胁的公民的权限范围。人们要求把政治行为扩展到行政选择权的范围（例如反偷猎法的通过)。这一二分法掩盖了政府行政管理对治理的影响，亦即行政者在程序决策和其他领域所扮演的政治角色。作为例子，可以想一想由行政机构提供的情报或信息的政治影响；想一想与国会有相当关系的人员以及下属行政机关的活动的政治影响。

现在看一下对二分法的否定。这一否定掩盖了行政问题的独特性，即在政府中似乎存在独立于政治的行政。这一独特性的本质对于公共行政理论而言就是问题。正如我们早先已经说明的，这一独特性会引发与公共产品的生产有关的特殊问题。这些特殊问题主要地出现在公共的和非营利的组织中——而且，在有限的意义上说，也会出现在私营企业中。一个忽视利益驱动的学科必定会遇到许多特殊的困难，如在引进创新和必要的、向超大规模发展的趋势上相对迟缓。作为后者的一个例子，可以看一下公共选择的文献，这些文献表明，政府机构有望在产出的层面上运作——从社会的角度说，这种产出并不是最佳的（回想一下早先提及的尼斯卡宁的模式，他证明说，官僚制的生产能力可以是最佳产出的两倍）——并有可能产生“X-无效率”［雷本斯坦因（Leibenstein）使用的术语］。⑤ 其他人可能更愿意对“独特性”作别的描述。有的描述（也许是以综合的形式）可能强调的是规模和权力（例如，把权力置于社会的其余部分和其他社会之上）。其他的可能性还包括在

---

① 有关威尔逊是否要对政治—行政的二分负责的另一观点，参见保罗·凡·里佩尔：《政治—行政二分法：概念或现实》，见：《政治和行政：伍德罗·威尔逊与公共行政学研究》，雷宾、鲍曼编，203～218页。

② 马丁区分了两种政治—行政的二分。他指出，威尔逊的观点有所改变，“直到大约1890—1891年，威尔逊才完全抛弃了他的二分法的唯一目标，采纳了他同时代的欧洲人使用的二分法。”见丹尼尔·马丁：“伍德罗·威尔逊的消逝的遗产”，载《公共行政评论》，第48卷，633页，1988（2）。

③ 伍德罗·威尔逊：《公共行政学研究》（华盛顿，1955)，13页。

④ 詹姆逊·道格：《如果我看到一个凶徒在磨刀霍霍……》，见：《政治与行政：伍德罗·威尔逊和公共行政学研究》，雷宾、鲍曼编，177页。

⑤ 例如，参见哈维·雷本斯坦因：《长远的福利标准》，见：《都市共同体的公共经济学》，朱里乌斯·马戈里斯编（巴尔的摩，1965），539～557页。

政治清洗语境中的行政管理问题。

二分法的问题时常不为人们所理解。行政部门实际上是与政治（或是社会，或是经济，以及诸如此类）部门交织在一起的，这一事实是有意义的，但如果知识被理解为是抽象，那它必定不是确定的。尽管这两者（事实上）的确是相互交织在一起，但还是可以确立研究的主题，就仿佛它们之间是分离的。如果那一确立是不可能的，那政治科学（还有经济学）也就不可能了，因为，在一个描述性的层面上说，根本就不存在政治—经济的二分。社会科学的划分也将是无效的。不过，问题在于，这“仿佛”的游戏在公共行政学的情形中是否有效。

学科边界的划分至少在两个意义上说有太大的局限。公共行政学的范围（仅仅依据行政来加以界定）可能太狭窄，从而使得学科的目标难以实现；也就是说，所需的学术资源可能只在边界以外适用。另外，各种现象是如此紧密地相互联系在一 68
起，以至于学科主题的划分阻止了对单个现象的成功研究。例如，如果行政现象与政治现象是如此紧密地相互交织在一起，以至于都无法提出完全属于行政的学科边界范围内的假设（或结论），这时就会出现上面说的情形。我们在第 7 章还会回到这一问题，在那里我们将讨论社会工程学。

刚刚描述的悖论的局限并非在公共行政学的所有难题中都会出现。不过，它在许多问题中会遇到，尤其当它们在宏观行政理论的层面上被作为难题加以研究时，更容易遇到这一悖论的局限。公共行政理论是为形形色色的委托人服务的。例如，我们可以分辨出宏观行政学理论、微观行政学理论和超微观行政学理论等层面。这里的术语都采纳自经济学，在那里，人们总是在宏观经济学（研究大经济现象）和微观经济学（研究诸如公司和消费者这样的对象）之间加以区分。

在宏观行政学的层面说，公共行政理论可看作针对（或有关）总统、首相、亲王以及要人的事务，对于其他人来说，是希望去思考这一多头政府的层面。在这一层面，一个关注点就是人类的这样一个企图，即想通过政府去治理人和自然资源以达到政治目的；另一个关注点，就是如何使庞大的官僚机构和官僚程序人性化。在这一层面上需要的这种实践者，从经常听到的对政府领导人缺乏经验的抱怨中——在西方和东方——包括抱怨他们使官僚制屈从于自己的意愿——可以看到他们的存在。在微观行政学的层面上，行政理论是针对（或有关）某州或某省的治理者，或交通部门的领导这样一类人的事务。在超微观行政学的层面上，行政理论是针对或有关（诸如）个体实践者，如预算人员、人事分析员、一线主管人员的事务。（在每一层面上，我们都必须小心地意识到，对行政理论的关注不能——也不应该——局限于实践者）显然，我们还可以再分出许多亚层面；例如，宏观行政学层面可再分为全球的、国际的、国家的。（这里要强调的一点是，在考察公共行政理论时，不应对生态学的谬误横加指责。一个层面不必依据另一层面的记录被评价。）

行政理论是向所有各个层面的利益群体服务的，但可能，在更微观的行政学层面要比在更宏观的行政学层面更容易实现目标。果真如此的话，那这一情境就是一个讽刺，因为，可以说，当前主要的需求是在宏观行政学的层面。把行政和政治分

离开来的局限最有可能在这一层面遇到。这一宏观行政学的层面是最可能出现悖论
69 的地方，即孤立的行政研究的确定性与政治研究的紧迫性之间的悖论。

## 4.4 概　要

公共行政学中的学科专业化和学科自足——特殊主义——导致了一系列的矛盾和盲点。这一章是在三个分标题下考察这些局限：美国、公共和行政。

美国的公共行政学首要关注的是一个国家的问题。这一诉求当然也存在一些例外，其好处就是对范围的限定。不过，不利的方面要更多一些。在这一关注中，有一对矛盾就是愿望与事实之间的矛盾，即：一方面，美国公共行政学想要成为一门科学，而另一方面，美国公共行政学乃是一个具有文化边界的学科。另一对矛盾也是愿望与事实之间的矛盾，即：一方面，美国公共行政学想提供最广泛的解释，而另一方面，这些解释又受到以一个国家为关注焦点的限制。其盲点则包括对理论力量的局限，对从国外输入优秀东西的能力的削弱，以及对像腐败和政府规模这样主题的忽视。

公共的特征导致了三个盲点。它激发了一种忽视这样一些事实的倾向，即：公共与私营部门都是社会地建构的，两个部门间相互的密切联系是必然的，以及每个部门都可从对方那里学到许多东西。

行政的特征亦即职能的特征导致了一个矛盾。当职能遇到需要关注与之形成竞争的或相反的组织化的原则亦即政治和程序时，这一矛盾就出现了。职能与程序的这一冲突可能是公共行政学多样化的范式和流动性的基础，但一个更可能的解释就是缺乏一个强有力的指导性理论。既追求功能又追求程序必定导致同一性的危机，这在公共行政理论中已经讨论得太多了。这些困难在所谓的宏观行政学的层面更为突出。

在此我们没有说，特殊主义是非生产性的。相反，特殊主义已经是生产性的，它在将来有可能更是如此。不过，公共行政学会遇到这一章所讨论的那些局限。

# 第 5 章



# 现代性：科学主义的局限

为求公正公平，想方设法仿效自然科学的研究方式，此乃是冒险之举，上个世纪的社会行为研究和理论最终也没能提出一个像阿基米德的流体静力学原理或伽利略（Galileo）的等加速运动定律那样可靠的原则。 70

——杰根（Gergen）①

知识不是向某一理想观点汇聚的一系列自我一致的理论：它不是向真理的逐渐接近。而是相互不兼容的各方不断增长的海洋，每一理论……力图把其他的理论置于更大的合题，而它们全都通过这一竞争之过程为我们意识的发展作出贡献。

——费耶阿本德（Feyerabend）②

赫伯特·西蒙在其《行政行为》一书中力图建立一个行政科学。③ 他对待公共行政学的态度是科学主义的一个例证，他认为，自然科学的方法适用于所有的研究领域。他和其他人，如《行政科学论文集》（*Papers on the Science of Administration*）的作者古立克和厄威克，都被认为是想通过把公共行政学研究建立为科学来寻求一个普遍主义的公共行政理论。④ 追求科学主义的第二种人尝试了一种应用科学，就是说，想把其他科学的成果

① 肯尼思·杰根：《走向社会知识的转型》（纽约，1982），12 页。

② 保罗·费耶阿本德：《反对方法》（伦敦，1975），51 页。

③ 西蒙：《行政行为》，253 页。

④ 古立克、厄威克编：《行政科学论文集》。

（在它们是科学的意义上说），如行为心理学，应用到公共行政学的问题中。第三种人则对社会科学研究的方法作了有选择的、广泛的运用。所有的这些尝试都是想为实践者和学术领域——它或者是根本没有框架，或者只有一个不严格的行为框架——提供一个“科学的论述”，这一论述的基本精神就是 1907 年纽约市政研究局所确立的民意（sentiment），据说其创立者“深信，如果市民完全了解政府的真相，它就能采取正确的行动”[1]。佩里（Perry）和克雷默（Kraemer）指出，1975 年至 1984 年间《公共行政评论》中发表的论文有 52%是经验研究；在这些论文中，又
71 有 52%是跨部门的相互关系分析，有 37%是个案研究。[2] 接着，斯托林斯（Stallings）和费里斯（Ferris）把这一研究加以延伸，考察了 1940—1984 年《公共行政评论》上发表的公共行政学的研究论文；他们说：“公共行政学研究的新近历史，正如《公共行政评论》上发表的论文所表明的，与近半个世纪前的研究状况没有太大区别。”[3] 正如怀兰（Whelan）在评述佩里和克雷默的研究时指出的：“研究有巨大的进步，但研究之路是不平坦的，尤其是在一个仍处在定义过程的领域当中。”[4] 在描述公共行政学研究的“古典方法”时，耶格尔（Yaeger）讨论了“个案研究、访问、不事雕琢的体验记录、当事人的观察以及调查”[5]。

科学或实证主义命题的一个明显标志——不同于其他的陈述，如诗学——就是它们在一定意义上被赋予了特权，这就是，如果它们是依照科学程序推演而来，就定能获得更大的真理可靠性。如果其结论——比如说，有关政府该做什么和不该做什么——是科学的，那就更有用了，因为科学命题被认为是最可靠的。一方面，以科学为基础建立公共行政学有一些有利的方面。另一方面，局限也是存在的。首先，科学陈述的特权地位的基础是不明晰的。[6] 其次，还需要对被排除在科学之外

---

① 罗伯特·怀兰：《公共行政学中的数据管理与研究方法》，见：《公共行政学手册》，雷宾、赫尔德里特、米勒编，658 页。

② 詹姆士·佩里、肯尼思·克雷默：《1975—1984 年“公共行政评论”中的研究方法》，载《公共行政评论》，第 46 卷，215～226 页，1986（3）。

③ 罗伯特·斯托林斯、詹姆士·费里斯：《公共行政学研究：1940—1984 年“公共行政评论”研究》，载《公共行政评论》，第 48 卷，583～584 页，1988（1）。斯托林斯和费里斯解释说（583 页）：“研究一直主要是努力把可研究的问题理论化，努力勾画出可能的研究领域，描述研究对象。这些年很少做因果分析或理论检验，而且因果分析在当前的研究中也只占很小的比例，尽管它现在比前几十年要更重要。……有趣的是，案例研究方法的运用在那些年的‘公共行政评论’中常常要比多样化的统计研究方法的运用少得多。有人提出这两种研究类型在最近的复活到底是某一任意类型的一部分还是这一领域新的研究方向的开始。”

④ 罗伯特·怀兰：《公共行政学中的数据管理与研究方法》，687 页。

⑤ 塞缪尔·耶格尔：《公共行政学研究的古典方法》，见：《公共行政学手册》，雷宾、赫尔德里特、米勒编，683～793 页。

⑥ 有关科学哲学最近的发展存在着共识的说法，参见理查德·鲍伊德、菲利普·加斯佩尔、J. D. 特罗特：《科学哲学》（波士顿，1991）。在前言中，作者们说（13 页）：“显然，新的共识要比后期实证主义所达到的共识更为复杂。部分地说，这不过反映了这样一个事实，即根本不存在理论的共识，而只存在确认三种各自不同的一般研究——科学实在论、新康德主义的构成主义和后实证主义的经验主义——为主要的竞争者这样一个共识。”有关承认有共识存在的价值，参见约翰·威斯德姆：《现代科学的可挑战性》（阿尔德施特，1987），16 页。威斯德姆评论说：“在我看来，在这个科学的时代，谁也无法知道科学本质是什么，这不仅包括那些通过各种周刊认识科学的人，而且包括哲学家和科学家本身。对于绝大多数科学家而言，听到有人说大牌科学家都赞同对于科学的本质可以有竞争的观点，一定会大吃一惊。”

的问题有所了解，尤其是那些与伦理学和理解相关的问题。

因此，这里就出现了一组矛盾，一方是把公共行政学研究局限于科学过程，而否认价值判断的认识论地位，另一方则想把研究扩展到包括价值判断在内。前者的盲点在于对道德思考没有充分的认识；而把公共行政学理解为一种道德科学的不利方面就在于缺乏富有特权的实证信息。还有一组矛盾是这样一个冲突：一方面是把公共行政学的研究局限于以主体间性为基础获得的知识，另一方面又把这一研究扩展到也包括第一人称（first-person）的知识。

公共行政理论当然包括有关行政伦理学的文献。当它是作为行政情境中的伦理学来传授和研究时，其内容是有价值的。当它是作为行政伦理学来传授时，其内容——由于那一置于首位的形容词容易引起混淆——就可能极少有帮助。组织总要宣传和强化某种伦理，而且组织的实践和标准的运作程序也可以按伦理原则加以评价；例如，1992 年 4 月颁行的美国众议院道德手册就长达 493 页[①]。不过，我们要讨论的是在行政领域寻求一个元伦理学停泊地——正如有些公共行政学家所说——的局限性。

## 5.1　实证主义的议程

我们看一下西蒙为公共行政学阐明的实证主义的议程以及唐纳德·麦克科罗斯基（Donald McCloskey）为经济学做的同样的解释。[②] 西蒙力图通过分离事实与价值和通过界定事实性命题为可验证的命题来建立一门行政科学。对于价值，他说道：“和任何科学一样，行政科学也纯粹只关心事实性的陈述。道德论断在科学体中没有任何地位。但凡道德陈述出现的时候，它们都可分解为两个部分，一部分是事实的，一部分是伦理的；而且只有前者才与科学有某种关联。”[③] 在《行政行为》一书中，西蒙力图在工具性的决策基础上来确立其行政科学。目标被认为是给定的，行政决策被认为是在某一价值语境内做出决断的问题，其效率的标准则需要从事实来考虑。这一效率标准的本质就体现在 1958 年通过、到 1992 年仍然有效的美国《政府公务员道德规约》的第四条原则中：“尽力发现和采用更有效、更经济的方式来完成任务。”[④] 正如西蒙本人所界定的，“效率标准要求，在代价相同的两种选择中，必须选择能使组织目标最大限度地实现的那一种；进而，在目标实现程度相同的两种选择中，必须选择代价更小的那一种”[⑤]。在他看来，“一个行政决策的正确乃是相对的——如果它选择了合适的手段去达成所设计的目标，它就是正确 72

① 公务员行为准则委员会：《众议院道德手册》（华盛顿，1992）。
② 唐纳德·麦克科罗斯基：《经济学的修辞》（麦迪逊，1985）。
③ 西蒙：《行政行为》，253 页。
④ 公务员行为准则委员会：《众议院道德手册》，前言，5 页。
⑤ 西蒙：《行政行为》，122 页。

的"①。

西蒙所谓的事实性命题，意思是指其陈述是可验证的，而所谓的可验证，显然是指在主体之间的可验证。他感兴趣的不是私人信息，而是可公开的和可观察到的信息。正如他所说的："原则上，事实性的命题可以被检验，以确定它们是真还是假——它们对于世界实际发生的事是说了还是没有说。"② 正如我们在第 11 章要讨论的，在西蒙写作《行政行为》一书时，逻辑实证主义仍很流行，并且在 45 页和 46 页脚注的七处引文中，他仅仅依赖最新的权威就做出了在哲学上不明智的转移。他真正的目的，就是要排除私人的和无法检验的数据以及私人启示。正如西蒙在该书第一版前言中所说的："化学实验从它的可重复进行中导出了它的有效性——它的科学权威性；除非我们能足够详细地描述它的可重复性，否则它就是无用的。在行政学中，我们到目前为止还只有一些十分不完备的能力去讲述那在我们的行政'实验'中发生的东西——我们还无法确保它们的可重复性。"③

我们可进一步考察一下西蒙力图达到的目标；为此我们不妨看一看一个姊妹社会科学的一个观点。麦克科罗斯基把实证主义重新命名为"现代主义"，而且还给出了体现其影响的众多日常表达："那恰恰就是你的看法"；"我倾向的看法是这样的"；"我是在事实的基础上得出这一结论的"；"你的看法不客观"；"那是一个完全主观的观点"；"你的看法不科学；我为什么要听？"④

73 麦克科罗斯基提供了他所谓的"现代主义在经济学和其他科学中的十条戒规和金律"⑤。它们分别是：

1. 预言与控制是科学之要务。

2. 理论唯有其意涵（或预言）可观察时才谈得上真理性。

3. 可观察性应能经受客观的、可重复的实验；单单询问人类主体的问卷调查表是无用的，因为人可能会撒谎。

4. 如果且仅仅如果理论的意涵在实验中被证明为假，那理论也就被证明是假的。

5. 应当珍视客观性；主观的"观察"（内省）不是科学的知识，因为客观和主观没有联系。

6. 凯尔文（Kelvin）格言："你不能用数字来表达时，你的知识必定就是贫乏的和不完善的。"

7. 内省、形而上的信仰、美学等类似的东西有助于发现假设，但不能证明假设；证明是无时间性的，科学共同体外围之物与科学的真理无关。

8. 把科学的推理与非科学的推理、实证的推理与规范的推理区分开来，此乃是方法论之要务。

---

① 西蒙：《行政行为》，61 页。

② 同上，45 页。

③ 同上，前言，17 页。

④ 麦克科罗斯基：《经济学的修辞》，6 页。

⑤ 同上，7～8 页。

9. 对某一事件做出科学的解释，也就是依据一个隐在的规律揭示这一事件。

10. 科学家——例如经济科学家——作为科学家不应对价值的应当说三道四，不论是道德的还是艺术的。①

第 3 条在某些社会科学家和公共行政学家看来似乎有点难以理解，因为他们广泛使用问卷调查。不过，西蒙在另外两条中说得很清楚。第 7 条和第 10 条论及了事实—价值的区分；就是说，形而上的信仰不能帮助证明假设，科学家不应以科学家的身份对价值的应当说三道四。第 2、5、7 条（又一次）涉及主体间性的要求。只有可观察的数据对于理论之真理性的评价才是紧要的；主观的观察不是科学知识；内省不能构成对假设的证明。

## 5.2　科学命题的地位

科学命题的地位或基础似乎并不像西蒙写作《行政行为》时所显示的那么明确无疑。② 下面我们就要解释为什么说它的地位不是确定无疑的。③

一些公共行政学研究者和社会科学家对科学方法的本质似乎持有 19 世纪的一个观点，约翰·斯图尔特·穆勒（John Stuart Mill）的《逻辑体系》（*System of Logic*）就是对这一观点的表述。④ 这一观点就是认为，科学开始于客观的事实观 74
察，然后从大量特殊的观察中归纳出同一性的法则，并进而得出一般性的陈述或规律，接着由它所得出的理论去解释一个或更多规律，最后，通过把这些理论和规律与观察到的事实相比较，来检验其真理性。逻辑实证主义者提出了一个类似的经验的—归纳的科学图像。例如，鲁道夫·卡尔纳普（Rudolph Carnap）在其《世界的逻辑结构》（*Logical Structure of the World*）一书中就提出了一个我们认识世界的理性构架，其目的就是要从最简单的感觉经验逻辑地建构我们的世界知识。⑤ 这一努力是有问题的。例如，感觉材料是私人的，因而是不可证实的，而卡尔纳普认为不可证实的东西就是无意义的。后来，他又把约定或观察性的陈述作为出发点。

---

① 麦克科罗斯基：《经济学的修辞》，7～8 页。

② 西蒙：《行政行为》，43 页，尤其参见作者对逻辑实证主义的评论。

③ 这一节对这一困难的讨论依据的是所谓的归纳科学。更广泛的其他论证当然也适用。例如，参见威斯德姆：《现代科学中的可挑战性》，39 页。威斯德姆写道："我的目标在于说明本世纪出现的所有三种标准的科学哲学都不能解决数据与理论的鸿沟的难题，并且要说明观察主义是这三者的一个基本假设。"这三个标准的科学哲学就是：归纳论、工具论和惯例论。工具论是"这样一种理论，它认为科学理论只是计算和预测的一种工具和手段"（18 页）。惯例论则认为科学理论是"一种模式，它被运用不是因为它反映了现实，而是因为它把某种秩序带进了我们的观察；这一秩序或模式就是惯例，因为——如果它不能产生充足的秩序——我们可以修正这模式，使其能为我所用。实际上，依据这一观点，理论根本不存在指谓的功能"（21 页）。

④ 约翰·斯图尔特·穆勒：《逻辑体系：演绎的和归纳的》，J. M. 罗宾森编（多伦多，1974）。

⑤ 鲁道夫·卡尔纳普：《世界的逻辑结构》第 2 版，鲁尔夫·乔治译（汉堡，1961）。

这种解释的一个难题就在于，从一系列特殊的事实难以归纳出一个一般性的结论。穆勒意识到了休谟的归纳法的困难。休谟指出，我们根本不可能观察到因果律。我们可以看到一个弹球撞击另一个弹球，但看不到一个是另一个运动之因。因果关系是一种心理现象；我们总是因为看到“不同事件的持续连接”而相信它们之间有一种必然的联系。休谟还认为，科学解释所依据的自然的整一性也是根源于我们的心灵。我们相信太阳（或地球）明天必将升起，因为它一直是如此；承认自然的整一性的根据既不在于逻辑，也不在于事实世界，而在于我们的心灵：“迷信将来必与过去相仿，这并非奠基于任何论证，而是整个地源自于习惯。”[1] 归纳法的问题也是一样。大量特殊事例的不断发生，并不就允许我们推导出一个一般的陈述，例如我们在第 2 章论及物体运动时所说的。休谟说：“不可能有确实的论据能证明我们还未经验过的那些情形与我们已经经验过的那些情形之间有类似之处。”[2]

我们可以看一下著名的天鹅的例子。[3] 即便所有的人都知道天鹅是白色的，人们也不能断定所有的天鹅都是白色的。即便所看到的又一只天鹅还是白色的，也不能断定所有的天鹅都是白色的。后来人们终于见到了黑色的天鹅。穆勒错误地相信，他能解决归纳法的难题，那就是认为那一难题只适用于低层次归纳的一般化。因此，他相信通过求助于大量相关的特殊观察，就可以确证一般的陈述。

科学解释的假设—推论模式——亨普尔（Hempel）和奥本海姆（Oppenheim）在 1948 年对其作了形式化的阐述，更早的时候卡尔·波普在《科学发现的逻辑》（*The Logic of Scientific Discovery*）中就已经作过不那么规范的阐述——提供的是一个根本不同的科学方法图像。[4] 根据这一观点，一个科学解释应包括一个普遍的规律和一个作为起始条件的陈述；接着运用演绎逻辑的规则推演出关于有待
75 解释事件的陈述。正如波普所解释的，普遍规律不是由归纳推导出来的；它们仅仅是假设，而归纳是神话。在他看来，科学理论是有待检验的猜测。所有这些陈述和理论在它们被证伪之前都暂时为真；所有的一切都有赖于可证伪性（falsifiability）。

问题在于证伪有很大的难度。杜恒-奎因定理说，没有一个科学假设是可证伪的，因为任何检验都包括不仅要检验假设本身，而且也要检验辅助性假设（如有关检测工具精确性的假设）。当 1881 年迈克耳逊-莫雷实验没有成功地证明光束在以和地球运行的不同方向传输时光速会有所不同的时候，那一有关以太（这是一个主要的假设）的假设就不能被反驳。进而，在 1887 年又重复了那一实验。结果仍不能让人满意，辅助性假设被否定。研究者断定测量设备有问题，费兹杰拉德-洛伦兹收缩考虑的是，如何用测量仪器一端的收缩去解释那一“不幸”的结果。正如杜恒（Duhem）指出的：“物理学家根本不能把一个孤立的假设付诸于实验的检验，而只能是一组整体的假设；当实验与他的预测不相吻合时……实验并不表明就应该

① 戴维·休谟：《人性论》（牛津，1978），134 页。
② 同上，89 页。
③④ 卡尔·波普：《科学发现的逻辑》（纽约，1959）。

改变假设。"[1] 杜恒-奎因定理与理论的"潜决定因素"的观念是联系在一起的；也就是，正如戴维·奥尔德罗伊德（David Oldroyd）指出的，原则上说："总是有数不胜数的理论能够解释某些被观察到的事实，而每个理论都有可能成立，不论有多少自相矛盾的证据存在——只要在附属假设的地方作出足够根本性的调整，而不必对任何给定时刻正在接受检验的假设进行调整。"[2] 即便如此，证伪的方法——以及证实的方法——也还是有问题。"蓝绿色绿宝石悖论"（grue-bleen）和其他悖论就是例证[3]，还有分析与综合之间的区分的瓦解，以及观察必定负载有理论这样的观点，也能说明这一点。例如，说观察本质上负载有理论与认为观察者不带任何前提假设的观念是水火不容的。[4]

波普声称，完美的科学的标志就是敢于冒险，敢于提出需高度证伪的猜测，然后让它去接受检验。例如，"太阳明年照样会发光"这一命题并不比"太阳明天下午照样会发光"这个命题更少可证伪性。后者有更多经验的内容，波普把这一思路称作是对杜恒定理的充分回答。波普把新物理学的精确预测与他所谓的不结果实的马克思历史理论和弗洛伊德精神分析学进行对比。在波普看来，一个理论应能被冲突的经验事实和某一替代理论的批判性讨论所证伪。在这种情形下，一个被证实的理论就是一个不再能被证伪的理论。

波普指出，如果我们想区分科学与非科学，就需要制定一些规则来对抗那些有免疫力的策略。后者其实就是一些类似于安排的东西（如在附属假设中），能够保护核心的假设不受反证的影响。波普提出了近 20 条这样的规则。例如，他说，"那些理论应具有给定的优先权，能接受最严格的检验"[5]，"在我们的体系受到威胁的 76
情况下，我们不必通过任何约定的策略来挽救它"[6]，"应尽可能节制地使用辅助性假设"[7]。波普还补充说，他提出这些规则的唯一理由就是它们的成效性。规则就是惯例。

在最近几年，科学哲学界很少能达成一致。例如，拉卡托斯（Lakatos）、库恩（Kuhn）、费耶阿本德都对证伪论提出了反驳。拉卡托斯不仅依据个人理论而且依据科学研究纲领考察了科学的运动。[8] 这些纲领，他证明说，是由有着坚硬内核和保护带的理论构成的。他为前者给出的例子就是托勒密（Ptolemaic）的圆周运动，这是一个有着坚硬内核的理论，它通过一个有关本轮和均轮的理论保护带而使自己

① R. 阿里维：《杜恒定理》，载《英国科学哲学杂志》，313～325 页，1984（35）。

② 戴维·奥尔德罗伊德：《知识之巅》（纽约，1986），208 页。

③ 有关蓝绿色绿宝石悖论，参见尼尔森·古德曼：《事实、虚构和预言》（印第安纳波利斯，1965），63～126 页。有关蓝绿色绿宝石悖论和其他的三个归纳悖论的讨论，参见乔纳森·科恩：《归纳和或然性哲学导论》（牛津，1989），197～203 页。

④ 有关观察负载有理论的特征的讨论，例如，可参见威斯德姆：《现代科学中的可挑战性》，71～104 页。

⑤ 波普：《科学发现的逻辑》，121 页。

⑥ 同上，82 页。

⑦ 同上，273 页。

⑧ 例如，参见伊姆雷·拉卡托斯：《证伪与科学研究纲领方法论》，见：《批评与知识的增长》，伊姆雷·拉卡托斯、艾伦·穆斯格拉维编（剑桥，1970），91～196 页。

不受观察性证伪的干扰。他还区分了研究纲领的进化和研究纲领的退化，认为研究纲领的转化不是通过证伪而是通过正面启示法（positive heuristic）。

托马斯·库恩似乎激发了公共行政学领域以及其他社会科学学科的极大想象力，因为在一定意义上说，正是他使范式概念流行开来。库恩自己也认为，社会科学体现了前范式的研究。这一肯定的接受可能是因为社会科学充满了各种各样的前范式（或范式）。

与波普开出了一个规范的处方不同，库恩在《科学革命的结构》（*The Structure of Scientific Revolutions*）中感兴趣的是对自然科学的实践给出一个正面的描述。① 在库恩看来，根本不存在有限的科学方法；这一点至为关键。其具体的观点在他著作的不同版本中有所改变。在第一版中，库恩描述科学的历史是由规范科学的各个阶段构成的（其典型特征就是在一个正统框架的语境内对难题的解决），这些阶段会因为科学革命而中断。在科学革命时期，一个范式或格式塔常常会发生变化。哥白尼革命和爱因斯坦革命就是这种革命的例子。根据库恩在第一版中的观点，当范式之间不可通约的时候，就会出现这种根本的范式转换。在第二版中，他抛弃了范式作为世界观的观点。在他看来，范式之间缺乏沟通的情形不再存在；范式——现在指的是比较小的集团——之间是相互渗透的。

费耶阿本德在1975年出版的《反对方法》（*Against Method*）一书中提出了一个强有力的观点，认为科学知识根本不具有特权，根本就不存在一个具有优先权的科学方法论。② 在费耶阿本德看来，多元论才是科学发展之本质，因而世界观必须是多样的。费耶阿本德认为，观察是不可靠的，因为它们总要受理论的沾染；被证否的理论，例如星占学，就其自身而言是具有真理性的。正如他所说的，"知识不是向某一理想观点汇聚的一系列自我一致的理论：它不是向真理的逐渐接近。而是相互不兼容的各方不断增长的海洋，每一理论……力图把其他的理论置于更大的合题，而它们全都通过这一竞争之过程为我们意识的发展作出贡献"③。

## 5.3 伦理型企业

77 卡罗尔·刘易斯（Carol Lewis）用"伦理型企业的重新发现"这个标题来描述她所谓的行政伦理学的旨趣革新。④ 她描述公共行政学的理论源头——科学管理和人际关系——仅仅是工具性地处理伦理问题。她描述"非伦理的机器"在布朗罗委员会（Brownlow Committee）、在古立克和那些支持"甚至在今天仍居于主导的公共行政学教条"的人那里已经大获全胜；"诸如社会学、人类学、心理学、经济学、

① 托马斯·库恩：《科学革命的结构》第2版（芝加哥，1970）。

② 费耶阿本德：《反对方法》。

③ 同上，51页。

④ 卡罗尔·刘易斯：《公共服务中的伦理挑战：问题解决指南》（旧金山，1991），7页。

政治科学这些社会科学的发展也为非伦理的公共管理取得暂时胜利贡献了力量”[①]。她认为，在发生恐怖的战争、影响恶劣的官僚行为、有局限的决策这样一些事件之后，行政伦理学的勃兴是“理所当然的”。公共行政学中伦理型企业的这种复兴乃是对学科所具有的政治旨趣和公共旨趣的一种自然反应，这一旨趣就体现在诸如伦理机器在联邦政府中的扩散这样的发展中。库珀说，对行政伦理学的兴趣自 1980 年后“急剧上升”，这从培训班的需求、与此论题有关的杂志的增加、美国公共行政学会（the American Society for Public Administration）年会上相关论题的研讨会出席人数的增多这些现象上就可以看出来。[②]

对于公共行政学的科学研究而言，伦理型企业的这种复兴和重新发现存在一个悖论。这一悖论就在于，如何把公共行政学的实证研究和企业式的规范协调起来。实施行政伦理并不仅仅是为了把机构目标的具体化从“效率”转换到“讲究道德的效率”（efficiency moralized up）。对行政伦理的研究不容易受到科学方法的影响；一个重要的因素就是哲学分析。

伦理学的历史对普遍同意——即我们应当做什么和为什么要这样做——的范围做出了有意义的限定。对于核心价值是否存在，人们是存在不同意见的，同样，对于特殊的价值（如“生存权”或“选择权”），人们也难以达成一致。还有对于道德诉求的地位（如：是主观的还是客观的），人们也存在着分歧。这里只需看两个新近有关正义之本质的观点；罗尔斯（Rawls）[③] 和诺齐克（Nozick）[④] 提供了两种不同的意见，而且，尽管我们可以选择其中的一个，但我们必须认识到，另一个并不是就可以置之不理。有人更倾向认同乔伊斯·亨德里克斯（Joyce Hendricks）的观点，她在其有关伦理学的一章中断言说：“可能，从这一章所能获得的最重要的教训就是……我们根本上是由自己来决定应相信什么，而且……若是没有任何保证可以获得确定性，要做出道德决断是一件很艰难的事。对于我们的许多道德决断来说，做出决断的理由可能是给定的；而对于别人的道德决断，尽我们所能对决断的理由做透彻的思考，至少有助于我们获得明晰性和关注焦点，这对于做出合理的和负责任的决断而言是必要的。”[⑤]

看一下那些有关苹果的故事。韦伯这样概括他的观点（我们在第 1 章和第 2 章 78
已经讨论过）：“一个已经偷吃了知识之树果子的时代，其命运就是它必须知道我们不可能从它的分析结果中获知世界的意义，那意义一度是如此之完备；毋宁说它就处在创造这一意义本身的位置。它必须承认有关生命和宇宙的一般观点不可能是经验知识的产物，那有力地激励着我们的最高理想永远只能在同其他理想的斗争中来

① 卡罗尔·刘易斯：《公共服务中的伦理挑战：问题解决指南》（旧金山，1991），6 页。

② 特里·库珀：《负责任的行政：行政角色的伦理研究》（旧金山，1990），前言，12 页。

③ 约翰·罗尔斯：《正义论》（剑桥，1971）。

④ 罗伯特·诺齐克：《无政府主义、国家和乌托邦》（纽约，1974）。

⑤ 乔伊斯·亨德里克斯：《伦理学》，见：《哲学导论》，列蒙·麦克亨利、弗雷德里克·亚当斯编（纽约，1993），82 页。

形成，那其他的理想之于他人的神圣性就如同我们的理想之于我们。”① 不论韦伯所言是否正确，在伦理学的研究中谈论二律背反，这就是向争论开放。不过，在哲学伦理学中，至少缺乏某种封闭性——这一缺乏增加了任何想把价值中立（value-free）的科学和价值研究结合在一起的尝试的困难（即使这一尝试是可行的）。

公元前460年的一件大理石浮雕——现存奥林匹亚考古博物馆——说了另一个有关苹果（尽管是非伦理的）的故事，我们可以把它理解为是所论的封闭性的困难的象征。在塑像中，赫拉克勒斯（海格立斯）［Herakles（Hercules）］支撑着天，阿特拉斯（Atlas）却带着生命之树上的金苹果返回了，就这样，在这最后一件工作的完成中，赫拉克勒斯获得了不朽。这与创世纪中的故事——和我描述的故事不相关——有着惊人的相似，尽管它说的是不同的神的反应。在创世纪中，神的反应包括要蛇用腹部在地上爬行，要人忍受生育之痛苦，并将人类逐出伊甸园。在赫拉克勒斯的故事中，雅典娜女神（the goddess Athena）甚至向他伸出了援手。

行政伦理学——考察的是组织中个体的伦理和组织本身的伦理——已经变得十分之时髦。不过，如果是以哲学的和普遍主义的方式研究它，那它就只能是被引导的。哲学应当扮演一定的角色，人们当然承认这一点。例如，凯瑟琳·登哈特（Kathryn Denhardt）证明说，哲学传统的进一步发展是“必要的，因为通过仅仅关注公共行政学的现状，这一领域冒险发展了一种被狭隘阐释的和利己的伦理学，这一伦理学既无助于时间的检验也无助于公共利益”②。我认为，行政伦理学作为一个自足的学科的危险不仅在于哲学技巧方面，而且可能在于过多使用“行政的”这个形容词。这指的是在行政王国寻求一种元伦理学基础的错误。

我们不妨通过考察行政伦理学（如美国行政伦理学的发展）在调和科学方法的普遍主义与其自身的特殊主义时出现的另一困难来解释这一问题。如果一个学科只锁定在一个国家，那就有可能导致其研究方法只适合局部社会的当代价值；其中的一个方法，正如有人指出的，就是想依据局部社会的需求来证明行政责任的合理性。如同美国行政伦理学所表明的，这一证明将采取这样的形式，即鼓励人们遵守现存的法律和服从现存的核心价值。这些令人遗憾的做法，由于在具体说明某一价
79 值内容时遇到了极大的困难而更加受到激励——这一价值内容能对行政人员施以理性的或非理性的控制。③ 而更加艰难的是具体说明这样的价值内容，它甚至能控制具有情感意向的人去以其他方式思考，控制某人不会受理性说辞的影响，或控制某人，使其觉得道德是她私人的事。

---

① 韦伯：《社会科学方法论》，57页。

② 凯瑟琳·登哈特：《公共服务伦理学：解决公共组织中的道德困境》（纽约，1991），前言，8页。

③ 有关理性与价值的关系的讨论，例如，可参见E.J.邦德：《理性与价值》（纽约，1983）。正如出版者在邦德这本书的简介中指出的：“围绕理性、动机与价值之间的关系提出的问题尽管古老，却难以应付。如果价值是客观的和理性的，那它们如何能作用于我们，如果它们是依赖于我们偶然的欲望，那它们如何才能是理性的？”

我们可以看一下卡罗尔·刘易斯的说法。她在美国公共行政学会的出版物中说："公共管理者有义务履行和遵守法律。"[①] 其中一个被想到的停靠地就是地方法，尤其是符合宪法的地方法（constitutional law）。正如她所说的："不是所有合法的表述都同等重要。誓约（见下面的评论）……体现了宪法的首要地位。公共服务既根植于宪法的规定，又受它的约束。宪法规定是道德管理者的行动框架，是公民信任的基础。"[②] 首先，她这么说的一个主要理由就是，她认为，民主制依赖于公众通过自觉遵守而显示出的信任。不过，从说"乔治（George）将取消他认为不明智的法律"到说"乔治将杀死民主制"，这似乎是一种引申；没有一个自由的行政区允许这样说。为支持她的论证，刘易斯说，公务员必须宣誓，信守承诺和讲真话（甚至乔治）对于民主制是至关重要的——仿佛承诺永远都是可靠的，仿佛"讲真话即是讲真话，而不会是别的"。其次，她的处方似乎无法被普遍化。她提出了一个问题，即一个认为法律是非正义的或非道德的管理者是否在道德上有义务去遵循它，她似乎是想说不可能出现这种情形。正如她所说的："如果一个公共管理者认为法律是非正义的和非道德的，他或她在道德上还有义务要遵循它吗？或者另一个更高级的法律必定更为有效吗？今天的管理者都知道有可能出现不合宪法的秩序，出现恶的帝国……这样说是不着边际。它使话题从合法政府转向了不合法统治。它使问题从'现在是什么?'转向了'如果这样怎么办?'它与当代美国符合宪法的公共服务体系毫不相关。"[③] 接着她又考察了不公正的人类法律——依据宗教或哲学断定为不公正。在这一情形中，她说："有道德的管理者不会利用职权去以公民身份对法律提出异议。"[④] 相反的情形倒是容易找到。显然，法律和道德不是同义的；法律的制定不仅是为了道德，而且是为了公共秩序，为了其他人。绝大多数公共行政者也承认事实确是如此，用狄更斯（Dickens）回复布伯尔先生（Mr. Bumble）的信中的话说，法律是一个傻瓜："如果法律认为……"——如布伯尔先生所说——"那法律就是一个傻瓜——一个白痴"[⑤]。那些特殊的法律规定，不论是宪法的还是其他法的——是它们确立了奴隶制，要求只为白种人提供餐馆和其他便利设施，要求把日裔美国人拘禁在禁闭营——确实如布伯尔先生所描述的，是地地道道的白痴。

坚持核心价值的存在，认为它们可能包含在宪法之中，这并无不妥。（坚持认为宪法没有说出它想要说的，甚至坚持这样一个奇怪的观点，即认为国父们并没有把黑人排除在人权之外，这也没有什么不合适："在此向奴隶制让步不是要以某种

---

① 刘易斯：《公共服务中的伦理挑战》，32 页。这个观点并不能否认她在结论中给法律说好话；例如，参见柏拉图的《克里托篇》，见艾迪特·汉密尔顿、亨廷顿·凯里恩斯译：《柏拉图对话集》（普林斯顿，1961），27～39 页；还有许多后来的哲学家。

② 刘易斯：《公共服务中的伦理挑战》，35 页。

③ 同上，38 页。

④ 同上，39 页。

⑤ 查尔斯·狄更斯：《奥列夫·退斯特》第 51 章。

80 方式把奴隶削减3/5，而是要让他们只占到自由人的3/5”①。）不过，坚持认为这种事不能用条文来说明条文，这难以让人信服。

凯瑟琳·登哈特对公共行政学模式或框架提供了她的分析，这些模式或框架在五十多年前存在于各个方面。七个模式中有六个提到行政管理者应尊重“核心价值”。有两个是以例证的形式给出的：

> 20世纪50年代——要想成为有道德的人，就需要行政管理者对标准或假设进行考察或质疑，由此来做出行政决策。标准应在一定程度上反映我们社会的核心价值，尽管不是唯一地只依赖于习惯和传统。
>
> 罗尔之后——要想成为有道德的人，就要求行政管理者能够独立地参与合理地考察和质疑标准的过程，由此来做出行政决策。标准的内容在一段时间后可以改变，因为社会价值得到了更好的理解，或者出现了新的社会问题。一个行政管理者应准备好让决策标准适应这些变化，始终反映我们社会核心价值的约定。行政管理者必须认识到他或她将对所做出的决策和预示着这些决策的道德标准做出个人的和专业的解释。②

还有，凯瑟琳·登哈特对尊重核心价值做出了自己的说明，除此之外，正如她所说的：“‘核心价值’这个属于术语可能会引起误导，因而使用社会的‘道德’一词可能更合适一些。”③

在选择某些特殊价值作为“核心价值”的时候，很容易出现任意的评判。例如，威廉·莫罗（William Morrow）就讨论过他所谓的“公共行政学的持久传统”④。在他看来，这些传统就是程序民主制、实质民主制、效率和中立。我们看一下最后一条：为什么会选择它？理由是，莫罗相信中立是好事，相反的情形是不可想象的，有些法律鼓励中立，别的人也说过赞成中立。另一方面，政府事务也有一个与之平行的非中立的传统，尽管在时间上要更短一些。其他人会提出其他的价值；例如，避免精英永久化，强调个人自律，关注未来。⑤ 我们也看一下最后一条：为什么它应该或不应该被选上？选择它的理由有：我们大多数人都喜欢关注未来，它与实业家的社会是相适应的。另一方面，有人向后回溯到延续下来的传统，回溯到宪法和建国者的意图。我们也可以选择我们有关权力的持久传统。我们可以追随杰斐逊和麦迪逊，讨论权力分立的价值，或者我们可以追随汉密尔顿，讨论权

① 赫伯特·斯特林：《奴隶制与美国的道德基础》，见：《美国的道德基础》，罗伯特·霍尔维兹编（查洛特斯维勒，1977），222页。

② 登哈特：《公共服务伦理学》，8、23、26页。又如，所谓“库珀之后”的模式与所谓“罗尔之后”的模式的不同就反映在以下三个方面：在第一句话的后面再加上这么一句，“至少，在一定程度上说，决策是在组织层面上合法地做出的”；在第三句话的后面再加上“认可组织的目标”；在第四句话的第九个单词的后面插入“在组织内部”。因此表达当下目的的关键句子应是：“行政管理者应准备好让决策标准适应这些变化，始终反映我们社会核心价值的约定和认可组织的目标。”

③ 同上，35页。

④ 威廉·莫罗：《公共行政学：政治与政治体系》（纽约，1975），13～19页。

⑤ 对于这些价值的讨论，可参见——例如——玛丽·麦克考米克：《变动社会的持久价值》（纽约，1975），13页以下。不过对其他价值也有人讨论；例如，参见拜伦·舍弗尔：《美国与众不同吗？》（牛津，1991）。

力集中的价值。①

如果核心价值的选择是如此之任意，那为什么一个实质性的公共行政学思考还要言说核心价值？这存在各种各样的可能性。例如，有可能任何一种选择都令人不安；有人说，“认为我们的国家有核心价值，这种观点是感情用事、信口开河”，这 81
样说并非明智之举。我们所面对的（和讨论的）现实只是一种可能性，正如先前所说的，一个文化的核心价值与它同时也是道德的核心价值并不是一回事，前者为是的东西，在后者那里可能为非。

把宪法和核心价值看作道德之权威，读者可能会想起苏格拉底（Socrates）给尤息弗罗（Euthyphro）提的问题：“由于神赞同它，它就是神圣的吗？或者说由于它是神圣的，所以他们就要赞同它吗？”② 类似地，由于宪法说到了道德，它就是道德的吗？或者，由于它是道德的，所以宪法就要说到它吗？由于它属于价值中之核心价值，所以它就具有道德的重要性吗？或者由于它具有道德的重要性，所以它就属于价值中之核心价值吗？这是至为关键的，因为，如果核心价值仅仅只是文化的而不同时也是道德的，那这一理论就没什么意义了；这就是说，一个核心的道德价值不仅仅是一个对社会而言核心的价值（作为一个描述性的东西）。我们可以说法国人具有自己的文化核心价值，如对自由的热爱和对法语的热爱。这一说法和说这些文化价值对所有法国公民的行为都具有道德号召力一样没有什么意思。一个核心的道德价值必须是这样一个东西，它对于我们行为有着道德的约制力——是一个能够影响我们行为的道德诉求。仅仅说那一约制力是合法的、历史的或传统的，这还远远不够；我们还必须把它看作一个道德义务。

我们可以更详尽地看一组纯粹的文化核心价值。例如，鲁思·本尼迪克特（Ruth Benedict）描述文化是一个内在一致的价值体系，是围绕着某些重要的、具有优先权的核心价值发展起来的。③ 实践、习惯和态度是与这一核心相适应的，它们作为规范被保存下来，而那些非构成要素就会作为非常规的东西被抛弃。她给出了一些戏剧性的例子说明——依据她的观点——常规和非常规这些范畴是如何被文化地规定的。她描述了一个建立在偏执基础上的美拉尼西亚社会。她写道，那个社会的人是如此痴迷于投毒，以至于妇女从不敢离开锅碗一步；他们认为别人的食物都下了毒，因此他们从不共食。在这样一个社会里，古里古怪的人们绝非我们的社会称作有谋杀癖的人；那是“一群开朗乐观、亲切和蔼的人，他们热爱工作，乐于助人”。她举的另一个例子是有迷睡和倔强症的人。在我们的社会，把这种人称作是异常，有这些表现的人在许多社会却受到高度评价——本尼迪克特回忆说，迷狂

① 任意性也在价值变化的事实中有所反映。例如，参见戴维·哈特、威廉·司各特：《组织的迫切任务》，载《行政与社会》，第 7 卷，259～260 页，1975（3）。哈特和司各特报告说：“美国的价值观已经历了巨大变化。形成我们民族性格的多元论力量已逐渐消逝，我们社会的集体追求已凝固为一个单一的社会发明：现代组织。它们是广泛的、复杂的、以技术为基础的行政体系，能把各种资源综合纳入理性地运作的整体中。在当代美国，组织的需求压倒一切其他考虑，不论是家庭的、宗教的、艺术的、科学的、法律的，还是个人的。”

② 柏拉图：《尤息弗罗篇》10a，见：《柏拉图对话集》，178 页。拉尼·库珀的译文为：“神圣之为神圣是因为上帝赞同它吗？或上帝赞同它是因为它是神圣的吗？”

③ 鲁思·本尼迪克特：《人类学与异常》，载《普通心理学杂志》，59～82 页，1934（10）。

体验就是中世纪欧洲圣徒的一个标志。本尼迪克特的观点是主观主义的。每个社会都有其核心价值，但在她看来，道德仅仅是习惯，是某个特殊社会认作正常的东西。如果我们是那个美拉尼西亚社会的政府（如果它有一个政府的话）的行政管理者，我们必须记住要以偏执的方式去行动，我们必须在完全偏执的基础上来设计我们的计划。不这么做可能是致命的，但如果这么做，对于我们确实没有任何道德约束力。

不可否认的是，这样一个核心价值、社会习惯或习俗可能具有强大的约制力，但它不是道德约制力。你还记得最近（或其他时候）看过的总统竞选吗？在那一
82 天，在以前的换届和选举大战期间，观众对于建立一个在政治上核心的价值和态度这件事并非完全没有意识。总统选举的电视影像及其他宣传形象被巧妙地用来投射希望国家能够接受他为总统的态度和价值。这种影像设计也是为了使这同样的信息发挥影响力，包括迫使人们接受民主制的过程［通过对这一政体的所谓力量（如它的和平地移交权力的能力）的评论］，接受新总统的人格品质（通过把他显示为一个精力充沛的人，通过把他置于庄严的背景中）。依据情感和理智的模式制造吸引力，把一整套的核心价值巧妙地投射到由社会的其他资源所投射的价值的语境中。这似乎是在误导人们把这些价值物化，通过“永久的价值”这样的标题对其进行包装，仿佛它们具有自己的生命。其他的作为背景的价值则来自学校、家庭、教堂、电视、上流社会、工作和娱乐组织以及其他资源等等这类建制（而不仅仅是来自公民阶级和诸如每天早晨的晨祷这样的仪式）。对于社会提出和接受一整套的主导价值的方式，人们做出了形形色色的解释；例如，依据某一主导阶级或主导群体的价值或其他什么方式来解释。许多人——新总统的支持者和其他人——对所投射的价值体系反应积极，并会或含蓄或直露地表达其支持的诉求；在或大或小的程度上说，他们是被控制了。其他人，尤其是前总统的支持者，则没有被控制。不过，没有人会说后者在道德上有问题；没有人会批评后来又改变他或她的想法的人。在这种控制中不存在任何的道德义务；没有任何的“应当”。

只是证明说，在某一社会中，制定出一系列的程序性规范，是为了让公共雇员知道这个社会的道德的约束性规定，这是远远不够的。要做出这一证明，可以通过讨论几种形式的合理性的类型；科尔布就对它们一一做了说明，并提出自己的观点说，对于马克斯·韦伯所支持的那几种形式的合理性，可以进行讨论。[1] 所谓形式的合理性——必须记住——就是说，在那里，理性不具有给定的价值系统；相反，实质的合理性则包括这样的价值系统。科尔布区分了三种形式的合理性，它们构成为一个系列。他解释说：一种是决定论的模式，在那里，价值是由权威如专政者或寡头来确立的；一种是实用的模式，在那里，行政体系可依据经验来评价和改变自己的目标，在那里，目标不是从外部被具体化的，而是像托普西一样自生自灭(grow like Topsy)；第三种是技术主导的模式，在那里，没有任何特殊的价值能在使行政和其他社会机器有效运作的东西之外存在。后来，科尔布还提到了依据效率

① 科尔布：《纯粹现代性批判》，14 页。

和程序规则把权力合法化的官僚社会。不过，他的这一论点并没有贯彻到底。在所有这些形式的合理性的类型中，都不存在所谓的道德控制（这与法律或其他控制正相对照）。

再重复一遍他的主张：在行政或政治的结构中，在社会总会在一定时期坚持一套态度（或偏见）这一单纯的事实中，根本不存在因为道德教条而实施的道德控
制。美国内战前的核心价值作为时代精神之一部分给了那时的人们一种整体性，也 83
正是这一核心价值认为某些人天生就是奴隶。可以理解，谁不接受这种核心价值，就会危及他的事业甚至社会关系，但在此所说的是，这一控制并不带有道德义务的性质。

这一观点并不意味着，存在不同的核心价值这一事实对于人类是否有一个核心的道德价值这一点是决定性的。不容否认，文化对于所准许的行为持有不同的看法，在我们的社会认为可以接受的行为将随着时间的流逝而改变。不过，有些人——如詹姆士·雷切尔斯（James Rachels）——指出，任何社会都需要有一些规则作为核心价值。[①] 他的观点是，不同的行为常常反映了相同的基本价值。他引用希罗多德（Herodotus）讲述的希腊人对卡拉提亚人吃死去的父亲的尸体，而卡拉提亚人对希腊人把死去的父亲的尸体火化震惊不已的故事。尽管实际的情形有所不同，但却存在一个共同的价值：尊重死去的父亲的尸体。雷切尔斯并不否认我们的某些价值——我们可能错误地将其描述为是"自然的"——实际上只是文化的派生物。不过，在这些外围价值之外，他看到了某些价值作为核心价值的存在——这是所有社会所共有的。这一核心价值不只是单纯的文化现象。

由这一事实所提出的哲学问题涉及"道德控制"的本质，或者说这种"应当"的特征和运作。对于道德哲学而言，它是一个事实，而出现这些问题总是与其他立场相互关联的，如形而上学的立场。角度是多种多样的。其中包括这样一个观念，即在时代精神与道德之间并不存在实际的差异；也就是说，根本就不存在道德控制这样的东西。它还包括有人所坚持的直觉主义和自然法的观点（他们也赞成价值的多样性）；还有其他人的观点，如康德主义者和功利主义者，他们持有各种相互竞争的立场。休谟依据情感来解释道德；康德则求助于理性；亚里士多德是依据幸福；等等。这种道德基础或道德控制的本质问题超出了公共行政学的传统视野。又一次我们遇到了学科边界的问题。

## 5.4 理　解

实证科学所寻求的目标是解释，亦即麦克科罗斯基在他为实证主义（或现代主义）提供的第一法则中提及的预言和控制。为寻求这一目标所付出的代价包括在**理**

---

① 詹姆士·雷切尔斯：《道德哲学原理》（纽约，1986）。

解（Verstehen）中导致的信息丧失。[①] 还包括对第一手知识亦即来自内部的知识的排斥。西蒙，正如在本章开头所指出的，就反驳了这种第一手知识。B. F. 斯金纳（B. F. Skinner）在心理学中也走的是同一道路，规定运作者的东西就是对规律的掌握。其他人追随的也是这一目标（如政治科学中的行为主义者和一定程度上依赖择优理论的经济学家）。正如哈贝马斯在说明理解时所说的："理解的问题之所以在人
84 文科学和社会科学中具有方法论的重要性，这首先是因为科学家不能仅仅通过观察来进入符号化的、被先行结构的现实，还因为意义理解（sinnverstehen）不可能像实验过程中的观察那样在控制下按部就班地进行。社会科学家原则上不能像社会—科学的门外汉那样进入生活世界。"[②]

要领会理解与解释之间的这一区别，我们就应回想一下一直以来被承认的人类行动与单纯的人类行为之间的区别，亦即认同于理性的认识与认同于因果律的认识之间的区别。人类行动就是我们将要做的、我们所控制的、我们意欲的行为；而所谓行为则是身体或身体的某一部分的运动。罗森伯格（Rosenberg）描述它们间的区别犹如眨眼与瞌睡、讲话与打鼾、上跳与跌落、自杀与死亡之间的区别。[③] 不过，这些术语的界定都有问题，而对于它们之间的区别要划出明确的分界线是困难的。例如，J. B. 沃森（J. B. Watson）把生理过程也说成是行为；B. F. 斯金纳则把生理过程排除在行为之外，他把这些过程看作他进行行为分析的基本单位即"克分子行为"（molar behavior），如跑步和瞌睡（或一只关在笼子里的鸽子）。

在思考认同于理性的认识与认同于因果律的认识之间的区别时，可以看一下罗森伯格举的推车人的例子。[④] 为什么推车人要推车？是因为她相信推车对她有益，她想做对自己有益的事——一个理性的解释？还是因为她相信她每天推车对她的身体能产生生理作用：当她快步推的时候，她就能体验到一种"跑步者的快感"，当她不跑的时候，她就会受到生理上的惩罚——一个因果解释？这中间的关系是复杂的。例如，有时理性是原因，而有时原因就是理性。有关原因和理性的文献纷繁复杂；罗森伯格为这些文献提供了一个有益的指南。[⑤]

认为有关人或社会行为的科学，如公共行政学，所要做的就是理解行动，这是自然而然的。这一研究将引发人们为了行动（不一定要是行动的原因）而理解理性。我们通常认为被充分解释了的理性其实是依据信念和欲望来解释的。正如罗森伯格所说明的，这一理解的尝试运用的是日常心理学（folk psychology）的基本原则。他提到了一个他认为"过分简化的一般陈述"，这一陈述就隐藏在我们日常心理活动的背后，预言着我们将如何行动："假定某个人 X，如果 X 想得到 D，且相

① 研究理解的论文集，参见马塞罗·特鲁兹：《理解：社会科学中的主观理解》（阿迪森-威斯利，1974）。

② 尤尔根·哈贝马斯：《交往行动理论》第1卷"理性与社会的理性化"，托马斯·麦卡锡译（波士顿，1984），108页。

③ 亚历山大·罗森伯格：《社会科学的哲学》（鲍尔德，1988），15、22页。

④ 同上，28～29页。

⑤ 同上，49～50页。

信 A 是获得 D 的手段，在这一情形下，X 首先就要去获得 A。”① 正如罗森伯格和其他人已经解释的，在这一观念中存在着具有意义的难题。例如，这一命题不能被证伪。脱离对行动本身的思考，人们很难获得有关信念和欲望的信息，而且相关的信念和行动的数量是如此之多，以至于对行动的解释很难有终止的时候。

马克斯·韦伯认为对行动的解释（包括对信念和欲望的思考）在社会科学中是至关重要的，他呼吁对规律的认同应把它与信念、欲望和行动联系起来。② 在他看来，因果关系是规律的问题，他认为（见第 2 章的解释），社会科学在这个方面与自然科学应当没有区别。我们认为，这一观点意味着韦伯是强调公共行政学所需要的一种基础研究就是去推进上面所说的日常心理学。这种研究时断时续地既有支持者也有反对者。 85

## 5.5　概　　要

现代主义公共行政学在实证主义路线上的发展也导致了许多矛盾，这丝毫不亚于上一章所讨论的特殊主义。公共行政学在实证主义路线上的这一发展有各种形式：建立一个行政科学，指导应用科学，寻求社会科学方法论的折中利用。

科学的陈述总想获得认识论上的优先权。不过，正如对科学哲学发展的回顾所表明的，科学陈述的这一优先地位的基础是不清楚的。

当公共行政学研究被局限于一个科学基础时，当它否认价值陈述具有同等的认识论地位时，就会产生一系列的矛盾。正如最近出现的对公共行政伦理学的兴趣所反映的，这一局限与想把价值判断包括在内的愿望相冲突。行政伦理学的困难在于确认核心价值中存在的道德控制（与之相反的是法律、历史或传统的控制）。在行政或政治结构中，或者说在社会于一定时期内总会坚持某些态度和偏见这样一个单纯的事实中，是找不到道德控制的。公共行政学面对的另一组矛盾是，作为科学，它把自己局限于在主体间性的基础上来获得知识。而这一目标又希望能够把第一手的知识和理解包括在内。

---

① 亚历山大·罗森伯格：《社会科学的哲学》（鲍尔德，1988），25 页。

② 马克斯·韦伯：《社会科学方法论》，爱德华·施尔斯、亨利·芬切编译（纽约 1949）。

# 第 6 章

# 现代性：技术主义的局限

86 谈论行政学的技术，可使我获得一个好的途径去辨明相互关联的艺术、科学等。

——沃尔多①

开创了现代技术的众多文明现在对欧洲的美国化表现出一种恐惧，其所恐惧的就是它们所谓的美国等同于纯粹技术意志的状态。这可能是它们更深层的恐惧的一种表现，这一深层的恐惧就是：它们自己的社会在彻底走向现代的过程中，最后，且可能也是最终，将失去与其原初之物的联系。

——格兰特（Grant）②

唯有人类能自负地证明，我们表面上错综复杂的道路，其实源自于与蚂蚁那迂回曲折的道路完全不同的源头。

——西蒙③

发达的技术是现时代的一个典型特征。正如林恩·怀特（Lynn White）所说的，现代技术显然是西方的，而且西方在技术（以及科学）方面的主导地位可一直回溯到 17 世纪科学革命

① 沃尔多：《公共行政的事业》，4～5 页。

② 乔治·格兰特：《技术与帝国》，见：《哲学与技术》，卡尔·米切姆、罗伯特·麦基编（纽约，1972），189 页。

③ 赫伯特·西蒙：《人工科学》（剑桥，1969），53 页。

和 18 世纪工业革命时期："直到 15 世纪末，欧洲的技术优势还处在这样一个层面，即那些相互敌视的小国流向世界的各个角落，进行征服、掠夺和殖民。"①

公共行政学的研究有许多可依据技术主义来加以认识——如建立公共行政学的工具，完善公共行政学的技术。这一研究的主体部分一直处在"低技术"（low tech）和技艺（technics）的层次。相比之下，有的研究则属于科学基础上的技术性知识——芒福德（Mumford）干脆将其称作"技术"（technology）。现代主义已经开始从技艺向技术发展，有人也以此称公共行政学的发展是人工物的技术研究。

把公共行政理论化为一种技术可能会产生有益的结果。正如后来的发展所显示 87
的，这一理论化导致了理论—实践的鸿沟的缩小，但公共行政作为一种技术的发展也导致了某些悖论。以这种方式把公共行政理论化为行政科学或社会工程学，或者说把公共行政理论化为技术，要满足这些需求，就要求我们具备超出公共行政学作为一个学科的视野的资源。人们对于科学知识有一种需求，如同公共行政作为技术的需求引发了对前科学的局限的超越；这一需求也会导致第 5 章在科学主义的标题下描述的那些悖论。它还会导致与上面讲到的将公共行政理论化为行政科学或社会工程学相类似的资源困难。还有一个悖论，那就是公共行政作为技术体系的推动者和公共行政作为个体性的促进者之间的矛盾。在解释这些说法之前，我们应先深入地考察一下公共行政作为技术的问题。

## 6.1　公共行政作为低技术

说公共行政学的一条发展路线就是且只能是作为技术来实现，这一观念并不新鲜。例如沃尔多的说法。他写道："我认为，行政管理就是在历史中发展且贯穿于历史的各种艺术、科学、态度和程序或多或少的相互关联。谈论行政管理的技术，可使我获得一个好的途径去辨明这些相互关联的艺术、科学等。"②

把公共行政当作技术，这一主张是依据对技术的本质作广义的理解做出的。例如，我们不应该错误地把技术等同于物理技术。正如阿加西（Agassi）所说的："一旦我们认识到把技术和物理技术等同起来意味着对社会和政治技术的忽视，那我们就不应对……技术引起的社会大动荡表现出如此之震惊；过时的技术对于那些语词而言太过短视。"③ 我们最好把技术看作具有物理的、社会的、政治的和其他的方面。

正如米切姆（Mitcham）所解释的，人们对**技术**一词存在着各种各样的理解，有广义的，也有狭义的。他举了一些广义的例子，例如把技术界定为是"使人的能

① 林恩·怀特：《我们的生态危机的历史根源》，见：《哲学与技术》，卡尔·米切姆、罗伯特·麦基编，261 页。

② 沃尔多：《公共行政的事业》，4～5 页。

③ 约瑟夫·阿加西：《从物理技术转向社会技术》，见：《哲学与技术研究》，第 1 卷，保罗·杜宾编（格林威治，1978），205 页。

力得到延伸的任何工具或技术、产品或过程、物理仪器或制作方法”［舍恩(Schon)］，或是“物的制作或加工……制作或加工物的方式”（辛格）。他也举了一些狭义的例子，如把技术一词限定为物质构成，限定为受现代科学影响的创造或制作，或是把它局限在人工产品的制造和使用。米切姆对所提供的这些“明显不相兼容的各类定义”进行了解释，并评述说：

88 人们对技术已有各种各样的描述，比如：说它是感觉运动的技艺［费比勒曼（Feibleman)］，是应用科学［布恩格（Bunge)］，是设计［工程师自己］，是效率［巴维克、斯科里莫维斯基（Bavink，Skolimowski)］，是理性的有效行动［艾卢尔（Ellul)］，是中立的工具［雅斯贝尔斯（Jaspers)］，是实现经济目的的手段［古特尔-奥特里连费尔德（Gottl-Ottlilienfeld）和其他经济学家］，是实现社会目标的手段［雅里维（Jarvie)］，是为满足人类需要的环境控制［卡尔彭特（Carpenter)］，是对权力的追求［芒福德、斯宾格勒（Spengler)］，是实现工人的格式塔的手段［荣格尔（Jünger)］，是超自然的自我概念［奥特伽（Ortega)］，是人类解放［马斯内、麦克弗森（Masthene，Macpherson)］，是自我实现的拯救［布里克曼（Brinkmann)］，是发明和先验形式的物质实现［德索（Dessauer)］，是“自然的骚动和解蔽”（海德格尔），等等。①

他还为这些要点给出了引文。

公共行政作为技术乃是要“认识如何”（knowing how）而不是“认识什么”(knowing that)。这一研究的产出便是产品技术，或者更通常地说，是过程技术；它们或是高技术（high tech)，或是低技术。公共行政作为知识建构的目标和作为技术的目标是不同的。作为知识建构，公共行政科学力图解释；作为解释学，它力图理解。公共行政作为技术则力图（用卡尔·波普的话说）建构或行为。不过，技术也包括知识，知识建构与技术之间的界限——还有高技术与低技术之间的界限——很难划定。我们可以看一下科学与技术的区别。有许多以科学为基础的技术的例子（如电子工业、核工业和生物技术），也有许多以技术为基础的科学的例子(如采矿学、冶金学和医学)。不过，尽管有这样的困难，科学与技术间的区分还是重要的。技术没有共同的追求普遍性和解释的目标，也不会强求对广为接受的科学程序提出根基的要求，它只是想运用已经知道为何的知识，甚至在我们还不能确信那知道为何的知识为什么会发挥作用的时候。这一态度可能会导致不同的结果，例如，通过考察西蒙在“公共行政的箴言”中提到的不精确的技术就能说明这一点。② 西蒙不同意把这些技术放在原则或科学的地位，但他同意把它们看作描述和诊断的准则。作为低技术的技术，它们可能是有价值的。

**高技术**（或新技术或先进技术）是一个有些捉摸不定的术语。一种描述认为它包括“新产品的设计、完善和引进，以及/或通过系统运用科学和技术知识研发创

① 卡尔·米切姆：《技术类型》，见：《哲学与技术研究》，杜宾编，232页。

② 赫伯特·西蒙：《行政管理的箴言》，载《公共行政评论》，第6卷，53～67页，1946(6)。

新的生产过程"[1]。这一描述是有用的，因为它清楚地说明了这一术语既可运用于过程也可运用于产品。但如果说它意味着创新必然地比模仿重要，那它就没什么用处。例如，莱维特（Levitt）就指出，新生事物最大的特征就是模仿："IBM 就是作为模仿者进入计算机的；得克萨斯的仪表也是作为模仿者进入晶体管的。"[2] 高技术不仅指的是新生领域的变化，如微电子学、生物技术和远程通信，而且指的是传统工业的变革。正如约翰逊（Johnson）指出的："先进技术的本质似乎就是能够 89
把科学和工程学知识结合起来并将其运用于复杂的难题。"[3] 所运用的衡量标准就能反映这一描述的意思。其中一个标准就是把高技术工业界定为其中的工程师、工程技术人员、计算机科学家、生命科学家和数学家的比例超出全国的平均水平。[4] 劳动统计局也提出了一些定义，其中有一个与马库森（Markusen）的定义相似。

> 我们可以依据下面三个特殊的定义把某一工业看作高技术工业：(1) 它的技术工人占雇员总数的比例至少是所有工业平均水平的 1.5 倍；(2) R 和 D（研究和开发）的费用与纯销售额的比至少为所有工业平均水平的两倍；(3) 它需要满足两个条件：(a) 它的技术工人的比例相当于或大于所有生产性工业的平均水平，(b) 它的 R 和 D 的费用与销售额的比接近于或大于所有生产性工业的平均水平。[5]

显然，没有一个政府能依据这些定义来获得评估；拥有高技术整个地被看作私营的生产性企业的事情。

政府和高技术可以是更密切的同盟者，尽管它们已经是同盟者。可以把政府，尤其是国防部，看作高技术研究的推进者和使用者。在政府中，高技术和公共行政的高技术还有未被说出的其他可能性。想想电子政务的成就和可能性。[6] 戈德菲尔德（Goldfield）所描述的办公自动化已经过了几个阶段，在仅仅几年的时间里，所有这些阶段可能都将过时。这些阶段从第一层次——在那里，办公系统只能提供一至两个孤立的应用程序，如文字处理——一直到第四层次，即"广泛联机的、具有一个总目标的办公系统……去给终端用户的主机提供额外的便利。这些便利最典型的包括让标准用户的界面进入主计算机系统，储存和发送电子邮件，内容可发布的电子信息的恢复"[7]。这第四个阶段根本上与其说是基础的，不如说是金融集成线

---

① 技术评估局：《计算机化的生产自动化：就业、教育与工作场所》（华盛顿，1984）。

② 西奥多·莱维特：《模仿之模仿》，载《哈佛商业评论》，第 64 卷，64 页，1966（5）。

③ 林恩·约翰逊：《高技术联系：经济增长的学术/工业合作》（华盛顿，1984）。

④ 安娜·马库森、彼得·霍尔、艾米·格拉斯麦尔：《高科技的美国：阳光工业的什么、如何、哪里、为什么》（波士顿，1986），16 页。

⑤ 罗姆什·狄万、钱达纳·查克拉波特：《高科技与国际竞争》（纽约，1991），29～30 页。

⑥ 例如，参见约翰·斯塔尔劳德等编：《电子政务：管理者指南》（霍默伍德，1983）；安德鲁·道斯维尔：《办公自动化：语境、经验与未来》（奇切斯特，1990）；迪米特里斯·乔拉伐斯：《办公自动化：生产率的挑战》（英格尔伍德·克里夫斯，1982）。

⑦ 兰迪·戈德菲尔德：《办公自动化技术》（纽约，1990），5～6 页。

路，正如自动点票机和电子货币处理系统所体现的，后者掀起了日益高科技化的银行工业的革命。

公共行政的技术本质上是低技术的过程技术，它包括建立一系列社会地构成的人类实践和程序。可以思考一下公共行政的预算和组织的技术。也可以补充其他例子（如人事或人力资源的开发）。分别来看，这些技术可以说是单一技术即公共行政本身内部的亚技术成分。我们在第 2 章依据它们的社会构成考察了这些实践；这一章要求读者去把那些实践看作技术性的实践。

90 在第 2 章作为一个社会构成物加以讨论的预算可以看作一个低技术的技术工具或一套技术实践与工具。预算研究可看作是意在完善和改进技术工具的技术。可以想想那已经达到的发展阶段——预算技巧（或技术）的改进。预算的历史可以从它仅仅作为收支报表追溯到它作为计划和管理的工具，其中核心的问题包括行政预算、明细表、审计和财务管理。许多“发明者”——有些大名鼎鼎，而有些则默默无闻——对技术的发展做出了实实在在的贡献。美国政府里程碑式的进展为讨论被认作这一分支的技术发展提供了一个框架：1912 年塔夫特委员会（the Taft Commission）的成立；1921 年预算与审计法案的行政预算；1939 年白宫重组法案——把预算转向了行政方面；1946 年就业法案——（事实上）把凯恩斯的预算观点建制化了；1949 年胡佛委员会（the Hoover Commission）对绩效预算的讨论；接下来的改革重点从执行转向了体系；1961 年国防部引进了计划—立项—预算体系；1965 年这一计划—立项—预算体系扩展到内务机构；1968 年采纳了目标管理办法(management by objectives)；1970 年立法机构重组法案把预算准则标准化；1974 年国会预算与完善法案；还有卡特总统在任期内引进的零起点预算（zero-base budgeting)。所有这些发展都是从僵化刻板的“绿眼膏”（第 2 章已经使用过这个词）预算到预算作为行政管理的工具这一运动的一部分。很大程度上说，我们现在所谓的预算更多的是有效的政策制定和项目管理的工具。必须意识到，有人认为美国现行的预算体系是有瑕疵的；例如，在这一体系中，总统预算的重要性没有提到应有的高度，机构和利益集团受到激励去迎合中意的国会委员会和国会议员。因此，我们期待着继续对构成现代预算技术的那一整套实践和程序进行“技术”改进。

发展壮大组织的艺术是社会地构成的低技术的技术的另一个例子。组织是为程序目标和其他目标服务的机器；组织研究可部分地看作技术的事，尽管技术只是等级制和中心化的一小部分原因。构建等级制的原则可以反映组织作为技术活动的观点。在公共行政理论活跃的时期，各种各样的技术创新和步骤已倾向于把管理中心化，并将其纳入行政首脑的控制之下。纳入总统控制的中心化倾向已经出现，这一
91 倾向的历史是美国政府一手设计的。国家治理者和其他行政首脑的情形也是这样。例如，在地方的一个极其重要的低技术的技术改进就是 20 世纪初的城市管理者运动。

## 6.2　重视技术的好处

从技术的方面（如为学科寻求创造和运作的整体目标）来改进公共行政的研究，有望获得实质性的收获。或者说沿着这一路线有望取得更大的成就。正如先前所说的，以技术为焦点有助于弥合理论—实践的鸿沟。如果是基于对技术的本质有更明确的认识来设定所追求的重点，那么这种变化和这种收获就更容易实现。①

理论—实践之间存在着这样一个鸿沟。一般来说，公共机构并不十分乐意接受公共行政的新观念，尤其是认为公共机构的功能明显地不是基于知识这一类的新观念。换句话说，公共机构在作为公共行政理论的顾客和受益人——或别的东西——方面是有欠缺的。这一点可通过考察下面这一情况得到说明，即如果公共机构能够听从艾丽斯·里夫林（Alice Rivlin）关于试验管理（management through experimentation）的建议，那其处境又当如何。里夫林对她所谓的静悄悄的革命进行了评价，认为它受到那时新起的预算革新的影响，她认为那一进步的取得乃是因为对问题有所识别和评判，对项目的启动费用和收益有所分析。② 不过，她指出，与项目的收益（如癌症的治疗与教孩子读书认字相比）相比较，所取得的进步并不算大，并且对于如何进行更有效的社会服务这一点人们知之甚少。她的一个建议（她提出了一系列建议，包括有非中心化、社区治理、记分凭证体系）就是通过自然的、随机的和系统的实验收集所需的信息。

我们可以看一下里夫林说过的一个例子。警察局长 X——不单单是着手整个城市的“优秀项目 B”的制定——为项目的实施设计了一套方案，即首先收集什么东西有效、什么东西无效的信息。优秀项目 B 可能是一个减少自杀的新理念。不仅仅是项目的实施，采纳了里夫林建议的警察局在 X 区还建立了一套评价体系，并形成计划，而让 Y 区作为一个控制群体。在这种情况下，警察局所要做的就是现在的医学研究中那些日常事务。警察局的政策制定和行政管理的一个显著特征，就是警察共同体不只是知道项目的运作。③ 如果在医学中也使用警察在实践中使用的类似原则，那么医疗实践就不会像现在这么复杂。

把公共行政看作技术，这意味着承认实践者对公共行政理论有更大的所有权。④ 公共行政作为技术的研究——我们可以认为——不应该全部留给学术界；在 92
这方面，官僚应为官僚制研究担起更多的责任。当然，实践者也包括在公共行政

① 迈克尔·克罗、商格拉：《公共行政作为一种设计科学》，载《公共行政评论》，第 49 卷，153 页，1989（2）。商格拉和克罗声称：“尽管大量的文献广泛地认为公共行政包括设计活动，但在公共行政中并没有人直接运用西蒙的模式。”西蒙的模式在他的《人工科学》中有说明。

② 艾丽斯·里夫林：《社会行动系统思考》（华盛顿，1972）。

③ 有关同一论点，参见戴维·法默尔：《犯罪控制：警察资源的利用和滥用》（纽约，1984）。

④ 有关实践者作为理论家的讨论，参见登哈特：《公共组织诸理论》，176～197 页。

"学科"中（如实践者和学者都是美国公共行政学会这类组织的活跃分子）。不过，实践者拥有更大的所有权之所以有帮助，这尤其是因为公共行政的技术主要地仍是技艺。帮助尽管实实在在，但在这些实践者还被困在他们希望重新设计的体制内部的意义上说，帮助又是有限的。

公共行政作为技术更彻底的实践还需要进一步完善。例如，组织和影响公共行政技术的激励机制还需要再完善。另外还需要更有效的安排去便利那些在环环相扣的体系中寻求改进的人的工作。有些实践者认为学术界不适合公共行政理论家。他们证明说，若不是行政管理者，要理解行政管理的问题是很困难的；例如，一个人可以通过身体力行所有的工作——这是激发能力欠佳的下属的热情所必需的——而不是通过阅读相关的著作来更多地了解人事管理的复杂性。他们还证明说，有人是"天生"的行政管理者。这一证明思路的真正优点在于，公共行政作为技术的进步需要技巧的重塑。作为第一步，如果政府能设立公共行政研究和发展单位来激励公共行政的过程技术，那将是有帮助的。

公共行政学的这一重新调整可以通过对技术的广阔视野的理解而变得便利起来。通过考察米切姆提出的有用的类型学，可以更牢靠地把握住一个比较明确的观点的优势所在。米切姆使用了一个三维表格。其类型学的第一维是学科论题或材料的区分，如化工技术与电力技术的区分；第二维是功能的区分；第三维是社会和历史的区分。其中最有趣的是功能或结构的区分。他区分了作为知识的技术（technology-as-knowledge）、作为过程的技术（technology-as-process）、作为产品的技术（technology-as-product）和作为意志的技术（technology-as-will）。这四个范畴又可归纳为前面提到的两个主要范畴，即过程技术和产品技术；其他范畴，即知识技术和意志技术，可作为这两个主要的范畴的亚范畴。不过，采用米切姆的四类型应当是有帮助的，读者可以思考一下公共行政的例子如何才能切入这些范畴。

所谓作为知识的技术，指的是无意识的感觉运动如何使用或运用人工产品、技术性的准则或前科学的经验方法、描述性的法则或陈述以及技术规律的意识。先前提及的行政管理箴言就是公共行政的一个例子。所谓作为过程的技术，指的是发明、设计、创造、运作、管理，以及计划、教学、指导的功能，还有系统工程学。
93 公共行政的系统分析就是一个例证。所谓作为产品的技术，指的是用具、仪器、设备、工具、机械、自动装置或自动化的/计算机化的机器。公务员考核就是公共行政的一个例证，尽管是一个笨拙的例证。米切姆写道，所谓作为意志的技术，指的是生存意志、权力意志、自由意志、帮助他人的意志、挣钱的意志、出名的意志、实现自我认识的意志。① 在此，领导理论与伦理学可以提供适用于公共行政领域的例证。

这一路线也有其弊端。公共行政作为一种技术的任何"新的"命题都会因为这样一个认识而变得暗淡，即在其历史过程中，公共行政的主体部分本质上就是技术的——尽管既有科学的著作也有修辞学的著作。例如，美国公共行政的前五十余年

① 米切姆：《技术类型》，258页。

(或早期）压倒一切的推动力量是改革——有一种观点就把它粗约地等同于技艺意义上的技术。**技艺**在这里指的是一种非以科学为基础的技术研究；和园艺或其他技艺活动一样，它是前科学的。通常认为，19 世纪 80 年代伍德罗·威尔逊的《行政研究》的发表以及彭德尔顿法案的通过标志着美国公共行政学的诞生。① 这些发展开始于一个改革时代，这个时代被认为一直延续到新政时期。到 19 世纪、20 世纪之交，边境关闭，人口增加，工厂扩大，政府腐败和无效率以及生活的其他方面也被人们意识到。这个时期即是“大社会”的早期，对改革的需求越来越迫切。前面引述过的尤维格斯（Uveges）和凯勒（Keller）对他们所描述的美国历史中的公共管理加了一系列的副标题：19 世纪 80 年代，萌芽与建立；19 世纪 90 年代，序幕的延续；20 世纪头十年，实践中的转型；20 世纪第二个十年，改革的延续和深入；20 世纪 20 年代，公共利益模式的成熟。②

在这个时期，应当改革的东西是显而易见的。美国公共行政的任务（就确实存在一个公共行政学主题或学科而言），就是实施所谓的公共行政计划：改进人事制度、预算体系和组织结构，且（首要的是）建立一个多才多艺的公共行政人员队伍来管理官僚机构；这一议程正是“美国公共行政计划”的本质。在此应加上两个防止误解的说明。首先，另有一些人可能希望改革的是这一系列议程（如对市政改革的强调）的某些特殊方面（或表达它们的方式）。其次，若是认定这个时期在认识上没有取得什么重要进展，那可能是一种误导。不过，关键的是：首先需要的——主要的推动力量——是改革，这是技艺方面的问题。

公共行政作为技术的影响还在继续；“学科论题的给定”（见上一段落的说明）一直影响着美国公共行政学的整个历史。实际上，美国公共行政学在前一百余年的历史可依据这些方面来加以追述。例如，全才型行政管理者的观点就是大多数公共 *94*
行政教育规划的一个设想——不论是明说了还是未说出来。这并不是说有某个项目要求专家（如医生或律师）进入政府机关（如卫生或司法部门）工作，美国公共行政已经因为全才公共行政管理者即能管理任何项目的公共行政管理者的观点而受到指责。其理念就是，“公共行政不是别的，公共行政就是公共行政”。项目可能是贸易或劳动方面的，但项目管理者所必需的杰出的管理才能乃属于公共行政（或它的等同物）。之所以要加上“或它的等同物”这个短语，就因为一般管理观点的支持者总想重申其有关全才管理者的诉求；他们总想说，管理不是别的，管理就是管理。不过，关键在于，这种全才的观点，不论它是为形容词“公共的”所限制，还是被扩展到全体，乃是此处所思考的以顾客为中心的技术。

公共行政学的基调或技术基调，常常因追逐时尚而自降身份。对作为技艺的技术的强调更是火上加油，使时尚追逐变本加厉，朝秦暮楚，无有定所。最近的“全面质量管理”和“重塑政府”的时尚就是例子。公共行政实践的历史就充满了这类

① 伍德罗·威尔逊：《行政研究》，载《政治科学季刊》，第 2 期（1887 年 7 月），197～222 页。彭德尔顿公务员法案颁布于 1883 年。

② 约瑟夫·尤维格斯、劳伦斯·凯勒：《美国公共行政学的第一个百年：美国生活中的公共行政研究与实践》，见：《公共行政学手册》，雷宾、赫尔德里特、米勒编的，1～42 页。

潮流和时尚，既在大范围内，又在每天的地方管理中。当某个潮流过去，就能看到对官僚们的负面影响，而失败的后果只会减少下一次追逐“更好”的潮流的机会。其中一个困难就是，行政技术的改革典型地应作为长久之计来引进，而它们总被认为只是当前暂时的改革（如“这是行政改革 X；它将在未来的一年里实施，在这期间，有望它能产生好的结果；然后我们就会停止它”）。然而，这一看法本身就是追逐时尚。困难在于，基调不仅因为潮流而且因为真正的技术变革如使用全才的公共行政人员，而遭到了破坏。只要公共行政技术仍处在技艺的水平，就没有机会把真正的变革和追赶潮流分隔开。

## 6.3 从技艺到技术

根据邦格（Bunge）的说法：

> 从技艺向技术大转变的过程开始于 19 世纪中期，而且远未完成。甚至近代的发明，如飞机和电灯泡，就是技艺和想象超群的艺术家的杰作，而不是科学工程师的创造……（科学发明家）与其前科学的先辈之间主要的区别，就在
> 95 于他能够利用丰富的科学知识去提出新思想并检验它们……（技术）绝不是从师傅传到徒弟的秘籍，而是 R 和 D（研究和开发）的过程。①

我们知道，**技艺**是用来描述前科学的技术知识的概念，而**技术**这个概念指的是基于科学的技术知识。我们在下面会说明芒福德是如何质疑我们有关当代技术与科学进步的假设的。不过，芒福德承认，根本的转型受到了数学和基于技术的物理科学的冲击力的影响：“这一从经验的、局限于传统的技艺向实验科学模式的转变打开了新的王国，如核能、超声波传输、计算机智能和同步卫星传播。”②

社会技术是与作为技术的公共行政紧密相关的技术；邦格认为还有别的技术，如工程技术、生物技术、信息技术、一般技术。③ 社会技术，正如邦格所解释的，是由社会工程学和管理科学构成的。区别在于，社会工程学处理的是广泛的社会基础上的管理，而管理科学关注的是亚系统。既选择把焦点集中于“管理”（而不是别的行为，如“传播”），又把管理分为两大类（而不是一类或更多），这样做都为那种主观任意的反对打开了大门。还有，把社会技术与信息技术和一般技术分离开来，这似乎也有点奇怪。不过，这两个范畴现在都被采纳了，因为它们还是有可资利用之处。社会工程学可以说提出的是比较重大的问题，如犯罪、军国主义、贫困、人口爆炸。管理科学则涵盖了任何社会亚系统，如一个政府或私营公司。

我们可以更明确地把这种社会技术描述为是由社会系统工程学和管理系统工程

① 马里奥·邦格：《认识论与方法论之三》，见：《论基础哲学》，第 7 卷（多德里切特，1985），220 页。
② 刘易斯·芒福德：《技术与人的本质》，见：《哲学与技术》，米切姆、马凯编，77 页。
③ 邦格：《认识论与技术》，1 页。

学构成的。这一系统的观点包括把系统作为整体来看待，把部分看作相互关联的，或者说把部分看作与整体功能联系在一起的，并把系统理解为是与其环境相关联的。丘奇曼（Churchman）依据总系统的目标（以及整个系统的特殊性能）来讨论系统、系统的环境、系统的资源、系统的构成以及系统的管理。[1] 正如他所说的，每个系统都寄寓于一个更大的系统中。塔尔科特·帕森斯（Talcott Parsons）、路德威格·凡·贝塔朗菲（Ludwig von Bertalanffy）、丹尼尔·卡茨（Daniel Katz）和罗伯特·卡恩（Robert Kahn）都对系统理论做出过贡献。例如，卡兹和卡恩的开放系统理论用生物学的术语讨论了组织作为一个系统的输入、功能和输出。[2]

邦格把社会技术看作技术的标准是不准确的，也许他这样做是必要的。邦格认为，社会技术的上述两种形式不同于“其传统对立面的地方，在于：（1）它利用了社会科学研究的某些发现；（2）它运用了全新的科学研究……；（3）它利用基础社 96
会科学（以及意识形态的和道德的原则）去设计（或重新设计）社会系统以及为它们的运作作出计划；（4）它力图客观地评价社会系统的性能”[3]。“利用社会科学研究的某些发现”这个短语的含义取决于人们对“某些”和“利用”的理解。对这两个词的解释，或宽泛，或严格，即，或是包括什么，或是排除什么。邦格自己后来说，“当代管理科学——尽管走的是右翼路线——在完全成为科学之前还有漫长的路要走”[4]。事实是，管理科学和社会工程学都可看作或是技艺或是技术。

邦格还提出了技术理性化的现代主义特征，即一种日益明显的从技艺转向技术的倾向。这一理性化倾向——偏好技术而反对技艺——因为两个基本的理由而受到挑战。首先，技术不一定会产生比技艺更重要的结果。管理技艺和管理技术就是最好的例子。确实，恰当地利用信息技术和系统技术的管理是生产性的。不过，甚至更重要的，乃是低技术的变革为理论化所提供的视角，以及松散的集成中的低技术成分，邦格将其描述为是“依据（1）采自心理学、社会学和经济学的原则和数据；（2）科学方法……和技术方法……；（3）科学或技术程序，如统计学的数据收集、自动信息处理、计算机模拟和质量管理；（4）组织和过程的模式，如总表法、决策图谱法、数学模式等，来研究（科学管理）的学科”[5]。例如，在管理者技术的低技术构成方面，就已经取得了有效的进步，而且这一进步也是管理科学的一部分。雷恩（Wren）描述管理思想的历史共有三个大的阶段：科学管理时代、社会人时代和现代时代。[6] 他把管理思想看作“管理活动的镜像式反映……管理既是环境的产物，又是环境中的一个过程”[7]。就算环境因素具有重要的意义，也还是可以认

---

① 维斯特·丘奇曼：《系统研究》（纽约，1983）。

② 丹尼尔·卡茨、罗伯特·卡恩：《组织的社会心理学》（纽约，1966）。

③ 邦格：《认识论与技术》，275页。

④ 同上，277页。

⑤ 同上，276页。

⑥ 丹尼尔·雷恩：《管理思想的演变》，第三版（纽约，1987）。

⑦ 同上，426～427页。

为公共行政理论和实践在这方面的贡献就在于构建了一系列连续的、重要的技艺——就在于视角的转换，即从“管理者作为主角”转向“管理者作为有能力的和人性的领导者”。我们可以想一想泰勒、弗里特（Follett）、巴纳德和西蒙的思想。[1]

在弗雷德里克·泰勒的科学管理中，对管理者的这一社会地构成的“技艺”的发展做出的主要贡献，概括来说，可能就是管理者必须知道和明确运作的任务。泰勒在世纪之交开出的处方，就是采用科学管理——他认为它的发展原则包括：建立一种真正的科学（尽管他使用的还是“技艺”这个词）、科学地挑选工人、工人的
97 科学教育和培训、管理部门与运作者之间密切的友好合作。[2] 他谈到了对工人和管理部门进行心理革命的必要性。

弗里特、巴纳德和西蒙都具体地说明了管理者的功能，提出了把“管理者”看作“有能力的和人性的领导者”的观点。依据弗里特的情境法则，不应把管理者看作发布命令的人；相反，管理者应和他的下属一起在共同的情境中辨识各自的责任。不过，还有一种解释，这就是切斯特·巴纳德在效率之外对效力的说明，在他看来，效力涉及组织目标与组织环境之间的关系（而效率则关涉组织内部行政主管与其下属之间的关系）。管理的技艺（或技术）因而还具有一个附加的社会地构成的维度。再有就是（如弗里特、巴纳德和西蒙）对参与作为行政主管的角色之一的重要性的说明；这一说明构成了一个真正的技术进步。它提出了领导者的“视觉形象”（vision thing）的问题。

其次，技术理性化的假定本身还有赖于对人和技术的本质的假定。看一下芒福德有关人的本质的观点。针对人们把技术和科学进步本身作为目的，有的人提出了指控，芒福德反驳了这种指控，他主要是基于这样一个观点，即这种指控误解了人的本质。芒福德认为，人是心灵创造者而不是工具创造者：“因而在其原初的意义上说，技术与人的整个本质有关。原始技术是以生活为中心，不是狭隘地以工作为中心，而且很少以生产为中心或以权力为中心。”[3] 接着，他还讨论了单一技术（monotechnics，以机械论的模式通过有组织的活动追求财富和权力）和大机器（megamachine，能够建造——比如说——金字塔的人造机器）。我们可以看一下亚里士多德的技术观在当代语境中的可能性。亚里士多德（部分地）把技术看作达成某个更远目标的手段。技术纯粹是工具性的；技术对象从人们对它们的使用中获得

① 把公共行政理论化为一种设计科学，这并不需要把公共行政理解为一个机器。例如也可把公共行政理解为是一个有机体。有关机器与有机体之间的区分，参见路德·古立克：《公共行政的隐喻》，载《公共行政季刊》，第 7 卷，377 页，1984 (3)。古立克发现：“把政府看作一个机器曾经是有用的和构成论的态度。但那是 50 年前的事。在目前的条件下，这一类比既不准确又有危险。”他更倾向于有机体的隐喻。也可参见詹姆士·伽内特：《通过行政的重组来实施宪法：加油器、趋势和格言》，载《公共行政评论》，第 47 卷，42 页，1987 (1)。正如伽内特所指出的：“有人认为行政重组更像是园艺学而不是工程学或建筑学。‘和园艺学一样，重组不是一种行动，而是一个过程，一个持续的过程。而且和园艺学一样，重组的运作效益基本上可以说是前人栽树，后人乘凉。’（桑顿，1981）尽管有机的重组观点比机械论的观点更合适，但更大的目的是要保证能为未来的继承者产生更大效益。花圃不会自生自灭。也许重组者应仿效遗传工程学去为专门的任务和需求生产新的杂交品种。”桑顿的那句话引自彼得·桑顿：《应当这样重组政府》，见：《联邦重组：我们学到了什么?》，彼得·桑顿编（查特姆，1981），24 页。

② 弗雷德里克·泰勒：《科学管理原理》（纽约，1911），130 页。

③ 芒福德：《技术与人的本质》，81 页。

其意义和价值。有人已经说过，当代社会的技术显然不能被看作纯工具性的。一个人的住宅是工具，因为它是用来遮风避雨的，但建筑工业的技术利用的是人和材料。可以说，手段与目的很难区分，我们可以认为人已经陷入了一个技术的语境中。我们在后面还会回到这一观点。这里的这些例子的要点——必须记住——是要表明，对技术理性化的理解取决于人们对人和技术的认识。

## 6.4　社会技术的局限

对于技术体系的可能性，有一种乐观主义的观点认为，公共行政作为技术应在这样一个基础上加以考察，即不仅要结合系统论和管理科学的观点，而且要有伦理学的考察。其中有人就提出了所谓的伦理自由的技术，这一技术专注于效率原则(历史上的许多公共行政理论都是这样)，因而必定会遇到第 5 章所讨论的公共行政作为科学的那些悖论。伽瑟罗普（Gawthrop）是一位公共行政学家，他提出了一个集管理学、系统论和伦理学于一身的大体系。[①] 98

问题在于这样一个大体系是否行得通。其中有一个困难就是，被导入的价值总是系统管理者（或所有者）的价值。例如，对系统论一个众所周知的反驳就是，系统分析不可避免地对金字塔顶的那些人的利益更为有利。更深入也更根本的困难在于，它认为社会——承认主体具有真正的自律性——可以提出一套有效用的价值。正如我们在第 5 章指出的，任何社会都无法提出一套有约束力的核心价值或就这一核心价值达成一致的手段。有人会说，有可能这正是要对自律性有所限制的问题，例如可以把言论自由限制在否定任何人在拥挤的剧院大声“喧哗”的权利这样一个限度上。问题不在这里。肯尼思·阿罗（Kenneth Arrow）的或然性定理表明，要保证所有汇聚了个人愿望的系统既能正常运转，又不会违背阿罗所讨论的那些不甚重要的假设，那是不可能的。[②] 阿罗提出了五个假设，之所以说它们不太重要，是因为它们乃是一种“过渡”性的必需物（如果 A 优越于 B，且如果 B 优越于 C，那么 A 也优越于 C)。正如阿罗所解释的，这些假设的条件就是“极其一般的形式上的公民主权和理性”[③]。它们可以说明并不复杂的东西，如“公正”或“正义”。

作为社会技术的公共行政还会遇到其他的悖论局限；其效益就是在局限中产生的。我们可以试着做一个思想实验。想象一个管理者（一个治理者，或一个部门主管)，他有一个电子指挥控制室，与五角大楼的指挥控制室连线。这个内部的指挥控制设施可以显示这个管理者所负责的所有程序化行政活动各方面状态的信息，如当下的、历史的和计划中的，还可以显示这些活动与环境中的相关方面关系的信息。这个设施还可以引导分析者去利用（以邦格的说法）取自心理学、社会学和政

---

① 路易斯·伽瑟罗普：《公共部门的管理、系统和伦理》(布鲁明顿，1984)，7 页。

② 肯尼思·阿罗：《社会选择与个人价值》修订版（纽约，1963)。

③ 同上，19 页。

治科学这些学科的原则和数据；我们还可以利用人工智能对它进行编程，以指导各种各样的科学和技术程序，如抽样、计算机模拟、质量管理；还有它也可以执行各种各样的数学和其他模式。它还拥有形形色色的自动化执行程序（类似于股市的自动买卖程式）。这一思想实验的结论当然是，社会技术的实践，不论是作为社会工程学还是作为管理科学，应当是有益的。

第一个矛盾——属于我们在第 4 章考察的边界悖论的一个变体——就是社会技术遭遇到学科边界的局限时产生的矛盾。公共行政作为社会工程学必定会遇到边界
99 的限制，因为所需要的更多的信息和技术超出了公共行政学科的范围。社会工程学的难题所体现的方面显然不能局限在传统公共行政学科的范围内；它们可能是经济的、政治的、社会学的或其他类型的输入物。公共行政作为管理科学不是很容易遇到障碍，因为它的范围更狭窄一些。不过，政治—行政二分或其同一性的问题就是不足的证据。人们不太愿意承认这种不足是障碍。至于经济—行政二分或其同一性的问题，正如在公共选择经济学的研究中所体现的，也是一个例子。对此我们在第 4 章已经讨论过了。显然，邦格和在先前的思想实验中所给的这个例子有一部分也超出了学科的范围（如管理科学中指导其研究的规定的依据就是来自心理学、社会学和经济学的原则与数据）。

那指导社会工程学和管理科学研究的可以且已经是与公共行政理论无关的东西。不过，障碍还是会遇到，而且这些障碍乃是社会科学分化的副产品。在根本上不同的视野——如经济学家的、社会学家的、政治科学家的以及其他社会科学专家的视野——当中游移不是件容易事；视角之间的障碍是实质性的。交叉学科的研究是存在困难的。[①] 在社会技术中存在着有意义的局限，不论是有或是没有公共行政的构成。

第二个悖论在于系统和系统环境不相适应的困难。寻求把公共行政作为社会技术系统不可避免地会与满足非系统的需要的愿望发生冲突。首先，系统总想拥有——有人夸张地称作——"自己的本质"。社会技术系统正是通过想要保持和发展自身的本质需要而被物化的。社会地构成的系统总是渴望拥有自己的本质；系统也能够获得自己的性质。我们可以想想对待教育或军事系统的那些典型态度。有人说系统可以发挥作用，有人说不能发挥作用；有人说它可以带来便利，有人说它是一种阻碍；有人说这个系统是好系统，有人说是坏系统；有人说系统比单个部分更重要。与之相伴随的理论系统常常被认为是一个有着自身需要的整体。

其次，对于非系统，我们可以从赫伯特·西蒙的所谓（出于不同的目的）"行为系统对环境的适应不能够尽善尽美——源于理性的局限"[②] 来加以认识。理性的局限至少可从两个方面来理解。那源自特殊系统建构者（或看管者）的有限理性可以看作理性的局限。我们在第 3 章提到了西蒙在综合理性（如优化或做出最佳选择的理性）与有限理性（如"容易满足"的、视第一选择为充分的选择的理性）之间的对比。还

---

① 有关基特钦对认知科学中理论建构的交叉学科研究的威胁的解释，参见帕特丽夏·基特钦：《弗洛伊德的梦》（剑桥，1992）。

② 西蒙：《人工科学》，前言，10 页。

有人希望依据实用主义的概念来理解理性的局限。在一个由诸多系统构成的世界中，就系统建构者的认识、资源投入和系统建构者可能的错误选择的关系而言，人们总倾向于产出相对大的系统（例如人口覆盖率、系统的复杂性、环境的不可预期和多样的变化）。通常，选择对于系统的运作并非完全封闭，重要的顾客会导致一些困难。不 100
过，这方面的局限在此关系不大，因为我们完全有理由希望通过另外的和更好的技术运作来打破局限。然而，有限理性的局限不仅仅是实用主义的；有的局限是“理性的”。所谓局限是理性的，是在这样一个意义上说的，即对于一个公共官员来说，如果她对于找到一个比当下系统更可行的另一个系统——额外的资源成本可由此得到补偿——没有一个理性的期待，那她把大量的资源用于另外的研究就是非理性的。

理性的局限，换一种方式来理解它，可看作是某一环境中理性的系统的局限，这一环境与理性无法取得完全的一致，因为系统的环境中的人是有主体性的。这一观点乃是先前依据伦理取向的凝聚功能讨论过的观点的变体。现代主体性承认个体自足的权利；问题在于理性多大程度上和是否也是必需的。作为第一步，假定主体是非理性的。对主体性——处于系统的接收者一方的个体——所作的理性的讨论总是忽视主体的非理性选择。有的系统不得不应付非理性的问题（如心理卫生系统），为什么主体不得不牺牲对某些非理性的权利，这一点人们并不完全清楚，尤其是，如果说福柯对癫狂的本质的解释是合理的。作为第二步，假定主体是理性的。可以回想一下 A. K. 森（A. K. Sen）有关帕累托式的自由之不可能性的定理。他在理性的基础上考察了三个脆弱的条件是否是兼容的。一个条件是自由主义，他把它界定为“个人的事，即每个人都应自由地决定什么应当做，而且在选择中，凡是他或她认为是最好的东西，必须对作为整体的社会也是最好的，不论其他人怎么看”①。另一个条件是帕累托的最优化原则，这是一个后果，它所说的是，根本就不存在这样一种再分配，在增加某个人的收益的同时不会减少另一个人的收益。第三个条件是无限制的领域，它与选择的自由有关。森认为，根本就没有一个社会的凝聚功能能同时满足这三个脆弱的条件；就是说，他的定理可以证明存在着这样的情形——做出一个能满足所有这三个标准的社会决策是不可能的。

把系统的技术看作研究的目的和把系统的运作看作系统与它的环境之间的科学协调，这在赫伯特·西蒙把行政管理比作演戏的观点中可以看到。② 演出的效果（行政过程），转用他的话说，取决于表演（组织）的效果，而表演的效果取决于演员（组织成员）“扮演的角色”③。他问道，如何才能建构一个经验的、超越优秀表演的标准规范的行政管理理论。他回答说，他的著作已试图说明行政管理的两难处境就产生于行为系统无法适应它的环境；在他看来，理性是有局限的。④ 西蒙在以 101

① 森：《自由、一致同意与权利》，载《经济学》，217 页，1976（43）。

② 西蒙：《人工科学》。

③ 西蒙：《行政行为》，252 页。

④ 西蒙：《人工科学》，前言，10 页。正如他指出的，他的“论述行政科学的著作，尤其是《行政行为》和《人的模型》的第四部分，企图回答这些问题，以说明：人工现象的经验内容，凌驾于偶然性之上的必然性，它们都源自行为系统对环境的适应不能够尽善尽美——源自我所谓的理性的局限”。

行为系统为焦点的《人工科学》（*The Sciences of the Artificial*）中对设计科学或技术主义做出了解释。西蒙要求他的读者去思考一个人和一只蚂蚁的行为。他解释说，一个人当被视作一个行为系统时，是十分简单的。其行为表面的复杂性，他接着说，主要是他所处环境的复杂性的反映。① 在接下来的一页，西蒙又补充了一句话，这就是本章开头引用的那句题词："唯有人类能自负地证明，我们表面上错综复杂的道路，其实源自于与蚂蚁那迂回曲折的道路完全不同的源头。"②

要完全理解围绕着公共行政作为技术的这些问题，就需要考察人与技术的关系。公共行政技术主义者出于自身的原因或许不会，但也可能会，运用他的技术；她有可能是依据这样一个认识来运用它，即她所做的将促进人类的幸福。因此，技术主义者如果不能确认人与技术的关系，还会遇到另一个困难。我们不妨通过引用两个不同的观点来呈现这一不确定性。

第一个观点是乐观主义的。教皇皮乌斯十二世（Pope Pius Ⅻ）的说法反映了亚里士多德的观点，他说道："因此，必须远离任何不承认技术奇迹的观念……这样，他（信仰者）甚至觉得，在朝圣三博士奉献给新生基督的黄金、乳香和没药的旁边也放上现代的征服自然的技术，如机器和数字、实验室和发明、权力和资源，是自然而然的。"③

第二个观点不那么乐观，它与认为人类被束缚于他们一度控制的技术之中的观点是一致的。尼古拉斯·贝迪亚维（Nicholas Berdyaev）写道：

> 说技术的问题现在已成为人类及其文化的普遍命运的问题，这一点也不夸张。在这个精神堕落的时代，当不仅古老的宗教信仰而且19世纪人文主义的信条都已经被动摇时，文明人唯一强有力的信仰就在于对技术科学的能力及其无限发展的可能的确信。技术是人类最后的爱，因为这一确信，他准备着改变他本身的形象。当代事件仅仅是强化了这一信念。为了信仰，人类曾渴求奇迹，尽管怀疑其可能性；现在他见证了技术确实能创造"奇迹"。这是一个令人担忧的难题。④

## 6.5 概　　要

公共行政——作为技术的发展——遇到了矛盾。有许多公共行政可看作是低技
102 术的过程技术。把公共行政作为技术加以理论化是有一些好处，如缩小了理论一实

① 西蒙：《人工科学》，52页。正如西蒙指出的："一个人当被视作一个行为系统时，是十分简单的。其行为随时间而表现出来的表面复杂性主要是他所处环境的复杂性的反映。"

② 同上，53页。

③ 教皇皮乌斯十二世：《现代技术与和平》，1953年12月24日教皇皮乌斯十二世宣讲的圣诞福音（华盛顿，1954），第6～9期，注释［12］。

④ 尼古拉斯·贝迪亚维：《资产阶级的心灵及其他》（纽约，1934）。

践的鸿沟。不过，因为这一发展路线——另外还有前两章讨论过的路线——而实现的那些好处也是有限的。

现代主义的技术理性化倾向于把公共行政学研究从技艺转向以科学为基础的技术。作为技艺，公共行政学更多地是时尚的追逐者，这一点已经司空见惯。作为基于科学的技术，公共行政学遇到了上一章讲的科学主义的悖论。

社会技术——由社会工程学和管理科学所构成——在遇到公共行政学的边界的局限时也就遇到了悖论。公共行政学作为社会工程学必定会遇到自己的边界，因为它需要超出公共行政学学科范围之外的大量信息和技术。经济的、政治的、社会学的以及其他类型的输入物是必需的。公共行政学作为管理科学不容易遇到这种障碍，因为它的范围比较狭窄。

还有一个悖论就是公共行政作为技术系统的促进者和公共行政作为个体的施益者之间的悖论。这一悖论就在于系统与系统环境的不一致。理性是有局限的，系统总想获得自己的本质。假定公共行政作为技术可以把系统论、管理学和伦理思考结合在一起，这是一种过分乐观主义的想法。

# 第 7 章



## 现代性：企业的局限

103 公共产品的生产也可以让企业主来完成，后者所从事的就是在获取一定利润的前提下来供给所需的产品。

——拉弗（Laver）①

坚守这些原则，永远意识到公共机关就是一种公众信任。

——众议院道德手册②

资本主义的兴起是“我们现代生活中最决定命运的力量”③。马克斯·韦伯进而把“获利的欲望”与资本主义和自由企业区分开来。他描述了一种朴素的观念，即资本主义就是这一获利的欲望。更确切地说，追求利润是一种理性主义，资本主义可以抑制或缓解非理性的欲望。而且，资本主义是在一个理性主义的体系内持续地追求利润，这一体系能够使经济手段与这一追求相协调。这一体系，如同动机一样，是资本主义的一个绝对必要条件；其之于资本主义就犹如水之于鱼。正如韦伯所说：“获利的欲望，对营利、金钱并且是尽可能多的金钱的追求，这本身与资本主义并无必然联系……但资本主义确实等同于利润的追求，且是借助持续的、理性的、资本主义方式的企业活动追求不断再生

① 迈克尔·拉弗：《私欲政治学》（纽约，1981），72 页。
② 官员行为规范委员会：《众议院道德手册》，前言，5 页。
③ 韦伯：《新教伦理与资本主义精神》，17 页。

的利润。"[①] 在一个非资本主义的体系中追求经济利益，在韦伯看来，是不受欢迎的。托尼（Tawney）教授在其前言中引用韦伯的话说明了这一影响："仅仅就其本身来说，解除追求经济利益的锁链，其结果只能是非理性的：就像科尔特斯（Cortes）和皮萨罗（Pizarro）这样的人，他们可能是这种非理性最有力的体现，他们完全偏离了理性主义的经济生活的观念。"[②] 这一章就是要把经济动机和运作系统放在一起来考察。这一角度与许多人相反，那些人总是极其轻率地谈论把私营企业的精神移植到公共企业这一有价值的目标，以及使公务员对他们的"顾客"负起责任的技术。而在我们看来，系统与系统动机应放在一起考察。

主流的公共行政理论和其他的现代主义社会理论对于公共和私营部门中合法的动机和组织的基本特征给出了相反的假设。"合法的动机"在此通常指的是被赞同或被认为是正当的行为动机。除了一些特别的例外，我们把对公共部门的动机和组织的基本假设称之为 A；除了一些特别的例外，我们把对私营部门的动机和结构的基本假设称之为非 A。尽管其历史的源头很容易追述，但奇怪的是，我们似乎喜欢这样一种两分的观点。 104

除了例外的情况，一种假设认为公共机关的动机不应是自私自利；而私营部门的动机总是自私自利。除了例外的情况，还有一种假设认为公共机构的组织根本的恶习在于复制（duplication），而资本主义组织的基本原则是竞争（仅仅是可能会出现组织的复制）。本章将探讨这些对立的观点。通过这一探讨，我们将认识到每一途径因自身的局限而受的挫折将导致对替代物的寻求；不幸的是，替代者并不是倡导者所以为的灵丹妙药。一批重要的公共行政理论家——受到某些权威评论家的支持——坚持认为 A 假设的集团应抓住机会转向非 A 假设的基础。公共选择模式提供的例子就能说明想改变公共部门的假设的愿望；例如，有的作者就强调了竞争的优点。[③] 社会主义模式则提供了希望改变私营部门的假设的例子。有实际意义的经验表明，尽管（例如）公共部门的改变能带来好的结果，但超过了一定的限度，这两种转变就都没有益处。由于我们的兴趣在于公共部门，因而在此焦点将集中在公共部门替代物的局限上；应当注意，这些局限不仅仅是偶然的。

## 7.1 动　机

我们首先看一下对待动机问题的主流态度。在这方面，公共和私营是同一硬币即利益的两面。一般地说，激励公共部门行政管理者的应是为公共利益服务的愿

---

① 韦伯：《新教伦理与资本主义精神》，17 页。韦伯接着说："我们可以给资本主义的经济行为下这样一个定义：资本主义的经济行为是依赖于利用交换机会来谋取利润的行为，亦即是依赖于（在形式上）和平的获利机会的行为。"

② 托尼：《新教伦理与资本主义精神》，序言，1 页，引自马克斯·韦伯：《经济通史》，弗兰克·奈特译（格伦科，1950），355～356 页。

③ 例如戈登·图洛克：《公共选择的实践》，见：《集体决策：在公共选择理论中的运用》，罗素编（巴尔的摩，1979）。

望："坚守这些原则，永远意识到公共机关是一种公共信任。"① 这是国会对公共利益动机提出的一个要求。国会为公共服务颁行的"政府服务道德准则"中至少有四条规定责令行政者不准出于私心做事："不准不公平地区别对待，给予某人特别的优惠或特权，不论是不是为了酬劳；在有理智的人认为会影响其政府职责履行的情况下，不准为了自己或家庭接受小恩小惠"（第 5 条）；"不得做出任何会约束公务职责的私人承诺，因为政府雇员不应当以言害行"（第 6 条）；"履行政府职责时不得利用手头的机密信息作为谋私利的手段"（第 8 条）；"必须忠诚于最高的道德原
105 则，将国家利益置于政府、政党或部门之上"（第 1 条）。②

正如亚当·斯密在 1776 年说的："我们能够享受午餐不是来自屠夫或面包师的恩惠，而是来自他的私利。"③ 屠夫、面包师和烛台生产者供给我们所需，既不是因为他们的大方，也不是因为他们觉得我们应当享受和需要享受，或是我们有资格享受他们的产品，他们这么做是出于私利的追求。私利一直是、且仍将是主流经济理论的一个核心假设。正如斯密之后的古典经济学家拿骚·西尼尔（Nassau Senior）在他的第一公设中指出的："每个人都渴望获取，且是以尽可能少的付出，获得尽可能多的财富。"④ 我们在后来的经济理论家［如莱昂·沃拉斯（Léon Walras)、阿尔弗莱德·马歇尔（Alfred Marshall）或约瑟夫·舒姆贝特（Joseph Schumpeter)］或任何标准的现代教科书（如萨缪尔森和诺德豪斯的《经济学》）中都很容易找到这样的言论。

应当对规范与描述之间的区别有所认识。国会给公共行政管理者制定的道德准则说的是应当如何，并且，若不是因为一个明显的事实，即有些公共行政人员实际上根本不符合标准，那也就不会颁行这样一个东西。［作为一个描述性的或实证的东西，自私被认为是合众国整个历史中一个重要的品质。"如果人都是天使，就不需要任何政府了"，这是麦迪逊在《联邦党人文集》（*The Federalist*）第 51 篇中说的话。］类似地，亚当·斯密也提出了同样的观点，他说，私营企业主追求的是他或她自己的私利。有些企业主在实际中显得是利他主义者，但正如斯密所说的，"我从未听说那些为了公共利益而影响生意的人做过多少善事"⑤。主流公共行政理论看待公共与私营部门的动机的两分法是规范性的。

有人倾向于考察具有"表面上矛盾的深层动机"的群体的奇特处境，这把分析弄得过分复杂了，因为那些人做出正确的事，事实上常常是出于错误的理由。有的企业主相信他们是被公共利益所激发去为自己谋取最大利润（例如，他们相信，他们为了自身的利益去行动其实也就是为了公共利益）。例如，一个商人想去碰碰个人运气乃是因为他相信这种发迹可使每个人生活得更好。政府官员相信他们追求私人利益乃是为了公共利益。尼格罗（Nigro）和理查森（Richardson）在解释亚历克斯·德·托克维尔的"恰如其分的自私学说"时对后者表示了赞同；正如他们所

①② 官员行为规范委员会：《众议院道德手册》前言，5 页。

③ 亚当·斯密：《国富论》（纽约，1993）。该书首版于 1776 年。

④ 拿骚·西尼尔：《政治经济学概论》（纽约，1965）。该书首版于 1836 年。

⑤ 斯密：《国富论》。

解释的，这一理论“有赖于公民的这一信念，即‘为同胞服务，也就是为自己服务，因为做好事就是为自己积德’”①。他们认为，“恰如其分的自私”可成为“对私欲和个人主义的有效纠正”②，他们接着引用托克维尔的话说：“恰如其分的自私学说不是鼓励大的牺牲，而是鼓励每一天都要有小小的付出；这本身并不能使一个人成为有德行的人，但它的规训能造就守法的、温和的、一丝不苟的和自我控制的公民。”③ 人们用各种各样的方法思考“表面上矛盾的深层动机”。不过，一种令人满意的方法，就是把本章使用的“动机”这个词等同于表面的动机，而把深层动机暂时放在一边。 106

用于分析警察资源配置决策的条件模型④提供了三种情境类型。第一种是计划—目标（p-goal）情境，它反映了传统公共行政把公共行政者看作利他主义的公仆的观点。这一计划—目标情境的资源配置者被假定为不会关心她的计划或其他决策对自己在官僚制中的福利的任何影响。她不会想到自己作为官僚的身份。计划—目标情境的资源配置者的目标就是实现利他主义的“公共利益”；就是说，这一资源配置者的目标就是要通过使计划有最大的产出来让社会福利最大化。

与之相对照的是“官僚人”，即官僚—目标（b-goal）情境的决策者。这一决策者的目标不是利他主义；而是寻求官僚私利的最大化，且直接指向维系和拓展个人仕途的利己目标。这一模式——得益于经济学传统和公共选择的理论家——试图依据官僚福利（如操控或疏通作用）的聚敛来分析官僚—目标情境的决策行为。第三种类型是混合的（计划—官僚目标的行政者）。这一混合形式把计划（计划—目标）和官僚（官僚—目标）作为两极；从理论上说明资源配置者的目标是从一系列的兼具私利/公益的决策中选择某一个。这一条件模型的一个关键点就是要证明，选择这一决策是因为环境的影响，这些“条件”或环境的变化会相应地产生出不同的结果。在描述的意义上说，公共行政者的运作可以做到利己和利他的结合，尽管对她的评判是依据公共利益。

把计划—目标情境和官僚—目标情境的决策描述为福利——在前者是社会福利，在后者是个人福利——的最大化，这有点含混不清。对于社会福利的本质的认识，存在着原则上的差异。⑤ 例如，有人是依据帕累托的最优化来思考，而有的人想知道为什么一或两个个体不该为了大多数人的利益而牺牲自己的利益。对于公共利益的本质的认识，也存在着差异。公共利益可以是 X 想要的，X 应该要的，Y 认为 X 应该享有的，等等。然而，这种含混性不会消除计划—目标情境与官僚—目标情境的动机之间的区别。计划—目标情境的公仆，正如这一称呼所表明的，总要以某种方式满足那些人或她所服务的对象的需求或愿望，计划—目标情境的公务员就

① 劳埃德·尼格罗、威廉·理查森：《恰如其分的自私：美国性格与公共行政》，载《行政与社会》，第 19 卷，166 页，1987 (2)。

② 同上，166 页。

③ 阿历克斯·托克维尔：《美国的民主》，迈耶尔编（花园城，1969），527 页。

④ 法默尔：《犯罪控制》，85～119 页。

⑤ 同上，102～103 页。

是要为他人利益服务——可以是总统或首相，也可以是一帮政客，或某种抽象物，如普遍意志或民族。自私绝不是其受到赞同或被期待的动机。

然而，我们不能直接地将计划—目标情境和官僚—目标情境的动机分析运用于
107 公共和私营两个部门。所有公共部门的雇员都只受公共利益的激发吗？我们不妨假定为计划呼吁就是实现公共利益的一部分，事实也确实如此。例如，美国退伍军人事务局局长就是为退伍军人的事务呼吁的；美国农业部部长就是为农业着想的；等等。在此存在着一个灵活但不一定要逃脱的倾向性，因为亚计划、亚亚计划和为“我分内的工作”呼吁与为计划呼吁并不完全相悖。蜂箱蚂蚁调查员当然应该确保花一定的时间和精力为蜂箱蚂蚁调查进行呼吁上，尽管这样会减少她把时间花在当年的调查上。所有私营部门的雇员都是受私利的激发吗？经济学理论——超微观经济学除外——很少屈身对公司所有者层面作研究调查。除非公司的盈利等于是各个雇员的福利，否则单单受公司利润最大化的激发的私营部门雇员就和计划—目标情境的人一样，会受到私利以外的东西的激发。

有一个谣传应当反驳。这一错误的观念就是认为“对市场需求的反应”和“私利”必然地是同义的；其实它们根本不是一回事。顾客对新产品的需求和生产者通过供应新产品对这一需求的回应，这样的情境说明不了生产者的自私。政府机构倾听顾客对政府服务的需求并提供给顾客所要的东西，这样的情境也说明不了政府官员的自私。激发官员关注顾客的满意程度的技术和方法（如全面质量管理的方法）并不能自动地解决官员的自私问题。据说满足顾客的需要乃是基于生产者的自私，因为这正中生产者的下怀——尽管也可能增加就业岗位。不过，满足某人自己的奇思异想或政治首脑的命令，这恰恰是自我满足——也有可能产生就业岗位。

自私自利、贪婪是一种相对有力的动机性力量，而且正是动机被认为给企业主的活动奠定了基础。人们总是希望看到公共组织能以私营企业主那样旺盛的精力——被认为是出于自私——进行运作。公共部门利他主义的、计划—目标情境的动机则被认为缺乏力量。例如，奎因对利他主义的理性管理的缺点给出了自己的看法，他描述利他主义“既包括对他人利益的消极尊重，也包括积极献身于他人利益并因此损害自己的利益”[①]。他评论了许多“众所周知”的观点，它们曾被用于“通过求助于理性来提高道德说教的说服力”[②]。其中一个论点是，“神话中神的旨意就是借助法令而被强化的”；还有一个论点是从自私推导出来的——“如果我们全都尊重相互的利益，我们就能生活得更好。”[③]他说：“其谬误也是众所周知的：我们任何人都可通过侵犯他人的利益让自己过得更好，如果社会上的其他人都循规蹈矩……启蒙的道德主义由此认识到，自私——不过它也是被启蒙的——不能充当利他主义的一般基础。利他主义者其实是这样一种人，他们毫无保留地和不折不扣地尊重他人的福利，如同每个人尊重他自己的福利一样。”[④] 奎因接着指出：“人的
108 利他主义并非如我们所希望的那么无穷无尽，从自私来论证利他主义也不是强化自

① 威拉德·奎因：《本质：不定期哲学词典》（剑桥，1987），3～4页。

②③④ 同上，4页。

私的方式。"① 他补充说，进化论只能解释对血缘关系的先天利他主义（如在裙带关系中和在没有计划一目标的情境中）。他的建议是，我们"必须玩下去，不论同胞之情（人民）的基础是多么的虚弱，但星星之火，可以燎原"②。

因此，剩下来可供我们用的就是非理性的手段，不论如何，它对于点燃那对公共事务的热情之火还是可行的。宣传，尤其是在学校，是有帮助的，但其他煽情的手法和手段也是可用的：例如电视、小恩小惠这类软化的手段；国旗、为社会所认同的节日以及爱国宣传这类鼓动手法；各种各样的社会认可和不认可；还有宗教。在公共事务中，常常使用政治煽情的方法（如在美国，就常常求助于公民的责任感和宪法的唯一性；在君主制国家，则常常求助于历史的幻术和庆典的盛况。苏联就是用前一种手段来宣传为无产阶级服务的意义，还有其他各种诉求和光荣的故事）。如果再加上一些学术的成分，这些手段的感染力就更大。

假设自私动机的力量的释放可用于刺激公共服务，这是一回事，而假设它也能导致社会福利最大化，则是另一回事。③ 也许后一个假设乃是亚当·斯密的不可见的手的理论的翻版，那就是，竞争性市场力量的运作能把追求私利的行为转化为社会福利的最大化。接受后一观点的常常是拒绝主流观点的人，这一主流观点认为，经济需要控制以纠正市场的不足。④ 认为自私在公共部门的释放足以产生最优的社会后果，这一观点乃是公共选择方面丰富的文献阐述给人的假象。唐斯（Downs）的开创性著作《官僚制内幕》（*Inside Bureaucracy*）就描述了官僚制内部的运作，证明它是一种过度供给。⑤ 第 4 章讨论过的尼斯卡宁模式描述了自私的和理性的官僚——一心一意想使他的预算最大化——与发起机构之间是如何相互作用的。⑥ 尼斯卡宁的解释显示了——由于官僚的倾向，也由于官僚掌握了单位开销更多的信息——对某部门的产出至关重要的过度供给是如何发生的。米格（Migué）和贝朗热（Bélanger）提供的模式显示，管理者追求的是非产出性的目标，而不仅仅是预算的最大化，因而它对同样的一般问题提供了一个新的解释。⑦ 有关这一论题的理论和经验文献数不胜数。⑧

那些对公共和私营部门的动机进行对比的人实际想要做的可能是为了评价企业主在自由市场体系中的价值。有关企业主的确切本质，观点众说纷纭。例如，我们

---

①② 威拉德·奎因：《本质：不定期哲学词典》（剑桥，1987），5 页。

③ 路德·古立克：《公共行政的隐喻》，载《公共行政季刊》，第 44 卷，374 页，1984（6）。古立克写道："'商业性'是用来说明简单的东西的又一个隐喻。在这个意义上，商业世界在历史中指的是在短时间内能为所有者和经济活动的高层管理者带来利润和权力的世界。由于国家的目标横跨几百年，且不是为资本所有者追求经济利润，而是为所有的人追求生活、自由和幸福，因而这一基本的追求不应是'商业性的'，而应是使商业变得更'像是政府性的'。在诚信的商业意义上说，有效率但又不以牺牲人民福利为代价的商业活动是人们所渴望的。"

④ 例如，参见萨缪尔森、诺德豪斯：《经济学》。

⑤ 安东尼·唐斯：《官僚制内幕》（波士顿，1967）。

⑥ 尼斯卡宁：《官僚制与代议制政府》。

⑦ 让-露西·米格、热拉尔·贝朗热：《走向管理分立的一般理论》，载《公共选择》，第 17 卷，27～43 页，1974（2）。尼斯卡宁自己评论说，米格-贝朗热模式和他自己的理论应看作"官僚行为的特殊理论"。参见威廉·尼斯卡宁：《评论》，载《公共选择》，第 17 卷，43 页，1974（2）。

⑧ 有关的概述，参见米勒：《公共选择》，第 2 卷，第 14 章，以及邓列维：《民主制、官僚制和公共选择》。

可以看一看阿尔弗莱德·马歇尔、约瑟夫·舒姆贝特和弗兰克·奈特的观点。阿尔弗莱德·马歇尔的经济人即企业主在约翰·高尔斯华绥（John Galsworthy）的《弗塞斯传奇》（*Forsy the Saga*）中那个富有的人身上有生动的体现。在马歇尔看
109 来，那个企业主是一个有领导才能和判断力的资本家，是行动的和有想象力的人——在他看来，这些品质因为官僚制和才干而受到压抑。不过，那个企业主还是缓慢地和持续地成长起来。约瑟夫·舒姆贝特所讲的企业主是对经济飞跃有贡献的资本家，由于其创造性的解构力量，打破了小规模变革的循环运动——这种循环乃是经济发展的特征。企业主的这一作用提升了整体的循环能力，为经济发展做出了根本的贡献，如引进新产品，运用新方法，开发新市场。企业主的领导方法——正如雷·克罗克（Ray Kroc，快餐食品的开路先锋）和肯·奥尔森（Ken Olsen，微型计算机的领路人）这样的人所生动地证明的——为盲目的模仿者竞相效仿。弗兰克·奈特也认为企业主的作用超出了管理者的常规特征。在奈特看来，企业主是以解决不确定性为己任的资本家。尽管这些描述多种多样，但还是存在基本的共同点，这就是：企业主是利润的追求者，他们组织、领导和承担着资本主义语境内某一资本主义企业的资金和其他风险；资本主义企业主关心的是财富的积聚。

有人想必会说，某些公共部门也存在企业主。各种各样的政治家或政治的被任命人就是信手拈来的例子。重大政治职位的追求者和在位者被认为是企业主，但他们能发挥资本家那样的作用吗？那些获得和花费竞选资金的人和那些用财政支持来交换选票和影响力的人——尽管我们看不起他们这样做——在我们身边比比皆是。企业主的一个特征就是，她不仅组织和领导，而且承担着因给企业提供全面的资金支持而来的不确定性；她是总指挥，负责企业的创办和生产。她关心的是财富的积聚。如果罗伯特·摩西（Robert Moses）或罗伯特·麦克纳玛拉（Robert McNamara）可以算是企业主，那就得承认他是建构者、领导者、激励者和影响者。不过，他们真的是企业的总指挥吗？看一下那些更为强大有力的人——丘吉尔（Churchill）、戴高乐（De Gaulle）或戈尔巴乔夫（Gorbachev）。他们建构、领导、激励和影响，他们承担着巨大的不确定性；相比较而言，企业主承担的风险要小得多。可即便是这些巨人也无法接受资本主义总指挥的测试吗？

有人倾向于认为，“企业主”这个词应加以扩展，以摆脱资金支持和市场风险的观念。的确，企业主所承受的市场风险是很小的。为支持这一论点，可看一下私营企业的行政主管为自己安排的黄金降落伞；例如，一个收入上百万美元的公司执行总裁，即便他的公司破产了，他也不会遭受太大的个人损失。因此我们能够说凡是在管理中采取了重大行动，显示了巨大想象力、创造力和勇气的人都是企业主吗？有人对公共部门的企业主性质作了准确的论述；例如，迈克尔·拉弗和其他公共选择理论家就把公共企业主作为解释政府活动的一种模式加以讨论。本章的开头就引用了拉弗的一句话。还有一些人也对政府中需要企业主型人才的必要性作了松
110 散的论述。他们首先就证明说，一个合格的监狱长或一个合格的地区行政长官，尽管不从属于市场力量，却同样能显示上面列举的优秀品质：在管理中行动果断，有想象力，有创造性和勇气。因此他们问道，是否公共官员与企业主不是一回事。这

个论证缺乏力量。诸如行动、想象力、接受挑战、积极满足顾客的需要这样一些品质是有用的。不过，一个处于公共官僚制内部的企业主——当以私营企业的模式来认识这样一个人时——这完全是一种矛盾修辞。在此缺少的是利润的追求。对于这样一个人，他所缺少的是资本积聚的欲望——资本本身不是目的，而是积聚更多资本的手段；这一欲望乃是企业主本质的一部分。赫尔布鲁纳（Heilbroner）在解释激发资本积聚的动机和动力时，利用了马克思的 M－C－M′公式："货币资本转变为商品资本，商品资本再转变为更多货币资本的持续过程。"① 在霍索恩（Hawthorne）效力的协助下，在传统官僚制的处境中发挥企业主的精神可以产生短期效应，但这一创新，即依据私营企业的模式把企业主的精神理论化，可以预料会彻底地失败。因为缺少资本主义的理性化——这正是市场所提供的动机。

把公共部门彻底地重新系统化必定会遇到这样的反对吗？也许可以把庞大的政府看作市场；或者把市场看作公共部门。为了把竞争风气的好处带给懒散的垄断政府，能按市场模式重组政府吗？我们能因此获得底线的结果——来自竞争性企业主的动力——和实际的财富——来自短兵相接和讲究实际的私营部门的执行者——吗？正如我们将看到的，那是优势、局限和矛盾并存。

## 7.2　复制、竞争和浪费

在公共部门，**复制**实质上是**浪费**的同义词。在私营部门，**非复制**实质上是**浪费**的同义词。加上**实质上**这个词是为了重申有例外的情形。

马丁·兰多（Martin Landau）提供了公共部门的一个早期例外，他赞成在公共服务中保留一些过剩人员。② 他描述了零过剩如何可作为优化效率的手段以及反对复制的观点在公共行政思考中是如何广为传播的："消除过剩在公共行政的技术中极少受到挑战，尽管也曾经有过。这是一个信念、一个主导思想的问题；即使今天它的指令不能贯彻，总还可以梦想着明天。"③ 兰多的观点是，复制不必然地意味着浪费。在他看来，过剩有许多有效的功能；它能"提供安全因素，使人们对异常情形能做出弹性反应，为那些认识到它的人提供创造的可能"④。也许兰多的论 111
文最值得关注的部分是他开篇的例子。他描述了他曾经经历的一次紧急着陆，领航员转身告诉他，所有的飞机上都安装有安全系统："因为商业航班是一个十分过剩的系统，这一事实足可说明其性能的可靠性；也可以解释它的适应性。"⑤ 其他人

---

① 赫尔布鲁纳：《资本主义的本质与逻辑》，36 页。赫尔布鲁纳在该书的第 2 章讨论了"追求资本积累"与"权力"之间的联系，他描述权力这个东西（46 页）"是人类社会还未被完全理解的方面"。赫尔布鲁纳还分析了资本的本质，他所描述的两个特征在上一句就说到了。

② 马丁·兰多：《过剩、理性与复制和重叠的问题》，载《公共行政评论》，第 29 卷，346～358 页，1969（4）。

③ 同上，348 页。

④ 同上，358 页。

⑤ 同上，338 页。

也认识到了某些过剩和某些形式过剩的价值。例如，勒纳（Lerner）试图推进兰多的思想。[1] 他思考了过剩的三个基础和两个混合的研究方法。

就算有例外，公共行政实践和思考流行的假设仍是，复制就是浪费。做这样的重复是为了说明，正如兰多在他的论文中所说的，过剩如何能用于“遏制错误”[2]。在他的说明中，那被遏制的错误就是不承认这样一个的说法，即过剩在公共行政中是不受欢迎的。兰多解释说，在公共行政中流行的是词典中的过剩观，而不是过剩作为一种错误的遏制者的观点。他说：“在日常语言中，据说只要有过度或剩余，就有过剩……过度，正如词典中所界定的，是指某物超出了常规的、被需要的、通常的和所规定的范围。”[3] 兰多指出，**过度**的同义词是**没有节制**、**放纵**、**过分**、**奢侈**、**过高**、**极端**，他还补充说：“如果我们在此需要一个时间尺度，我们可以说过度可用来界定大约400年前的过剩。”[4]

主流经济理论中自然垄断的观点给私营部门中的竞争（复制）原则给出了一个例外。所谓自然垄断，指的是在一个公司或工业中，每个生产单位的平均开支会因整个的供给幅度而急剧下降（例如在那里，规模经济是如此之强大，以至于只有一个公司可以生存下来）。在这一情况下，“单独一个公司、一个垄断可以比多个公司更有效地供给工业产出”[5]。萨缪尔森以地方电力网络分布作为例子说明了这一点。

主流经济理论赞成竞争，但它对任何或所有形式的竞争的思考都是不充分的。主流理论特别说明了经济活动尽可能有效地生产和分配商品以及服务的条件。艾伦·布坎南（Allen Buchanan）描述了理想市场为达到均衡状态的五个必要条件——在那里，根据帕累托的最优化原则，利己不可能不损人：

> 1. 充足的信息对于保证商品和服务的性能、质量以及减少生产它们的所有可能方式的成本是必需的，而且获得这些信息的整个成本为零。
>
> 2. 保护合同和所有权的成本为零，所有权，包括对生产工具的所有权，必须受到牢固的保护。
>
> 112 3. 个体在下面这个意义上说是理性的：他们的偏好是在一个变换的秩序中被组织的……他们能够选择合适的手段达成自己的目的。
>
> 4. (1) 交易成本为零……或 (2) 有一个良性的竞争……且不受外部因素的影响。
>
> 5. 市场所提供的产品是没有差别的——购买者无法区分各个商家所提供的产品，反之亦然。[6]

---

① 阿伦·勒纳：《绝非一种途径出现过剩》，载《行政与社会》，第18卷，334～359页，1986 (3)。

② 兰多：《过剩、理性与复制和重叠的问题》，340页。

③④ 同上，338页。

⑤ 萨缪尔森、诺德豪斯：《经济学》，978页；也可参见兰多：《过剩、理性与复制和重叠的问题》，586～590页。

⑥ 艾伦·布坎南：《赞成和反对市场的有效论证》，见约翰·阿瑟、威廉·肖：《公正与经济分配》第2版（英格勒伍德·克里夫斯，1991)，184～185页。布坎南描述交易成本包括“交换中运输和服务的费用，为交换达成协议的费用，如签订相互可接受的合同的费用和了解买与卖可能的信息的费用”。他描述良性竞争是存在的，在那里，“买方和卖方都无法通过自己独立的行动来影响价格，市场的进和出完全自由”。

市场的这一以效率为基础的情形取决于实际市场接近于这一理想的程度。不过，布坎南断定说，实际的市场无法符合这些条件。例如，他正确地指出，现实世界的交易成本从不会是零，全面的信息几乎不可能获得。他还正确地指出，现实的商业结构反映了垄断主义和市场操控的特征，外部条件不可能尽如人意。他还补充了对市场机械论的批评，尽管市场完全是竞争的。例如，他提到这样一个问题，即完全的竞争性市场并不能保证充分的就业。

竞争这一不可见的手是灵巧的，但有一定的限度。我们不要误解这一观点。正如罗兹（Rhoads）所说的："经济学家相信，在大多数情境中，自由市场比替代性的建制安排更容易导致经济上有效的后果……价格灵活的自由市场在不同的国家以明显不同的方式协调着成千上万人的活动。"① 自由市场经济就像一个系统，正如韦斯（Weiss）和其他人所解释的（他的解释见下文），在决定所生产的商品和服务的种类和多少方面，在组织它们的生产的方面，在分配商品的方面，在提供经济发展的方面。② 这一系统的特征就是专业化和相互依赖。专业化的发展导致了受市场机制自动的和非中心化的运作控制的各部门的相互依赖，各部门间没有相互的协作或理解。作为调节手段的中心是价格体系，在那里，价格是由供给和需求的相互作用决定的。个体企业主和资源所有者——没有中心方向——受到金钱和其他回报的引诱去满足有能力且愿意付钱的顾客的喜好；追求利润的动机，对最大回报的欲望，共同构成了按所需比例生产所需商品的生产因素。收入和货币的循环流通在商业和个人之间发生，以方便经济体系的运作。资本主义体系，与指令性经济相比，似乎是一个奇观。

有许多人坚持认为，竞争体系单就其自身而言在许多重要的方面都有可能失败。正确的干预对于避免有害的结果——无效率、不平等、不稳定——是必要的。例如，萨缪尔森（正如在第 4 章讨论私营—公共部门时第一次提到的）列举了无人照管的自由市场可能失败的方方面面，正确的政府干预是必需的，当前的美国实践就可以提供不少例子。③ 正如他所解释的，一个无人照管的自由市场将导致在垄 *113*
断、外在性和公共产品等方面的无效率。萨缪尔森表述说，垄断和市场结构的情形需要政府干预，例如以反托拉斯法这样的形式；外在性的问题需要以反污染条例这样的形式来干预；市场不能生产某些必需的公共产品，为了国防和路边照明这样的目的，这时就需要政府补贴。萨缪尔森解释说，一个无人照管的自由市场会导致令人难以接受的财富和收入的不平等，因而需要通过增加税率和收入补贴计划这样的手段来进行收入的再分配。无人照管的经济也是不稳定的，会导致某些不好的后果，如通货膨胀，失业和低增长。萨缪尔森说，政府的固定不变的政策可通过货币和财政政策得到纠正。

不断地有人说，有些经济学家和哲学家不会赞同这种中间路线的观点。例如，

---

① 罗兹：《经济学家的世界观》，64 页。

② 罗杰·韦斯：《经济体系》（纽约，1969）。

③ 萨缪尔森、诺德豪斯：《经济学》，43～48 页。

密尔顿·弗里德曼（Milton Friedman）这样的经济学家就属于其中的一方，他是一个金融论者；他的激进的建议，与他的短期建议相反，包括废除中央银行，废除开放的市场运作，百分之百地为银行保留必要的条件，不给私人的货币印制任何机会，对政府开支提出限制和依赖个人所得税。还有各种各样的新古典宏观经济学[①]，正如格兰德蒙特（Grandmont）所解释的："在最近一个时期，有些（但不是全部）新古典宏观经济学家甚至声称，如果私营部门能正确地认识和预期，政府政策的系统（如决策系统）部门就不会产生任何实际的影响。"[②] 有些分析家同意罗伯特·诺齐克的观点，反对任何形式的转移支付。[③] 更激进的政府干预辩护者则属于另一方。例如，有的人相信更根本的干预是必要的，因为市场过程会"歪曲"人们的选择，在已有的选择与更好的选择之间导致错误的竞赛。例如，可以想一想吸毒者这类不太复杂的例子；还有比较复杂的例子，可看一下科恩（Cohen）的观点，他说，消费和产出受到支持是以牺牲闲暇为代价的。[④]

美国一直都反对私营部门的大多数产品和服务供应中的非复制性。例如，1890年的谢尔曼反托拉斯法案就陈述说："每个将要垄断，想要垄断，或与别人联合或合谋去垄断几个州或外国的贸易或商业活动的人，必将受到法律的制裁。"不过，这不是需要某一形式的非复制性的问题。

主流经济理论赞成某一特殊形式的竞争；它赞成良性竞争。在经济理论中，一直为人们所接受的一个观点是，垄断或理性的行为，将限制产出，为的是获得额外利
114 润；理性的垄断就其本质而言，如果不加钳制，将与公共利益相背。正如布坎南列举的系列条件所表明的，少数生产商对市场的控制也会产生效率的问题；例如，合伙串通会导致与垄断相类似的结果。只有当良性竞争存在时，才有望出现最优化的结果，在那里，所有公司都是价格主导者（即：在那里，没有一家公司能影响市场价格）。不幸的是，良性竞争只能相对地解释像美国这样的发达经济的少量情况。因此，美国投入了相当大的精力去激发"正确"的竞争形式，并向那被认为恶的竞争结构和行为开战。例如，它禁止有些商业行为（如固定价格），它利用调节去控制结构和其他商业实践。

## 7.3 两次变革浪潮

有两个用途甚广的策略可用于把竞争注入政府服务的供应中：民营化和政府内

---

① 有关新古典宏观经济学的情况，可参见，例如：伯奈特·麦克卡路姆：《新古典宏观经济学：一种同情的解释》，见：《宏观经济学的现状》，瑟普·宏卡普赫伽编（牛津，1990），3～32页。正如伯奈特概括的（3页）："新古典（NC）宏观经济学的本质构成要素有：（1）使均衡研究适应于模型建构，（2）接受自然比率假设，（3）相信基于规则的政策的至高性，（4）对合理的泡沫现象的宏观经济学问题的相关经验物持坚定的怀疑主义态度。"

② 让-米歇尔·格兰德蒙特：《凯恩斯主义的问题与经济理论》，见：《宏观经济学的现状》，宏卡普赫伽编，46页。

③ 罗伯特·诺齐克：《分配的正义》，见：《无政府主义、国家与乌托邦》（纽约，1974）第7章。

④ 杰拉德·科恩：《劳动、休闲和发达资本主义的一个显著矛盾》，见：《市场与道德》，杰拉德·德沃金、戈登·贝曼特、彼得·布朗编（华盛顿，1977），107～136页。

部的竞争性重组。这两个策略都已经被大量地使用过了。戈登·图洛克（Gordon Tullock）曾描述它们是公共选择最重要的两个实践结果。[1] 确实，通过在这两个方向的运作可以产生很多好处，但我们也应该认识到这两个过程最终会引发矛盾。

民营化——有目的地或附带地把某一职能转移给市场——既有有效的形式，也有无效的形式。[对于有目的的转移，最近几年已有大量讨论，人们欣喜地看到，诸如罪犯教养这类服务项目以私营的方式被实施。附带的转移指的是作为另一目标的副产品这种转移形式（如通过更合格的私营部门的专家来完成工作）。这种附带转移的一个例子就是以转让和合同的形式来为联邦政府做事，如国家卫生研究院的研究。[2]] 有效的民营化指的是将某一职能或活动转移给这样一个结构，即其运作语境——依据经济理论——能导致最优化的结果。换句话说，它是将职能转移给某个所有者，这个所有者的运作条件是，她就是价格的主导者——上一节所提到的良性竞争的情形。或者是，在那里，新的私营企业是自然垄断者（或者说市场的控制者），恰当的公共部门调节和监督是有益的——比如地方电视电缆公司的情形。完全把政府活动转移给私营部门也有可能适得其反。这种无效的转移常常发生在这样的地方，在那里，职能被以某种方式转移到没有竞争，或是竞争对社会无益、或是没有恰当的监督的私营部门。政府与单线的供应者或购买方的合同和转让——在那里，准入的门槛是如此之高，以至于排除了有意义的竞争——就是非竞争情形的例子。国防部的报告称它以 435.00 美元的成交价购买拔钉锤，以 9 609.00 美元的价
格购买六头天线，以 7 622.00 美元的价格购买咖啡生产机，以 387.00 美元的价格 115
购买公寓洗衣机，以 652.00 美元的价格购买工具箱，以 640.09 美元的价格购买马桶座圈。[3] 根本的问题不在于所用的价格体系（所有的成本都计算在内），而在于——和有限的竞争性市场的情形一样——允许这一价格体系运作的条件。甚至在存在竞争的地方，竞争也不总是对社会有益。私营部门的价格竞争有可能会受到源自——比如说——广告的产品差异的局限。合同方和转让方也可以通过合同和转让的条款，如包装和展示这种复杂的广告形式，来实现产品的差异。

对于一个政府而言，最优化的规模（绝对规模，或与国民生产的百分比）是什么样子？对于一个部门而言，最优化的规模又是什么样子？对于公民和政府而言，规模不能凭借自身把自己民营化吗？还有建国者们给它提供了一种控制和制衡吗？一个有 53 400 位员工的部门（20 世纪 80 年代美国的司法部）或有 98 000 位员工的部门（1993 年美国的司法部）算是巨大的非经济的规模吗？从人事的角度说，这种非经济意味着什么？由于我们很少关注这些问题，因而可以理解，许多观察者对于政府规模抱有情绪化和口号式的态度。有人说，口号也可能有其价值，尽管它们

---

① 戈登·图洛克：《公共选择在实践中》。

② 还可以做进一步的区分。例如，科尔德里对“政府为提供某一服务做的第一决策的民营化”与“为生产某一服务做的第二决策的民营化”进行了区分。他认为，前者要冒社会平等的风险。参见特德·科尔德里：《两个不同的民营化概念》，载《公共行政评论》，第 46 卷，285～291 页，1986（4）。

③ 参见一个玩笑式的目录，克里斯托弗·西尔夫、亨利·比尔德：《五角大楼目录》（纽约，1986）。

本质上空洞无物。“政府应该指导而不是训斥”就是一个例子。① 已经有大量的文献讨论民营化②，但在澄清有关最优化规模这类重大问题上的困难为情绪化和口号式的东西开了方便之门。政府的规模如此之臃肿，以至于它在民营化方面最有可能出错［例如，它在转移职能的时候，甚至都不能确信新的市场语境足够成熟，不能确信在自然垄断（或市场垄断）的情况下有足够充分的监督］。联邦行政建筑的规模可能就足以提醒我们——依据直觉——联邦政府确实还需要一个部门，即民营部（a Department of Privatization）。我们睁眼看看美国能源部（the Department of Energy）、农业部（the Department of Agriculture）、卫生与人类事务部（the Department of Health and Human Services）的建筑的规模吧；顺便再看一下在它们的大理石和混凝土山墙上的巨幅标语；也许“住在鸽子笼”的症候就是，政府建筑对于住在里面的人来说算不上宽敞。还有其他的例子。这种情绪化的和口号式的方式可谓发挥到了极致，但对它们的可能性的限制也确实存在。例如，规模问题的根源太过复杂，正如在第 4 章已经说明的。而且，显然，政治方面对于缩小政府规模（例如来自利益集团的压力）还有抵触情绪。重复一遍第 4 章提到的观点，奇怪的是，公共行政理论实际上回避了这些问题。

如果只要彻底的无政府主义就能导致最优化的结果，那完全的民营化就可能是解决官僚制问题的办法。不过，主流经济理论对于公共企业也提出了有益的看
116 法——依据上面提到的“市场失控”的思路（如公共产品的地下生产）。真正严肃的问题在于被转移给私营市场垄断者和垄断主义的职能需要公共监督。后一类型的完全民营化社会实际上与不同类型的政府是一回事——也许不是控制而仅仅是为控制者设置参量。民营化的局限问题比我们想象的要复杂得多。对于什么是政府的最优化规模这个问题，若是不同时问：什么是私营部门的最优化规模？什么是社会的最优化规模？那我们就无法真正地做出回答，也就是说，这一问题会把我们引向社会目标的问题和其他问题。

政府内部的竞争无所不在，而且其用途甚至更为广泛。竞争是有价值的。公共部门中的个体和集团总是相互竞争［例如在个体的竞争中，人事评估与涨工资是联系在一起，在单位的竞争中（例如在军事竞争中——在那里，亡命之徒总是向得胜方叫板，并高呼好哇！好哇！好哇！），以及在官僚之间的帝国主义式的竞争中］。官僚帝国主义，根据马修·霍尔登（Matthew Holden）的解释，可以用来说明行政世界特有的混乱和不确定性的特征：“由分支部门之间的竞争所引发的机构之间的竞争，是那一说明过程的重要部分。”③ 正如他所解释的，机构有着不同的倾向（有的倾向于扩张，有的倾向于维持原状，有的则倾向于紧缩），但之所以会出现官僚帝国主义，就因为行政的政客总是渴望足够的机构权力，而权力“是围绕着选民

① 戴维·奥斯本、特德·盖布勒：《改革政府：企业精神如何改变公共部门》（雷丁，1992）。

② 例如，参见伊曼纽尔·萨瓦斯：《民营化：改良政府的关键》（查瑟姆，1987）；以及哈里·哈特里：《评公共服务的私营途径》（华盛顿，1983）。

③ 马修·霍尔登：《官僚制中的“帝国主义”》，载《美国政治科学评论》，第 60 卷，943～951 页，1966 (4)。

被组织的，选民又是围绕着司法程序被组织的”[1]。形形色色的竞争也存在于政府与私营机构之间［如加拿大的公共铁路与私营铁路之间和美国的邮政总局（the U. S. Postal Service）与联邦快递之间］。政府部分地就是依据竞争原则被结构的，行政的民主制政治语境显然是竞争性的。四个军事部门之间的竞争是前者的一个例子，这一竞争导致了参谋长联席会议（the Joint Chiefs of Staff）的合作（以及竞争和勾结）。另一个例子是目前正以各种形式讨论的学校担保人体系。政治党派，作为政客通常的竞争世界的一个例子，已经被人们描述为公司，负责为选举筹措资金，以政纲和承诺来交换选票，立法者和其他人则被看作企业主，主要参与诸如相互吹捧这样的活动。

人们认为，政府内部的竞争结构在公共服务中还很少进行实验。相反，组织内部的竞争机制在私营部门中却广为运用。例如，一个汽车公司可以在其组织的心脏内建立三个或更多附属的和相互竞争的汽车公司；它可以接受复制的不利，其所得回报便是这种复制所允许的竞争的有利。在想象的意义上说，在几乎所有的公共部门都会有机会。军事的例子便是最好的“道德神话”。初一看，将组织内部的竞争引入军事领域似乎是荒谬的。为什么单独一个国家会因为复制军事组织而造成资源 117
浪费？不过，历史的偶然已经使许多国家出现了这种竞争性军事体系——这一体系的建立本质上是为了和外国军事体系进行竞争。历史习惯现在使得军事组织内部的竞争结构似乎是自然的，同样是习惯，在别的领域却显得不自然。

公共行政理论的两个特征使得这一试验变得更加困难。首先，关注职能是一个问题。最明显的就是私营企业情境中组织内部的竞争结构，因为相关的竞争单位可通过纯利润的标准来衡量。公共部门的底线标准相对地灵活一些，它们更容易被非实施者错误地解释。例如，一个优秀的警察机构就是——其他的机构也一样——能揭露更多的罪犯或防止更多犯罪吗？一个杰出的社会福利机构就是——其他的机构也一样——能帮助更多的人或使更多的人不需要帮助吗？公共机构（和私营机构一样）有多个目的，但统一的底线对于公共部门似乎是不可行的。在衡量标准的问题被更有效地解决之前，组织内部的竞争结构不可能有更大的用处。美国公共行政理论的主要焦点，正如前面已经讨论的，就是职能，如决策、政策分析、管理、领导、组织。学科自身的成功不能由它自身提出项目绩效评估的绩效来衡量。这样说并不是要否认讨论绩效评估的著作的功绩；必须认识到，有可能主要的原因是解决那一难题有困难。不过，我们可以问，公共行政理论对职能的强调是否就是它比较少成功的一部分原因。

公共行政理论的第二个特征就是在公共行政理论和实践中人事部门的本质。利润的压力给私营部门的执行主管提供了动力，去把相似的竞争压力加于他们的下属。我们不清楚的是，公共部门是否存在相同的压力，是否有强大的政治措施或其他措施来抵制捣乱。例如，一个公共部门的领导——缺乏一个绩效标准——在下属领导的所有成功中能获得更大的既得利益吗？如果他们没有取得成功，那领导不就

① 马修·霍尔登：《官僚制中的“帝国主义”》，载《美国政治科学评论》，第 60 卷，950 页，1966（4）。

得接受失败的责任吗？如果下属都必须支持他们的上司，那不就是在强化领导的地位取决于他的高高在上吗？

公共人事运动已成功地提供了一套程序，以防范在雇用和解雇中出现太多的政治和任人唯亲。可以看一下发展到考核和相关的人事体系的全过程。在人事方面，早就有人指出，技术改进的历史可从杰克逊民主制的政党分赃制论述到考核制，再到“兼具公共行政专家才能的通才制”（美国政府的高级行政职务制度大概可以看
118 作走向后者的重要一步）。1883 年的彭德尔顿法案为我们提供了一个有限的公务员体系，对于我们而言，现在要去理解掀起那一运动和制定那一法案的热情是很难的。概括来说，美国政府的人事管理技术的发展经历了一系列的阶段：先是 1923 年的分级和薪酬法案，它被扩展运用到政府内部的公务员管理；再是 1939 年各部人事机关的建立；还有限制联邦公务员政治活动的哈齐法案的通过；以及讨论高级行政职务制度的第二胡佛委员会（the Second Hoover Commission）的成立；最后还有 1978 年的公务员改革法案。如果那些早期的改革家能看到高级行政实体的建立——在某些方面与英国的行政分类模式有点类似——他们（如果死人能喝彩）至少会为人事管理技术取得的这些成就喝彩两声。公共行政理论如果把关注重点更多地放在激励更多的风险承担者进入公共部门上面，那它有关公共人事的部分会更成功吗？那样是不是会赢得三声喝彩？

这种组织内部的竞争结构——尽管有可能因急躁的竞争风气而促进项目的效益——只能在一点上有效。那因为重构而引发的竞争必定会遇到这样一个事实，即在大多数情况下所能获得的最好结果就是去创造一个向这一经济结构的所有困难开放的市场垄断情境。可以看一下因为分裂引发的竞争的本质，比如美国邮政总局的例子，它依据汽车控股公司的模式进入了三个独立的和竞争的亚组织。竞争是通过这种改革引入的。不过，结果仍是市场垄断，而且这一情境并不能保证良性竞争的效益。垄断性的竞争总是导致非生产性的竞争或合谋。

## 7.4 公共选择的路线

1973 年，文森特·奥斯特罗姆出版了他重要的著作《美国公共行政的思想危机》。① 该书一个首要的论题就是，自一开始，公共行政就依赖于威尔逊的范式，将组织看作分析的基本单位，并关心的是在组织完善方面应用效率这一尺度。威尔逊的范式是依据官僚制来看待公共行政，并通过组织等级制、经费核算和排除政治等原则来追求官僚制的效率。西蒙的挑战，正如奥斯特罗姆解释的，就是要建立一个公共行政理论，提出完善的等级制组织是最有效率的；不过，西蒙仍坚持认为组织是第一关注点。奥斯特罗姆的观点，是需要有一个新的范式，他赞成公共选择的
119 传统，这一传统依赖的是个人作为分析的单位，并强调利用（在他看来）已在经

① 文森特·奥斯特罗姆：《美国公共行政的思想危机》（亚拉巴马大学出版社，1973）。

济分析中证明为有效的方法。奥斯特罗姆是对的，美国公共行政确实存在危机（尽管不只是出于他所给出的理由），而不幸的是，人们对于他的战斗号召的回应过于微弱。对于各种公共行政理论——隐喻地说——在这本教科书中开辟了专章加以讨论，并为另一个范式即公共选择的范式也提供了专门的空间。例如，公共选择和经济学在先前引述的一本书即雷宾的《公共行政学手册》（*Handbook of Public Administration*）的 13 个部分中也占据有一席之地。① 新的公共选择范式已经被承认，但它还没有使公共行政的研究革命化，公共行政的危机（如果说有危机存在的话）依然如故。

奥斯特罗姆所揭示的公共行政理论的这一重要转变的重要意义还有待发掘。我们可以回想一下他有关公共行政理论的核心组织性概念的观点。正如奥斯特罗姆自己解释的：

> 公共产品理论是这些政治经济学家在概括集体行动和公共行政问题时所运用的核心组织性概念。与之相反的官僚制理论则是传统公共行政理论的核心概念。当把公共产品和服务的供给看成是公共行政的核心问题时，除了扩大和完善官僚制结构之外，还可以有其他提供这些功能的组织形式。官僚制结构是必要的，但对于富有生产力和回应性的公共服务经济而言，它还是不充分的。②

奥斯特罗姆赞成这样一些政治经济学家的研究，他们“(1) 把个人当作基本的分析单位；(2) 运用外部效应、共同财产和公共产品理论来界定与公共行政有关的事物的结构；(3) 分析不同组织或不同决策安排在公共产品和服务产出方面的结果；(4) 根据其产出是否与效率标准相一致来评估这些结果”③。公共行政的“官僚制”或“政府”观点据称妨碍了人们对准无政府主义的安排的重要性给以恰当的关注。例如，在司法部门的行政管理中，它对制度和制度反应直接关注得太多；要理解这一点，可反思这样一个事实的重要性，即：我们并不需要一个制度来强迫人有秩序地排队上车。“政府”的观点留给我们的是对于中间部门即非营利部门的地位的困惑。更为重要的是，它还忽视了私人决策的公共方面。

正如在第 2 章所暗示的，公共行政领域所关心的乃是公共性的供给和需求；粗略地说，公共产品和服务乃是这样一种东西，它只能被集体地消费，而不能单一地被私人消费。萨缪尔森和诺德豪斯界定公共产品是“一种商品，它的好处可以为——某一国家或城镇——所有的人所共享，其所需的代价并不比将它提供给某一个人大。公共产品的好处是不可分的，任何人都有权分享它，谁也不能被排除在 120
外”④。1954 年，萨缪尔森界定公共消费品是这样一种东西，“在每个个体对这一物品的消费不会导致其他个体对它的消费的减少这样一个意义上说，所有的人都可以

① 雷宾、赫尔德里特、米勒编：《公共行政学手册》。

②③ 奥斯特罗姆：《美国公共行政的思想危机》，19 页。

④ 萨缪尔森、诺德豪斯：《经济学》，980～981 页。

共同享用它"[①]。国防是公共消费品或服务的一个常用例子；如果A受到位于明尼苏达州的火箭的保护，那么A对保护性服务的消费并不会减少B对同一服务的消费。另一方面，私人物品或服务就不具备这种特征；在后一情形中，所有的效用对于第一顾客而言是在自然增长。当A消费熟牛排和胡萝卜时，也就会减少B消费A的熟牛排和胡萝卜的可能性。萨缪尔森起初把产品和服务分成两个极端情形的做法在后来得到了修正。实际上，并不存在一个二分的情形，产品和服务的存在总具有不同程度的公共性。甚至一个明显属于私人的物品和服务也都有其公共性。当A吃熟牛排和胡萝卜时，那一产品的公共性的一个方面就是，饥饿并不会驱使A去偷B的熟牛排和胡萝卜。甚至明尼苏达州的火箭发射点也可能具有某种私人性（例如在保护佛罗里达州居民的生命安全方面要胜过保护明尼苏达州的居民）。公共产品概念要比这里所说的复杂得多。纯粹的公共性与纯粹的私人性之间的连续体有四个要件：供给的结合性或可分性、排他性、选择性和对拥挤的敏感性。布坎南用一个立体表格来描述公共产品，其中一个轴表示它们的"不可分性的程度"，另一个轴表示"相互作用的群体的规模"[②]。据说，某家后院的灭蚊喷雾器在也能让邻家后院受益的意义上说乃是不可分的。而且这种不可分性还涉及不可分性的程度；而受益的邻家后院的数目，以及喷雾器的大小及其功能评判则涉及相互作用的群体的规模。

对于公共产品人们可以说很多且已经说了很多，但关键的一点在于：产品或服务的公共性不是组织安排的职能。也就是说，政府生产的物品和服务具有不同程度的公共性，私营企业或公司生产的物品与服务也是如此。**公共性**这个词反映了这样一个事实，即私人物品和服务的生产典型地需要某一类公共产品或某一类公共性的相关生产。例如，私营汽车制造厂商生产的是轿车这样的私人产品；他们也与一系列公共产品和服务相关联着，包括（再一次使用经济学的术语）轿车的外部效应。大卡车的生产商，当石油危机到来时，不会去生产私人产品；他们是公共性的制造形式。因此，当我们说到某一公共产品或服务的供给与需求时，我们所指的不是政府所生产的东西的供给和需求。我们指的是由私营机构和公共机构所生产的物品和服务的公共性的供给和需求。

*121* 看来把公共选择经济学的公共行政部分概括为两个方面是有用的：公共产品的供给和对公共产品的需求。这样就会出现有效的效用，尽管还有困难，如有些要素有可能被归于其中某一类（如相互吹捧）。现在我们要讨论供给的情形，至于需求的方面到本节的末尾再说。在此，重复一下有关浪费的例子的重要结论是有帮助的：根据那一例子，浪费乃是治理结构固有的倾向。政府产出的供给——不是与公共性的供给共同扩张的——乃是公共行政学的某些有意义的公共选择研究的课题。确实，政府的一个特征，就是它有垄断权力，这些权力不可避免地会导致浪费。布雷顿（Breton）提出的代表制政府的模式可以支持这一观点；他分析了执政党是如

① 保罗·萨缪尔森：《公共支出的纯理论》，载《经济与统计评论》，第36期（1954年11月），387～389页。
② 詹姆士·布坎南：《公共财物的供需》（芝加哥，1968），171～190页。

何利用这些垄断权力的。① 另外在前面我们还提到了唐斯、尼斯坎南（Niskanen）、米格和贝朗热的贡献，他们对于“政治事务的循环”做出了扩展性的研究。所有这些研究都把政府看作在理性上倾向于浪费。

政府的这一非经济的特征可能会导致或是强烈反对或是热情赞同的情感反应，因此有必要做出防止误解的说明。确实，政府供给的一个特征，就是政府具有垄断权力，这些垄断权力内在地就倾向于浪费。浪费不仅仅是坏的领导和管理的结果；它也是公共部门的垄断（或市场控制）结构的一种理性倾向。浪费当然可以避免，这就犹如逆水亦可行舟，但这一理性倾向类似于潮流。公共选择的研究强调且“解释”了政府的供给方面的这一特征，但也给出了防止误解的说明，这就是：说政府是浪费的，并不就等于说私营企业不浪费。有关公共部门的这一结论并不等于说权力的垄断和市场的失利在私营部门就不可能或是根本不重要。在某些时候和场合，人们倾向于认为公共企业有浪费而私营企业不会浪费；在另一些时候和场合，人们又会持相反的看法。例如，图洛克在谈到最近人们在公共和私营企业不够完善的问题上的态度转变时说过：“这一认识——私营企业也有不完善的地方，其在市场方面不完善的证据并不意味着人们必须转而求助于政府——是较近时候的认识。”② 上面的两种流行看法似乎都站不住脚。一个更合理的观点认为，事实证明，私营和公共企业都有浪费，至少一定程度的浪费不是偶然的。

公共选择经济学实质上是经济学和相关理论与技术在政治科学研究中的运用。正如《公共选择》（*Public Choice*）杂志在每一期都要强调的，“公共选择处理的是经济学与政治科学之间的交叉地带。当经济学家和政治科学家把本质上属于经济学的方法运用于一般由政治科学家所处理的问题时，公共选择研究也就由之而生了。 122
公共选择研究保留了强烈的经济学方法论的踪迹，但新的和富有成效的技术也已经产生，它们是经济学家所无法认识的”。对于公共选择研究的范围，阿布拉姆斯（Abrams）在讲他的论题覆盖面时用了七个标题进行说明：选择理论的定理、选举、立法、空间模型、博弈理论、联合理论和集体产品。③ 可运用于公共行政学的公共选择经济学部分就属于这一论题范围内。

显然，公共选择丰富了现代主义公共行政理论。经济学理论贡献了自己的一份力量，它们是强大有力的。一方面，经济学理论可以提供一个角度，而这个角度是许多公共行政理论所忽视的。经济学理论本质上是演绎的。相反，公共行政理论本质上是归纳的；它是从特殊推出一般。在此我们不是说理论必须是演绎的，而是说最好是这两种方法都使用。有趣的是，在一个不同方面且出于不同目的，弗朗西斯·培根（Francis Bacon）在他的《新工具论》（*New Organon*）第 1 卷第 95 小节中也采取了相同的思路。培根把最佳的科学研究方法和蜜蜂的工作做比较，认为它们与蜘蛛和蚂蚁的工作方法正好相反：“历来处理科学的人，或是实验家，或是教

---

① 阿尔伯特·布雷顿：《代议制政府的经济理论》（芝加哥，1974）。

② 戈登·图洛克：《公共选择在实践中》。

③ 罗伯特·阿布拉姆斯：《政治分析的基础：集体选择理论导论》（纽约，1980）。

条者。实验家像蚂蚁，只会采集和使用；推论家像蜘蛛，只凭自己的材料来织成丝网。而蜜蜂却是采取中道，它在庭园里和田野里从花朵中采集材料，而用自己的能力加以变换和消化。”①

公共选择经济学也丰富了现代主义的公共行政理论，因为经济学的理论化典型地是在更一般或更抽象的层面进行运作。经济理论可运用于预测通用汽车和艾尔杂货店的效益，但宏观经济学理论的语言典型地依据的是诸如劳动力供给、货币供给、就业水平、国民生产总值、薪资平衡等概念。另外，经济学还发展了一套完备的理论体系，可以为我们所用；维斯顿（Wisdom）甚至说：“经济学以拥有成熟的理论而闻名，且是在假设—演绎的意义上的。”② 和买成品衣服一样，我们需要做的仅仅是些微的修改。正如亚历克·凯恩克罗斯（Alec Cairncross）所说：“在经济学中，常常是用最基本的、我们全都认可的命题来达成实际的目的。”③ 凯恩克罗斯赞同地引述莱昂内尔·罗宾斯（Lionel Robbins）的话说：“最有用的经济原则，当以其最一般的形式被表述时，常常显得平淡无奇，近似于它们在激烈争论后出现的一种反高潮。不过经验表明，没有对这一平淡无奇的运用的系统训练，最敏锐的思想也会误入歧途。”④

公共选择文献的效用是有些人所关心的一个问题。这种关心，尽管可以理解，但找错了地方。总的来说，公共选择是一个变幻多端的论题。正如图洛克指出的，从《国富论》（*Wealth of Nations*）出版到亚当·斯密的基本思想开始发挥影响，
123 整整相隔了50年。⑤ 公共选择研究的潜力是显而易见的（如在对政府供给方面和需求方面的条件的研究中）。不过，公共选择具有强大的理论倾向，其对实践者的影响还很小。第一部论述公共选择的著作是《同意的微积分》（*The Calculus of Consent*）⑥，据说提出了重要的政策建议，而图洛克却说：“如果……我们看一下政府的政策具体的实际变化——可归功于公共选择活动——我认为我们就会发现那里其实什么也没有发生。”⑦（我不知道他的观点是否到今天还未改变）在1979年的一篇论文中，图洛克还说到两次可能源自公共选择活动的变化：承认政府也是有欠缺的（亦即和私营企业一样），认识到自私在官僚和政客当中的位置。费奥里纳（Fiorina）怀疑后一说法。⑧ 在费奥里纳表示怀疑的同一出版物中——这是罗素（Russell）编辑的一本研究文集——包括有这样的标题：“超理性与教育税投票”“国家环境民间保护团体与集体行动明显的非逻辑”“建构公共产品的非中心化决策的实

---

① 弗朗西斯·培根：《新大西洋及其相关作品》（纽约，1960），93页。

② 约翰·维斯顿：《社会科学的哲学：元科学的导论》（阿尔德肖特，1986）。

③ 亚历克·凯恩克罗斯：《理查·艾利的演讲》，载《美国经济评论》，第75卷，1页，1985（2）。

④ 亚历克·凯恩克罗斯：《经济管理论文集》（伦敦，1971），引自亚历克·凯恩克罗斯：《理查·艾利的演讲》，1页。

⑤ 图洛克：《公共选择在实践中》。

⑥ 詹姆士·布坎南、戈登·图洛克：《同意的微积分》（安妮·阿尔布尔，1962）。

⑦ 图洛克：《公共选择在实践中》。

⑧ 莫里斯·费奥里纳：《评论》，见：《集体决策》，罗素编。

践方面”“复审法庭的资源配置复审角色”。这些标题说的都是公共选择实践的实例。[①]

然而，随着公共选择经济学的发展，其本质的问题也出现了。在贸易杂志《公共选择》显示出的数学偏好隔断了这一论题与那些对论题的扩展具有实质贡献的东西的联系。杂志的每一期都有这样一句话：“一般地，可以把《公共选择》看作经济学家和政治科学家都感兴趣的领域，他们感兴趣的是理论的严格性、统计的可检验性、对现实的世界问题的可运用性。”这一表述再一次让我们想起历史学家古斯塔夫·凡·施姆勒与新古典主义者卡尔·门格（Carl Menger）之间古老的“丧失”之战。不过，这次论战还没有介入公共选择领域，如果公共行政学家和其他人对公共选择理论采取更多肯定、更少防御性的态度，那将是有帮助的。经济学和公共选择不是数学的分支；恰当地说，数理经济学是经济学的分支。

文森特·奥斯特罗姆对主流公共行政范式的批评就其本身而言是令人信服的。奥斯特罗姆正确地指出，专注于组织激励了一种倾向，就是只考虑那一等式的供给方面。他正确地认为，在缺乏顾客利益的情形下，谈论所谓的生产者的效率没有任何经济的意义；完善供给的安排也没有任何意义，除非人们知道如何把供给和需求最优化。如果在某一特殊的市场结构中，所需求的更多的是鱼，那么，改善已有的安排去大量销售熟牛排和胡萝卜就没有任何意义；类似地，在不知道公共需求的总体结构的情况下，专一地只关注完善组织安排以供给某一特殊的政府产品是不会有成效的。例如，除非我们认识了具体的需求，否则，建设更多更好的高速路这样的产出就是不值得的。

一个有限制的困难就在于，我们根本就不清楚，究竟该如何衡量人们对公共服 124
务的需求。许多公共选择经济学关心的是公共产品的需求——以及对揭示人们的公共产品偏向的方法的考察。这些考察强调和明确了那些困难。对私人产品的有效需求就反映在人们为购买他们所需的产品愿意和能够支付的货币总量中；市场是衡量需求的方法。由于任何市场都不可避免地存在不完善的地方（尽管没有更深层的理由），因而声称在私营部门中根本不存在所揭示的需求问题，这是极其肤浅的。可以说，在非市场的部门，问题要严重得多。引申来说，通过定期投票选举代表，我们在自己的间接民主制中揭示的是我们对某一特殊的公共产品（或者说某一特殊的替代政策）的需求的本质和力度。候选人面对着形形色色的结果，投票不是由某一个结果决定的；在两次选举期间，结果会发生变化，出现新的结果；并且通常，选举的激烈程度是无法计量的。看一下最后一点。在市场中，对于胡萝卜的买卖，我们不只是投赞成票或反对票；相反，我们选择什么，其强度是由我们准备付出的货币量来显示的。在政治竞技场中，49%的投票者（其情感强度是其余投票者的两倍）会输给那51%。看一下某些非理性的投票人。一个人可能希望政府提供更多的服务（如帮助无家可归的人或帮助军工企业），征更少的税（如13条或削减税收），

① 罗素编：《集体决策》。

政府不要负债或有赤字（如平衡预算救济金）。

即便是投票人是理性的，不同的统计个人偏好的规则还是会产生不同的结果。一个孔多塞计票法的获胜者（Condorcet winner，其所选择的结果或候选人是在双轮选举中以多数原则击败其对手的）不一定就是波尔达计票法的获胜者（Borda winner，其所选择的结果或候选人是得票最多的，即有 n 个候选人被每个投票者依据偏爱程度依次排列，第一名的候选人获得 n 票，第二名次之，第三名再次之，等等），也不一定就是多票当选的获胜者（所选择的候选人获得了最多的票数），等等。当然，其他的拉票办法也会增加票数统计的困难，包括“以脚投票”（voting with the feet，如跑到郊区去拉选票）、捐款（如以竞选捐款的形式拉票）、街头抗议［如反对堕胎（pro-life）或赞成堕胎（pro-choice）］、革命（如 19 世纪和 20 世纪初的墨西哥）。还要考察新需求的表达方式。例如，汤普逊（Thompson）设计了一个方案，个人可通过买保险来预防得票最少的候选人获胜，以此来表达他们的需求。①

事实上，根本就不存在一个理想的表达需求的体系。读者可再次参照阿罗的一般或然性定理所提出的观点，即根本不存在一个统计机制（通过统计个人的偏好来
125 形成社会决策）能保证满足甚至站不住脚的、有关那一统计过程的假设。② 正如萨缪尔森和诺德豪斯所评论的：“换句话说，根本就提不出一个选举方案——阿罗也证明不可能找到这样一个方案——能保证多数投票是一致的，且可以把社会引向其最理想的目标。”③

公共选择和经济学确实——不同于公共行政理论——是社会地建构的。正如纳尔逊（Nelson）指出的：“经济学的定义不是一成不变的。一个正在工作的经济学家当然会认为自己的工作是一个古老的、尽可能接近真理的过程。然而，经济学是社会地建构的，这一观念对于对方法论或科学哲学感兴趣的人或听说过托马斯·库恩的人而言并不新奇。”④ 换一种说法不也是如此吗？公共行政理论是社会地建构的，同样的有说服力的观点也可运用于经济学。

公共行政实践和经济实践似乎有着极大的相似性。两者都对支付和实践的结果有着异乎寻常的兴趣。从公共行政实践的角度看，一个人总是希望政府能产生更好的结果，希望能有一个更好的政府，希望政府的处事对他更有利一些。从经济实践的角度看，一个人总是希望一个更富有的世界，一个更富有的国家，一个更富有的工厂，一个更富有的自我。不过，主流经济理论看起来与公共行政理论非常不同。它所使用的方法通常是演绎的、数学化的、高度抽象的。维斯顿指出，经济理论取得成功（因而具有特色）的一个因素就是，它以“运动着的‘自然单位’——货币

---

① 汤普森：《帕累托式的优化群体决策过程》，见：《论非市场决策》，图洛克编（弗吉尼亚大学，1966），133～140 页。

② 阿罗：《社会选择与个人价值》。

③ 萨缪尔森、诺德豪斯：《经济学》，768 页。

④ 朱丽叶·纳尔逊：《性别、隐喻与经济学的定义》，载《经济学与哲学》，第 8 卷，107 页，1992（1）。

单位”进行运作。[①] 这一观点是正确的。不过，如果说经济理论主要地不是由19世纪的一帮英国绅士创立的——这些绅士不仅有哲学倾向，而且对“经商”有着一种亚文化的反感，对经济学采取了一种不干涉的研究——那它会不会是别的样子？同样，如果公共行政学科不是由这样的思想家率先发明的——他们对公务员改革这类强行的特殊补救措施深信不疑——那公共行政理论会不会是别的样子？不考虑这些历史的偶然性，制度经济学或其他形式的经济学现在会不会成为主流的经济学？这些提问不是对某一种偏爱的证明；它们仅仅强调的是经济学和公共行政学是社会地构成的。换一种情境，公共行政理论会不会以演绎的方法为主，经济理论会不会以经验的和归纳的方法为主——可首先看一看通用汽车和艾尔杂货店？当前的情形会正好相反吗？经济分析会看起来更像是德国历史经济学派的研究吗？

把经济学看作社会地建构的，这一观点有可能与许多主流的、正在从事研究的经济学家的观点相冲突，尽管有关经济哲学的文献越来越多。纳尔逊也告诉我们说：

> 经济学家所钟爱的一种消遣方式就是倾销，漫无头绪的表达，或是嘲笑其他社会科学缺乏“严密性”。把某种工作归类放入“社会学”是尤其快捷和可靠的打发它的方式，这样就可以把它从经济学家的严肃对话领域清除出去。社会科学之间的这一等级关系在学术文化内部的杂志排名中体现得尤其明显：某篇文章在经济学的刊物上发表，就被认为是对社会学家或政治科学家的一次胜利，但若是在政治科学或社会学的刊物上发表一篇经济学家的东西（或在社会学的刊物上发表一篇政治科学家的东西），则根本算不上是专业的进步。甚至被认为是一种尴尬。[②] 126

经济学常常被认为是比大多数其他社会科学更成功的科学，这一成功强化了它的欲望，使得它甚至想成为和最成功的自然科学一样的东西。凡是存在这种态度的地方，经济学就被认为是一种实证主义的科学。

探讨经济学的问题和地位不是本书的任务。不过，为什么经济学——作为一门现代主义的社会科学——在对待所出现的一系列矛盾的问题上与现代主义的公共行政理论有着不同的期待，这一点并不明确。为什么在这个方面其他社会科学或社会活动的学科不会面临同样的困难，这一点我们也不清楚。例如，现代主义不应包括经济科学那样的价值陈述；不过，经济学的问题在某些方面也要求助于价值思考。正如芝加哥学派的创始人奈特所说的：“经济学和伦理学之间有着自然的、相当紧密的关系，因为两者都被认为处理的是价值问题。”[③] 奈特的目标之一，正如他接下来解释的，就是要反驳“来自这样一个假设的观点，即认为人类的需要是客观的

---

① 维斯顿：《社会科学的哲学》，第1卷，129页。

② 纳尔逊：《性别、隐喻与经济学的定义》，109页。

③ 弗兰克·奈特：《伦理学与经济学的阐释》，载《经济学季刊》，第36卷（1922），454～481页；收录于《竞争的伦理学及其他》，密尔顿·弗雷德曼、荷马·琼斯、乔治·斯蒂格勒、艾伦·瓦利斯编（自由港，1935）。

和可度量的，这些需要的满足乃是价值的本质和尺度，而依据这一假设可进而把伦理学还原为一种光荣的经济学”①。

对于公共行政理论而言，这些理性化的手段——与经济学和公共选择的路线相重叠——为其进一步的发展提供了机会。不过，这每一个手段似乎也会导致本章所讨论过的矛盾和阻碍。也有可能出现其他的矛盾，那就是来自现代主义经济学的本质的矛盾。在公共行政理论利用经济理论的意义上说，可以想见，它会不断遇到经济理论本身所存在的一般矛盾。

## 7.5 概 要

企业主或自由企业的资本主义精神当被移植到公共部门的时候，就会导致矛盾。这一局限部分地来自这样一个事实，即资本主义或自由市场的企业不等于单
127 纯的私利追求。后者代表着资本主义的自私，但不限于资本主义制度。另一方面，自由企业对利润的追求是理性主义的。在公共服务中，企业主——没有资本主义的理性化制度——最终必将失败。资本主义（或市场）制度是企业主发挥有效职能的必要组成部分。自私的力量可以刺激公共服务，但结果并非最优的社会福利。

有关合法动机和组织的矛盾假设支配着公共和私营部门。公共官僚应当的动机就是为公共利益服务，私营部门企业主应当的动机就是私利。组织复制典型地被认为是公共部门中根本的恶；资本主义组织的基本原则就是竞争（只有通过组织复制才有可能）。例外是存在的，本章对此有所讨论。

要想使公共部门的体系尽量地适应资本主义（或市场）体系，可通过民营化和政府内部的组织竞争。民营化和政府内部的竞争可产生效益，但这两种手段都会导致矛盾。在这个方面，民营化可能是有效率的，但也可能是无效率的，因为主流经济理论不拥护所有形式的竞争。进而，正如完全的无政府主义不会导致最优化的结果一样，完全的民营化也不会是官僚制问题的可行解决方式。由于通过政府内部的竞争性重构最有可能达成的最终结果就是垄断，因而不要期待有最优化的结果。

公共选择经济学已经为公共行政提供了有益的成果。尤其重要的是奥斯特罗姆的观点，即完善供给的安排没有什么意义，除非人们知道如何使供给和需求的关系最优化。有关政府浪费的结论也是有帮助的，但更多的时候是从公共选择分析中获得的。例如，它给了我们一个机会，依据公共性的供给和需求来重新定义公共行政的研究，在那里，某一产品的公共性不是组织安排的职能。公共选择经济学增加了演绎的成分，并是在更高的普遍性层面运作；从这些性质中，公共行政理论的其他

① 弗兰克·奈特：《竞争的伦理学》，载《经济学季刊》，第37卷（1923），579页；收录于《竞争的伦理学及其他》，弗雷德曼等编，41页。

分支有望获益。通过公共部门和私营部门的比较研究，可以对公共部门有更多的了解。这一章讨论了其中的几点（如对动机和基本的组织化差异的论述）。不过，对于公共行政理论而言，公共选择的路线也会导致矛盾，这一矛盾就源自现代主义经济学的本质。

# 第 8 章

# 现代性：解释学的局限

128 在生活世界中要实现理解，就需要一个横跨整个知识领域而不仅仅是科学和技术成果的文化传统。

——哈贝马斯①

他所降生的世界的形式已经作为一个虚拟的意象遗传给了他。

——荣格②

现代主义公共行政学对意义的探究，可以说，已经产生了许多重要的成果。一方面，对意义的理性追求（以及不择手段地对理性的意义的寻求）是有益的。现代主义公共行政学的意义追求是根基于理性。当然，说公共行政的实践具有艺术的成分——在同样的意义上说，医生和网球运动员也是艺术家——这没什么错。不过，行政管理者—艺术家在选择行动或选择不行动时所依据的知识体系（同医生和网球运动员一样）不可能是非理性的。另一方面，如果认为理性的基础正在遭受侵蚀，并且如果——如同现代主义者所说的——认定认识应当有一个坚实的认识论基础，那这一理性的追求就会遇到矛盾。这就是：一方面我们要依赖于理性，而另一方面我们又认为这一理性本身已经被动摇了。

① 尤尔根·哈贝马斯：《哲学作为身临其境者和阐释者》，见：《哲学之后：终结还是转型?》，肯尼思·巴恩斯、詹姆士·波曼、托马斯·麦卡锡编（剑桥，1987），313 页。

② 卡尔·荣格：《分析心理学的两篇论文》，见：《选集》，第 7 卷（纽约，1953），188 页。

在这一章，我们将集中考察一个传统（心理学的传统），这一传统与主体的非中心化有关，与这种理性的瓦解有关。

进而，如果说特殊的阐释总要向着更新、更完善的可能阐释开放，那就会出现盲点。存在一种“正确”的阐释吗？有的作者居然想找到文本的正确意义。阐释有许多种吗？或者说有无数多吗？有人认为意义的发现是无止境的；在他们看来，最终的意义是不可能达到的。脱离了被阐释的文本，意义还能存在吗？另有一些人，如后现代主义者，认为意义不过是符号的相互游戏。如果那被赋予特权的阐释并不能在科学方法必定产生可靠信息这样一个意义上获得确信，那么，阐释的效用必定会大打折扣。

现代主义公共行政学中的解释学研究的特征是什么？对于用于研究公共行政的 129
现代主义解释学方法（以及科学方法）的理性的局限，我们应该怎么看？这一章就是围绕这些问题来展开的，但必须先做出四点说明以防引起人们的误解。

首先，“解释学”这个术语在此是在广义上使用的；它包括所有形式的具有解释学因素的作品。正如哈贝马斯所看到的，批判理论既要求“自上”的解释性理解，又要求“自下”的经验因素研究；它要求理论与经验分析相结合，要求——用麦卡锡（McCarthy）的话说——“解释学和结构主义的分析与系统论和功能的分析”相结合。[①] 对于解释学的本质和目标，存在着各种各样的学派和观点，对于解释学这一标签，也存在各种各样的用法（或是否认这一标签）。其次，本章的兴趣点在于现代主义解释学，尽管像德里达和伽达默尔这样的作者也会作为例子被提及。再次，有人假定意义就隐藏在文本之中，隐藏在情境之中，意义等待着人们去揭示。而伽达默尔和德里达（他们的目标是哲学）这些人不相信文本具有呈现在他们面前的意义。那些假定意义在场的人的立场类似于那确信真相实际上就隐藏在表象之下、真正潜在的“秘密”就隐藏在表面内容之下的精神分析家和被分析者的立场。最后，对这些混杂不一的作者和运动分门别类地加以评述将面临着各种陷阱。我们把公共行政学的作者们算在现代主义的家族。不过，正如下面各章将更明确地阐述的，对于现代与后现代写作的区分，是充满歧见的。例如，德里达就拒绝描述“后现代”，而伽达默尔也被描述为是一个后现代主义者。[②]

## 8.1 公共行政学对意义的探求

现代主义公共行政学的解释学研究具有什么特征？我们可以把那些对公共行政理论的解释学研究做出贡献的人划分为三大类：解释学 1（H1），解释学 2（H2），解释学 3（H3）。必须记住**解释学**这个词是在其最广泛的意义上使用的。

---

① 托马斯·麦卡锡：哈贝马斯《交往行动理论》的译者导言，28 页。

② 例如，参见麦迪逊：《后现代性的解释学：人物与主题》。这些问题的复杂性从一个事实可以看出：有人认为，反基础主义是西方哲学自早期以来一直的主要论题。例如，参见汤姆·罗克摩尔、贝思·辛格：《反基础主义的过去与现在》（费城，1992）。

之所以对解释学做这些分类是基于描述的目的，这一特殊分类体系的使用并没有什么特别大的意义。你也可以选择别的分类框架。例如依照行为理论与阐释方式来进行划分，又如那些认为意义存在多个层次的人可能希望依照所寻求的层次来划分。例如，某个作者可能针对的是表层（或临近表层）的意义；沃尔多在《行政国家》中的研究可能就属于这一亚范畴。（在下面，我们把这本书划归 H2 一类。）对
130 应地，某个作者有可能把目标对准更深层的意义。登哈特的《在组织的阴影中》（*In the Shadow of Organization*）就是一个例子。[①] 登哈特把组织描述为是否定死亡的一种文化象征。例如他写道，在诸如以无意识的选择来应对我们对死亡的恐惧这样的事情中，我们就是选择接受组织的主宰，因而我们需要（在登哈特看来）批判理论的帮助来使自己逃脱这种主宰。

第一组即 H1 对于公共行政传统的局外人而言可能有点特别。H1 代表着这样一类思想家的贡献，他们没有意识到他们就是公共行政理论家，包括那些不承认自己的研究属于公共行政学科范围的人。因而，诸如尤尔根·哈贝马斯、西奥多·阿多诺、马克斯·霍克海默、米歇尔·福柯和格奥尔格·黑格尔这样的思想家[②]都可以“被收编”作为公共行政学科的一员。公共行政学科有一个优秀的传统，这就是把那些不承认自己属于公共行政学科一员的人看作公共行政学家。弗雷德里克·文斯罗·泰勒、玛丽·帕克·弗里特、切斯特·巴纳德都属于被收编的著名管理思想家。正是基于这一倾向，人们时常在有自我意识的公共行政学和没有自我意识的公共行政学之间加以区分。例如，像沃尔多这样的思想家写作了公共行政学的著作，且知道他所写的就是公共行政学；可像福柯这样的思想家对所谓牧羊人的权力也有所论述（亦即是对公共行政学的论述），可他认为自己所谈的是治理，而不是要为公共行政理论发表什么高见。

第二类即 H2 包括那些有自我意识的公共行政思想家，他们曾经从事或现在正在从事政治的、解释的或批判的分析，但又不承认自己属于某一解释学的传统。有许多与公共行政和重大的政治问题有关的政治著作都属于这一范畴。这类政治分析的一个例子就是阿普尔比（Appleby）的《大民主》（*Big Democracy*）。[③] 阿普尔比

---

① 罗伯特·登哈特：《在组织的阴影中》（劳伦斯，1981）。参见克雷默与登哈特有关这本书的论战：罗伯特·克雷默：《在死亡的阴影中：罗伯特·登哈特的组织生活理论》，载《行政与社会》，第 21 卷，357～379 页，1989（3）；罗伯特·登哈特：《超越阴影》，载《行政与社会》，第 21 卷，380～383 页，1989（3）。对死亡的抵抗被认为就是在这个层面进行的分析。有人既对有关“行政作为仪式”的评论进行了分类，也对有关“行政‘不仅要特别关注经济和心理层面，而且要关注人类生物学的相关方面’”的评论——前一关注从分析的层面来说属于中间的位置，后一关注则对行政研究十分有用——进行了分类。对于前者，参见查尔斯·古德塞尔：《行政作为仪式》，载《公共行政评论》，第 49 卷，161～166 页，1989（2）。对于后者，参见艾里奥特·怀特、约瑟夫·罗斯科：《生物学与官僚制：从进化论、遗传学和神经生物学的角度看公共行政与公共政策》（兰哈姆，1986）。怀特和罗斯科在前言中以古立克的话开始：“新公共行政，作为一个知识领域和运作领域，现在不仅需要特别地关注经济学和生物学，而且要关注人类生物学的相关方面。”

② 有关黑格尔的官僚制思想，参见杰克逊：《黑格尔政治理论中的官僚制》，载《行政与社会》，第 18 卷，139～157 页，1986（2）。例如，杰克逊提出自己的观点说（148 页），韦伯“对官僚制的标准已经提出了一个十条。这十条中有七条与黑格尔的观点正好相反”。

③ 阿普尔比：《大民主》。

著文讨论了公共与私营部门之间的差异，还讨论了他对官僚制的政治控制——尽管部门臃肿——所持的乐观主义态度。有可能，属于 H2 类的大多数思想家都意识到他们所从事的并非科学研究，尽管他们认为自己不属于某一特殊的解释学传统。其中一个例子就是哈伦·克利夫兰（Harlan Cleveland）所写的那类解释性著作，他证明说，既不要把公共行政看作科学，也不要把它看作理性主义的东西，而是应把它看作“仅仅是智慧”[1]。在他所支持的那些公共行政学当中，20 世纪 90 年代的公共行政学是“建立创造性的相互联系的艺术”，他还说，“尤其是，我们切切要抛弃这样一种观念，即把政治和行政这两种人类活动都视作是科学”[2]。

典型的从事解释性或批判性研究的公共行政学家，正如怀特指出的，都属于这样一种人，他们撰写的是：个案研究，行为研究计划的报告，描述性的历史，行政 131
经验的描述，哲学分析，政治理论和社会批判。[3] 怀特的这篇文章乃是对罗伯特·克利里（Robert Cleary）和霍华德·麦克库尔德的主张的回应，后两人认为公共行政的学术研究工作是不充分的，因为它没有“提供社会科学中通常用来界定详尽的和系统的研究标准”[4]。这些标准包括目标、有效性、可验证性、因果律、论题的重要性和切入点的重要性：换句话说，可靠的因果研究。怀特的回应是，这些标准体现了对充足研究的一种不正当的狭隘认识。他支持的是一种承认阐释和批评的知识理论：“我的结论是一种知识理论，其用途应比主流社会科学的用途更广，且更能代表 80 多年来作为公共行政学的组成部分的各类研究。”[5] 他以沃尔多的《行政国家》作为这类著作的例证，认为它给我们贡献了公共行政学的知识，但按照克利里和麦克库尔德的因果律、可验证性和有效性等标准，它根本算不了什么。而通过阐释和批评，怀特提出，我们在其中“发现了大量重要的公共行政知识”[6]。

应当强调 H2 类研究的重要性。据说解释学的重新理论化时常是改变学科方向的重要因素。看一下新公共行政作为一种解释学——作为 H2 类的一员——的研究。它对组织的本质以及公共机构内部的个体的作用提供了一种阐释，一种阅读或误读。新公共行政——基本上是 20 世纪 60 年代美国国内动荡的结果——是一种反建设的运动。例如，价值、平等、变革和参与等在官僚制中的作用乃是它所强调的重点。新公共行政的理论化尤其偏爱非中心化、委托人和雇员的参与、更大的责任心、平等而不是效率、非官僚制的组织形式、社会价值的理解、在官僚制的生产中变换代理人以便使公共行政反应更灵敏。这种重新理论化导致了行政试验的出现，比如让公民参与到政府官僚制的正式结构（例如模范城市计划）和规划管理（例如给委托人带来福利的福利计划活动）中这样的动议。其实，黑堡宣言所提出的思想

---

①② 哈伦·克利夫兰：《新革命种种：牛顿之后 300 年科学的社会后果》，载《公共行政评论》，第 48 卷，685 页，1988（3）。

③ 杰伊·怀特：《论公共行政学的理论发展》，载《公共行政评论》，第 46 卷，15～24 页，1986（1）。

④ 霍华德·麦克库尔德、罗伯特·克利里：《呼吁合适的方法》，载《公共行政评论》，第 44 卷，553～554 页，1984（6）。

⑤ 怀特：《论公共行政学的理论发展》，15 页。

⑥ 同上，22 页。

就已经隐含了类似的意向，瓦姆斯利（Wamsley）把这套思想描述为是“具有制度基础的明诺布鲁克 1”①。这些思想包括承认参与在公共行政（或公共官僚制）和公共行政者的治理过程中的作用。②

有一种说法认为，公共行政研究发展的动力实际上就是解释学，是对意义的再阅读和对意义的寻求；根据这一观点，从事因果研究的科学可以说是小菜一碟。可以证明，公共行政学科之所以能够发展，就因为对其基本概念的不断重新阐释（也就是说，是因为一个不自觉的解释学方面）。这一方面包括重新阐释，这正是科学
132 发展的一部分。那些认为自己是在从事科学研究的人，其实已经对公共行政的实践进行了重读。

可以看一下决策理论。在试图为行政科学确立基础的过程中，西蒙对决策的本质给出了一些重要的“解释学”规定。首先，他规定了分析的中心。其次，他以一种特殊的方式界定了决策的本质。林德布罗姆则给出了一个不同的理解。有关决策的作用和本质的这些重读决定性地构建了公共行政的研究。再看一下系统论。系统论的拓展者对组织作了不同于新古典主义组织理论的全新解释。这一阅读或阐释对“组织”给出了一个全新的理解和意义；它改变了我们看待组织的方式。

H3 类主要指这样一些公共行政学家，他们的著作包括（至少是部分地包括）一种自觉的解释学意识。这一类又有两个分支：阐释的和批判的。阐释性的分析意在阐明意义，批判性的分析意在进一步指出社会和公共行政实践的压制性方面（如受压抑的意义）。当然，这两种亚种类之间的边界并非总是一清二楚，有的作者(比如登哈特——依据怀特的看法③）的论著就跨越了两者。不过，这么说不是要弱化这一区别的重要性。阐释的目标在于理解；批判理论则是想使人获得解放，阐释是这一过程的一部分。

杰伊·怀特给出了公共行政理论家提供的三个“独特的和有力的组织理论”的范例。④ 这就是批判理论、解释理论和行动理论。登哈特⑤和邓恩（Dunn）与弗佐尼（Fozouni）⑥ 属于批判理论家的范例。赫梅尔（Hummel）⑦ 属于解释理论家的范例。卡特恩（Catron）⑧、哈蒙⑨和（正如他所说的）他自己⑩属于行动理论家的

① 瓦姆斯利等编：《重建公共行政》，20 页。

② 同上，47～48 页。

③ 杰伊·怀特：《答迈克尔·哈蒙》，载《公共行政评论》，第 49 卷，1989（2）。

④ 同上，150 页。

⑤ 罗伯特·登哈特：《走向一种批判的公共组织理论》，载《公共行政评论》，第 41 卷，628～635 页，1981（6）。

⑥ 威廉·邓恩、巴赫曼·弗佐尼：《走向一种批判的行政理论》（贝弗利·西尔斯，1976）。

⑦ 拉尔夫·赫梅尔：《官僚经验》，第 3 版（纽约，1987）。

⑧ 卡特恩、迈克尔·哈蒙：《行动理论在实践中：走向一种没有阴谋的理论》，载《公共行政评论》，第 41 卷，535～541 页，1981（5）。

⑨ 迈克尔·哈蒙：《公共行政的行动理论》（纽约，1981）。

⑩ 杰伊·怀特：《行动理论与文学阐释》，载《行政与社会》，第 19 卷（1987），346～366 页。

范例。更早些时候，怀特除给出这些名字外还给出了另外的一些名字。[1] 其中有登哈特[2]、戴蒙德（Diamond）[3]、舍恩[4]和阿吉里斯（Argyris）[5]。

《行政与社会》（*Administration and Society*）和《行政理论与实践》（*Administrative Theory and Praxis*）这两份杂志是 H3 一类的论文的重要阵地。前者的典范有阿瑟·费尔特（Arthur Felt）、安妮-玛丽·里佐（Anne-Marie Rizzo）和多洛雷斯·布罗斯南（Dolores Brosnan）以及杰伊·怀特。费尔特采纳哈贝马斯的交往能力的概念来分析组织交往的失败。[6] 里佐和布罗斯南认为自己是在哈贝马斯的批判理论视角和福里斯特（Forester）的交往变形类型学（typology of communication distortion）的基础上来"分析宏观世界中作为交往机能障碍之征兆的性倒错"[7]。怀特则是依据行动理论和文学阐释来说明行政。[8]

对于公共行政中阐释性研究和批判性研究的运用，可从迈克尔·哈蒙和罗伯特·登哈特这两位公共行政作家的观点来加以考察。迈克尔·哈蒙——尤其与行动理论联系在一起——在他的《公共行政的组织理论》（和一个同事合写的）一书中 133
给出了一个角度。[9] 这一角度可通过考察 1990 年发行的《公共行政季刊》（*Public Administration Quarterly*）上由拉尔夫·赫梅尔介绍的应用现象学加以补充。[10] 罗伯特·登哈特则在他的《公共组织诸理论》（*Theories of Public Organization*）一书中给出了一个视角。[11]

哈蒙谈到了两位对阐释理论有贡献的公共行政理论家：他自己（因为他的《公共行政的行动理论》）和拉尔夫·赫梅尔［因为他的《官僚经验》（*The Bureaucratic Experience*）］。登哈特也谈到了哈蒙，他说哈蒙的《公共行政的行动理论》是"现象学在公共行政领域最通俗的运用"[12]。至于批判理论，哈蒙提到了罗伯特·登哈特[13]和约翰·福里斯特[14]的著作，还评论了管理人道主义者如阿吉里斯和麦克格雷戈尔（McGregor）的著作。他还引述凯瑟琳·登哈特、威廉·邓恩和巴赫曼·

---

① 怀特：《论公共行政学的理论发展》，15～24 页。

② 登哈特：《公共组织诸理论》。

③ 迈克尔·戴蒙德：《官僚制作为外部化的自我体系：从心理学的内部看》，载《行政与社会》，第 16 卷（1984 年 8 月），195～214 页。

④ 唐纳德·舍恩：《反思的实践者》（纽约，1983）。

⑤ 克里斯·阿吉里斯、唐纳德·舍恩：《组织学习》（雷丁，1978）。

⑥ 阿瑟·费尔特：《组织交往：一个批判的视角》，载《行政与社会》，第 23 卷，495～513 页，1992（4）。

⑦ 安妮-玛丽·里佐、多洛雷斯·布罗斯南：《批判理论与交往障碍：性倒错行为研究》，载《行政与社会》，第 22 卷，66～85 页，1990（1）。

⑧ 怀特：《行动理论与文学阐释》。

⑨ 哈蒙、迈耶尔：《公共行政的组织理论》。

⑩ 《公共行政季刊》，第 14 卷，1990（1）。

⑪ 登哈特：《公共组织诸理论》。

⑫ 同上，163 页。

⑬ 例如，参见罗伯特·登哈特：《走向一种批判的公共组织理论》，628～635 页。

⑭ 约翰·福里斯特：《批判理论与组织分析》，见：《超越管理方法：社会研究的策略》，伽里特·摩根编（贝夫利·西尔斯，1983）。

弗佐尼、拉尔夫·赫梅尔的作品。[1] 罗伯特·登哈特评论说，“极少有人明确地尝试把批判的分析运用于公共组织研究”[2]，但他特别地提及了邓恩和弗佐尼[3]、赫梅尔[4]、阿吉里斯和舍恩[5]，以及他自己的著作[6]。

哈蒙在《公共行政的行动理论》中把自己的论点归纳为18个命题。下面选录其中的几条，完整的列举和描述可参见哈蒙这本书的前言和全书。[7]

> 3. 社会理论中首要的分析单位应当是面对面的情境（或相遇）……
>
> 6. 社会科学中的描述和解释应首先关心行动这一概念，因为它引起人们对其行动的日常意义给以关注……
>
> 9. 规范理论的发展之于公共行政的首要价值在于相互性……
>
> 11. ……决策规则和与之相关联的制度的作用是组织“结构”首要的构成要素。公共组织的决策有五种规则可以使用：等级制（单方面的决策）、讨价还价或市场规则、选举、合同和普遍同意……
>
> 14. 行动研究所暗示的对古典的责任观的批评表明，负责任的行政行为，即个人责任，具有一种替代性的和规范的优先意义。
>
> 15. 反应迟钝的行政行为根源于那使人们否认或完全不理解个人对其行为负有责任的认知过程。这些过程构成了物化的难题。[8]

哈蒙相信，他的命题所构成的行动理论提供了（正如他在第18个命题中指出的）“一个框架，在那里，‘应用’理论和行政实践可得到发展和批判性的评价”。

134 拉尔夫·赫梅尔的《官僚经验》首版于1976年。正如赫梅尔所指出的，它“源自于对现代组织生活的孤独的对抗，其意图不单是展示引发对官僚时代不满的基本现实”[9]。赫梅尔解释说，在第二版对核心的章节进行了修订，吸收了别的作者的研究成果，并提出要建立一个“相互支持的研究者网络，其名称可继续使用‘应用现象学学会’”。[10]

赫梅尔是这样来概述《官僚经验》的框架的：

> 首先，官僚制——不论是公共的还是私营的——是组织社会生活的一个全新方式。它继承了社会的一切，如同社会继承了共同体的一切。其次，官僚制——这是我们置身于其中的世界——与社会——这是我们生存于其中的世界——有着五个方面的不同：(1) 社会上；(2) 文化上；(3) 心理上；(4) 语

---

① 罗伯特·登哈特、凯瑟琳·登哈特：《公共行政与统治批判》，载《行政与社会》，第11卷，107～120页，1979 (2)；邓恩、弗佐尼：《走向一种批判的行政理论》；赫梅尔：《官僚经验》。

② 登哈特：《公共组织诸理论》，171页。

③ 邓恩、弗佐尼：《走向一种批判的行政理论》。

④ 赫梅尔：《官僚经验》。

⑤ 阿吉里斯、舍恩：《组织学习：一种行动理论的角度》。

⑥ 登哈特：《在组织的阴影中》。

⑦ 哈蒙：《公共行政的行动理论》，4～7页及别处。

⑧ 同上，4～7页。

⑨⑩ 赫梅尔：《官僚经验》，前言，8页。

> 言上；(5) 政治权力上。官僚制是一个新的社会和一个新的文化……最后，官僚制——由于它与社会有着这五个方面的不同——向故步自封的人设置了特殊的困难。①

这一角度——正如赫梅尔在前言中指出的——与其说属于解释理论，不如说更多地属于批判理论。例如，赫梅尔声称，官僚制有着单向度的、非因果关系的语言——这一语言“的构成通常是为了防止官僚和局外人不断地提出疑问攻击官僚制本身的基本假设”②。接下来，他进一步说，单向度的言说既不是交往，也不是语言。在他看来，它是一种信息，一种关注权力的“言谈”方法：“官僚制借以向我们言说的‘语言’绝不是为了解决问题……官僚制的语言是由信息的片断构成的。这些片断每一个都描述的是委托人必须采取的行动，如果他或她想成为官僚制所代表的行政体系的一员，也就是说，如果他或她想发挥自己的职能。”③

“阐释理论”这一现象学的变体，正如哈蒙在描述其特征时所说的④，是在 20 世纪 60 年代被引入公共行政研究的。赫梅尔在一个有关现象学应用于公共行政的进程的研讨会报告中对现象学进行了解释。⑤ 正如他指出的：“以现象学的方式进行管理，就是以事物（人、条件、对象）的如其本然的呈现来对它进行研究。任何具有现象学倾向的研究方法都能使一个雇员以其本然的样子呈现给管理者。任何现象学式的研究都能够，比如说，使政治条件自身向管理者‘言说’，由此揭示出管理者是在什么样的条件和约束下实施管理的。”⑥ 应用现象学——正如赫梅尔所指明的——与科学管理和理性管理，包括数学，是相反的。现象学——依据他的解释——来自胡塞尔（Husserl）所创立的哲学的发展和“管理实践的积累，这些实 135
践的正当性在科学或纯粹理性的基础上无法得到证明，而只能在实施中得到证明”⑦。

赫梅尔声称现象学的时代已经到来。正如他所说的：“现象学一旦成为唯一的批判工具，就直接或间接地被扩展到几乎管理的每一功能，包括公共行政。”⑧ 那一研讨会报告包括有多篇将现象学运用于各个管理领域的论文。例如，迈克尔·哈蒙讨论了应用现象学和组织理论。哈蒙的应用现象学的角度与赫梅尔的解释相互补充；他说，这一角度意味着“从那完全被松散地看作现象学的态度而不是严格的和系统的分析技术的东西中发现实践教训的活动”⑨。要理解他在讨论中是如何运用这一角度的，就要看一下他对组织化的定义。他认为，组织化是“对于人们所做的

---

① 赫梅尔：《官僚经验》，前言，7～8 页。

② 同上，181 页。

③ 同上，200 页。

④ 哈蒙、迈耶尔：《公共行政的组织理论》，302 页。

⑤ 《公共行政季刊》，第 14 卷，1990 (1)。

⑥ 拉尔夫·赫梅尔：《管理实在论的兴起：应用现象学——专题研讨会纪要》，载《公共行政季刊》，第 14 卷，4 页，1990 (1)。

⑦ 同上，5～6 页。

⑧ 同上，5 页。

⑨ 迈克尔·哈蒙：《应用现象学与组织》，载《公共行政季刊》，第 14 卷，10 页，1990 (1)。

事和将来要做的事，包括（但不局限于）想如何做，寻求集体的意义的活动”①。其他的论文还有：《社会设计与公共问题的解决》《心理现象学与组织分析》《管理与公共部门的工作危机》《没有现象学，就没有计划或行政》《阐释性的研究：认识组织交往的新方法》《现象学与组织发展》。②

在被称之为现象学的哲学运动中，存在着各式各样的观点。**现象学**这个词，从词源学上说，源自**现象**和**理性**。某一现象可被阐释为一个人所意识到的任何东西。由于观点的多样性，对现象学立场的概述就很困难，但这些立场包括这样一个愿望，即都想摆脱和否定主客二分的预设。应用于社会科学，现象学常常被认为关注的是“生活世界”和人际关系。定量方法的运用被认为是不充分的。主体间性才是首要的，对人类生活的阐释依据的是目标和意义。要记得，现象学是随着对现代哲学传统的超越而提出的。

看一下在公共行政领域耕耘的阐释性作者是如何看待阐释理论的发展是不无裨益的。哈蒙将他所谓的“欧洲对阐释理论的影响”追述到了德国唯心主义——从康德一直到胡塞尔和韦伯。他描述了后两者之间的差异；他写道：“对于韦伯而言，社会学家的主体性观念与构成人类行为的意义的描述是内在地一致的。与之相反，胡塞尔的哲学关心的是人类意识的先天结构。”③ 他描述阿尔弗雷德·舒茨（Alfred Schutz）是要寻求将胡塞尔的超验现象学与韦伯的社会学结合在一起。舒茨的存在主义现象学与自然主义的社会科学首要的不一致——依据哈蒙的看法——就在于这样一个观点，即“对社会世界的理解必须依据人们在日常世界中赋予其经验的主观
136 意义或解释”④。他引用舒茨的话说，社会科学应系统地“解释这一社会现实被构建和被维系的方式，在何种意义上它是主体间的，或者说，行为者在其常识性的思考中是如何阐释自己的行为和他人的行为的”⑤。

哈蒙还提到了彼得·伯杰和戴维·斯尔维曼（David Silverman）——他们俩都是舒茨的追随者——认为他们提出的几个观点为阐释研究奠定了“基石”。这些观点就是：行动与行为的区分、面对面地相遇、意向性与主体间性、物化的问题。行动与行为的区分在第 5 章已经讨论了。面对面的相遇——而不是系统或个体——被描述为是分析的基本单位。对于剩下的几个标题，哈蒙解释说，社会世界是意识的产物：“尽管从我们体验它的方式看，它是现实的和具体的，可社会世界实际上是我们‘积淀’的经验的剩余物。”⑥ 不过，这一创造是主体间的，这一社会创造是因为语言才得以可能的。正如他所指出的：“语言不只是交往的工具；它是社会存

---

① 迈克尔·哈蒙：《应用现象学与组织》，载《公共行政季刊》，第 14 卷，11 页，1990（1）。

② 哈蒙：《应用现象学与组织》；琼·琼恩、威廉·布鲁西·斯托姆：《社会设计与公共问题的解决》；迈克尔·戴蒙德：《心理现象学与组织分析》；拉尔夫·赫梅尔：《管理与公共部门的工作危机》；约翰·福斯特：《没有现象学，就没有计划或行政》；桑德拉·费什：《解释性研究：认识组织交往的新方法》；杰伊·怀特：《现象学与组织发展》，载《公共行政季刊》，第 14 卷，1990（1）。

③④ 哈蒙、迈耶尔：《公共行政的组织理论》，292 页。

⑤ 同上，293 页，引文来自理查德·贝恩斯坦因：《重构社会和政治理论》（费城，1978），138 页。

⑥ 哈蒙、迈耶尔：《公共行政的组织理论》，295 页。

在的本质。"① 物化的问题——源自对我们所创造的社会实体的遗忘——发生在我们产生虚假印象——认为社会实体是一具体的、独立的存在，亦即社会实体是一非人的存在——的时候。

戴维·斯尔维曼的"行动参照框架"——根据哈蒙的观点——是舒茨的社会学最直接地运用于组织理论研究的结果。哈蒙以七个命题归纳斯尔维曼的组织理论研究：

> 1. 社会科学和自然科学处理的是完全不同层次的东西。当把严格的和怀疑主义（原文如此）的正典运用于两者的时候，不要期待它们的角度是完全一样的。
>
> 2. 社会学关注的是对行动的理解而不是对行为的观察。行动产生出界定社会现实的意义。
>
> 3. 意义是由人赋予其社会的。共同的意义取向被后来各代的人们建制化（原文如此），并当作社会事实加以体验。
>
> 4. 社会界定人，人转而界定社会。特殊的意义群唯有通过日常行动连续反复的确证才能被维系。
>
> 5. 通过他们的相互作用，人也会修正、改变和变革社会的意义。
>
> 6. 由此可知，对人类行动的解释必须说明与其行动相适应的意义；日常世界被社会地构建的方式——但又被认为是现实的和常规的——乃是社会学分析所主要关心的对象。
>
> 7. 实证主义的解释——它断定行动是外部有约束力的社会或非社会力量决定的——是站不住脚的。②

哈蒙自己的著作则运用了吉布森·温特（Gibson Winter）的意向主义社会伦理学。 *137*
哈蒙解释说，与著名的解释社会学家们不同，温特想从解释视角中推导出伦理理论。意向性自我的社会的、能动的本质为伦理学提供了基础，哈蒙认为，温特的社会伦理学理论的一个重要特征就是"我们—关系"③。所谓面对面地相遇（哈蒙在描述我们—关系时说），温特认为，它可能是源自这样一些常规的价值，即爱和相互性。应当记住，哈蒙是选择面对面的情境（见前面所讲的命题 3）作为分析单位。

1984 年，登哈特在为一本批判性地分析公共组织的著作写的概述中使用了这样一个标题："走向一种公共组织的批判性分析"④。正如这个标题所表明的，概述强调的是将要从事的工作，而不是已经被完成的工作。因而，他说："特别是，一个批判的公共组织理论应考察官僚制治理的技术基础和这一条件的意识形态合理性，应提问公共官僚制的成员和委托人怎样才能更好地理解因其行动而来的结果的

---

① 哈蒙、迈耶尔：《公共行政的组织理论》，296 页。

② 同上，300 页，引文来自戴维·西尔维曼：《组织理论：社会学的框架》（纽约，1971），126～127 页。

③ 哈蒙、迈耶尔：《公共行政的组织理论》，306 页。正如哈蒙和迈耶尔所说，这一表述是吉布森·温特杜撰的，见：《社会伦理学原理：社会科学在公共政策中的作用》（纽约，1966）。

④ 登哈特：《公共组织诸理论》，171 页。

局限以及进而发展出新的行政实践模式。"[1] 这种研究——用他的解释说——包括：在价值批判的基础上建构其对公共政策的阐述和实施的理解；为公共政策更大的自主性——既在官僚制内部，又在它与别的东西的相互作用中——奠定基础；突出官僚制理论在治理过程中限制个体的作用的方面；强调组织生活所具有的权力和依赖特征的条件，包括强调对组织生活的交往活动和替代性的管理风格的分析，以及对官僚与委托人之间的关系的理解。最后他提出希望说："在这些条件下，公共官僚制甚至可成为社会的自我反思和批判的首要工具。"[2]

这些从事批判理论的公共行政理论家承认他们受益于法兰克福学派和尤尔根·哈贝马斯，正如登哈特在他的著作和早先的与凯瑟琳·登哈特合作的一篇论文中所表明的。在 1984 年出版的那本著作中，登哈特讨论了法兰克福学派的三个主要方面：对工具理性的批判、对公共领域的归纳、对没有歪曲的交往的复兴。哈贝马斯有关公共领域的观点在第 4 章已经提到了。至于对理性的批判，登哈特说，法兰克福学派认为自己比韦伯对计算或工具理性的分析更为深入，他还引用哈贝马斯的思想，欲依据交往的互动来解决工具理性的问题。至于对交往的复兴，他提到了哈贝马斯对语言的关注，以及我们该如何识别那源自统治者的歪曲。在 1979 年的那篇论文中，罗伯特·登哈特和凯瑟琳·登哈特论证了批判理论在公共行政研究中的用途，并提出要坚持不懈地对统治进行批判。[3] 那篇论文讨论了"欧洲的批判理论家"，如哈贝马斯和霍克海默；例如，它指出，是哈贝马斯对象征的或交往的互动领域与有目的的理性领域进行了区分——后者是工具性的。在这篇论文提出的众多观点中，有一个观点认为，我们已经很难逃脱由理性化的社会强加于我们的现实，
138 我们"只有通过转移到规则体系之外，才能够充分地介入广泛的选择"[4]。这篇论文——依赖于法加尼斯（Farganis）[5] ——在批判理论和实证主义公共行政之间做出了四个区分。前者是整体论的，视理性为否定，具有理论的自觉，且是以辩证法而不是功能分析为基础。登哈特夫妇写道，把批判理论运用于公共行政将有助于发现人类行动的意义，他们想通过实践来把反思和行动结合起来。对统治的批判——根据他们的观点——意在复活"行政领域的服务意识和整体意识，这一意识乃是基于启蒙行动的主题"[6]。

## 8.2 再论哈贝马斯

针对后现代性对现代性的抛弃，尤尔根·哈贝马斯［如他的《交往行动理论》

① 登哈特：《公共组织诸理论》，171 页。
② 同上，173 页。
③ 登哈特夫妇：《公共行政与统治批判》，107～120 页。
④ 同上，111 页。
⑤ 法加尼斯：《批判理论引言》，载《理论与社会》，第 2 卷（1975），483～508 页。
⑥ 登哈特夫妇：《公共行政与统治批判》，119 页。

(*The Theory of Communicative Action*)[①]] 做了最有名的抵抗。正如在第 3 章已经说明的，他的观点是，现代性是一个未完成的谋划。他认为，主体贫乏的"认知—工具"理性，在与客体的世界对峙时，可体现为两个基本的关系，即再现的关系与行动的关系。他认识到，笛卡儿主义的与世隔绝的思考者——理性就是建立在他之上的——的观点已经被动摇。正如托马斯·麦卡锡在《交往行动理论》一书的前言中所解释的（还有接下来三段文字也是来自他的解释，但第四、五段不是），笛卡儿主义的范式和与之相关的唯主体论倾向在上个世纪就已经受到黑格尔、马克思、达尔文、尼采和弗洛伊德的挑战。结果便是哈贝马斯所谓的"精神的去崇高化"和由此而来的"哲学的缴械"。他指出，笛卡儿主义的模型为胡塞尔和逻辑实证主义奠定了基础，但现在，我们生活在一个后海德格尔、后维特根斯坦和后结构主义的时代。正如麦卡锡所说明的：

> 精神以这样一种方式"与世界相互渗透"，即"他性被带入自我的中心"。这一"主体性的黄昏"不仅仅是哲学内部的事件……它是反现代主义的思想潮流的理论核心……对"无根的理性主义"的批判和人类中心主义、自我中心主义、进步论以及盛气凌人的西方个人主义的祛魅是相伴而行的……我们不能忽视这样一个问题，即在缺乏一个制高点的外部世界，是不是任何东西都能摆脱这些强有力的概念和与之相联系的普遍主义诉求。[②]

哈贝马斯想要为批判理论确立一个方法论，来把哲学方法和经验（或科学）方法结合在一起。因而他力图分两步来摆脱韦伯阐述现代性时陷入的死胡同（计算理性的影响的日益加强和理性地解决价值冲突的不可能性）。一个是提出交往
行动理论来阐述"在交往中共有的主体间性"。另一步就是把他的"生活世界" 139
学说（一种"文化地传递的和语言地组织起来的阐释模式"）与系统理论结合起来。他依据"系统和生活世界的分裂"和生活世界与系统内日益的差异化来分析社会演进。

韦伯强调的是理性化的普遍侵犯性；哈贝马斯突出的是——正如麦卡锡所解释的——平衡在发展中的形式和不足。哈贝马斯在差异化的过程内部来描述有目的—理性的活动的编码形式的表象；他称这些形式是"非语言化的主导媒介"。货币和权力就是例子；他描述了现代生活是如何被金钱化和官僚化的。货币体系被制度化（如在财产法和合同法中），它与其他体系如政治体系相互作用；它需要一个动力，需要拥有自己的指挥力量。私人领域"被经济体系所动摇和侵蚀"。类似的分析也适用于公共领域（见第 4 章的讨论），即这一领域被行政体系所动摇和侵蚀。

哈贝马斯对现代性谋划的辩护经历了一个转变，即从意识哲学转向语言哲学。他不同意韦伯的观点，即理性不可能自我更新。哈贝马斯认为，语言的交往形式，

---

① 尤尔根·哈贝马斯：《交往行动理论》，第 1 卷，以及第 2 卷《生活世界与系统：功能主义理性批判》，托马斯·麦卡锡译（波士顿，1987）。

② 托马斯·麦卡锡：哈贝马斯《交往行动理论》译者前言，第 1 卷，10 页。

而不是认知的—有目的的或工具的形式，才是首要的。以达成理解为取向，而不是以获得成功为取向，才是“语言运用的原初形式，间接的理解、对某物的理解或让某物被理解，以及普通语言的工具性运用，都是寄生的”[1]。在他看来，理性不必被再生；它自身就能再生，因为交往理性是语言的组成部分。

这么说绝不只是为了宣称交往行动“应当”是第一位的——实际上，公共行政的描述对这些观点的运用已经造成了这样一个虚假的印象。根据那一宣称，交往行动具有事实上的优先性。在哈贝马斯看来，语言作为交往话语是解放性的，交往话语是第一位的，高于其他形式的行动和话语。哈贝马斯有关交往理性再生的说法事实上与马克思（或基督教）的革命胜利（或教会胜利）不可避免的说法有相似之处；胜利是必然的，不论我们做什么。然而，在《交往行动理论》的第 893 页之后，对于为什么这一胜利是必然的，它说得并不清楚。

## 8.3 理性的心理学批判

削弱现代主义视角的锤子乃是对理性的批判，这一批判动摇了现代主义视作理性之基础的东西，并对其进行了非中心化。[2] 理性的主体——即理性者——被形形色色的批判所动摇，包括心理学的。下面我们将集中说明这一非中心化过程的心理
140 学源头；其他的批判，如马克思的批判，可能也会附带提及。现代主义阐释的结论和科学方法的结果都依赖于理性。当在众多没有特权的阐释中做出选择的困难被解决的时候（如果它们真的能被解决），其基石就是推理。不过，这一基石能永久坚固吗？它真的是基石吗？

正如福柯所指出的，现代的**我思**（cogito，“我思考”）之所以不同于笛卡儿的我思，是因为人类意识总是与一种非思（unthought）联系在一起，这种非思是我思之思所无法理解的。[3] 正如他解释的，思的主体并不能完全理解作为思之客体的主体。笛卡儿想为明确无误的认识确定一个不可怀疑的基础。他否决了各种候选者，比如身体，因为它具有各种各样的“非思”；他以多样的方式解释说，他的感官常常欺骗他，他不能确信他不是在做梦，他不能确信恶的东西不会出来欺骗他。然而他做出结论说，他能确信的一个东西是：“我”。“我”思考，故“我”存在。这个“我”就是基石，是推理者，以此为基础，他就可以开始建造了。

能不能对西蒙所理解的、作为好的推理之基础的组织提出类似的批判？谁是组织推理的主体？根据西蒙的观点，组织正是通过某个人或某些人来指挥（或构成）机构的。西蒙解释说，组织比个体更有理性。他解释说，对于单个的孤立个体而言，要达到理性的高层次是不可能的，因为替代者的数量是如此之大，信息量是如

① 哈贝马斯：《交往行动理论》，第 1 卷，288 页。

② 参见尼采的锤子哲学意象。例如，参见弗里德里克希·尼采：《权力意志》，80 页。尼采写道：“我们需要了解许多相反的哲学类型：可能有一种悲观主义的类型，那就是锤子哲学。”

③ 米歇尔·福柯：《事物的秩序：人文科学考古学》，艾伦·谢里丹-史密斯译（纽约，1966）。

此之广："然而，更高层次的联合和合理性之所以能够达到，是因为选择的环境本身可以被选择和被审慎地修正。"[①] 由此，他在他的著作第 5 章的导论部分得出结论说："在这一讨论的过程中，似乎开始显示出，组织是允许个体理性地、近乎客观地研究合理性的。"[②]

正如人们已经评说的，对主体的其他批判也是存在的［例如语言学的批判将主体看作意义的构成物，还有针对（如阿多诺和霍克海默）工具理性的批判］。[③] 这些批判完善了这里所讨论的心理学批判；这可以通过考察一个纯粹的语言学批判的大致思路来加以说明。在语言哲学中，视主体——以及她的经验和意图——为意义之源头的观点受到了众多哲学家的攻击，如维特根斯坦。这种语言哲学动摇了主体的自足性（这是认识的基础），因为它成功地证明了语言学的意义系统来自一个先行存在的、通过语言得以揭示的世界。主体不能通过把符号指派给特殊客体或事物来决定语词（或符号）的意义；就是说，她不能为某个既定的意义指派一个名称。 141
意义是由生活形式或语言游戏确立的，说话者就是在游戏中言说。意义指涉着主体之间的语言运用。我们把语言的透明性视作是理所当然的，但实际上，正是语言构建了主体。

弗洛伊德既承认自足主体的观点是一个虚构，又动摇了主体之推理是一种理性的说法。值得注意的是，他的目标——与启蒙主义的目标相一致——是想说明人如何才能更有效地控制自身，而我们所说的是他的作品的旨趣。笛卡儿的"我"被融入到自我之中，成为本我和超我的中介。"我"是一个实存，四处受着心理力量的驱使。它是一种实存，部分地为它的无意识所支配，为已被有意识的自我遗忘很久的各种力量所支配。主体的理性乃是心理的和社会的力量的表现。

主体既非其自身的心理亦非其自身的梦的主人。《梦的解析》的作者写道，甚至主体的梦也是被压抑的愿望伪装性的满足，而那被压抑的愿望乃是一种童年的愿望。除了通过分析，主体对于这一被压抑的愿望不可能有意识，它遗忘（事实上是被压抑）那童年的愿望已经很久了。要理解梦，主体就应关注心理的层积物，关注做梦者的心理模式，还应当对心理的深层结构（本我、自我和超我）和动力或者说根本力量保持警觉。他或她应该对梦的显意层面的各个源头保持警觉；弗洛伊德给出了四个源头：普遍的人类经验，童年的经历，白天的残留物和当时的感觉。主体应当牢记显意和隐意的难题，包括浓缩、置换和象征的难题。再一次，主体被离心化了。

再看一下弗洛伊德在《超越快乐原则》（*Beyond the Pleasure Principle*）中的论述对于瓦解自足而理性的主体所具有的深远意义。[④] 在此，弗洛伊德改进了他的观点，认为每个主体的判断都是由死亡本能形成的，正如拉普兰切（Laplanche）

① 西蒙：《行政行为》，79 页。

② 同上，80 页。

③ 例如，参见霍克海默、阿多诺：《启蒙的辩证法》（纽约，1972）。另一种批判的例子，见：汉斯·法拉克：《社会工作：成员的角度》（纽约，1988）。

④ 西格蒙德·弗洛伊德：《超越快乐原则》（纽约，1961）。

和庞塔利斯（Pontalis）所解释的，死亡本能这个名称是后期弗洛伊德本能学说的框架中用来描述本能（Trieb，有时翻译为“本能”或“冲动”[1]）的一个基本范畴。拉普兰切和庞塔利斯这样来概述弗洛伊德的死亡本能学说：与生的本能相对立的一种本能；极力想把紧张减少到零点；其目标在于使生命退回到有机状态；首要的是，死亡本能是指向内部的；它倾向于自我毁灭；并“进而以进攻和毁灭本能的形式转向外部世界”[2]。这种种的特征使得拉普兰切和庞塔利斯将死亡本能置于一个核心的位置。例如，拉普兰切和庞塔利斯描述死亡本能是“心灵本身，是利比多循环的构成原则”[3]。甚至性欲也是指向死亡的舞蹈，因此，拉普兰切和庞塔利斯颠倒了通常的把性欲与生命联系在一起的流行观念——例如认为吮乳是对生命的敌视。保罗·利科提供了一个当代的阐释：“极端的情形是：生命体不是因为外部力量的压制而被推向死亡的，如同斯宾诺莎（Spinoza）所认为的那样；它们死亡，
142 它们是通过内部运动走向死亡——这究竟是好事还是坏事？——生命本身不愿意变化和发展，但它们愿意保存自己：如果死亡是生命的目标，那所有生命的有机发展就不过是走向死亡的迂回，而所谓的保存本能不过是有机体为抵御其自身的死亡方式或其特殊的死亡之路的某种尝试。”[4] 他引用弗洛伊德的话说，“一切生命的死亡都有内部的理由……即所有生命的目标就在于死亡”，接着他补充说，“死亡本能乃是出于生命的自然倾向……生命的躁动主要地来自爱欲”。根据这一解释，是深层的、无法控制的力量决定了我们需要什么和我们如何思考。

卡尔·荣格的解释甚至更为戏剧性地揭示了主体受超越了自我的无意识力量支配的状态。看一下荣格的集体或超个人的无意识的观点。正如霍尔（Hall）和林泽（Lindzey）所解释和说明的[5]，集体无意识作为我们每个人人格的基础是普遍的，是所有人所继承和共有的；它是使我们不仅同所有其他千千万万的活着的生命而且同所有曾经活着的生命隐喻地联系起来的基础。这一无意识是潜在记忆的宝库，这一记忆之源头不仅可追溯到种族历史，而且来自我们进化的和前人类的过去。这种无意识的结构要素是有限的几个原型，即一代又一代人的心灵体验的永久积淀物。原型是一种统一体，正如霍尔和林泽所解释的，诸如能量、英雄、上帝、地母、魔鬼、重生。有些统一体甚至能发展成为整个的人格体系，如阿尼姆斯、阿尼玛和阴影。来自集体无意识的原型不只是形成了我们的行为；它们也能形成我们的梦、仪式和病症。荣格解释说，我们所处身的世界形式或结构已经先于我们存在于我们之中；就是说，我们每个人处身于世界，都与生俱来地具有世界的虚拟形象。这一形

---

① Trieb这个词的翻译有困难。恩斯特·琼斯依据弗洛伊德《性学三论》中的相近界定将其翻译为：“‘instinct’（本能）这个词可暂时理解为肉体内部持续流动的兴奋源的心理表征，与刺激物正好形成对比……因而本能的概念是处于心理与肉体之间的前沿地带的东西。”恩斯特·琼斯：《西格蒙德·弗洛伊德的生平与著作》，第2卷（纽约，1955），317页。琼斯在同一页还解释说：“德语的Trieb一词不像英语的‘Instinct’一词是一种约束，它明确地意味着一种天生的和遗传的特征。”

② 让·拉普兰切、让·巴普狄斯特·庞塔利斯：《精神分析的语言》（纽约，1973），97页。

③ 让·拉普兰切：《精神分析中的生与死》（巴尔的摩，1976），124页。

④ 保罗·利科：《弗洛伊德与哲学：论阐释》（纽约，1970），290页。

⑤ 卡尔文·霍尔、加德纳·林泽：《人格理论》（纽约，1957）。这一段出自霍尔和林泽提供的解释。

象在它被同化于世界中的某物之后便成为具体的认识；我们看待世界的方式主要地是由我们的集体无意识所决定的。用本章开头引用的荣格的话说，“他所降生的世界的形式已经作为一个虚拟的意象遗传给了他”。这一解释动摇了理性主体即笛卡儿的我思的那个透明的“我”的观点。它表明，由各种力量所形成的主体无法控制和理解这些力量。它还表明，对于主体而言，困难就在于他曾经持有把主体视作客体这样一个非透视的观点。一个人看待自己的方式主要地是由其与生俱来的虚拟形象所决定的。

在此可针对集体无意识和组织的关系提出一个附带的问题，即究竟是原型形成了作为组织生活的一部分的仪式，还是组织本身具有无意识的本能冲动。① 这一特殊问题的方方面面引起了组织理论家的兴趣。② 例如，哈贝尔（Hubbell）谈到了四种原型式的、能影响雇员行为的阴影。他写道，人们“受其无意识阴影的控制”，无法选择生活，但他们最终以一种积极的方式注意到，变革自身和我们的组织的力量就存在于我们每个人当中。③ 精神分析学有关组织的文献可依据个体无意识与组 *143*
织的关系进行分类。④

然而，所讨论的观点在别的地方也存在。它关注的是主体的透明性的动摇和推理的本质。回忆一下第 3 章有关现代性的讨论。我们注意到，在那里，现代性是主体中心化的时代。有人解释说，在那里，对“所是”问题的探究可依据其在个体主体那里的呈现方式，依据认识在那同一个体主体中被确立的方式。海德格尔认为，主体的出现导致了世界的图像化，他的观点可以说明这一点。有一种使自我中心化的观点认为，世界就是由主体所图像化的东西构成的。还有人提出，主体是在理性的节日被中心化的。

## 8.4　概　　要

公共行政学对理性的意义的寻求可以说是有用的。但是盲点和矛盾也是存在

① 在此，有些观点是属于同一类的行政管理者给予我的。例如，某一机构的集体无意识可能总有办法说明我们在喝咖啡小憩时该做什么，我们在办公室该如何谈话，我们该如何与上司和其他组织打交道，决策该如何来自组织以前的经验积累。也许它还有助于说明雇员与亚文化的隐秘代理、雇佣与决策推进、组织的目标，以及创立者的无意识如何仍主宰着现在的行动，组织如何仍生活在过去之中。可能它还可用于帮助管理者，例如，帮助他找到一些办法，使雇员的无意识过程能对难题的解决发挥作用。

② 例如，参见迈克尔·戴蒙德：《官僚制作为外部化的自我体系：从心理学的内部看》，载《行政与社会》，第 16 卷，195～214 页，1984（2）；迈克尔·戴蒙德：《组织同一性：组织意义的心理学解释》，载《行政与社会》，第 20 卷，166～190 页，1988（2）；朱丽娜·马赫勒尔：《组织意义探求：组织故事中的认同、阐释与象征主义》，载《行政与社会》，第 20 卷，344～368 页，1988（3）；拉里·哈贝尔：《四种原型阴影：公共组织的阴暗面》，载《行政与社会》，第 24 卷，205～223 页，1992（2）。

③ 哈贝尔：《四种原型阴影》，205～223 页。

④ 有关对精神分析的组织文献的评论，例如，可参见霍维尔·鲍姆：《无形的官僚制：无意识与组织难题的解决》（纽约，1987）。鲍姆写道（8～9 页）：“作者们一致认为，个体的无意识过程会影响组织中的行动和组织的行动。然而，对于组织中的个体活动多大程度上只是个体人格的表达和多大程度上是组织的创造，精神分析家们没有一致的意见。那些相信组织能激发创造性行为的人，对于组织是不是一个独特的社会背景，或者说在组织中所看到的东西是不是普遍的东西，却难以达成一致。”

的，因为特殊的阐释总是向更新、更完善的阐释开放。阐释不能声称自己享有特权地位，例如说自己是科学的陈述。当意义的寻求遇到理性和合理性的基础被动摇时，就会出现矛盾。这一动摇已经被各种批判所完成，如语言学的批判。另一方面，批判理论家也试图解救现代性，例如哈贝马斯就谈到了他所谓的交往理性不可避免的胜利。在这一章所突出的批判是心理学的。弗洛伊德认为自足和理性的主体的观点是一种虚构。他讨论了强有力的下意识力量的影响，如死亡本能。荣格的分析则更进了一步，他讨论了超个人的心理力量下意识的支配作用。理性的诉求被削弱，主体被离心化。

这一解释学的论题是所谓的现代主义公共行政学的第五条发展路线。在每一领域（特殊主义、科学主义、技术主义、企业和解释学），现代主义公共行政学都遭遇了悖论和盲点。在本研究一开始就提到的那一最一般的假设受到支持。伴随着每一种关键的研究方法，现代主义公共行政理论处处碰壁，使得其解释和理解的能力大受限制。

# 第 9 章



# 后现代性：方言

在今日，真正的政治任务，至少就其也关系着文化而 144
言……就是要抵御文字所提供的一切，如：已经确立的思想，已经完成的东西，人人都在思考的东西，众所周知的东西，广泛承认的东西，“可理解”的东西，能改变其形式和使自身能为一般大众所接受的东西……对此，人们常常称之为后现代主义。

——列奥塔①

如果一个天使向我们说他的哲学，我想我们一定会听到诸如“2＋3＝13”这样的句子。

——里切登伯格（Lichtenberg）②

有什么样的心理类型，就更容易被什么样的观点所吸引。据说，现代性更倾向于具有强烈的感觉和判断功能的观点（依据迈耶尔斯-布里格斯人格测试的结论）。而后现代性则更容易接受那些直觉和感知功能更强的观点。会计师和工程师可能更喜欢现代性；画家和诗人——还有星象学家和风水先生——则对后现代性更有热情。这么说并不是要强调人是万物的尺度，包括对后现代性的接受，而是为了指明，我们必须有所警惕，不要以我们自己的心理偏见来研究后现代性这一主题。不要鲁莽地接

① 让-弗朗索瓦·列奥塔：《访谈》，载《理论、文化与社会》，第5卷，302页，1988（2/3）。

② 里切登伯格引自西奥多·阿多诺：《反对认识论：元批判》，威尔利斯·多明戈译（剑桥，1983），41页。

受后现代性为福音，也不要把它仅仅当作一时的时尚打发了事。① 如果我们想要对后现代性有更明确的认识，并想用它去认识公共行政理论和官僚制，那就必须有耐心。

对后现代性的考察能比较多地揭示出公共官僚制的语言的本质。而第一步就是要对后现代性做一番探究。后现代思想家对此提出了众多有意义的看法，但我们并不想再花费太多笔墨，在这一章，更重要的是引出一个一般方向。第二步——将在
145 接下来的四章中加以说明——则是要依据所描述的后现代处境的方方面面来审视公共行政和官僚制，这些方面就是想象、解构、非地域性和他在性。

## 9.1 后现代性释义

什么是后现代性？我们应当把后现代性看作对现代性核心的心灵模式的否定，看作是对上五个世纪以来作为重要思考之基础的假设的否定。我们应当把后现代性阐释为是对构成现代性的核心观念模式即时代精神的否定；其中包括对拥有一个时代精神的过程本身的否定。它否定中心化的主体和话语的非第一性，否定处于现代性哲学思考中心的基础主义和认识论谋划。它还否定人类的中心任务是世界的图像化，否定把主体的世界知识奠定在主体之中。它还否定现代性的中心化主体观所隐含的对理性的本质和地位的认识。它还否定宏观理论、宏大叙事和宏观政治。否定现实与表象之间的区分。后现代性对现代性的否定，正如这里的列举所体现的，必须从某一特殊的方面说才是否定。它不允许在回到前现代性的意义上来否定现代性。根据后现代主义者的观点，我们不能回到远古的神，回到古老的社会，在那里，主体都依存于某一社会角色和价值语境。

这些表述都是否定性的。现代性可以方便地提出一系列的命题，并依据逻辑规则来对其进行考查。后现代性不适合这种方式。正如罗蒂（Rorty）所说："在我刚刚归之于德里达的意义上说，严格性的缺乏，恰恰是为了拒绝提出严格的标准规则，拒绝对这一问题给出明确的回答，即'它究竟是古老游戏的新玩法还是一个新游戏?'"② 后现代性，正如第1章所指出的，乃是否定性的一种累积。它是杂乱无章的观念/非观念的无序/有序。我们不必在意良莠不齐；良莠之间的区分已经被否定了。在后现代主义的观点看来，我们不应期待对现实只有一个有秩序的和真正的解释，我们也不应期待对非现实只有一个无序的和不真实的解释。德里达自己描述"意即"（vouloir-dire）是一种形而上学，因此是不可接受的："我想写下这样一个问题：（什么是）要说的意义？因此，在这样一个空间中，以这样一个问题——即

---

① 瓦蒂莫写道："现今关于后现代性可谓是众说纷纭。事实上，这使得人们把与其保持距离，视之为一种时尚，强调它已被克服，几乎被看作一种责任。然而，我认为，'后现代'这个术语还是有其意义的。"吉安尼·瓦蒂莫：《透明的社会》，戴维·维比译（巴尔的摩，1992），1页。

② 理查德·罗蒂：《实用主义的后果》（明尼阿波利斯，1982），98页。

文字实际上意味着虚无——为指导是必要的。”①

为什么后现代主义如此难以理解——它不过是众多“后”什么的描述中的一种，如后经验主义、后理性主义、后结构主义、后工业主义？一个可能的原因是，后现代主义是支离破碎的和无意义的。还有一种可能是，由于我们拥有大量现代性的假设，并把它们看作“共识”的构成部分，因此，我们觉得有必要依据现代性来理解和证明后现代性的各个论断。如果我们考察一下何谓后现代性是支离破碎和无意义的，就能部分地明白那一理解的困难。所谓是支离破碎的和无意义的，就是 146
说，后现代的角度（或任何其他的角度）必定无法为连贯和意义确立一个尺度；它必须要求助于外部的苍白的意义和连贯性。如果认为后现代主义就是对意义与非意义、连贯与不连贯之间的区分的否定，那这一理解是不成功的。如果认为后现代主义就是要进而否定这意味着只有非意义存在，那这一理解也注定要失败。因为唯一存在的就是意义与非意义的相互交织。不过，从现代主义的观点看，这一解释是缺乏说服力的。

装备着（或肩负着）现代性的行囊，对反思性问题、科学命题的认识论地位，以及诸如历史已经终结这样的说法进行一番反思，应当可以为我们探究后现代性提供一点帮助。有关反思性问题的讨论，可参见第 2 章。在那里，我们把反思性描述为是每个观察者对自己的视角（自己的概念框架或自己的语境）的再审视，所谓反思性问题，就是指，看的可能性根本不存在，除非从某一特殊的视角去看。甚至对于“看的可能性只有从某一特殊视角才是可能”的一般考察，也应从一个特殊视角来看：依据这一观点，所有的观察者都必定会陷入视角的罗网中。依据这一观点，所有的知识本质上都是语境的；它不可能脱离语境而存在。我们有丰富的文献对各种怀疑论②和相对主义的知识立场——这些立场都是基于刚刚的那一一般思考——进行了批驳；例如柏拉图对普罗塔戈拉（Protagoras）的反驳。③ 不过，正如那些文献所表明的，视角论或语境论的知识观不可能一下子被消除。④ 后现代主义就是一种激进的怀疑主义。

有关科学命题的地位的评论，可参见第 5 章。我们已经讨论过了库恩、拉卡托斯、费耶阿本德这些思想家的观点。例如，可回忆一下库恩在《科学革命的结构》第一版中讨论科学范式的变革时的观点，在那里，不同范式之间的思考被认为是不

---

① 雅克·德里达：《立场》，艾伦·巴斯译（芝加哥，1981），14 页。

② 之所以会出现形形色色的怀疑主义，不过是因为有着各种各样的知识类型。有关相对主义的源头和形态的讨论，例如，可参见马丁·霍尔利斯、史蒂文·卢克斯：《理性与相对主义》（剑桥，1982）。

③ 参见柏拉图的《泰阿泰德篇》。正如柏拉图表达普罗塔戈拉的立场时说的：“我们每个人都是存在和不存在的东西的尺度；但世界上的人与人之间是存在差异的，事实上，对某人存在和显现的东西，在别人那里是不同的。”

④ 有人说，怀疑主义者可以进行回击，只要他决定这么做。有关这一说法，例如，可参见尼古拉斯·里舍尔：《怀疑主义：一种批判性的再评价》（托托瓦，1980）。其中一种方式，就是否认那类知识需要为反驳设定前提。里舍尔写道：“一定程度上说，怀疑主义是不可反驳的，无论如何，在某种意义上说，那种标准的和直截了当的反驳论证不能成功地阻击它。而推论性的论证，依据标准，也要从一定的前提出发。显然，沿着这种标准路线的反证是驳不倒怀疑主义的。”（7 页）。他还引用戴维·休谟的话说：“在理性和感官两方面的这种怀疑主义的怀疑，乃是一种病态，它根本不可能被根治”（戴维·休谟：《人性论》，第 1 卷，第 4 章，第 2 节）。里舍尔论证说，即便我们能驳倒激进的怀疑主义，那有关我们的知识体的完整性、正确性和一致性的怀疑主义也会构成“怀疑主义的真理方面”（231～250 页）。

可通约的；并且据说，范式之间的比较根本不存在一个理性的基础。正如库恩所 X
说的：

> 两个理论系列点对点的比较需要一种语言，至少两者的经验结果能以此语言相互转译且意思不会发生变化或有所减少……哲学家现在对达成这样一种理想已不抱希望，但他们中有许多人仍认定理论可通过求助于一个基本的语汇加以比较，这一语汇表整个地是由不可置疑的且一定程度上必要的和独立于理论的词汇所构成，这词汇依附于自然……费耶阿本德和我已经不厌其烦地证明根本就不存在这样一个语汇表。在把一种理论转换为另一种语言的过程中，它们的意义或适用条件总在某些细微的方面有所变化。①

在第5章，我们曾用这些例子去支持这样一种说法，即科学命题的认识论地位是不可靠的。

通过反思历史终结论的思想来探究后现代性具有一个好处，那就是它强调了
147 “普遍交往社会”来临的一系列后果。② 普遍交往社会是由大众传媒、远程通信和计算机造就的信息流通的积累转换而来的社会；它是影像主导的社会。瓦蒂莫(Vattimo)论证说，这一普遍交往并未使社会变得更加透明；相反，它导致了世界观的爆炸和繁荣：“我们不是走向自我透明，而是走向了‘世界的寓言化’。我们接收到的影像并不只是对世界的不同阐释。相反，它们就构成了世界的客观性本身。不再有统一的现实。世界的现实性就是形形色色的寓言化的语境。”③ 历史终结论引发了这样一种观念：我们再也不可能为历史事件建构一个线性的解释。线性的解释是这样一种解释，它把历史看作朝向一个目标——如理性的进步——的过程。启蒙主义的思想家，如瓦蒂莫所解释的，依据西欧人逐渐形成的文明形态来把历史的意义理论化。由于交往社会的出现，我们更清晰地意识到历史的多中心性——来自各种文化的多样历史故事。单一的线性历史的建构不再可能，它再也不可能包容所有这些各自独立的世界观或历史故事。所存在的“只是从不同观点投射而来的过去的影像……根本没有一种‘历史’……能够统一所有其他的历史”④。所谓“理性从神话知识的阴影中获得解放”⑤ 这样的总体化宏大叙事不再可能。“解神话化本身已被看作是一种神话。”⑥ 正如瓦蒂莫所指出的，“对解神话化的解神话化……可

---

① 托马斯·库恩：《答诸位批评家》，见：《批评与知识的增长》，伊姆雷·拉卡托斯、艾伦·穆斯格拉维编（纽约，1970），231～278页。正如在第5章说过的，库恩的立场在《科学革命的结构》的第2版中有所变化。

② 瓦蒂莫：《透明的社会》，1页。瓦蒂莫的著作还证明了不利方面的存在。例如，参见吉安尼·瓦蒂莫：《历史的终结》，见：《巴别塔的时代精神：后现代主义的论争》，因格伯格·霍斯特利编（布鲁明顿，1991），133页。瓦蒂莫评论说，“后现代思想没有能力对当代社会状况提供一个理性的批判，更一般地说，为任何理性的讨论提供一个基础，这正是为什么哈贝马斯不同意列奥塔的主要原因，这种无能显然与这一事实有关，即，在后现代思想中，元叙事已经消亡了。后现代心灵，依据哈贝马斯的观点，没有能力为理性的批判提供基础，因为它不再相信历史可能的理性进程——在它看来，这是因为元叙事已经被驳倒了”。

③ 同上，24页。

④ 同上，3页。

⑤ 同上，39页。

⑥ 同上，39页。

以说就是从现代向后现代转变的真正时刻”①。

不仅对于后现代理论的构成我们找不到一个统一的观点，而且对于“后现代”这个词的用法，我们也无法达成一致。“现代性”这个词，正如人们常常说的，就包含在“后现代性”这个词中。因而，自然而然地，人们会认为后现代性与那被现代性理解的任何东西之间有着一定的关系。但是，对于这一关系的本质，人们存在着众多不同的看法。有一种广为流传的观点认为，应把这一关系理解为是一种否定。另有一些人则从另外的角度看待后现代性。例如，把后现代性看作现代性的核心观念的扩展或者是现代性所本有的一种力量，它消解着深层的意义，甚至有可能会随着那一套基本观念和/或社会的变革而终结。詹姆森（Frederic Jameson）、拉克劳（Laclau）和莫芙（Mouffe）就属于这一类。例如，弗雷德里克·詹姆森把后现代主义看作是资本主义发展的一个阶段②，而莫芙描述她和拉克劳的观点既是现代的又是后现代的③。建构的（或修正的）后现代主义与解构的（或消解的）后现代主义之间存在着一定的区别。有人描述建构的后现代主义乃是对现代的世界观的某种修正，仍提供了科学、伦理、美学和宗教的“新的统一”④。也有人把它描述为（几乎等于没说）是共同体得以恢复的一种状态。⑤ 本书给出的解释属于解构的 *148*
后现代主义。正如格里芬（Griffin）所说：“从解构的后现代主义者的观点看，这种建构的后现代主义仍不可救药地与过时的概念结合在一起，因为它想要拯救肯定的意义，不仅把人类自我、历史意义和真理看作一致的，而且坚持一种前现代的观点，即承认神圣的现实、宇宙意义和魔化的自然。”⑥ 另有一些人把后现代性看作超越了（元）现代性的系列基本倾向——也许，在一定意义上说，是与现代性无关的一系列基本倾向［有一个类似的情形：据说，有些图书馆管理员把亚里士多德的形而上学笔记放在物理学笔记的后面（之后）——旁边，或另一边］。查尔斯·詹克斯（Charles Jencks）是一个例子，他认为后现代性不是对现代性的反动；他描述建筑中的后现代性是具有另一风格的“现代”建筑的“双重编码”⑦。而且，

① 瓦蒂莫：《透明的社会》，42 页。

② 弗雷德里克·詹姆森：《后现代主义，或晚期资本主义文化逻辑》，载《新左派评论》，53～93 页，1984(146)。

③ 珊塔尔·莫芙：《走向一种“新社会运动”的理论阐释》，见：《重读马克思》，萨卡里·汉尼宁、列纳·帕尔丹编（纽约），139～143 页。

④ 戴维·雷·格里芬等编：《构成主义后现代哲学的创始人》（阿尔巴尼，1993），前言，8 页。

⑤ 罗杰·布尔格：《技术、官僚制和美国的康复：后现代范式》（艾奥瓦，1988）。

⑥ 格里芬等编：《构成主义后现代哲学的创始人》，前言，9 页。

⑦ 查尔斯·詹克斯：《什么是后现代主义？》（纽约，1986）。詹克斯强调说，这一结合在形形色色的后现代艺术中都可以看到。也可参见查尔斯·詹克斯：《后现代主义：艺术与建筑中的新古典主义》（纽约，1987），40 页。正如他所说：“在我们要讨论的所有这五个（绘画）潮流中，古典的动机与当代的元素结合在一起，传达出一种回应我们时代的现实的感觉。正是这种结合，使得这些艺术家成为后现代的古典主义者，而不是复兴者或正典的古典主义者。”这五个潮流分别是：“形而上古典主义”“叙事古典主义”“隐喻古典主义”“现实主义的古典主义”和“古典的感觉”。进而，詹克斯还谈到了后现代古典建筑的四个传统。它们是：基础主义的古典主义、复兴派古典主义、都市派古典主义、折中派古典主义。在讨论后现代性时把这些艺术包括在内之所以会使问题变得更为复杂性，那不仅是因为这些多样性，而且也是因为艺术和文学领域的后现代主义其实是“对 19 世纪末 20 世纪初艺术—文学运动中狭义的‘现代主义’的一种特殊反驳”（前言，8 页）。

否定或扩展或超越的观念可在多个方面加以理解。例如，福斯特（Foster）就区分了“力图解构现代主义和抵制现状的后现代主义与否定前者而欢呼后者的后现代主义”[①]。弗兰克尔（Frankel）则声称现代—后现代的争论“在许多方面已成为随着‘后工业’社会的出现而来的文化和社会生产的本质的直接争论”[②]。对于谁应当算作是后现代主义者，难以达成一致看法。有的据称对后现代性做出了贡献的人并不认为他们的观点是后现代的或承认自己是后现代主义者。米歇尔·福柯就回避这个词和这个称呼；费立克斯·瓜塔里（Félix Guattari）——另一个重要的贡献者——就攻击后现代主义是犬儒主义和保守主义[③]；雅克·德里达（见第8章）在使用这个词时也很勉强。甚至那些接受后现代主义者这个称呼的人所提供的东西也各自不一。让·鲍德里亚并不同意上面提及的弗雷德里克·詹姆森的论述。鲍德里亚以及其他人认为后现代性与现代性之间有着根本的断裂；詹姆森和其他人则力图用后现代的观点作为他们的社会理论和政治理论的一部分。如果把所有那些谈论过后现代的人都包括在内，那差异会更加明显。例如阿诺德·汤因比（Arnold Toynbee）是比较早使用后现代这个概念的人，他描述后现代依据的是新的都市劳动阶级、其他的国家和“后基督教”宗教的出现。[④]

追踪后现代性的根源和历史甚至会产生更为多样的解释。像尼采、海德格尔、维特根斯坦（以及哈贝马斯所谓的“资产阶级的阴郁作家”）这样的先驱也可以算在内。[⑤] 麦迪逊提供了这方面的资料且走得更远；他描述詹姆士（James）的实用主义是哲学中后现代主义真正的开端（但也是没有追随者的开端），他还描述后现代哲学“真正的和实际的”开端始于1900年的爱德蒙德·胡塞尔。[⑥] 从社会理论的角度看，有关新的社会形态的讨论出现于20世纪50年代和60年代[如彼得·德鲁克（Peter Drucker）、怀特·米尔斯（C. Wright Mills）、阿米泰·艾特泽尼]。后现代性的观点在艺术史和美学理论中发展得更为完善；后现代的
149 艺术形式在建筑、绘画、诗歌和文学中出现于20世纪70年代和80年代。例如，有许多文学理论家在20世纪60年代就在批评中普及了后现代概念，如对高雅文化的建制化的批评。[⑦] 得益于后结构主义者和其他人，后现代性的发展在法国表现得最为明显和成熟。贝斯特（Best）和凯尔纳在其对后现代理论的解释中描述了八个大陆作家：米歇尔·福柯、吉勒斯·德鲁兹（Gilles Deleuze）、费立克斯·瓜塔里、让·鲍德里亚、让-弗朗索瓦·列奥塔、弗雷德里克·詹姆森、恩斯托·拉克劳和珊塔尔·莫芙。[⑧] 他们决意把雅克·德里达、朱丽亚·克里斯蒂娃

① 霍尔·福斯特：“后现代主义：前言”，见《反美学：后现代文化论文集》，福斯特编，前言，11～12页。

② 鲍里斯·弗兰克尔：《后工业的乌托邦》（剑桥，1987），10页。

③ 费立克斯·瓜塔里：《后现代的死胡同》，载《动漫艺术》，第128期，40～41页，1986年5月。

④ 阿诺德·汤因比：《历史研究》，第8卷（伦敦，1954），338页。

⑤ 查尔斯·桑德斯·皮尔士、威廉·詹姆士、亨利·柏格森、阿尔弗雷德·诺斯·怀特海、查尔斯·哈特肖恩都被认为是构成主义后现代哲学的创始人。参见格里芬等编：《构成主义后现代哲学的创始人》。

⑥ 麦迪逊：《后现代性的解释学：人物与主题》，前言，11页。

⑦ 欧文·豪：《新之没落》（纽约，1970）。

⑧ 史蒂文·贝斯特、道格拉斯·凯尔纳：《后现代理论》（纽约，1991）。

(Julia Kristeva)、罗兰·巴尔特（Roland Barthes）和雅克·拉康（Jacques Lacan）这些后结构主义者排除在外。在 20 世纪 80 年代的美国，后现代性仅仅指社会科学领域的某种普遍兴趣。

不论现代性与后现代性之间是否如鲍德里亚和其他人所认为的那样存在着暂时的断裂，都会出现第 3 章讨论过的类似的问题。一方面，可以想象现代性会无限期地持续下去吗？认为我们正在进入或已经进入一个全新的时代是不可能的，这不是很奇怪吗？有人在某些事件中为历史断裂找到了有力的证据，如在 20 世纪的大动荡中，在世界和城市人口的飞速增长中，或在后西方时代环太平洋地区的重要性日益增加的可能中。还有一个回答是认为现代性和后现代性是同时性的。例如，我们可以把后现代性看作前面所说的那一说法的体现，即哲学和社会理论已经走到了尽头；因而列奥塔说，“要人类从贫穷、无知、偏见和享乐的匮乏中彻底解放出来，对于现代性而言是不可能的”①。又如，我们在第 3 章提到这样一种可能的观点，即把现代和后现代看作我们所遭遇的人类状况和集体处境的矛盾趋势，亦即现代和后现代有时可看作是并存的。后现代在人性的诗性方面可找到知音；现代则是指我们的理性的方面。回忆一下第 3 章提到的尼采的狄奥尼索斯精神和阿波罗精神这一对矛盾的精神。其矛盾就在于理性的不可言说性和可言说性的矛盾，在于是赞成还是反对理性，后者假定，所有的一切都可以清楚地获得解释，只有理性的解释是真实的。现代主义和后现代主义就是这样的两种倾向或过程，我们参与其中，或者说我们分享着它们。

我们可以把后现代性和现代性理解为是共时和历时的存在，就是说，或是同时发生的，或是各自在某个特殊时期出现的。文本间性也遭遇了类似的、有关时间性的选择问题。普勒特（Plett）指出，文本间性运用的是两个相反的角度。共时的角度关涉的是所有文本的同时存在，历时的角度采取的是历史的研究。② 这一区分在某些历史的阶段化中尤其明显，后面将说到这一点。例如，伊哈布·哈桑（Ihab Hassan）认为后现代主义可追溯到 20 世纪 30 年代甚至 19 世纪 90 年代：“‘阶段’一般地根本不是一个阶段；它是历时与共时的建构物。”③

我们可以把后现代性看作对时代的隐喻表述。正如第 3 章已经指出的，列奥塔认为，后现代在现代之前就发生了：“一部作品只要它首先是后现代的，就可以成为现代的。后现代主义因而可理解为不是现代主义的终结，而是现代主义的原初状 150
态，这一状态是永久存在的。”④ 列奥塔的观点是，后现代暗示着一种时间上的两难，暗示着由事件所表明的时间鸿沟。在他看来，一个事件乃是一次发生，它如此之与众不同，以至于不能被看作仅仅是尚未失去其本色的某个时刻；它不能在时间中被理解，因为它改变了话语指涉的框架。美国宪法的颁布就是这种事件的一个例

① 让-弗朗索瓦·列奥塔：《访谈》，302 页。

② 亨利希·普勒特：《互文性》，见：《互文性》（纽约，1991），25～26 页。

③ 伊哈布·哈桑：《后现代主义的问题》，载《布克纳尔评论》，第 25 卷，117～126 页，1980（2）。又参见伊哈布·哈桑：《后现代转向：后现代理论与文化》（哥伦布，1987）。

④ 列奥塔：《后现代状况》，79 页。

证。正如列奥塔所指出的：“我使用‘后现代’这个词：它不过是一个挑衅的方式，为的是对抗知识领域的基础。后现代性不是一个新时代，它是现代性力图或假装获得的某些特征的重写，尤其是为了人类普遍解放的目的而确立其合法性的时候。但是这一重写……一直以来是现代性本身就具有的。”①

## 9.2 超现实

什么是鲍德里亚的超现实？回想一下本章已经提过的那一说法，即后现代否定了现实与表象的区分。正如鲍德里亚所说的，超现实“甚至想抹除现实与想象之间的区分。非现实不再依存于梦想或幻觉，也不是存在于彼岸，而是存在于其自身之现实性的幻觉相像物中”②。超现实是现实与非现实的混合，是现实在拟象的领域被转化。这一理论和其他后现代思想一样，可以依据否定的方式获得最好的表达。在后现代性中，现实不具有任何特权。现实与非现实之间没有明显的分界线，甚至对来自这一肯定的陈述的确信也不存在。正如鲍德里亚所说：“幻觉不再可能，因为现实不再可能。”③ 他还说：“所有的表象都合谋参与意义之战，铲除意义，不论是否有内容。”④

在鲍德里亚看来，超现实是以前区分开来的实体之间的爆炸的结果。超现实主义是“对现实精细的复制，尤其是借助另一种复制性的媒介，如摄影”⑤。超现实，正如他所解释的，是没有指涉物的仿象的世界。它“整个的是在拟象的王国内”发挥作用。⑥ 政治的、社会的、历史的和经济的现实整体“被并入到超现实主义的拟象维度”⑦。在别的地方，鲍德里亚以相反的方式表达了这一思想。正如他所说的，“今天，正是平凡的现实在其政治的、社会的、历史的和经济的整体中从此合并了超现实主义的拟象维度”⑧。在他看来，所有的一切都爆炸了；所有的分界线都被吸入内部。拟象比现实更为真实。现实的经验和基础消失了。这一说法的力量与鲍德里亚的另一观点相平行，即现代性的终结标志着历史的终结。鲍德里亚的观点是，现代—后现代的划分标志着宇宙历史中最大断裂的弥合——从真理转向真理的
151 终结。鲍德里亚指出，人类已经从历史中滑脱。⑨ 在他看来，我们已经——但没有认识到这一点——抛弃了现实。但是现实“不会消失”⑩。现实“不仅是能被复制的东西，而是成了已经被复制的东西，这就是超现实”⑪。现实“本身就是超现实”⑫。

---

① 让-弗朗索瓦·列奥塔：《重写现代性》，载《实质》，第54期（1987），8～9页。

② 让·鲍德里亚：《象征交换与死亡》，见：《让·鲍德里亚选集》，145页。

③ 让·鲍德里亚：《拟象与仿象》，见：《让·鲍德里亚选集》，177页。

④ 让·鲍德里亚：《论引诱》，见：《让·鲍德里亚选集》，150页。

⑤⑥⑦ 鲍德里亚：《象征交换与死亡》，见：《让·鲍德里亚选集》，144页。

⑧ 让·鲍德里亚：《拟象》（纽约，1983）。

⑨ 例如，参见让·鲍德里亚：《忘记福柯》（纽约，1987）。

⑩⑪⑫ 鲍德里亚：《象征交换与死亡》，见：《让·鲍德里亚选集》，146页。

超现实是一个晦涩的理论，正如后现代主义的所有理论——或非理论——一样。如果我们不觉得超现实是不可思议的，那我们也就不会觉得后现代性的其他理论是不可思议的。它几乎浅薄地原样照搬（如果可以使用这个动词）这样一个观点，即基础主义和认识论的谋划是无指向的，如同图像化的世界的无指向性一样。理性的本质和作用并不是一回事，现代主义的真理观、体系观、一致观和理性观都将被否定。历史终结论也更容易理解。由于这些原因，考察一下所谓的超现实理论的"合理性"应当是有帮助的，尽管有些后现代主义者对合理性不抱有任何特别的希望。

首先，认识一下界定和运用**现实**这个词的困难应当是有帮助的。对于什么样的东西可以算作是现实的东西，人们的看法有着根本的差异。例如，唯心主义者会说现实即是心或精神，唯物主义者则会说现实即是物质，等等。[①] 我们不妨做一个心理实验。环视一下你周围的世界，沉思或想象一下什么是现实的和什么不是现实的；先以唯心主义的假设，接着以唯物主义的假设，完成这一切。这时就会出现困难。可能性是现实的吗？选择是现实的吗？未来的事件是现实的吗？想象物是现实的吗？例如，可能性是否是现实的，这可以讨论。布切勒（Buchler）说："首要的是，哲学家当遇到诸如可能性与现实性的关系这样的问题时，不知道该如何使用'存在''生存'或'现实'这样的概念。"[②]

不仅对于什么样的东西可以归入现实一类，而且对于一种现实观究竟意味着什么，不同的人，想法各有不同。我们并不清楚，现实是否指涉宇宙中的实在或终极实在。现实包括这个语言处理机的表象，包括这个语言处理机本身——不论其呈现给我的表象为何——包括构成这个语言处理机的化学元素或原子粒子吗？我们也不清楚，现实是否指涉存在。麦克塔伽特认为是这样——差不多是这样。他描述现实具有"一种不可定义的特征，对它的言说，只能是：所是即为现实"[③]。他说，即使有某个现实的东西是非存在（如可能性），那也没有任何实际的影响。另一方面，在布拉德雷看来，现实与存在不是同义的。例如，他说，时间和空间都是非现实的，但他又说这两者都现实地存在着："时间和空间不过是表象，而且结果是完全确定的。另一方面，两者都存在着；两者都以某种方式归属于我们的绝对。"[④] 实际的情形甚至更为复杂。例如，有人说现实是有层次的；

---

① 诸如"唯心主义"与"唯物主义"这样的哲学术语可有各种不同的理解。例如，参见肖恩·塞耶斯：《现实与理性：辩证法与知识理论》（牛津，1985），前言，14～15 页。塞耶斯评论说，"唯物主义"这个术语"在近些年被大量滥用，以至于常常用来仅仅指'我所坚持的理论'（不论其本身为何）。因此我必须强调的是，我在此是在其严格的哲学意义上使用这个术语来指涉这样一种理论，即意识不能独立于物质而存在，所有的现实根本上说都是物质的。唯心主义则正好相反：它认为，现实根本上是理想的，是纯观念、阐释或别的什么东西的构成物或创造物"。至于认识论中的实在论观点，例如，区分出直接的（或朴素的）和再现的（或"反映理论"）实在论也是十分重要的。塞耶斯描述前者"认为我们是通过我们的感官经验当下地和直接地意识到现实"（4 页），而后者的特征就是强调"我们当下意识到的并不是现实，而是表象、意象、感觉、印象或观念"（4 页）。另外，对于它们还可以进一步做出区分。

② 布切勒：《自然合成物的形而上学》（纽约，1966），4 页。

③ 约翰·麦克塔伽特：《存在的本质》，第 1 卷（剑桥，1921），3 页。

④ 弗朗西斯·布拉德雷：《表象与现实》（牛津，1893），181 页。

另有人则否认这一点。布拉德雷和麦克塔伽特分别属于这两种不同立场的主要思想家的代表。

对现实的一般描述可以是给定的，但如何定义它却是不清楚的。例如，伯
152 特兰·罗素提供了一个一般的描述，他写道："当我想言说我现在正在经历着的现实性时，为解释我所说的意思，我最好是说，我意指的是你不得不以对世界的完整描述来提及的一切；这样就可以让你把握我所说的意思。"① 但是，罗素的这一解释唯一的结果就是延搁了那一问题；例如，什么是"对世界的完整描述"？一般的描述不是一个定义。在定义的问题上，麦克塔伽特证明说："'所是即为现实'这个命题尽管为真，却无助于我们定义现实，也无助于我们以别的方式来决定现实，因为在'所是'这一短语中，'是'即为存在，而存在即为现实。"②

在有些思想家看来——例如摩尔（Moore）——现实属于一般常识的问题。在《为常识辩护》中，摩尔采取的立场是，我们拥有"对世界的常识观点"，这一观点是由我们知道为真的命题构成的。③ 我们（他认为）满怀确信地认识它们。这一观点有其不足，它与其说是一个论证，不如是信念的陈述。在另一些人看来，**现实的**这个词不只有一个意义。例如，J. L. 奥斯汀（J. L. Austin）认为，尽管**现实的**是一个标准的词，但它缺乏"单一的、明确的、永远同一的含义"④。他描述这是一个渴望着某种实在（substantive-hungry）的词（意即你只有在知道 X 为何物的意义上才能说 X 是现实的），是一个"穿着裤子的词"（trouser word，意即对于理解**现实的**而言，不是现实的是更为基础的）。他还描述**现实的**是一个方向性的词（dimension word，是一组其他类似的词——如**人工的**和**真正的**——中的一个词）和一个"调节词"（adjuster word，它可以使我们应付各种意料不到的新情况）。

其次，重申一下后现代主义者的观点是有帮助的，这就是他们否认现实是实体（因为他们认为实体的观点是形而上学的神话），否认依据物质—非物质、生成—存在、偶然—必然这样的对立来考察宇宙。笛卡儿的有限实体观点是："当下地存在于主体中的东西，或借助主体存在着的、可为我们所感知到的东西，如属性、性质或特性——我们对其拥有一个现实的观念——所有这一切都可称作是实体。"⑤ 这一实体观在其漫长的历史中被赋予了各种各样的含义，但有一种观念认为人们能够在某物与某物的性质之间做出区分，这一观念似乎难以立住脚。例如，正如英国经验主义者贝克莱（Berkeley）和休谟所说，没有性质或属性的实体是不可想象的。⑥

---

① 伯特兰·罗素：《逻辑原子主义哲学》，见：《逻辑原子主义哲学及其他》，约翰·斯拉特（伦敦，1986）。

② 麦克塔伽特：《存在的本质》，3 页。

③ 摩尔：《为常识辩护》，见：《摩尔选集》，托马斯·巴德温编（纽约，1993），106～133 页。又参见诺曼·马尔科姆：《为常识辩护》，见：《摩尔哲学研究》，克勒姆克编（芝加哥，1969），200～219 页。

④ 约翰·奥斯汀：《感觉和可感物》（牛津，1962），64 页。

⑤ 笛卡儿：《答反驳第 11 条》，见：《哲学著作》，第 2 卷，53 页。

⑥ 例如，参见查尔斯·布罗德：《贝克莱对物质实体的证明》（纽约，1975）；戴维·休谟：《人类理解论和道德原理探究》（牛津，1975）。

那么，我们该如何区分表象与现实？对此可以有完全不同的回答，而对于这些回答，都可以提出最可信的证明。前面提到了哲学家 F. H. 布拉德雷。在他的理解中，表象是自我矛盾的/自我差异的/不连贯的东西。[1] 在他的《表象与现实》(*Appearance and Reality*) 一书中，“表象”的部分又分为第一性质与第二性质；实体与属性；关系与性质；空间与时间；运动、变化与知觉；因果关系；活动性；物；自我的意义；自我的现实性；现象主义；物自身。在布拉德雷看来，所有这些表象都是自我矛盾的，最后两种其实不是表象。根据他的观点，所有的关系都是纯粹的表象，因为他坚持认为关系的观念总包含矛盾。再看一下布拉德雷的现实。正如蒂莫·艾拉克斯宁 (Timo Airaksinen) 所说：“布拉德雷的主要观点是，存在着某个东西，它包含着，或者说，就是那所是的一切，亦即某种原初的总体性，这一总体 *153* 性，以真正黑格尔主义的方式说，就是无限的综合体，在其自身之外只有虚无。这一总体性就是一个‘直接的’统一体。”[2] 另一方面，我们发现，伯特兰·罗素证明说，事实的总体性观点必将导向矛盾。[3]

在此的关键不仅仅在于现实是一个难以把捉的主题，而且在于对表象和现实的讨论总是附加的。谈论两者间的区分暗示着区分是存在的（尽管也可能不存在）。我们都是这一悠久的区分传统的继承人。它可追溯到哲学思考的开端。古代哲学家继续在寻求作为表象世界之基础的现实。这里使用**继续**这个词，是因为我们知道原始宗教和诗人早就在探寻表象背后的现实，闪电背后的神或女神，地震和火灾背后的神意；奥菲斯教和荷马 (Homer) 就是典范。[4] 还有米利都人对本质现实的寻求，如泰勒斯 (Thales) 说水是万物之始基，阿那克西曼德 (Anaximander) 说无定形者是万物之本，阿那克西米尼 (Anaximenes) 说气是万物之始源。还有赫拉克利特 (Heraclitus) 的火、毕达哥拉斯 (Pythagoras) 的数，以及柏拉图对形式的世界与生成的世界的区分——后者存在着，仅仅是因为它以某种方式分享了形式的世界。对实体的寻求，寻求能解释存在和万物之统一的东西，这种活动一直在继续。(正如前面已经指出的，实体的观念在近几个世纪受到了严厉的批判。) 表象与现实之间的区分常常被认为是黑格尔的主要原则。我们是所有这一历史的继承人，是一系列哲学家和科学家的工作的继承人，是现代性的机械论宇宙观的继承人，也是在当代宗教和社会中所有有关现实的言论的继承人。据说，在现代性中，我们可能不加提问就承认实在是不同于表象的存在。这一倾向将使得接受鲍德里亚的超现实的说法变得更为艰难。

最后，考虑一下表象与现实之间的区分尤其模糊的地方的情形可能是有帮助

---

① 弗朗西斯·布拉德雷：《表象与现实》(牛津，1930)。又见戴维·法默尔：《布拉德雷与麦克塔伽特：一种双重阅读》，见：《教育学问题》，奥内拉·贝里尼编 (米兰，1994)，20～42 页；以及伽里特·范德·维尔：《布拉德雷的形而上学与自我》(新哈文，1970)，103～113 页。

② 蒂莫·艾拉克斯宁：《现实的本体论标准：布拉德雷与麦克塔伽特研究》(图尔库，1975)，1 页。

③ 法默尔：《在时间之中》，135～138 页；又见塞恩斯伯里：《罗素》(伦敦，1979)，308 页以下。

④ 乔纳森·巴恩斯：《早期希腊哲学》(纽约，1987)，50～60 页。该书第一章题为“先驱者”。又见威廉·琼斯：《古典心灵：西方哲学史》(纽约，1969)。

的。一个问题是，许多年以来，在那似乎现实的东西与那似乎不现实的东西之间，要划出一条明确的分界线不是越来越困难了吗？另一个问题是，我们能不能想象这样一种情形，即要划分出这样一个分界线是不可能的？鲍德里亚给出了许多例子，在那里，没有所指的符号比任何所指都“更为真实”，他指的大概是在电视、电影中，在我们的谈话方式中，以及我们日常生活的其他地方所存在的影像或符号。广告就是典型的例证。例如，鲍德里亚要求我们想象，在一个已经被剥去了其所有记号的城市，只有 GARAP 这个词被书写在所有的墙壁上。[①] 它是一个没有所指的纯粹能指。人们对它感到茫然不解。它就这样被人讨论、阐释和消费；人们就这样阅读着 GARAP 这个词语的含义，并最后相信它的存在。对于鲍德里亚而言，这就是超现实的体现。

鲍德里亚针对的可能是晚间新闻和政治生活中的符码的地位、意义和媒介的结
154 合。那能看懂不同国家的新闻节目（如美国新闻网、特纳广播、莫斯科晚间新闻）的观众，一定意义上说，在不同频道上看到的是不同的现实。看一下 1992 年政治集会的现场在游离于 C 网（没有喋喋不休的评论员）与网络频道（有多个说个没完的评论员）之间的观众当中是如何发生改变的。也可以看一下一个事件是如何通过电视或报纸的报道而成为一个事件的。主流报纸的政治新闻，如《华盛顿邮报》(*Washington Post*) 或《纽约时报》(*New York Times*)，就是范例。鲍德里亚针对的可能还有肥皂剧和电影的影像。他可能针对的是演员的超现实，他们不代表有血有肉的个人，如斯波克先生（Mr. Spock）和迪特·哈里（Dirty Harry)。观众被卷入角色的生活，享受着他们的成功喜悦，与他们共患难。就这样，肥皂剧的主人公成为现实的。不考虑这些头脑简单的人行为处事的情境是远远不够的。能够投入电影、戏剧或歌剧的情境，悬置我们的不相信，把故事与角色看作现实的，这难道不是复杂化的标志吗？

后现代主义者要求我们思考理想何以常常比现实更真实。对于模特而言，一个理想的形象是……对于男人而言，一个理想的重量是……理想的饮食是……理想的度假是……理想的过圣诞节的方式是……理想的睡觉时间是……我们的语言难道不能反映把理想看作真正的现实的倾向吗？她是一个真正的女人；他是一个真正的男人；他是一个真正的士兵；她是一个真正的艺术家。可以看一下鲍德里亚对迪士尼乐园的评价，他把它说成是“矛盾的现实理想化的转换”[②]；“迪士尼乐园的存在隐藏了这样一个事实，即它是一个‘真实的’国度，‘真实的’美国的全部，就是迪士尼乐园”[③]。

日常生活的其他方面的符号和影像也可以给出许多例证。鲍德里亚访问加利福尼亚时，对那里的超现代留下了深刻的印象。[④] 他发现，符号和象征更容易在人们相对不熟悉的美国西南部引起注意。许多熟悉的日常行为是以自动的方式进行的，

① 让·鲍德里亚：《物体系》，见：《让·鲍德里亚选集》，10 页。

②③ 让·鲍德里亚：《拟象与仿象》，见：《让·鲍德里亚选集》，172 页。

④ 让·鲍德里亚：《美国》（伦敦，1989）。

例如，一个驾驶员在不知不觉中突然意识到她已经开车跑了好几英里。如果我们把焦点集中于关注超现实，那就很容易发现，符号和象征的超现实在日常生活中甚至更为常见。这一发现不是发生在意识层面。在这一章的许多注释中，鲍德里亚摘录了许多人穿行西南部的旅行文字，那可能是激励读者去试着感受一下他们所遇到的象征和影像的超现实。[①] 通过意识到超现实主义的影像和象征，就能感受到整个的虚构或获得一种震惊体验，鲍德里亚的洞察在日常生活的各个场所都能感觉到。在公共行政的场所也能找到。

由于这种超现实的体验是私人性的，因而它们不能构成任何证据。不过，理解鲍德里亚是如何感觉到加利福尼亚的超现实还是可能的，尽管我们难以经历那一过程。哲学家摩尔认为，只要招招手就能充分地“证明”外部现实的存在（证明外在于人自身的心灵的实体的存在）。[②] 这一招手证明背后的假设是，“常识”就是充分 155
的指南。鲍德里亚有理由反对这样的证明。他完全可以提问常识是否是一个充分的指南，现实的证明是否就像招手那么简单。“天地之间有数不尽的东西，在你的哲学中梦想不到的东西。”确实，哈姆雷特（Hamlet）是对的。有许多非常识性的发现——如相对论和亚原子物理学的发现——表明：常识——尽管有价值——有时是没有意义的。

## 9.3　知识转向

后现代转向来临了，在所有的社会研究和其他研究活动中，有望发生根本的转变。公共行政的研究同样会发生改变，正如接下来的章节要解释的。一个可望出现的根本变革，就是对构成现代性的核心观念模式的否定。正如前面已经说过的，后现代性否认这种基础性的假设，如现实与表象之间的区分，它也否认现代性的主体中心化的观点中所暗含的理性的特征。变革将在社会科学和所有其他科学的结构与特征中发生。

---

① 下面是摘录自对两个驱车穿越西南部的车手的说明文字［引自乔治·法默尔：《旅行》(n. p.，1992)］：“他们感觉到了超现实……他们驱车穿越莫哈维沙漠。他们穿过巴斯托十分钟后，从汽车收音机内听到，十分钟前，这里发生了地震，震中就在巴斯托。他们明白十分钟前他们做了什么。巴斯托的那次真实的地震曾经是不真实的……而现在它是那么的确实和可怕，尽管它并不存在。

晚上，他们到了内华达边界，路的一旁是一座灯火通明的大厦，这是一个赌场，里面的房间两人每晚要 24.50 美元。赌场旁边是一个灯火通明的州监狱。这似乎是不真实的……他们在拉斯维加斯看到的第一个赌场旅馆是亚瑟王宫——一个真实的非真实的英国中世纪城堡，坐落在都市郊区的中间，用的是一个从未存在过的国王的名字。

第二天，他们前往大峡谷。大峡谷是真实的；它如此之大、如此之真实，以至于看起来像是不真实……在孟菲斯，所有的汽车游客旅馆都出租给了爱尔维斯的歌迷。城里挤满了前来纪念永远活在人心里的爱尔维斯·普雷斯利逝世一百周年的人。对于他的歌迷而言，他是真实的。”

② 摩尔：《外部世界的证明》，见：《摩尔选集》，巴德温编，147～170 页。摩尔写道（165～166 页）：“例如，我现在能证明人的两只手存在着。怎样证明？举起我的两只手，用右手做出一个手势，然后说，‘这是一只’，接着用左手做一个手势，再说，‘这是另一只’。……但是我这就证明了人的两只手的存在吗？我想强调的是，我证明了；我给出的证明是完全严格的，已不可能给出比这更好更严格的证明了。”

后现代性思考了科学、美学与规范学科之间的界限的崩溃。后现代性否认，正如第12章将要讨论的，学院性的学科与知识分层之间的边界线。不再有所谓的经济学、心理学或物理学。后现代性也否认真理、理性、体系和连贯性的理想。进而，经济学、心理学、物理学等这些科学根本就不存在。科学陈述失去了它的认识论的特权地位。科学成为话语，要受到解构，正如我们在第10章要讨论的。

在后现代性中，理论化本身也走向了终结，因为后现代性超越了历史与理论。不过话语会继续存在，令人兴奋的思考还是可能发生。例如，话语的混合可能会使得隐喻和美学去为我们的自我创造和创造提供另外的可能性。这一“自我创造”的观念，正如理查德·罗蒂所说的，所要反对的是笛卡儿主义的和常识的理论，即我们能够认识我们自己和辨别出一个自我。罗蒂写道，我们必须“把人类看作新的描述的生产者，而不是希望能够准确地描述的存在者”①。

对于后现代主义与现代主义话语之间的差别，从伊哈布·哈桑所做的两列对比中可部分地见出，玛格丽特·罗斯（Margaret Rose）认为哈桑是想“对比‘现代主义’与‘后现代主义’的特征”。这个对比的列项如下②：

| | **现代主义** | **后现代主义** |
|---|---|---|
| | 形式（联系的、封闭的） | 反形式（断裂的、开放的） |
| | 目的 | 游戏 |
| 156 | 设计 | 机遇 |
| | 分层 | 无政府 |
| | 主宰/逻各斯 | 消耗/静默 |
| | 艺术对象/完成品 | 过程/表演/发生 |
| | 距离 | 参与 |
| | 创造/总体化 | 非创造/解构 |
| | 综合 | 反题 |
| | 在场 | 缺席 |
| | 中心化 | 离散 |

① 理查德·罗蒂：《哲学与自然之镜》（普林斯顿，1979），378页。

② 罗斯：《后现代与后工业》，49～50页，引自伊哈布·哈桑：《后现代主义的问题》，123页。罗斯引用了哈桑在这篇论文中对现代主义和后现代主义的各项对比：

| | |
|---|---|
| 浪漫主义/象征主义 | 荒诞玄学/达达主义 |
| 文类/边界 | 文本/互文 |
| 范式 | 句法 |
| 合成句式 | 排比句式 |
| 隐喻 | 换喻 |
| 选择 | 混合 |
| 根/深层 | 根茎/表层 |
| 阐释/阅读 | 反阐释/误读 |
| 可读性（供阅读的） | 可写性（供书写的） |
| 生殖的/阳物崇拜 | 多形态的/雌雄同体 |
| 偏执狂 | 精神分裂 |

| | |
|---|---|
| 所指 | 能指 |
| 叙事 | 反叙事 |
| 上帝和天父 | 圣灵 |
| 征候 | 欲望 |
| 源头/原因 | 差异——异延/踪迹[①] |
| 形而上学 | 反讽 |
| 决定论 | 非决定论 |
| 超越性 | 内在性 |

罗斯在这个对比中所使用的术语应当给以注释。她发现“此处给出的后现代主义观仍是詹克斯出于某种意愿解读为‘晚期现代’而不是后现代的观点，并且因此，和其他的‘晚期现代主义’一样，它只能拓展现代主义的语言和范畴，而不能添加什么新的、甚至更为古老的意义”[②]。

当把后现代性的新透镜对准通常被称作公共行政学的领地时，作为可能性的又一个例子，其问题框架有望发生改变。公共行政学很难逃避以那种有代表性的现代主义方式去言说，尽管其具体的理论会改变，但其事实却不会变。现代主义的公共行政及其他事实是以独特的方式被建构的（如私营与公共、媒介与部门、政治与行政、现实与非现实的分离）。从这一领域选取一个孤立的部分作为例子；现代主义公共行政理论的言说依据的是外部压力的关系，仿佛这压力与具体任务的完成无关。在后现代情境中所创造的问题框架，甚至形成这一问题框架本身的本质，都将发生根本的改变。

在这个后现代的时代，该如何评价与公共行政话语的目标相关的行动——如果有的话？相关的后现代话语所关注的独特兴趣点是什么？对于现代主义公共行政理论，也可以提出类似的问题，即该如何评价这一理论发展的基本路线？在本书的第4～8 章对这些问题给出了一整套的回答。现代主义公共行政的实践也存在类似的问题，即公共行政人员的职能是什么？一个普遍受到欢迎的回答——尽管也有许多批评和修正——就是 POSDCORB（七职能论）[③]。

可以期待，有关后现代情境的问题，还有在上一段落的开头提出的那些问题， 157
都会产生出不同的回答。它们将在接下来的章节以这样四个标题被讨论，即想象、解构、非地域化和他在性。别的人可能会说出其他的特征，如崇高或解差异化的美学（有的后现代主义者将其描述为理性化之对立面）；而这四个标题在我看来对官僚制有着特别的意义。当然，讨论的次序也可以有所不同。

---

① 有关 différence（差异）和新造词 différance（异延）的讨论，参见戴维·伍德：“前言”，戴维·伍德、罗伯特·贝纳斯科尼：《德里达与异延》（伊文斯通，1988），前言，10 页。伍德写道：“德里达的意图……在于，以自己的方式，把这些大量的差异思路——包括黑格尔的‘差异性关系’——纳入同一个差异的差异即异延中，以此把逻辑的、本体论的和（先验）美学的价值混合在一起，形成一个差异，这个差异不仅仅是同一性的对立面，而是同海德格尔和结构主义那里存在的表面上不同的主题结合为一。”伍德接下来强调了这个概念的困难，他写道：“对一个‘词’如此之重视——（德里达）甚至否认这个词的地位，因为它本质上反对把这个词理想化——这表明其本身就有弊端。”

② 罗斯：《后现代与后工业》，49～50 页。

③ 正如第 2 章所指出的，POSDCORB 是计划、组织、人事、指挥、协调、报告和预算的首字母缩写。

## 9.4 概　要

对后现代性的本质的描述要比对现代性的本质的描述麻烦得多。对于后现代性，可分别地以历时和共时的方式来看待。我们既可以把后现代性看作一个历史时期，例如，有人说我们已经进入了一个新的时代。也可以把它看作一种与现代性共存的倾向，例如，有人把后现代性看作人的本质和人的状况中的一种矛盾倾向。比如说，理性的不可言说性（后现代性）与可言说性（现代性）之间的对比。恰当地说，后现代主义是一种怀疑主义。

后现代性否定了现代性核心的心灵模式。它否认了中心化的主体，基础主义和认识论的谋划，理性的本质与作用，宏观理论、宏大叙事、宏观政治。它言说历史的终结，它否认现实与表象之间的区分。

超现实是后现代性的核心观念。它是现实与非现实的混合，是现实在拟象中的转换。如果我们首先考虑到定义**现实**一词的困难，其次考虑到后现代主义者（和其他人）对现实是实体的否认，那就能更好地理解超现实。尤其是，如果我们能考察一下现实与表象之间的区分被模糊化的情形，就更容易理解它。

在后现代性中，根本的转变是在社会和其他形式的研究中。现代性与后现代性之间的差异对比表明，在学术氛围中已经发生了根本的改变。社会科学和行动学科将走向终结，尽管它们才形成不久。理论化，正如我们所知道的，也将走向终结。所有学科的科学构成将变成话语，且是要受到解构的话语。

为所有的研究描述的那些根本转变也适用于公共行政的研究，正如接下来的四章将要讨论的。这一讨论将集中于考察后现代话语的四个独特的兴趣点：想象、解构、非地域化和他在性。

# 第 10 章



# 后现代性：想象

> 1968 年 5 月底巴黎的现实与其说是 5 月前的状况的必然发展……不如说更符合学潮的生动想象。……5 月风暴……简洁明了地确立了新的社会现实，在那里，活生生的人散发出能量，没有什么是绝对主导……人的想象自由地迈出了巨大的一步，建构了一个更完美的世界。“一切权力归于想象”，1968 年 5 月的巴黎，到处都是这样的标语，它将刻写在未来时代人们的生活和制度中。 158
>
> ——卡塔西亚费卡斯（Katsiaficas）[①]

**想象**（imaginization；to imaginize）。这个词——在本章的使用中书写作黑体时是为了和同一词的其他用法区分开来——常用于象征所论的后现代性四个方面的第一方面。[②] **想象**意指着对韦伯所认识的现代性的首要特征的背离，即是对理性化的背离。这一偏离并不意味着对理性的废除，也不含有古典的公共行政理论家所讲的幻想（vision）的意思。它所意指的是，随着现代性的自足领域的爆炸，随着美学、科学和规范丧失了其排他的内部逻辑，**想象**将成为新的思维和行动动力的主导方面。在现代性中，想象只是在某一个领域即美学领域居于主导地位；而在后现代性中，它将不会受到这样的阻隔和限制。

**想象**在后现代性中对社会的影响类似于理性化在现代性中的

① 乔治·卡塔西亚费卡斯：《新左派的想象：1968 年全球分析》（波士顿，1987），7 页。

② 为在这些不同用法间有所区分，本章使用黑体的**想象**概念是想强调这里的含义（但仅仅是在这一章）。

影响，是普遍的和激发性的。现代性的理性化日益扩展以至于遍及整个社会，使越来越多的东西归属于理性的主宰之下。理性成为科学、技术和现代主义阐释的基础。其他的方面也扮演着重要的角色，但它们是附属的，因为所有的一切都从属于理性的判断和计算。类似地，后现代性的**想象**也扩展到整个社会。社会中的个体和社会的各要素都力图将想象置于其相互关系和其生活的核心地位，如同现代主义者以前对理性所做的那样。

*159* 后现代的视角强调视像和视像化的重要性，强调没有指涉物的视像的地位和意义。视像（从广义上来理解，见下面的讨论）一直以来都具有巨大的重要性，但其意义从未像在后现代情境中那样受到重视。因此，随着**想象**的发展，想象有望扮演着越来越重要的角色，不仅在发现的语境中，而且在所谓的论证的语境中。一般地，在西方传统中，想象被认为是附属的。想象在我们的日常生活中扮演着，且一直都扮演着重要的角色；甚至保险统计员和会计人员都在附属的意义上运用他们的想象。但想象更为戏剧性的产品主要地被限定在艺术方面，而我们又总是将这一领域边缘化；另一方面，理性化则创造了重要的经济和科学奇迹。如果把发现的语境与论证的语境区分开来，就更容易看到这一点；在科学信息的发现（或艺术作品的生产）中所运用的东西不同于在证明科学信息（或评价艺术作品）的过程中所运用的东西。不可避免地，我们总会受到经济和科学领域的事实——尤其是在论证的语境中——的不良影响。想象总会令理性感到不舒服。它是多维度的，总要抗拒被纯粹的理性主义范畴所把握。人们在谈论想象的时候，似乎总想说它是不可言说的，或至少要说它是人们所不熟悉的。例如，有些论及想象的人（如卡尔·荣格）还受到东方传统的吸引。① 另外，想象令人不舒服，不仅因为它是我们自身的一个方面，需要更多的解释和说明，而且因为我们总倾向于把它和非真理、缺乏控制甚至癫狂联系在一起。本章所讨论的想象并不是指伊曼纽尔·康德所反对的那种狂想或空洞的激情。想象不是激发无所用心的白日梦的良方，也不是——正如人们时常粗暴地声称的——推进科学的激进猜想（S. W. A. G.）的良策。

有人对萨特（Sartre）有关想象之可能性的解释吹毛求疵。他们认定萨特走得太远，因为他一味地把罪责推给统治阶级，尽管后者的作用的确很大。萨特强调说，想象的首要作用就是导致了生命的更新和解放，实现了人类潜能——在某个重要的意义上说——对理性的超越。萨特阐释 1968 年学潮的口号“一切的权力归于想象”意味着“可能性的领域要比统治阶级使我们习惯于相信的东西远为广阔”②。

如果说**想象**在后现代性中确实发挥着普遍的作用（类似于理性化在现代性中的作用），那它对公共行政的实践和公共行政的思考将有着深远的意义——而且对公共行政的基本谋划也有着深远的意义。对此可看一下第 2 章对 NASPAA 有关公共行政学科的本质的解释。例如，NASPAA 描述公共行政学科的首要特征是“多元

① 艾伦·瓦特斯：《东西方的心理治疗》（纽约，1961），3 页。瓦特斯评论说：“如果我们深入地看一下佛教和道教、吠檀多和瑜伽的生活方式，我们就看不到西方意义上的哲学和宗教。我们看到的东西更接近于心理治疗。”

② 让-保罗·萨特：《存在主义与马克思主义之间》，约翰·马修斯译（伦敦，1974），125 页。

创新"，它论及了其中的四次"创新浪潮"。第一次浪潮的目标是想把公共行政建立 160
为一个有关某一特殊的专业能力的学科；接下来的几次浪潮是公共事务、公共政策和公共管理运动。范式的每一次变革都意味着"根本的"谋划发生改变的可能性。只要公共行政的这类谋划在后现代性中还是必需的，那就意味着还要强调发挥行政人员更大的和相关的想象能力。不过，所意味着的这一改变不可能只存在于单一的目标转变，如对某些主题的强调（如非正统的组织理论）和对其他主题的忽视（如预算这样的技术性主题）。而是意味着一个广阔的变化，包括最终抛弃依据这些谋划进行思考的可能性。在考察完后现代性的其他方面（这些方面将在第 11 到 13 章中讨论）之前就考虑公共行政的谋划还为时尚早。把焦点单单集中于想象的作用，所提供的还只是有关公共行政的实践和公共行政的谋划这些改变得不充分的角度。我们还必须注意由解构、非地域化和他在性所意指的转变。我们在第 13 章还将回到公共行政的这一谋划。我们将明白，后现代性强调的是多元创新的重要性，并在根本上是要发展这一多元论的观点。我们还将明白所解释和所描述为反行政的东西的方向。反行政这一概念将在第 13 章加以讨论，在那里，它将被解释为是代表着一种根本上反官僚制的治理方式。这一方法将强化治理的作用，同时又与韦伯式的官僚活动的理性主义模型的核心特征形成对照。[①]

在现代主义的情境中，理性化对于管理者既是内部的又是外部的。管理者在官僚制内部并借助官僚制来扩展理性。当然，也有许多特例（如在非理性的基础上进行运作的领导者），但一般的规则都是依据他们的理性来对行动加以判断，理性地采取行动，并把下属管理者和工作人员引向理性的行动。在新的情境中，领导者和管理者极力想运用想象进行管理，把想象放在首要位置；他们把激发下属和其他人的想象作为自己的责任。思考者甚至可以对想象做更深入的思考。

那作为替代者的理性化会把我们引向哪里？对于**想象**的本质应当如何认识？对于想象和公共管理者的关系，我们能说些什么？我们将在这一章考虑这些问题。

## 10.1　理性化的终结

那作为替代者的理性化会把我们引向哪里？我们不妨通过回答这个问题来考察
这样一个寓言；即借下面的明细分析单的例子来考察，在现代性中，官僚制或通过 161
官僚制的理性化的后果。我们要考察的是这样一个道德寓言，一个其本身并不重要的例子。我们要考察的这一明细单乃是美国国防部采购冷冻和冰冻热狗的明细单的

① 有关韦伯的理性的—合法的权威的构成要素的解释，见雷恩：《管理思想的演变》，192～196 页。雷恩列举了七个方面作为韦伯的理性的—合法的权威的本质要素，另两种权威类型分别是传统型和魅力型。这些要素是：劳动分工、等级原则、组织成员基于技术资格的挑选、行政人员的任命（而不是选举）、专职的公职人员的固定报酬、行政人员不是组织单位的所有者、行政管理人员要服从严格的规则。最后一个要素被描述为是："行政管理者要遵守有关其职责行为的严格规章、纪律和制约。这些规章和制约不受个人情感的影响，且毫无例外地普遍适用于所有情形。"（195 页）。

一角。在美国别的政府部门或别的地方也能发现许多类似的其他例子——也许是数不胜数。

长达32页的明细单一开始就在本明细单内“参照性地列举”了许多其他的明细单和标准：与之相关的“调味品：精加工的和粗加工的”；“调味香料：可溶的”；“金属易拉罐：28号规格甚至更轻”；“包装箱：纤维板”；“罐装食品：装箱打包”；“保藏食品：装箱打包”；并要贴上“国内装运标识（国内机构）”。在下一页，我们得知，要想销售列入这一明细单里的牛肉香肠，供应商还需要考虑到附加的明细单和标准：“易拉罐食品的标签”；“国内或海外装运的肉类食品和香肠类食品（冷冻或冰冻）的装箱打包以及标签和商标”；“装运和储藏的商标”；“联邦食品、药物和化妆品法案及其实施的一般条例”；“美国农业部肉类食品检验条例”；“官方农业化学家协会（the Association of Official Agricultural Chemists）的官方分析方法”；以及“美国油类化学家学会（the American Oil Chemists' Society）的杂志”。这样，一开始的文件内容大大增加。

接下来的几页官腔十足，是对制成品的要求。在讲完前五个要求之后，接下来是：

6. 不得有异物（如泥土、昆虫、昆虫肢体、木头屑或金属料器）。

7. 不得有异色（如绿色、黑色、紫色或浅灰色）。

8. 风格A不得采用粉红色和红色（人工涂色）的搭配。

9. 风格B必须采用粉红色和红色（人工涂色）的搭配。

10. 产品甲的10种搭配重量必须是20至27盎司（6至8号）、16至19或17、18盎司（8至10号），或是13至15或17、18盎司（10至12号）。

11. 产品乙和产品丙的10种搭配重量必须是18至23盎司（8号或同上）或15至17盎司（10号或同上）。

12. 搭配的裂缝或裂痕不得超过1/4英寸。

13. 搭配不得有人工包装的痕迹。

14. 搭配不得有裂缝或缺口。

15. 搭配不得有大的接头或条层。

16. 纵向二等分搭配的右端表面在任何方向不得有大于1/4英寸的骨头块。

17. 纵向二等分搭配的右端表面在任何方向不得有大于1/4英寸的气囊、肉冻或分泌物。

162 18. 纵向二等分搭配的右端表面在任何方向不得有大于1/4英寸的3种原料（软骨、韧带、腱组织或结缔组织），这样，当有来自胸背骨的压力时，就不会发生断裂。

19. 肥肉不得超过30%。

20. 产品丙的搭配不得有需要大于2.5磅的力才能撕裂的表面（见4.4.1）。

> 21. 罐装的产品丙，冰块的大小每边不得超过 1 英寸，获准的绿色食品的着色（见 5.1.1.1.1）必须用胶囊包着，且必须置于产品顶部。

这里摘录的条目足以传达出明细单的基本格调；有太多太多的东西是明码标出的。例如，我们读到了这样的条目："罐头涂层的重量依照PPP-C-96 所规定的方法"；"包装箱应是纤维板，产品甲和产品乙要依照 PPP-D-636 的 RSC 格式的二类三级标准包装、封口和打包"；"产品包装依照 5.1.2 条的标准，打包依照 5.2.2 条的标准"。

以图示的方式，明细单实际上为检测牛肉香肠的表面抗力的压缩装置画出了一个轮廓图。正如明细单的 4.4.1 条所解释的：

> 要给取物臂——相当于一个机械力臂——装备一个如图所示的楔形物……和一个最大握力的指示器，使其在垂直位置有安全保障。所装备的力臂应置于一个压缩装置中（见图……），其标准的移动速度应保持在每分钟 1 英寸。冰冻在华氏 40～50 度之间的牛肉香肠应牢牢地固定在机械压缩装置的平台上。力臂应这样排列，以便楔形物刀片部分的长边与香肠的主干成直角，而且当力臂按规定的速度移动时，与香肠表面的接触应是在中心垂直面附近的某处。切割香肠表皮所需的最大力应当有记录（见表 3 第 20 条）。

我们知道，军事行动必须有充足的热狗。而且，实际的情形要更为复杂；官僚们是在政治的、社会的和经济的语境与约束内运作，如同他们也是按照这些语境来行动和强迫自己遵守约束一样。当然，这里存在着对合理性强有力的理性化。

我们当中的许多人都能说出大量的有关官僚制的这类"战争传奇"，有许多传奇甚至有更明确的道德维度。香肠明细单和与之相关的传奇不应等闲视之，例如，将其看作仅仅是亚文化或效率的问题。我们还可以看一下对死刑犯的人道执行。为避免电刑处死和毒气室带来的人道困难，有的国家对死刑犯采取无痛苦的致死性注
射。另外，为避免囚犯弄脏轮床，这些国家还实施直肠阻塞和导管（根据 1992 年 163
的材料）。据报道，有一次，一个尸体和破碎的导管一起被送回到其配偶那里。再看一下那些以理性的方式提出和实施种族和其他族群灭绝计划的官僚们的例子。劳尔·希尔伯格（Raul Hilberg）在《欧洲犹太人的毁灭》（*The Destruction of the European Jews*）一书中记述说，对欧洲犹太人的攻击是通过广大的官僚机器，还有成千上万的公务员的辅助工作来实施的。[①] 他们利用他们的官僚技能"对人恣意妄行"。例如，他描述了一个官僚——他获准仅仅依据其种族把混血的犹太人驱逐出境——是如何用狭小的洞口来完成他的工作，那些受害者的名字在食物定量供应卡上是不出现的。

---

① 又见劳尔·希尔伯格：《1933—1945 年犹太人的灾难》（纽约，1992）。

## 10.2 想象界

对于想象的本质我们能说些什么？视像——例如：寓言、隐喻、图画、比喻——在思考和理解中总是扮演着重要的角色。有一则寓言乃是哲学思考中最为著名的一个表述，这就是柏拉图的洞穴比喻。而经济学思考中的一个重要隐喻就是不可见的手的隐喻，同样，现代主义科学也有许多隐喻，如把宇宙比作一架机器的隐喻。一个新的空间与时间的图画就是爱因斯坦-闵科夫斯基的时空观。语言在宗教和伦理思考中总处于中心地位，如新约所提供的那些寓言。甚至上面所讨论的明细分析单也可看作有关理性化之作用的一个比喻。因而对于想象的作用，决不能局限于文学。

在此所理解的想象是与视像联系在一起的，不过这**视像**仅仅是在广义上来阐释的。例如，**想象**与视觉化不是一回事，不要把想象局限在视觉形象。想象也关系着其他的感官；例如，我们可以想象气味和声音。不应把想象局限于经验的东西；例如，我们也可以想象非存在者。不应把想象局限于感官，也不应把它局限于物。有关想象的确切本质的问题，实际上需要专门一本书来说明，但对于本章的目标而言，我们没有必要去消除那些各执一词的歧见，甚至不必对它们作详细讨论。例如，有的人把想象和直觉联系在一起。① **视像**在此是在**可能性**的意义上使用的。然而，这些可能性也纯属虚构。正如怀特所指出的：“伟大的思想家常常是富有想象力的思想家，因为他们能摆脱现实中的陈规旧例，利用未被探测的、可能的踪迹。”②

视像的创造一直被认为是一种思考和创造方式。形象化的力量随着历史中文化和时代的变化而变化。有时它完全受到压制（清教徒和艾米什派就是例证）。一直以来人们还认为，视像具有影响受众和视像创造者自己的力量。日常语言能反映视像的这些方方面面。当我们说某人的自我形象很差时，我们的意思不是说这个人应
164 改变他自己，而是说他应当改变他的形象、图像或对于他自己的可能性的理解。

后现代性据说是想象或无指涉物的想象的时代。回想一下第 1 和第 9 章对鲍德里亚的超现实的讨论；在他看来，现实与表象之间的障碍物已经爆裂。视像和想象常常被用来考察和交流对于是什么、可能是什么、应当是什么以及将不是什么的观念。后现代性强调无指涉物的视像化的力量。公共行政学家和所有希望拥有社会影响力的人都应认识到无指涉的想象的力量。后现代的视角认为，视像创造一切，且是所是的一部分。

正如前面已经说过的，想象的作用在西方传统中大多时候处于附属地位；想象

---

① 又如萨特评论说，过去三个世纪的想象研究犯有一个致命的错误；在他看来，这一错误就是混淆了想象和知觉，这一错误源自于这样一个假设，即形象就是物。见让-保罗·萨特：《想象》（安妮·阿波尔，1962），85 页。正如萨特所说：“纯粹直觉的事实就是存在形象和知觉，而且我们完全能够分开讨论它们。”

② 艾伦·怀特：《想象的语言》（牛津，1990），186 页。

被认为既非独立的、亦非首要的现象。（然而也承认有例外。想象在日常生活中扮演着，且仍在扮演着重要角色，而且它在艺术活动中还是主导的因素。有些思想家赋予想象在认识活动中以首要的地位。例如浪漫主义就认为想象是第一重要的）看一下亚里士多德、休谟和康德这样的哲学家提供的观点。亚里士多德典型地把想象置于知觉和理智之间的位置，认为想象性官能的作用就是把印象转变为思想。在休谟那里，视像也有这附属的作用，例如能够使我们重新描画印象和思考不在眼前的事物。在康德对认知活动的解释中，所有的知识都源自想象力的综合。谢罗维（Sherover）解释说："因此，在（康德的）认知活动中，不是两个而是三个要素：纯粹直观、想象力的综合力和知性。但是，正如海德格尔所指出的，核心的是想象力的综合；在纯粹想象中，纯粹直观和纯粹思想以共同的相互'重叠'结合在一起，并能和统一的认知活动融合为一。"①

也许荣格可以作为一个例子，他认为想象活动是独立的。例如，他说，"每一个心理过程都是一种意象和想象"。他还说："意象乃是无意识的表达，亦是那一时刻的意识情境。"② 在此，不应把意象看作再现，如同在记忆中，也不是视像之后或反映；而应看作自足的。正如艾文斯（Avens）所解释的，荣格的立场更接近于东方观点："东方对待意象的态度就体现在道教的无为而无不为的原则中……例如，在东方的冥思理论中，常常劝告人们要关注心灵的运动而不要干扰它或执着于它的内容……根据荣格的观点，东方方式……要优越于我们的理性主义对意象的否认。"③ 艾文斯进而把这一观点和他认为属于弗洛伊德的精神分析学的立场进行对比，后者透过意象看"真实"："意象和象征不过是被压抑的东西且主要的是性的内容的符号。"④

对于那相信想象是第一重要的东西的人，我们可以把约翰·济慈（John Keats）作为例子。正如在其《希腊瓷瓶颂》（*Ode on a Grecian Urn*）中可以看到 165
的，济慈认为心灵视作美的东西必定是真的。"美即是真，真即是美——这就是一切/你在世上认识的一切，你也必须认识的一切。"钱布利斯（Chambliss）告诉我们说，济慈承认连续推理的价值。他引用济慈的一封书信，其中对诗歌与哲学相比较而言的相对价值进行了质疑。钱布利斯接着说："在努力以理性调和想象的过程中，他赋予诗歌一种表现力，认为诗歌是观念的颂歌，当想象获得理性的帮助时便能最佳地发挥出来。"⑤

在西方传统中，正如我们先前所说的，想象被认为不能为现实之解释的有效性提供证明。（不可否认，美学的思考在证明中只能发挥有限的作用，如通过运用奥

---

① 查尔斯·谢罗维：《海德格尔、康德与时间》（布鲁明顿，1971），65 页。

② 卡尔·荣格：《荣格著作选》赫尔译（普林斯顿，1967），6 页，引文出自罗伯茨·艾文斯：《想象：通向西方涅槃之路》（兰哈姆，1979）。

③ 艾文斯：《想象：通向西方涅槃之路》，39 页。

④ 同上，38 页。

⑤ 约瑟夫·钱布利斯：《在柏拉图、亚里士多德、维柯、卢梭、济慈那里的想象与理性：体验哲学论》（哈格，1974），前言，6 页。

卡姆剃刀）例如看一下科学的情形。除某些例外的情形（见第 5 章和第 8 章），科学方法被广泛地认为是证明某一现实观点合理性的基础。科学方法被认为能提供具有特权的信息，这一观点意味着论证的角色将被授予理性。在后现代性中，论证的角色可望有所改变。想象逐渐地被包括在内。

## 10.3 想象与公共行政

后现代视像的第一性和运用视像的超现实进行创造的可能性，是后现代视角之于那些对公共行政和类似的事情感兴趣的人来说的第一要义。在一定意义上说，视像先于任何指涉，如果说有指涉的话；视像优先于且独立于任何指涉。另一个重要的要义就是，由于美学围墙的终结，在处于论证语境的公共行政和其他知识与行动领域，想象的作用开始出现并在逐渐加强。

在公共行政和类似的领域中，现当代的组织理论与管理理论对视像化的价值与可能性做了大量讨论和宣传。这类组织与管理思考已超越了想象的问题；例如，我们在第 12 章将要讨论的定性研究与非正统组织理论。但是，在这些领域，人们对想象各个方面已经做了许多有益的研究，对于这一研究的重点，通过关注加雷思·摩根的贡献可得到说明。当然也可以使用别的例子。

摩根专门讨论了他所谓的“想象”①。他对这个概念的使用与本章相同，但在某些重要方面其含义略有差异。正如我们在此所强调的，**想象**在后现代性中乃是现代性的理性化倾向的镜像。摩根用这个概念意指“创造性管理的艺术”②。他总结他的概念包括有五个方面：“提高我们以新的方法认识和理解事物的能力”③，“为新的组织化方法找到新的形象”④，创造“共识”⑤，激发“个人潜能”⑥，“发展连
166 续的自我组织能力”⑦。摩根对想象的思考不仅局限于组织而且局限于视觉化。

摩根赋予视觉形象优先地位，认为视觉形象是促进组织和管理的手段；就是说，他相信这些形象与隐喻可有效地改变管理风格、组织设计、改革的管理和促进、团队的发展和重新思考产品与服务。例如他描述了管理者和其他组织成员应如何从组织视觉化开始，先将其看作一个蜘蛛式的植物，接着用视觉化的力量去创造新的空间来激发非中心化的单位，使其发展成为更自主和自我组织的力量。他所讨论的“时机的隐喻”和形象包括动物（如白蚁和变形虫）、植物和无生物。他解释了如何把这些视觉形象运用于隐喻的创造，在那里，“关键的讯息是有生命的”，在

① 加雷思·摩根：《想象：创造性管理的艺术》（纽布利帕克，1993）。
② 同上，1 页。
③ 同上，2 页。
④ 同上，6 页。
⑤ 同上，11 页。
⑥ 同上，14 页。
⑦ 同上，17 页。

那里，人们能够超越形象化的过程。他认为想象的能力是一种“天生的技能”①，他想要说明如何以更系统的方式来运用这一能力。他的观点乃是那个针对自我形象寒酸的人的忠告的“逻辑”延伸：必须使你的形象视觉化并进而实现它。事实上，在某一方面，摩根解释说，作为个人，“我们常常被我们自己的形象和我们的角色所拘制，结果，我们把自己锁定在不恰当的行为方式中”②。

有关组织和管理的相关研究领域人才济济，其中有些研究引起了相当大的关注。摩根的作品，正如他所解释的，是与浩瀚的文献研究联系在一起的，这些文献有的涉及“对更多创造性、更直观和更有效的管理方法的需求”，有的涉及“对因我们从机械论的世界转向信息为基础的世界而给现代组织带来的挑战的探究”③。摩根认为，这些研究集体地体现了他的想象概念使我们遭遇到的挑战。他写道：“整体而言，这些作品向我们提出了挑战，要求我们认识到我们正在离开组织化的组织时代，而进入这样一个时代，在那里，我们必须学会如何利用和激发自我组织的过程，使‘组织化’的活动与时俱进。”④

作为表达挑战的手段，其他人更喜欢用不同的语言来强调本质上类似的目标。直觉是有些人所喜欢的一个概念。托马斯·彼得斯（Thomas Peters）和罗伯特·沃特曼（Robert Waterman）就对直觉给予了高度评价：“也许只有直觉的跳跃能让我们解决这个复杂世界的问题。”⑤ 摩根所参照的作者之一韦斯顿·阿格尔（Weston Agor）也谈到了管理中的直觉观点，他还主编了一本书讨论直觉的本质、直觉在领导者和管理中的重要性、直觉能力测试、如何运用直觉进行决策以提高生产率，以及如何发掘直觉潜力。⑥

批评家们感到，有些组织与管理著作所表现出来的那种狂想与学术不严谨的风气，实在让人难以接受。例如，面对他们认为辞采过于铺张的文字，他们总感到难以应付。 167
例如，最近的一本有关“商务新范式”的著作讨论了七个主题⑦——尽管其中包含有许多有趣的材料——其篇目分别是：“公司财富新解”，“贫穷的劳动者”，“新公司，新思维”，“光辉岁月”，“新世界秩序的基础”，“走向千禧年”，“重建仍在飞行的太空船”⑧。甚至摩根也选择以卡通形象来表述他的观点。⑨ 至于风格的问题，有人声称读者需要刺激，材料需要按给定的方式处理。至于内容，有些当代组织与管理理论家相信，正如第9章所讨论的，他们遇到了后现代主义的试图说

---

① 加雷斯·摩根：《想象：创造性管理的艺术》（纽布利帕克，1993），265页。

② 同上，15页。

③④ 同上，314页。相关的更具创造性的研究，摩根参考了：阿格尔（1989）；布洛克（1987）；德波诺（1970）；拉塞尔、伊文斯（1992）；舒恩（1963、1979）。有关向信息时代的转变，他提到了：比尔（1975）；达维斯（1987）；豪肯（1983）；坎特（1983）；他本人（1988）；彼得斯（1987、1992）；里奇（1983）；斯塔克（1992）。他在正文和附录中还提供了其他的参考书目。

⑤ 托马斯·彼得斯、罗伯特·沃特曼：《追求卓越》（纽约，1982），63页注释 [12]。

⑥ 阿格尔：《组织中的直觉》。

⑦ 迈克尔·雷、艾伦·赖因兹：《商业新范式：领导与组织变革中的新策略》（纽约，1993）。

⑧ 该书有29个标题。大部分是保守主义的，如“学习组织的艺术与实践”“公司道德发展的五个阶段”。

⑨ 摩根早期的作品《与时俱进》中就没有这样的卡通；加雷思·摩根：《与时俱进：为大变动的世界开发管理潜能》（洛杉矶，1988）。

不可言说的东西的困难。

可以提出的问题是：局限在组织与管理理论的语境内的想象研究是否会有令人满意的结果。这一问题在第12章讨论定性研究和非正统的组织理论时会再次出现。例如，构成主义（或自然主义）研究的非实证主义方法论似乎把太多的东西归功于组织理论所处理的领域的性质。换句话说，组织理论的领域是如此之不确定——如同定性研究的追随者所指出的——以至于它很难激发人们运用严格的定性方法来得出有益的结论。摩根当然不希望限制这种应用；他的“想象”是一种“思维方式”[①]。不过，其思考的目标和基础十分明确。这在一组题为“组织即是想象”的卡通中有所反映。在以大胆的书信体写就的导论的开首语中，他把想象界定为“创造性管理的艺术”。

在此的关键在于，在某一特殊的和狭窄的社会科学专业的范围内是不可能完成对大的社会问题的充分认识的。关键不在于得出这样一个荒谬的结论，认为组织或管理理论家的著作写得不好或有错误。而在于认识到，可能没有人能提供充分的认识，除非采取第12章所讨论的非地域化的过程。我们可能太局限于发明一个不用马但又不是汽车的运输工具。（这让我们想起，在汽车出现之初，工厂主开的汽车看起来极像是无马的马车）摩根自己画了一只猪来形象地表示他的这个观点。画面中，一只猪的周围围着屠夫、艺术家、狼、农民兽医、哲学家、穆斯林、小孩，画的下方的标题为：“猪是什么？”摩根解释说，“在狼的眼里，猪是美食；在穆斯林的眼里，猪是不洁的动物”，如此等等。他还补充说：“猪的确切意义和重要性是依照观看它的参照框架而变化的。每个框架都打开或关闭了一个认识维度。”[②] 现在看一下摩根的研究方案的作用。摩根描述他所谓的“行动学习”研究方法的特征是“一种松散的、准人种学风格的研究”[③]。他用这一参照框架去考察所有的问题或他的那只猪。关键在于，后现代的视角难以从现代性所设计的专业论题的“阁楼”内部来进行认识。从某些阁楼来认识甚至比从另一些阁楼的
168 难度更大。在此我们可以离开加雷思·摩根的思考，转而看一下**想象**在本章被理论化的情形。

**想象**，正如我们已经指出的，在此被看作是理性化的镜像。它被认为是后现代性的普遍力量。那么，对**想象**的这一理解在公共行政领域的本质和含义，我们该怎么看？从一个否定的角度看，**想象**是一种行政精神，一种不依赖于规则的制定和程序的执行——如同在现代性中——的行政精神。从一个肯定的角度看，**想象**是这样一种行政精神，它赋予想象的运用首要的地位。公共行政思考的一个任务就是要探究这些特征。

---

① 摩根：《想象》，前言，24页。正如摩根所说：“想象是一种思维方式，也是一种组织方式，一种关键的管理技能。它能提供途径帮助人认识和发挥他们的创造潜力，能提供手段帮助人发现创新的解决难题的办法。最后，但不是至少，它还能提供方法激发人相信自己，在一个流动和变化的世界里找到新的位置。”

② 同上，2页。

③ 同上，300页。摩根列举了（301页）他的研究方法的五条律令：走进去；适应学习者的角色；绘制地域图；辨认关键主题和阐释；确认、反驳和全部重新阐述。

## 10.4　否定的角度

有这样一个说法：**想象**是一种行政精神，它不依赖于规则的制定和程序的执行，后两者与公共领域相互影响且是在内部发挥作用。制定规则和遵守程序的行为是现代性的理性化首要的工具；通过它们，理性被扩展到整个社会和整个行政过程。

制定规则和遵守程序的行为不仅主导着产出，而且主导着投入，这是现代主义公共机构的两个基本机制。在产出方面，明细分析单（前面讨论过了）和国税局的税收条例就是例子。在投入方面，可看一下人力资源开发，公务员的本质就是对规章的遵循；可看一下资源管理的情形，预算和审计的本质就是对程序的遵循。现代性将规则的制定理性化导致了一系列的后果；它孕育和刺激其他规则的制定。这一理性化的本质就是所谓的“照章办事”，即过分依赖规章的行政管理。

理性化的根源深深根植于现代性的本质和它的倾向。华盛顿的狗仔队能提供成堆的例证来说明运用“理性的”规则的害处和自身具有生命的理性体系的作用。不过，这些丑闻都大同小异，因为理性化的主旋律一直在发挥作用。现代主义借以认识世界的心灵模式体现了理性化的好处；我们看到了我们因坚持理性化而获得的回报（如在更大和更好的经济收益和更多的物质享受方面）。我们在我们所接受的遗产中可以看到这一点。在现代性之前很长一段时间，西方遗产基本上是以规则为主。例如主导的宗教信仰就是以规则为基础。圣经的摩西五经和十诫奠定了 169
西方的基调，这一基调已成为我们的法律传统的精髓。许多国家如美国的政治体系也是建立在对详尽的规则的遵守之上的。例如，启蒙时期的托马斯·杰斐逊对钟表尤其着迷，他和其他人设计了一个政府［如同上帝设计世界一样——威廉·佩利（William Paley）可能会说］，这个政府所具有的程序的精确性可以用钟表来计算。

在想象中，我们期望能有明显的根本变革——偏离程序和规则的制定。官僚制靠自身是不可能完成这一革命的，除非社会本身已经以类似的方式被变革了。社会所期待和要求的行政过程的运作方式需要相应的调整。例如美国司法部门的运作就需要根本的调整。法律的制定就是一个小小的例子，它把重要的纲领部分交付行政过程来完成（如以这样一种认识来确立法律的框架，即纲领的设计在它被一套行政规章所补充之前都是不完整的）。另一个例子就是法律体系，这是一个专门制定规则的社会事业；它必须停止对行政规则和程序的依赖。然而在过渡时期，公共行政对**想象**的思考要被排除在外吗？

看一下卫生事务。设想在城市X有必要制定一些垃圾回收的条例。例如，某些条例负责危险品如酸性或辐射物质的处理。这似乎涉及自然规律（不论它们是不是永恒真理），有一些条例则涉及如何进行工作。人们期待卫生监督员能一直给以指导，但满脑子程序的三轮装车工对于这些条例的执行来说并不是最重要的。还有消防事务。又一次，条例是必需的。灭火的方式有好有坏，我们需要的是以迅速的行动来应对紧急和危险的处境。不过，我们不必依赖程序化的规则。再看一个更复杂的情形，即警察。警察的维持秩序的活动必须尊重法律的要求。但是，即便有一个合适的法律环境，也不能认为，实施这一过程的唯一方式需要程序化的管理方法。（在庞大的美国警察机构中，规则和程序是如此之烦琐，以至于很难看到它们全都能被街道办事处所理解和执行。事实上，这些规则有多种目的，这使得那一状况显得尤为突出。）

一个政府实体该如何以非基于规则的方式来运作？当然，这看起来极其困难，但正如前面已经讨论过的，期待根本的变革轻而易举或立显成效，这是不现实的。另外，我们应当知道，在某一框架中似乎不可能变成现实的建议，在另一框架中却是可能的。这与我们试图为儿童设计一个锻炼方案时遇到的困难不是很类似吗？有
170 许多组织和规则似乎是必需的。不，看一下孩子们自行参与的众多独立的、没有规则的游戏。在某个时期，也可能是同时，曾流行两种儿童游戏：由成人引导和监督的游戏，如需要遵循一定规则的足球比赛，再就是孩子自己主导和参与的非理性游戏（如弹子球、造房子、斗鸡）。确实，由规则化的游戏，和格雷沙姆法一样，能催生出无规则的游戏；小组棒球游戏能催生出沙滩棒球游戏。但是，如果没有理性化的约束，就会出现无政府主义的安排。在此的意思是，**想象**能满足公共行政的需要，就如同它也能满足儿童游戏的需要。

这些游戏的例子有可能会遭到反对，认为它所说的不是必需的规则和规章。确实，这些例子所涉及的规则和规章是一种体育运动的行政所强加的；行政是本章关注的中心。有人说，游戏本身不过就是一套规则，甚至像法国的滚球游戏（法国南部村庄流行的一种游戏），尽管它明显地摆脱了过多的规则，可还是有规则可循，一个没有规则的游戏可以说也有一个规则，“那就是没有任何规则”。难以想象，**想象**在后现代社会究竟能走多远，但有一点似乎是可能的，这就是它肯定要比我们现在所能想象的走得更远。在游戏的例子中，游戏不只是一套规则；游戏就是游戏，是有着再创造目的的活动。当规则被违反时，活动的性质就会发生改变。看一下当代网球运动。职业锦标赛要求至少有一名主裁、若干名边裁和拾球生来执行规则和程序；还需要观众、解说员和热狗送卖者。这些规则和程序有许多是出于经济需要而不是游戏的本然要求。没有了这些因素，游戏是否还能这样设计以至于规则只是附属于游戏的东西，如同在科学活动中，想象是附属于理性的东西？回答是肯定的，但难以想象，从一个理性化的心灵模式的内部能产生出一个**具有想象力**的社会。

**想象**是一种行政精神，它依赖的不仅仅是理性——当然也完全不同于对非理性的依赖，因为非理性和无理性不是一回事。现代性的理性化运用的是工具理性，即意在产生最佳结果的手段—目的的一般化。这一依赖已经产生了效益，但我们应提醒自己还有不少缺陷。这些缺陷不仅包括在政府官僚制中运用理性的困难，而且包括处理要符合个人利益的困难。在官僚制那里，主要依赖理性化的机构不可避免地会导致某个部门想获得比理性化的资源优化更多的东西。我们可以回忆一下第 7 章针对官僚制的产出所讨论的供给和需求，例如，我们应当还记得，如果对“有效需

求”没有一个切实的标准，那么，实质性的供过于求和错误的资源利用就是不可避免的。在这种情况下，且是出于上一章已经讨论过的公共选择的原因，对于一个机 171
构而言，不想获得比理性化的资源优化供应更多的东西，这必定是“非理性的”。由于理性化在官僚制的效率标准中具有如此显著的地位[①]，因此不可避免地，一个理性的部门管理者应尽可能多地进行资源储备，以产生出理性的信息。在政府官僚制中，专家和亚专家的繁荣趋势造成了一种“理性的”压力。这不是要否定“心理”压力的存在——同样是因为储备过剩。例如，有了充足的信息和专家，就可以减少不确定性，而部门也就可以因不确定性的减少而获得重视。正如司各特(Scott)所说，“组织和个人永远在寻求减少不确定性”[②]。

对于顾客和官僚而言，工具理性的结果是人力成本。对于顾客而言，在受到公平对待和被作为目的（而不是仅仅作为手段）来对待，这两者之间是有利害权衡的。这一点似乎有点奇怪，因为，在某一意义上说，顾客总是被作为目的对待（如食品标签检验员就是为食品标签而设立的)。然而，理性化强调，每个人都应依照理性的规则被对待（即依照规则而被作为手段对待)。由于理性化的不受制约的特征，这种方法会引发某些人道问题。看一下当前的福利制度或强加于小商小贩的种种规章。顾客被分门别类，各居其所。从理性化的角度看，他们不再是完全意义上的人；他们成为各种形式的抽象物。理性化唯一允许的偏离是为了满足这类顾客的独特需要，即那一特殊规则不再适合他，因为有另一个规则掩盖了所论的情形。

乍一听，“行政精神”这个短语似乎是一个矛盾修辞；行政和精神似乎是不相容的两个东西。出现这种情形的原因在于，行政实际上被看作理性化的同义语。人们认为，这一靠规则和程序为生的东西将使那所谓的精神性的本质永远地附属于理性。不论正当与否，人们认为，它就是要使人附属于无生物，使人附属于非人，甚至可能是要使精神的热情与活力附属于理性的冷漠的“不”。人们还把它看作依据必然性和生产编程的结果来获得其合理性的。

## 10.5　肯定的角度

从肯定的方面看，所谓**想象**指的是这样一种行政精神，即它把想象的运用放置在首要的地位，这说的是什么意思？想象的这一新角色至少可以从两个方面来加以探讨：就环境特殊论而言和就意象普遍论而言。想象界的主导并不意味着理性的无用，正如现代主义的理性主导并不排除科学发现也需要想象一样。不过，在对公共 172
行政及其他事件做理论的反思和思考的过程中，**想象**的基本作用就是使这一反思和思考转向了诗性的方式。这一转变——正如前面已经暗示的——在后现代情境中审

① 理查德·司各特：《组织：理性的、自然的和开放的系统》，2 版（英格勒伍德·克里夫斯，1987)。

② 同上，306 页。司各特写道：“又是不确定！我们已要求这一概念在整本书中承受太重的负担。不确定性是多样化和力量的源泉，是理性和计划的敌人。太多的不确定性会使个体到仪式性的和过于简单的东西中去寻求保护；太少不确定性又会使个体在无聊和异化中凋谢。”

美领域与非审美领域之间的隔阂的爆炸中有所体现。

思想家们时常提及对认识过程的重述的倾向。我们可以提出两个人，作为思考如何以更诗意的方式来“研究”公共行政的“事实”的一个前言。这就是分别由梅洛-庞蒂（Merleau-Ponty）和德鲁兹与瓜塔里提供的角度。例如，在《可见的与不可见的》（*The Visible and the Invisible*）中，梅洛-庞蒂写道，反思、直觉和辩证法与他的本体论是不相容的。① 因而必须把它们分别变为超反思、深度听诊和超辩证法。超反思根本上就是自我批判；它必须质疑其自身的运作和充足性。正如帕特里克·博克（Patrick Burke）所描述的，深度听诊或触诊“需要一种不同的直觉，而不是无言的主体平整世界时的那种纯粹的凝视；或者说，它需要把自我从世界的深渊之底解放出来，而这代表着世界之于自身的转变”②。超辩证法，依据博克的看法，“就是通过对其自身的批评和超越而成为一个独立的陈述”。他解释说：

> 哲学必须投入“自我表现的模糊运动……直达存在本身的中心”。这样，超辩证法就是那迷宫般的存在的迷宫般的思想，那存在不能通过肯定判断被肯定地直观或反思，而那思想又必须深入那漫漫黑夜，且事先对路线一无所知，也不知道那路线是否真的可通行，并且，沿着那路线和依据那路线，思想在反思和直觉的深处，在非矛盾律的背后，发现了自身连贯的可逆性逻辑。③

有非常多的人把世界上的事件看作一首诗——或把世界看作一首诗——而不是把后现代性看作仿佛仍是现代性。尽管梅洛-庞蒂谈到了事物的终极本质，但他的观点与我们眼下关注的问题有关，因为根本就不存在什么后现代的题材帝国。

德鲁兹和瓜塔里讨论的是“精神分裂分析”④。他们对精神分裂分析的论述依据的是对理性主义的、建制性的和其他会妨碍无意识与欲望之流动的话语的消除，其所论及的是现代同一性的非中心化和自我与超我的消解。精神分裂分析也有肯定的任务。例如，“第一个肯定的任务就是在主体中发现其独立于任何阐释的欲望机器的本质、形态或功能”⑤。另一个相关的肯定任务就是“将无意识的欲望投入到社会领域，这样它们就可以与前意识的功利投入区分开来”⑥。精神分裂分析寻求把身体从它的理论的、社会的和主体化的链条中解放出来；德鲁兹和瓜塔里希望把身体非地域化并由此而认识身体。我们在第12章和13章还会再说到精神分裂分析和这两位作者。

173 首先，从特殊论的角度看，明显有两种趋势。第一种趋势是特殊与特殊环境的

---

① 莫里斯·梅洛-庞蒂：《可见的和不可见的》，克劳德·列福特编，阿方索·林格斯译（伊文斯顿，1968）。

② 帕特里克·博克：《聆听深渊》，见：《梅洛-庞蒂的本体论与他在性》，加伦·约翰逊、迈克尔·史密斯编（伊文斯顿，1990），85页。

③ 同上，86～87页。

④ 例如，见吉勒斯·德鲁兹、费立克斯·瓜塔里：《反俄狄浦斯：资本主义与精神分裂症》，罗伯特·赫尔利、马克·西姆、赫伦·莱恩译（纽约，1977）。

⑤ 同上，322页。

⑥ 同上，350页。

供给的爆炸。这不是指世界各国人口的激增，也不是指伟大的莎士比亚是四百万分之一，而海明威是十五亿分之一。这也不是指既定人口的增多导致了特殊（以及特殊环境）之间的互动的增强；回想一下初级统计学的一个原理：每增加哪怕一个整数，偶数或其他组合形式的整数的数量也会大大增多。由于各种形式的运动的增加(物理的、经济的、社会的和政治的)，由于其他的变化，如技术的变化，每个人所面对的环境的总量也会进一步增多。我们的祖父辈更多的是追随其父辈的脚印安居乐业。而我们的孙子辈可能更愿意尝试全新的东西，因为这些孙子辈是否会追随其父母的脚印，这是大可怀疑的。

第二个趋势是记录、处理、考察和判断特殊的能力的爆炸。信息处理革命的根本特征和向度就是改变世界，但这一革命不只是计算机或信息方面的；它还是处理特殊的方式的革命。

若是缺少第二个趋势，第一个趋势就会导致规则和程序的多样化。这些规则，即便完全是恰当的和互补的，也还是有许多不足，比如，它们会被物化，且满足于这样一个假设，即其他的东西也都是一样（亦即：没有特殊的环境能破坏规则的运作)。这些不足会导致混乱结果的剧增，会实实在在地强化统治者与被统治者之间本有的疏离感。即便存在第二个趋势，结果也没什么两样，除非有新的处理方法。日益增强的数据处理能力使得对特殊的处理不需要规则和规章作中介。重要的是认识到，规则和规章实质上是为应付特殊事故和总体社会情境的方方面面而制定的。此处所说的意思是，对于特殊，可以直接进行分析，而不需要规则做中介。一个普通不过的策略就是去想一想数据处理，后者能提供有关特殊的大量信息，然后再依据一套规则对其进行处理。这一新的发展与此前的情形是不一样的；它允许人与特殊情境直接互动。

看一个游戏的例证。福柯——还有柏拉图——对其做过说明。下棋游戏的进行既可以通过计算，也可以通过时常所说的“信手拈来”，也可以通过几种方法的组合。游戏者可以计算出每下一步棋的后果，然后运用行棋规则去进行选择。游戏者也可以使用别的规则，如布局的规则（即把王隐藏起来，把车放在无子的纵列上，不要让王后待得太久，控制中盘，不要忽视兵的作用)。游戏者也“知道”该做什么；就仿佛他是在同一个老手玩。对后者的解释不必使用直觉或五官之外的其他能力这类宏大的词语。那些尤其“天才的”老手的大脑能迅速处理接下来的每一步， 174
甚至可能是百万步。[①] 大脑在无意识中评价着每一特殊的步骤，甚至不需运用行子规则。在国家治理中，尽管情形与下棋不完全一样，但也差不多。政府的治理不是提出和执行规则而是处理特殊的人的需要。

---

① 例如，参见赫伯特·西蒙：《管理决策：直觉与情感的作用》，载《管理人员学刊》第 1 卷，第 1 期，57～64 页；收录于阿格尔：《组织中的直觉》，23～39 页。西蒙写道（29 页），新手与老手间的区别就在于，老手的“知识丰富，多种多样，是从长期的经验中获得的，是在工作过程中现学现用的……在他或她的记忆中与每一种知识类型相联系的，是有关那一类型的重要信息”。西蒙肯定了直觉判断、正确的理解在决策中的作用。他写道（25～26 页）：“《行政行为》的许多读者断定那里提出的理论只能运用于‘逻辑的’决策，而不能运用于需要直觉和判断的决策。那肯定不是我们的意图。”

作为第二个例证，我们再回过头来看一下福柯的“治理”研究。[1] 福柯坚持认为，现代治理的理性就是个体化和总体化。我们可以在个体化和特殊之间确立平行关系，后者针对的是被治理的个人。总体化则与导致规则制定的态度相平行，后者针对的是被治理的社会或民众。福柯区分了牧羊人游戏和城市游戏。牧羊人游戏关心的是牧羊人的权力，而它所喜欢采用的方式，是牧羊人关心的是每只羊的福利。城市游戏指的是制定法律的事务和用法律对群体进行治理。

我们还可以看一下柏拉图对治理的特殊方面和普遍方面作的区分。柏拉图在这两者之间区分出了最好的治理形式，那就是：真正的政治家是这样的人，他们的规则富有弹性，且关注的是个人事务。这一研究可以说近似于特殊方面。法治——体现了普遍方面的研究——是次好的运作方式。正如斯肯普（Skemp）在他翻译的《政治家》（*Statesman*）的前言中指出的：“最好的治理是无法律的治理。它受真正的政治家的指导，它的规则富有弹性，能适应每个个体的情形……因此最好的治理是独立于法律的。治国之道犹如图画之艺术。一个好的国家不能只由法律来产生和维系，犹如一幅好的图画不能只由调色规则来绘制。”[2] 正好我们可以补充上柯林·戈登（Colin Gordon）的说法，他认为，福柯一定会觉得柏拉图否认统治者的艺术就像牧羊人，后者看护的是他的羊群中的每一头羊：“柏拉图的对话《政治家》——关心的是治理艺术的本质——讨论了统治者的艺术类似牧羊人的艺术的可能性，后者关心的是他的羊群中的每一头羊。在柏拉图那里，这一观念被忽视了，因为它太不切实际：统治者的知识和注意力不可能扩展到每个人：‘只有上帝能做到这一点。’”[3] 不过，这里的关键在于，在形象化的情形中，特殊与普遍之间的区分将是有意义的。

数据处理能力使社会非人化了。有人感觉到了这种非人化，因为他们听说某个人在改正电话账单或支票上程序系统犯下的无心之过时也就是在同机器作战。在另一些人看来，当有人声称机器可以告诉人们X品牌的好处或者声称机器能控制核战争的爆发时，也可以看到机器的这种非人化。这些系统的共同特征就是它们都受规则驱使，并把规则运用于个人的情形。这一非人化将随着数据处理能力的提升而升
175 级。一个替代的策略就是通过形象化直接处理个人事务。这一替代手段关注的是微观政治，正如后现代主义所表明的。

从普遍的角度看，形象化部分地与取消或解除个人的阐释视角联系在一起。我们可以通过现代主义公共行政理论的视角来建构（或认识）公共行政的世界，即构成公共行政的话语。我们也可以通过其他的视角从不同的方面来建构（或认识）它。福柯的“治理”理论——正如第4章所说的——就能提供一个不同的视角。戈登解释说，福柯把治理界定为“行为的引导”（the conduct of conduct），而且他还

① 米勒：《米歇尔·福柯的情感世界》，301页。

② 斯肯普：《政治家篇》导言，见：《柏拉图对话集》，艾迪特·汉密尔顿、亨廷顿·凯里恩斯编（普林斯顿，1961），1018～1019页。

③ 柯林·戈登：《政府理性：导言》，见：《福柯的影响》，伯切尔、戈登、米勒编，8页。但我们得记起柏拉图的《理想国》。

讨论了“我的自我与他人的自我的治理”：“治理作为一种活动关心的是自我与自我的关系，即私人的人际关系，其中包括某种形式的控制或管辖，社会建制与共同体内部的关系，以及——最后——与政治统治的操练有关的关系”①。如果我们通过治理的视角来认识预算，就能看到与我们通过现代主义公共行政理论的视角看待它时不同的文本；如果我们同时通过这两种视角来认识它，我们就能看到第三个文本。还可以补充别的视角。读者将意识到，这一描述就是反思性语言范式的描述(见第 2 章)。

后现代的这一形象化整个地在跨政治的语境内发生的。正如让·鲍德里亚所说的：

> 跨政治是所有的结构在一个被解构的世界中的透明和亵渎，是变化在一个非历史化的世界中的透明和亵渎，是信息在一个非现实化的世界中的透明和亵渎，是空间在一个混乱的网络中的透明和亵渎，是社会在群众中的透明和亵渎，是政治在恐怖中的透明和亵渎，是身体在肥胖和遗传性无性繁殖中的透明和亵渎……历史场景的终结，政治场景的终结，幽灵场景的终结，身体场景的终结——这是亵渎的侵入。秘密的终结——这是透明的侵入。②

鲍德里亚在后面接着写道：“跨政治还是：从成长发展到赘疣，从终局发展到过度进化，从有机的平衡发展到癌病变。它是灾难的场所，而不再是危机的场所。在此事物急切地想适应技术的节奏，包括‘软’技术和致幻的技术，它们甚至能把我们进一步带离所有的现实、所有的历史、所有的命运。”③

这种形象化也意味着向偏离马克斯·韦伯所思考的理性主义官僚制结构模型的核心特征迈出了一步。也意味着向偏离被视作由规则捆绑在一起的理性组织的官僚制迈出了一步。韦伯所说的官僚制结构的首要特征就是“通过规则把行政人员的职能联结在一起的连续组织”④。艾特泽尼解释说，韦伯的意思是：“规则可以节省我们的力气，打消人们对每个问题和难题都想有不同的解决办法的念头； 176
规则便于我们以标准化和平等的方式处理各种各样的问题。若是把每个顾客都看作独一无二的个体，就不可能有这些便利。”⑤ **想象**侵蚀了韦伯的理性主义官僚制的核心。

---

① 柯林·戈登：《政府理性：导言》，见：《福柯的影响》，伯切尔、戈登、米勒编，2～3 页。

② 让·鲍德里亚：《跨政治的图像》，见：《预言的报复：现代客体及其命运文选》，保罗·弗斯、朱丽叶·佩法尼斯译（伦敦，1990)，163 页。

③ 同上。

④ 马克斯·韦伯：《社会与经济组织理论》，塔科特·帕森斯编（纽约，1947)，引文来自阿米泰·艾特泽尼：《现代组织》（英格勒伍德·克里夫斯，1964)，53 页。艾特泽尼描述韦伯所说的官僚制组织的其他六个特征是：特殊领域的能力、等级制原则、由技术规章和通过对规章运用进行专业培训来制约公职人员、行政人员与所有权的分离、使资源摆脱任何任职者的外部控制和垄断，以及起草法案、决策和规章时的阐述和记录。艾特泽尼写道（54 页)：“这一整个的基本分析乃是从组织的核心问题所引出的一套原则，正如韦伯所看到的：官僚结构的高度理性化是脆弱的；它必须不断地防范外部压力以保护所需的自主，如果它与其他目标的联系不如与自己的目标联系紧密的话。”

⑤ 艾特泽尼：《现代组织》，53 页。

在新的后现代境遇中，当严格的题材区分被取消时，讨论将转向解构相关的形象文本。下一章将更详细地描述这种解构。

## 10.6 概　要

**想象**这个词在此意指后现代性的一个基本特征，这一特征是对韦伯的官僚结构的理性主义模式的核心特征一种偏离。**想象**在后现代性中所起的催化作用有如韦伯描述的理性化在现代性中的作用。随着各个自足的领域的爆炸，想象的主导不再局限于美学的领域，想象有望在科学的和规范的领域发挥更大的作用。不仅在科学发现的语境，而且在论证的语境，想象都将扮演更重要的角色。在现代性中，想象扮演着次要的角色；在后现代性中，理性化仍扮演着一定的角色，但向诗意的方面的转变已经发生。单一的阐释视角将被破除。

这一转向对于那些关心公共行政，包括公共行政的任何谋划的人而言将具有重要的后果。据说这一谋划将转向在第 13 章要描述的那种反行政。在那里，领导者和管理者都渴望管理，以想象来实施领导的角色；并要求下属和其他人也要发挥想象力。个体则在他们的相互关系和生活中赋予想象核心的地位。在否定的方面，想象是这样一种行政精神，它不依赖于现代主义的制定规则和遵循程序的行动。这种依赖的不幸后果的例子比比皆是。这一章给出的一个例子，就是官僚对理性化的严重依赖，尽管他们能理性地行动，但在信息生产方面需要过多的投入，就是说，需要过多的专家和亚专家。另一个例子是顾客的例子，他们总被看作顺从某一规则（或众多规则）的手段。

组织和管理理论家已经讨论过想象和创造性。所讨论的摩根的作品就是这类文献的例子。他最近的一部著作打算向管理者和其他人说明如何把视觉化用于达成所欲望的组织和管理结果。

在肯定的方面，想象是这样一种行政精神，它给予想象的发挥首要的地位。想象被认为处理的是**视像**，在此，**视像**概念是广义上说的。想象的发挥可被新的能力所利用，尤其是在人口增加的情境中，在那里，人口的增加意味着特殊的数量也将
177 增加，特殊情境的数量也相应地成倍增加。例如，由于数据处理技术的发展，特殊可直接被分析而不用通过决策规则。福柯和柏拉图的评论应当注意。福柯对牧羊人游戏（关心的是每头羊的福利）和城市游戏（制定法律和对群体实施法律）进行了区分。柏拉图的著作则说明了最好的治理是无法律的治理，真正的政治家是其规则适应每个个体的情况的政治家。在后现代性中，这一发挥将在新的语境中进行，鲍德里亚称此为跨政治。

对想象的讨论仅仅是从后现代的视角描述后现代性的开始，但据说这一讨论已经暗示了超越现代主义公共行政理论的可能性。这一描述将在对解构的思考中继续下去。

# 第 11 章



# 后现代性：解构

> 如果解构随时随地都可以发生，只要那里有某个东西存在（因此不一定非要把它局限于流行的书面文字层面上的意义或文本），那我们就得整个地想一想，在解构成为一个主旋律之时——如它的语言、它的优先的主题、它的策略调度等等——在我们的世界里，在现代性中，究竟会发生什么事。我对这一问题不想做出简单的和可形式化的回答……我甚至不敢说……我们正处在一个解构来临的“时代”。 178
>
> ——德里达[①]

解构既不是一种方法，甚至也不是一种运作；它既不是一种分析，也不是一种批判。德里达抱怨人们把方法论的隐喻运用于解构，尤其是在美国。在他看来，只是否认这一点是远远不够的，我们也不能说每个解构的“事件”都是“独特的”，就像“一个惯用语或一个签名”。正如他指出的：

> 解构不是一种方法，也不能把它转换为一种方法……事实上，在某些圈子中（大学或文化圈子，尤其是在美国），似乎必然地与“解构”这个词联系在一起的技术的和方法论的“隐喻”只会引起或导致偏离……只是说不能把解构还原为某种方法论的工具或一套规则和可转换的程序，这远远不

① 雅克·德里达：《给日本友人的一封信》，见：《德里达与异延》，戴维·伍德、罗伯特·贝纳斯科尼编（伊文斯顿，1988），4 页。

够……还必须明确，解构甚至也不是一种行动或运作。[1]

解构不是一种分析，因为它不是“向某一简单的要素的回归”，还因为诸如分析这样的价值也是可解构的。解构“不是一种分析，这尤其是因为对结构的拆除不是要回归到某一简单的要素，回归到一个不可分解的源头。这些价值，和分析的价值一样，本身就是可加以解构的哲学素”[2]。

那么解构是什么？对于后现代情境中的公共行政而言，解构如何才能被看作一种有价值的活动？这一章将依次回答这两个问题。在第一部分，我们将对解构加以
179 解释。在第二部分，我们将探讨解构对公共行政的意义。这一探讨表明，官僚制的解构可用于拆除构成现代主义公共行政理论和实践的基础的叙事。[3] 官僚制的解构也可用于拆除在后现代性中构成的叙事。所谓宏大叙事，就是指那些被认为能说明历史发展的解释，黑格尔和马克思的宏大叙事（分别以绝对精神和经济因素的作用来说明历史的行进）就是人们常用的例子。启蒙运动的宏大叙事就是：理性化即等于人类进步。公共行政理论和实践也以某些叙事为基础。这里有两个例子。一个叙事就是：公共行政理论的目标应当是客观性。另一个叙事是：效率是公共行政实践可行的目标。一个叙事是对现代主义的理论基础的说明，另一个叙事是实践的基础的例证。当然，我们也可以选择其他的叙事例子。

为什么非要破除公共行政的现代主义基础或现代主义叙事？基于各种幻觉的解决方法其实只会使问题变得更糟；错误的研究只会妨碍提出更好的修补措施。福迈尼（Formaini）曾经说，“科学”的公共政策是一个神话。他的原话是：“基于科学（例如已被证明）的公共政策——自启蒙运动以来，这一梦想越来越强烈，而在本世纪末可能达到了巅峰——是一个神话，一个理论幻觉。”[4] 他证明说，风险评估和成本—效益分析这一对息息相关的技术——我们时常要依靠这些技术——“根本不能产生我们所欲望的确定答案”[5]。他声称，那一幻觉一直存在于发展更有效的公共政策的方式中。格巴和林肯等人也都否认我们“能够摆脱时间和语境自由地提出普遍化的论断”[6]。在后实证主义者看来，否认这些和其他实证主义的定理是有益的，因为这些定理被认为构成了科学的社会研究和古典组织理论的基础。这种否认是有价值的，还因为它至少能刺激构成主义（或自然主义）研究和非正统的组织

①② 雅克·德里达：《给日本友人的一封信》，见：《德里达与异延》，戴维·伍德、罗伯特·贝纳斯科尼编（伊文斯顿，1988），3页。

③ 在此这并不意味着雅克·德里达讨论了官僚制的解构，而是说德里达不会不赞成——正如这里所描述的——解构官僚制这一说法。同样地，这也不是（在接下来的段落）说福迈尼、格巴、林肯是因为提出了解构的思想而得名。关于解构，可参见理查德·罗蒂：《论海德格尔及其他：哲学论文集》（纽约，1991），85～86页。罗蒂区分了“解构”的两种意义。第一种指的是德里达的哲学计划；第二种指的是“一种阅读文本的方法”（85页）。罗蒂说，第二种意义不应归于德里达，后者不同意“方法这一观念”（85页）。

④ 罗伯特·福迈尼：《科学的公共政策的神话》（新布龙斯威克，1990），1页。正如他所说的：“美国的公共政策是在一个框架内被讨论、分析和扩展的，这一框架因直接或间接地接受了某些假设而独具特色。其中一个假设就是我们周围的现实的客观性本质，还有一个附属的假设是，我们的技术有能力准确地探究和控制那一现实。”

⑤ 同上，2页。

⑥ 埃贡·格巴、伊维纳·林肯：《自然主义研究》（贝维利·西尔斯，1985），37页。

理论的发展，对此我们将在第 12 章加以讨论。官僚制的解构也可以针对后现代的叙事，如自然主义研究的解释和非正统的组织理论的叙事。再说一次，这一研究是实证的，因为它是从一定的视角提出解释，并由此激发新的解释。但是，正如在本章的末尾将更为清楚地显示的，解构不只是一种批判，也不只是一种分析。

和后现代主义一样，解构是一个费解的术语。有一个玩笑的提问也许应该更多地重复："黑手党与解构主义者有什么区别？"回答是："解构主义者使你想要理解你无法理解的东西。"[①] 这个说法当然是一种夸张；理解不能理解的东西，这本身就不可理解。我们应从承认这一困难开始。我们也应该一开始就记住，后现代对于解构的诉求是严肃的。所谓解构，正如列奥塔提醒我们的，就是把科学还原为话 *180*
语。[②] 根据这一观点，科学并不比文学具有更确定的认识论地位。解构——按此理解——可以说是一种有价值的活动。

## 11.1　何谓解构？

我们可以在结构主义的背景中来考察解构。结构主义关心的是确定和考察作为语言和文化之基础的"规则"。结构主义的创始人费迪南德·德·索绪尔(Ferdinand de Saussure) 感兴趣的是探究语言系统的深层结构。他关注的焦点不是特殊的语言（parole，**言语**），而是作为整体的语言（langue，**语言结构**）。[③] 他把这一研究和象棋游戏作比较，他感兴趣的不是具体游戏中的行子方式，而是所有象棋游戏的基本结构规则。在语言系统的情形中，他关心的是这些规则如何产生出意义。在他看来，语言系统作为一个整体的运作优先于产生意义的具体符号的运作。语言是一个系统，它先行决定了我们理解和体验世界的方式；在他看来，现实是由语言结构而成的。另有人把结构主义的研究方法运用于文化和其他领域。例如，克劳德·列维-斯特劳斯（Claude Lévi-Strauss）用它去研究构成文化神话之基础的"规则"[④]。雅克·拉康则力图用它去对无意识进行解码[⑤]，罗兰·巴尔特则用它来考察大众传媒和大众文化的符号[⑥]。德里达反对这些做法。在他看来，根本就不存在什么解释性的规则或惯例。根本就没有一个基础性的规则主宰能指的活动。他还否认任何固定意义的存在；意义是不断变化的。解构的目标包括否认文本可能有确

---

① 斯蒂芬·沃尔加引自：《当代人类学》，第 29 卷，430 页，1988（3）。

② 列奥塔：《后现代状况》，618 页。

③ 费迪南德·德·索绪尔：《普通语言学教程》，韦德·巴斯金译（纽约，1966）。

④ 例如，参见克劳德·列维-斯特劳斯：《人类学与神话讲座：1951—1982》（牛津，1987）。

⑤ 埃利·拉格伦德-萨利文：《雅克·拉康与精神分析哲学》（乌尔巴纳，1986）。

⑥ 乔治·瓦塞曼：《罗兰·巴尔特》（波士顿，1981），58 页。瓦塞曼写道："尽管法国结构主义的诸定义相互间常常难以统一，但大家至少普遍同意有四位特殊的法国人可安上'结构主义'这个称号，他们是：人类学家克劳德·列维-斯特劳斯（他是每个人的首选）、哲学家米歇尔·福柯（他愤怒地拒绝这个标签）、心理学家雅克·拉康（他和福柯一样也不怎么乐意接受这个称呼），以及罗兰·巴尔特（他至少接受这个称呼作为一个历史的标签以标识他在 20 世纪 50 年代末和 60 年代出版的作品）。"

定的解释。它还包括揭示文本的多重意义，证明能指就处于自由的嬉戏之中。[1] 可以说，解构的目标之一就是“要颠覆对确定知识的权威诉求”[2]。

更确切地说，什么是解构？要回答这一问题，我们不仅要认识到解构的复杂性和令人费解的缘由，而且要想一想能否找到简化的步骤。就复杂难解的方面而言，我们要注意提供一个类似词典一样的定义的困难，要注意解构与后现代主义者所使用的其他概念之间的关系，以及某些批判性的“理论”的特征。就避免简单化而言，我们要考察简单化选择的本质，并明确在采取那一步骤时可能出现的损失。

要求对解构下出一个类似词典的定义，就如同要求画出一个正方形的圆，因为解构（在德里达看来）否认这种定义的可能性。如果 X 包含有 X 不能被定义的意思，那么，一意孤行、非要给 X 下一个确切的定义，这必定会遭遇困难。我们应当明白，这其实正是后现代主义者所要理解的一个论题。正如德里达所说：“（所有）
181 ‘解构是……’或‘解构不是……’这一类的句子必然地是不切主题，也就是说，它们至少是虚假的。正如你所知道的，在我的文本中称作‘解构’的东西的首要一点，恰恰是对本体论的设界，尤其是对第三人称现在时的陈述即‘S 是 P’的设界。”[3] 德里达的观点是，解构解构自身。正如他所指出的：“定义以及因此翻译‘解构’一词的困难，就来自这样一个事实：所有的谓项、所有的概念定义、所有的词汇意谓，甚至句段的意谓——它们在某个时刻似乎是要把自己转让给那个定义或翻译——也要被解构或可以被解构，或是直接地，或以其他方式，等等。而且，这适用于那个词本身，适用于解构一词本身的统一性，如同它适用于每一个词。”[4]

在这一情形中，一种德里达式的运作就是要注意到解构与其他术语的联系。对于解构（在德里达看来）应在其他术语的语境中来考察。事实上，这有可能会使本已复杂的东西越来越复杂，因为其他的术语也需要在与解构的相互关系中来考察。先是提问意义，提问者被告知价值是由别的某些不熟悉的术语决定的。再提问那不熟悉的术语的意义，提问者又被告知其价值是由第一个术语和剩下的不熟悉的术语决定的。在论及解构的时候，德里达说：

> 在我看来……这个词只在某一语境的内部有影响力，在那里，它替换自身，让自身由别的词如“书写”“踪迹”“异延”“增补”“处女膜”“药”“边缘”“切片”“附饰”等所决定。显然，这个列举无有终止，我只是引用了它们的名称，这远远不够，这么做只是出于经济的原因。事实上，我应当引用语句

---

① 雅克·德里达：《论文字学》，加亚特里·斯皮瓦克译（巴尔的摩，1976），73 页。又见戴维·伍德编：《德里达：批评读本》（剑桥，1992），172～173 页。

② 这个词组取自克尼对后结构主义的讨论；理查德·克尼：《欧洲哲学的现代运动》（曼彻斯特，1986），9 页。克尼写道：“对于后结构主义而言，阅读文本的两个主要目标是：（1）颠覆对确定知识的权威诉求；（2）使被压抑的欲望发出快乐的声音（这正是语言作为能指减去所指的剩余的本质）。”

③④ 德里达：《给日本友人的一封信》，4 页。

和语句的相互联系，是它们决定了这些名称在我的文本的某处的意义。①

在论及异延（这些词中的一个）时，德里达说：

> 异延发现自身陷入了这样的境地，它想使自己摆脱其他“概念”、其他“语词”、其他文本形态的链条。我在后面也许有机会说明为什么会这样……以及为什么必须给它们的固持留下余地（例如，书写符、保存、切入、踪迹、分隔、空白——感觉空白、生命空白、无的空白、百分百的空白、外表——增补、毒药、边缘—标记—边界，等等）。显然，这个列举不会有分类学的终结，甚至不能构成一部词典。②

德里达认为“vouloir-dire”（意即）这个短语是一个无望的形而上学：“‘解构’这个词，和所有其他词一样，只有从它在一个可能的替代物链条中的铭写来获得它的价值，对于那一链条，人们太过轻率地称之为‘语境’。”③

要描述某些关键的后现代概念的特征是困难的。我们可以看一下德里达通过把法语的différence（**差异**）一词中的e替换为a而杜撰的différance（**异延**）这个词。盖尔·奥米斯顿（Gayle Ormiston）引用德里达的话说，différence与différance之间的差异“是听不出来的，而在我们可以看到的那些方面，它也超出了理解的次 182 序”④。奥米斯顿接着说，“德里达的异延是不可译的、不可定义的、不可思考的。异延不能通过本体论来思考，也不能被提升为一个主导词、主导概念或主导核心”⑤。思考不可思考的东西不是不可能，犹如没有思考的思考是可能的一样。然而，这种思考是不允许的。看一下解构。德里达在“给日本友人的信”中解释说，解构“只有从它在一个可能的替代物链条中的铭写”来获得其价值。⑥ 德里达接着解释说：“解构不是什么？当然不是一切。解构是什么？当然什么也不是。”⑦

在德里达看来，文字（既不是言语，也不是言语的结果或言语的反面）就是异延，是异延的铭写。异延并非一个概念，甚至也不是一个词，而是一种分隔。它是药，既能害人也能治病。文字还是留下踪迹的签名的铭写。要从德里达的作品中找出晦涩的例子，这并不是难事。

面对必须说不可说之事这一类似的困难，路德维格·维特根斯坦提出了一个楼梯策略：“我的命题可作如下阐释：理解我的人，当他运用这些命题——作为阶梯——向上爬进而超过这些命题的时候，最终会认识到它们是无意义的。（他可以

---

① 德里达：《给日本友人的一封信》，4～5页。

② 雅克·德里达：《立场》，艾伦·巴斯译（芝加哥，1981），40页。

③ 德里达：《给日本友人的一封信》，4页。

④ 盖尔·奥米斯顿：《重复的经济学：异延》，见：《德里达与异延》（伊文斯顿，1988），41页。奥米斯顿告诉读者可参照德里达的“万能钥匙”。

⑤ 同上，41页。

⑥ 德里达：《给日本友人的一封信》，4页。

⑦ 同上，5页。

说是登高拆梯，过河拆桥）他必须超越这些命题，然后才能正确地看世界。”① 如果有人相信语言之外无物存在，如果有人想从摆脱语言的角度进行陈述，他就得面对说不可说之事的困难；读者应记住第 2 章有关透视主义的讨论。在德里达看来，根本就不存在语言“之外”。维特根斯坦的楼梯策略就是无论如何要有所言说，但接着就要放弃这言说，如同在《逻辑哲学论》中。德里达对楼梯策略并不当一回事；例如他告诉霍德宾（Houdebine）和斯卡皮塔（Scarpetta）说：“如果说异延有一个定义，那它只能是对到处都在起作用的黑格尔的扬弃的限制、中断和消解。”② 但是，德里达反对这么做。

如果他采取楼梯策略，德里达可能会说，解构本质上是一种特殊的批判或批判性的分析。一旦已经明白了我们所理解的东西，他接着就可以指出，说“X 本质上是 Y”和谈论批判或批判性的分析，这是无意义的。他会说，他刚刚所说的必须被抛弃、被超越和被解构。应注意，这些警示不是多此一举，不要把它比作香烟盒或超市食品盒上的警告标识。维特根斯坦曾写道，他自己的命题是“无意义的”，如果读者想正确地认识世界，就必须超越它们。③ 无意义（nonsense）是一个过于普通的词，以至于我们总需要提醒自己它指的是莫名其妙和不可理喻的言语。

有两个最基本的要点要提出来，以防止因模仿维特根斯坦的楼梯策略而来的疏漏。首先，我们必须记住这样一个显而易见的事实，即维特根斯坦和德里达在思想
183 发展中的位置以及他们的观点是十分不同的。例如，德里达的前辈，包括维特根斯坦的哲学，可以构成一个列奥塔意义上的事件，即它将改变此后像德里达这样的思想家的思想框架。在这个意义上，对于维特根斯坦来说合适或不合适的东西，对于德里达来说，可能合适也可能不合适。其次，因模仿楼梯策略而来的疏漏对德里达而言有几个方面。一个是危机，德里达的目标是克服形而上学，他用来克服形而上学的方法本身必须避免创造了另一个形而上学，而使用楼梯策略有可能会落入这个陷阱。这里的逻辑可用一个例子来说明：如果我们说所有的论证都是错误的，我们就不能给这一论断本身提供证明。用德里达的话说，“因而，甚至在侵略或僭越中，我们仍与形而上学不可还原地依附着的代码保持着一致，这样，每一次僭越的姿态都会把我们重新围在这一封闭中——确切地说，是使我们固守在形而上学的封闭中”④。

我们不妨把焦点仅仅限定在疏漏的部分，并以此来说明德里达（因为他认为并没有什么语言之外）视作无意义的目标。这一目标就是想“正确地认识世界”。跟着运用楼梯策略，我们就能“正确地认识世界”吗？可以说，更有建设性的做法就是在界限上下工夫，也就是，当所存在的只是图像化的世界时，我们应当做的就是去处理这一情形造成的后果，或者说在后现代的情境中游戏。正如德里达对亨利·

① 维特根斯坦：《逻辑哲学论》，74 页。
② 德里达：《与让-路易斯·霍德宾和盖伊·斯卡普塔的访谈》，见：《立场》，40～41 页。
③ 维特根斯坦：《逻辑哲学论》。
④ 德里达：《立场》，12 页。

罗西（Henri Ronse）说的，“我想把自己保持在哲学话语的界限内”①。在同一次访谈中，德里达还说：

> 我想写下这样一个问题：（什么是）要说的意义？因此，在这样一个空间中，以这样一个问题——文字实际上意味着虚无——为指导是必要的。这并不是说文字是荒谬的，因为荒谬总是同形而上的意义结合在一起的。文字不过是自我吸引、自我引诱，它力图使自己保持在意义枯竭的某处。要想冒险言说虚无，就要开始游戏，且首先就得进入异延的游戏，防止受任何词、任何概念、任何主导阐述的归纳和控制。②

正如德里达自己补充说的，这一“言说虚无的意图”，这一对楼梯策略的拒绝，实际上是令人不快的：“用几百页的篇幅写一些既连贯又省略的东西，如你所见，就是把它的涂写甚至它的擦痕印下来，把每个概念纳入没有终止的差异链条，以众多的警示、指称、注释、引文、拼贴、增补包围它自身或与自己混合在一起——这一‘言说虚无的意图’，正如你将同意的，并非最可靠的操练。”③ 回避楼梯策略是令人尴尬的和不快的，但其意图是，这种回避能使探究局限在哲学话语的界限内。

即使把解构看作一种文本批判或文本阐释，那也是一种有差异的批判。它不会装模作样去提供一个正确的批判或阐释；同时它也不会对真理性的阐释做出错误的或个人的评价。意义或价值，在德里达看来，整个地是在语言内部被决定的，是由 184
仅仅来自别的语言单位的差异决定的。语言——再重复一遍——不指涉自身以外的任何东西。因此根本就不存在什么可确定的意义。根据德里达的观点，意义乃是“无限的意指，是能指对所指的无限指涉”④。在德里达看来，文本“之中”并无意义；文本之外别无他物。

解构是一种“没有终局的策略”⑤。如果是说根本不存在可确定的意义，这一表述似乎是合理的；“在德里达看来，书写总是导向更多书写，且永无休止”⑥。在文本被解构之后，解构，正如上面所表明的，转而要针对自身，解构自身：“解构之事业总要以某种方式把自己的工作当作牺牲品。”⑦ 以早期亲计算机的一代为例：帕克曼吞食了别的小形象，接着又吞食了他自己，接着又吞食了他用以吞食自己的一切，再接着又吞食了“他用以吞食那曾用以吞食自己的一切的一切”，如此等等，没有终止。

帕克曼的这个例子（从现代主义的角度看，这是个令人不快的例子）引导我们走向了同样令人不快的游戏观点。德里达接受了游戏的概念。和孩子的游戏一样，

---

① 德里达：《立场》，6 页。

②③ 同上，14 页。

④ 雅克·德里达：《写作与差异》，艾伦·巴斯译（芝加哥，1978），25 页。

⑤ 雅克·德里达：《撒播》，约翰逊译（芝加哥，1981），7 页。

⑥ 罗蒂：《实用主义的后果》，94 页。

⑦ 雅克·德里达：《论文字学》，斯皮瓦克译（巴尔的摩，1976），24 页。

解构的游戏既无目标亦有目标。它无目标是因为它不会以真理或终极意义为目标，是因为它拒绝标准的意义。根据克里斯托弗·诺里斯（Christopher Norris）的观点，“解构的严格性——如果我们想使用这个概念的话——属于只会质疑所有的标准、质疑常规的逻辑一致性的话语”①。但它又不是毫无目标。德里达写道，自由的嬉戏“是在场的瓦解”②。他谈到“一种一般的解构策略。后者既要避免简单地将形而上学的二元对立中立化，又要避免简单地停留在这些对立的封闭领域内并由此而肯定这些对立”③。这一表述可能会让我们想起早先有关维特根斯坦的楼梯策略的讨论。解构的游戏是要揭示文本的盲点，揭示作者形而上学的和认识论的假设。正如德里达所说的，解构“不仅攻击大厦内部，不论是哲学素的语义还是它的形式，而且……还有它外在的实践条件：其教学法的历史形式，这一教学建制的社会、经济和政治结构”④。

我们不妨冒险运用那一楼梯策略。解构可看作对构成文本的叙事的解构，不论是现代主义的文本还是后现代主义的文本。显然，重要的是要解构那构成或曾经构成现代性的基础和叙事，并要超越楼梯策略的那种拆除。这些基础的历史有的比现代性还要悠久（如构成形而上学的二元对立）。我们不要把这种解构看作（这让我们想起更早的海德格尔的论述）把世界看作图像或把世界图像化这一工作的一部分。在这方面，列奥塔可能会说，解构关心的是对作者的角度和优先权的质疑⑤。
185 我们期待着一种开放的文本性。期待着本章所讨论的解构的其他所有特征。在既承认又抛弃现代性的基础构成的意义上说，解构乃是在对后现代情境的确认中对文本的阅读和重读。

解构是一种阅读，它接受文本中的符号没有任何指涉物。如果承认这一点，就可更清楚地看到为什么德里达不愿给“解构”下定义，为什么他只是谈论解构与其他词之间的差异。在后现代性中，符号能发挥各种不同的功能（如掩盖现实的不在场或干脆让自身成为现实的拟象）。不过，有一件事是它所不能做的，这就是指涉作为基础的现实；正如格特鲁德·斯坦（Gertrude Stein）描述她离开的那座城市时说的，根本就没有“在那里”。鲍德里亚则以“拟象的运动”这一方式写道：

> 抽象在今日不再是地图、幽灵、镜子或概念的抽象。模拟不再是某一疆域、指涉物或实体的模拟。它是借助一个没有源头或现实性的现实模式所进行的一般化：是一种超现实。疆域不再先于地图，也不再是地图存在之条件。从此，是地图先于疆域——拟象的运动——是地图生产疆域。⑥

---

① 克里斯托弗·诺里斯：《解构：理论与实践》（伦敦，1982），6页。

② 德里达：《写作与差异》，292页。

③ 德里达：《让-路易斯·霍德宾和盖伊·斯卡普塔的访谈》，41页。

④ 德里达：《绘画中的真理》，19页。

⑤ 诺里斯：《解构：理论与实践》，106、169页。

⑥ 让·鲍德里亚：《拟象与仿象》，保罗·福斯、保罗·帕顿、菲利普·贝特切曼译（纽约，1983）。

相反，在现代性中，符号总指涉着一个作为基础的现实。这一指涉实施着不同的功能，如反映、伪造和伪装。在反映中，符号“具有”其意义。在鲍德里亚看来，伪造和时尚都诞生于文艺复兴，当时世界秩序发生了改变，世界被“祛魅”。马克思主义和弗洛伊德主义就是例证，在它们那里，指涉物被看作掩盖——分别通过商品化和无意识对现实进行伪装。另一方面，解构是对文本的阅读和重读，但同时又承认（采用鲍德里亚的话说）“拟象从不掩盖真实——它就是真实，是掩盖虚无的真实”。现在，我们可以轻松地拆除楼梯了。

## 11.2　解构官僚制

接下来我们要考察后现代境遇中的公共行政，在此，文本的解构何以成为一种有价值的活动呢？解构官僚制的目标在于解剖作为现代主义谋划之基础且交织在后现代的解释中的叙事。其目标在于证明这一叙事的匮乏性；揭示这一解剖自身也并非令人满意。在本章的开头，我就指出，现代主义的宏大叙事乃是对社会发展的一种解释，是对作为历史发展之基础的推动力的一种描述；启蒙主义将理性化等同于人类进步的观点就是一个例证。公共行政的现代主义叙事受到了更多的限制，但它 186
们与启蒙主义的现代主义宏大叙事是联系在一起的。后现代叙事的例子前面已经说了。[①]

解构的一个价值就是对其自身的解构，这一点从公共行政的一个例子可以直观地看到。从现代主义的角度看，这一观念似乎是自拆台脚。这一研究方法——既是对某物的批判，同时又得出结论说，这一研究方法本身也是可以质疑的——被认为是一种虚弱的或不可接受的研究。不过，应当记住，后现代性不承认任何认识论方面的特权话语，不承认某一种通向真理的方法是更为可靠的方法，实证主义就认为，真理就是通过运用那所谓的科学方法而得以可能的。后现代性是一种后实证主义；“科学”和其他话语是一样的。我们可以把行政报告看作特权话语无效性的一个例子；行政研究和组织与组织方法研究也是这样的例证。[②] 一般的经验认为，这种专业的行政报告通常是十分有价值的。例如，其中可能会提出大量明智的组织改革的建议或为警察与消防部门的人事配置提出更合常理的方案。一个同样一般的经验认为，如果采用不同的提交方式，比如为组织提供一套不同的明智选择或提出一套不同的符合常理的公共安全部署，这种报告同样是有用的。但这一类的结论和行政研究方法都不具有优先性。有人可能会回应说，这一表述只适用于某类报告，而那一论证与所得出的结论是相符合的。如果认为行政批文的内容和方法不仅是明智的而且是具有认识论的特权的，那就会出现危险。有时，人们把符合常理的行政批

① 这些例子是对自然主义（或构成主义）研究和非正统组织理论的说明。这些说明是后现代的，尽管没有人这样描述它们。“后现代的”这个形容词，正如在第 1 章解释的，将来某个时期肯定会被另一个能指所取代。

② 例如，参见为诸如公共行政服务社（1965—1970）以及雅各比公司（计划研究公司）（1970—1971）这样的咨询组织写的报告，其中包括我在这些时期为这两个组织单独或合写了 50 页。这两个组织都位于伊利诺伊的芝加哥。

文看作理由充足的东西，这是一种无效的观点，它事实上需要帕克曼。

解构官僚制的第一个例子直接针对的是公共行政的这样一个"宏大"叙事，它认为公共行政理论的发展"目标"应当是客观性；其所选择的策略就是集中于某一特殊的"理论性"文本。第二个例子针对的是这样一个"宏大"叙事，它认为效率应当是公共行政实践的目标。与这一例子相关的"文本"，可以说，就是作为文化实践的组成部分且处于许多理论的核心的那个东西：效率的概念。当然也可以选择其他的叙事，如效率叙事的这样一个变体，即认为商业是效率政府的模型。

"文本"这个概念在这一语境中应在其最宽泛和最丰富的意义上来理解。在宽泛的意义上，这个概念可看作包括所有形式的语言和行动的产品在内。与公共行政或别的什么东西有关联的文本为数众多。例如，我们知道，声音是可以阅读的；当电台主持人说"我要给你大声清晰地朗读"的时候，说的就是这个意思。随着计算
187 机和电视持续地对我们的生活发生着影响，将会出现新的语言形式。当文字在人类生活中发挥着它的作用时，这是一个根本变革的时刻，也许谈话的苏格拉底和写作的柏拉图之间的裂口就可以作为它的象征。在 1993 年的一次电视谈话节目中，查尔斯王子（Prince Charles）两次提到国会图书馆收藏的手掌般大小的电脑光盘的目录。[1] 我们用电视节目而不是文字文献来做这一"非学术"的引证，其实是为了强调许多人都在强调的一点。全新的语言形式不是在蓬勃发展吗？在当下的语境中，文本不仅包括所有这些语言形式，而且包括公共行政和其他行为。行为、境遇和人都是被阅读的对象。生活实际上就是文学；生活的行为构成了一本书，一个文本。[2] 就丰富性方面而言，应认识到文本的双重意义。这一点在罗西对德里达的一次访谈中说得很清楚："在你的文章中，'文字'（writing）这个词至少有两个含义是显而易见的：被接受的含义，即与声音（speech）相对立的（表音的）文字，在此，文字公认是声音的再现（但是你认为根本就不存在纯粹的表音的文字），以及更为根本的含义，即在与语符学称作'表现性的物质'发生关系之前一般地规定着文字（writing）的东西；这一更为根本的含义是文字与声音的共同根源。"[3]

在此应做出三点防止误解的基本说明。首先，不能把解构翻译为官僚式的用语，以说明实施解构方法的步骤。要记住本章开篇的那句话："解构既不是一种方法，甚至也不是一种运作；它既不是一种分析，也不是一种批判。"从现代主义的公共行政理论的心灵模式的角度说，这一回答可能会令人失望，但要求游戏成为非游戏是不合情理的。

其次，我们还不能明确地说，单凭解构本身，或者说脱离了想象、非地域化和他在性的解构本身，就能向公共行政就解构的价值问题做出令人满意的回答。第三，坚持说对不合理的二元模式的解构乃是一次卓越的试验，意即，解构或是卓越的（其卓越性包括这样一个观点，即认为它在所有方面都是新奇的），或是一种欺

① 查尔斯王子：《集会演说》，见：《威廉和玛丽学院成立 300 周年纪念》（里切蒙德，1993-02-13，8 频道）。

② 有关生活作为一个文本，见海德格尔：《存在与时间》。

③ 雅克·德里达：《亨利·罗西的访谈》，见：《立场》，7 页。

骗，这也是不合适的。卓越性是不在场的，而这种试验的一个假设就是，根本就不存在第三种立场，因而解构必定是——那一观点就是这么推理的——欺骗。相反，解构不是象棋游戏；它是那埋头苦干的老黄牛。

因此，解构官僚制的第一个候选对象就是把好的公共行政理论等同于客观性这一"宏大"叙事；根据这一叙事，理论越是优秀，客观性就越大。在此所选择的解构策略是考察西蒙的《行政行为》的作者身份。我们要从潜入批判理论的领域开始。这一策略的一个目标就是指出，是超出赫伯特·西蒙掌控之外的力量构建了著作的作者身份。在此将呈现出一幅偏离客观性的图画，并暗示出公共行政的其他理论著作都可以向同样的解构路线开放。这一解构策略将表明，西蒙的作品是在其他文本的语境中写就的，对它的理解是由后来的文本的在场构建的；就是说，西蒙的 188
这一文本必须在一系列的文本内才能被解释为是文本。由于没有一种方法具有认识论上的优先权，因而显然，我们也可以运用其他的解构策略。

那么是谁写就了赫伯特·西蒙的《行政行为》?[1] 谁是作者，即决定《行政行为》一书内容的决定性的创造者？一个正确的回答就是赫伯特·西蒙。因为这一回答是显而易见的，因而提出谁是作者这样的问题显得有些愚蠢。不过，这个回答也许并不像看起来的这么直截了当。事实上，合作者和共同写作的力量的名单是无限的，其他著作也是如此。我们不妨从两个研究链条或思路来考察这一文本（尽管也存在其他的路径）。

第一个研究路线，我们可以从追问麦克米兰出版公司（自由出版分社）的管理者的目标和压力开始，因为是他们共同决定了公司出版《行政行为》。实际上，不仅仅是出版，还有对出版物的篇幅的选择和市场策略。这一研究思路是令人激动的，因为它会引出这样的问题：是谁或什么因素决定或设置了出版者的目标和压力；而这又会引出这样的问题：在社会的—政治的—经济的环境中，是谁或什么因素为出版公司的决策设置了参数和动机，等等。这一探究将导向对这样的问题做有趣的分析：比如说，市场和消费主义是如何构建了那一出版物的特征，使其成为公共行政主题方面受市场欢迎的著作。而这又会导向对经济体系运作的分析，对写作成为市场之一部分的机制的分析。在此会遇到各种各样的观点，包括讨论统治阶级在社会中的影响这样的叙事。葛兰西（Gramsci）的"霸权"理论就是其中的一种叙事。在他看来，霸权就是：在把社会认作是"常识"的东西构建为命题时，居于主导地位的社会集团所表达出来的强势立场。[2] 书和作者都被商品化了（参见本章前面的说明），一个是在市场中，一个是在学术和其他市场中。这又把我们引向了马克思 [绝不是佩奥里亚（Peoria）所喜爱的人]、批判理论家和其他讨论话语商品化的人的著作，进而还有那些批评马克思和批判理论家的人的著作。这一步骤之所以是重要的，部分地是因为它表明公共行政理论本身——和一本书一样——被商品化了。

① 西蒙：《行政行为》。
② 安东尼奥·葛兰西：《狱中札记》，昆顿·霍亚里、杰弗里·史密斯编译（纽约，1972）。

沿着这些路线，我们可以证明，和一本书一样，公共行政是一件商品，从属于市场的因素，并在打包销售和按质论价的框架内发展。它的一般性质，它的形态和特征被它的商品化所限定。如果一个理论家赞成马克思主义的分析——仅仅举一个例子——那运用这一分析的作品会被市场所接受（有好的销售业绩）吗？那个理论家会一举成名（畅销）吗？作为我们的出发点的需求的本性——可以说明解构怎么
189 会具有实践的意义——也反映了这一商品化。官僚和政府官员可能会购买也可能不购买公共行政理论。例如，没有来自政府和官僚的支持，公共行政学位证书的大学供应者——和供应别的证书的部门如属于其他社会科学或人文科学领域的部门相互竞争——就会失去其顾客（学生）。没有来自官僚财团的支持，公共行政理论和（从一个方面来看）应用的公共行政理论的供应者的咨询和研究成果就不会有市场。当然，其他系统和实体也有这方面的需求：公立大学必须回应立法机关对产品效用的需求。就供给的方面来说，产品的设计不仅能反映它自身的商品化，而且能反映大学的商品化、社会科学的商品化和科学的商品化。所有这些力量使公共行政理论倾向于短期行为，而且这些力量会因为有权颁发证书的资源的相互竞争而变得更为激烈。公共行政理论是——比如说——法兰克福学派的批判理论家运用马克思主义的范畴如商品化和交换来分析社会的这一方面的一个特例。霍克海默和阿多诺写道："个体在与经济权力的关系中整个地贬值了，同时这些权力又把社会对自然的控制推向了前所未有的高度。"① 公共行政的商品化就是这样一个强有力的界限，看起来，我们把短期效用内在化为必然的东西了。对效用的需求是自然而然的。

谁写就了赫伯特·西蒙的《行政行为》？我们看一下第二条研究路线。通过阅读文本可以看到三点。首先，这一文本是在其他文本的语境中写成的，并且这一文本乃是对那些文本的一种回应。例如可以看一下逻辑实证主义者的文本和切斯特·巴纳德的文本。西蒙说，他承认逻辑实证主义的文本与他的文本之间的联系："我把一个特殊的现代哲学学派——逻辑实证主义——所得出的结论视作为出发点，我要考察它们对于决策理论的意义。"② 在该页的脚注中，西蒙列举了他认为属于逻辑实证主义的七个相关文本：查尔斯·莫里斯（Charles W. Morris）的《指符理论之基础》（*Foundations of the theory of Signs*）、鲁道夫·卡尔纳普的《逻辑与数学的基础》（*Foundations of Logic and Mathematics*）、布里奇曼（P. W. Bridgman）的《现代物理学的逻辑》（*The Logic of Modern Physics*）、卡尔纳普的《可验证性与意义》（*Testability and Meaning*）、卡尔纳普的《语言的逻辑句法》（*The Logic Syntax of Language*）、阿尔弗雷德·艾耶尔（Alfred J. Ayer）的《语言、真理与逻辑》（*Language, Truth and Logic*）和 T. V. 史密斯（T. V. Smith）的《超越良知》（*Beyond Conscience*）。西蒙的文本其实可看作对这些文本的阅读的局部回应（直接的、间接的或两者兼有的）。之所以要强调是一种"阅读"，因为在这个世纪的上半叶逻辑实证主义正如日中天的时候的阅读与后来逻辑实证主义的流行已成往

① 霍克海默、阿多诺：《启蒙的辩证法》，前言，14 页。
② 西蒙：《行政行为》，45 页。

事（也许是正确的，也许是一种错误）的时候的阅读是完全不同的。西蒙的文本并没有太详细地论及逻辑实证主义的文本，在这一意义上说，它既不是对逻辑实证主义的观点的挑战，也不是要补充支持性的论证；它只是利用它们去支持决策过程研究。西蒙的文本把逻辑实证主义文本的所谓核心结论作为给定的东西加以接受（如有关事实与价值的区分）。接下来还要考虑到相关的文本，在当时，这样的接受是 190
与众不同的；因而后来写成的那一文本不得不证明这一不同的接受的合理性。至于这一链条的范围是向上还是向下，西蒙并未做出论述，但他的文本乃是对文本链条中的其他文本的一种回应。

在链条中的这一位置也可在西蒙的文本与巴纳德的文本的关系中见出。西蒙的文本与后者的关系比较密切。他特别地承认他的文本受益于巴纳德和巴纳德的文本："对于切斯特·巴纳德先生，我要特别地表示感谢：首先，因为他本人的著作《行政的功能》（*The Functions of the Executive*）对我思考行政产生了重要的影响；其次，因为他对拙著初稿给予了极其认真的批判性评论；最后因为他为现在的这一版写的序言。"[①] 所谓关系极其密切，指的是：西蒙的文本是通过以和巴纳德的文本相同的术语进行阅读而和许多思想建立起相互关系的。例如，西蒙的文本讨论了"接受的范围"[②]。正如西蒙的文本中所承认的，这一用语不过是巴纳德的文本 169 页所描述的"中性的范围"的一种变化。[③] 再重复一遍，这个文本乃是对一系列文本的一种回应。西蒙的文本对巴纳德的文本的回应乃是以巴纳德的文本的阅读为模型，这一阅读在已经出现的文本链条的语境中是可能的。如果是在半个世纪之后，这一回应肯定会不同，因为其他文本已加入了这一链条。

有人可能会对将文本置于作者之上（即强调文本而不是作者的重要性）这一优先化的做法做出否定性的反应。如果能把文本看作——实际上——有生命的东西，那么，对话语第一性的思考就要容易得多。有的作者在一段时间过后就能体验到与自己的文本分离。他们会任意地阅读自己的文本，仿佛那文本是别人写的。

是谁写就了赫伯特·西蒙的《行政行为》？通过阅读西蒙的文本产生出来的第二点是，他的文本也是对构建现代性的文本的理性化和其他机制的一种回应。这一回应就反映在其文本的前言和目录中。在前言中，他希望这本书对"关心行政科学的人"、对"实践的行政人员"和研究者能有所裨益；第一个希望反映了科学主义，第二个希望反映了技术主义。理性化构成了这一文本的经和纬。例如，这本书的一个主要论题，就是组织中的参与使获得更大的合理性有了可能，组织环境的特征决定了合理性的范围；客观的合理性是最为理想的。西蒙说："对行政理论的需求就存在于这样一个事实中，即人类理性存在着实际的局限，这些局限不是静态的，而是依赖于组织环境，个体的决定就是在那里做出的。"[④] 我们可以再提一下满意度的问题，它说的是（见第 3 章的解释）选择的"合理性"问题，即选择首先是要让

---

① 西蒙："第一版致谢"，见：《行政行为》，前言，19～20 页。

②③ 西蒙：《行政行为》，12 页。

④ 同上，240～241 页。

191 人满意，而不是要最优化。至于《行政行为》的目录，其重要的决定参数已经由构建现代性的那些文本选定了。不仅如此，目录的大部分是由这些相同的文本确立起来的。说现代性也是共同作者，甚至可能是第一作者，这是不是太诗意化了？

从阅读西蒙的文本中呈现出来的第三点，就是（这一回应性的文本的）读者作为文本意义的赋予者——如同在任何文本中发生的情形——的作用。那被读出的意义乃是由这个读者在文本链条中的位置决定的。“假设其他方面不变，《行政行为》的西蒙在1993年会如何阅读巴纳德的《行政的功能》？”这样的提问是没有意义的。这两个文本在文本间的话语链条中当然有各自的位置，而1945年至1993年产生的其他的回应文本使得“其他方面”保持不变已经不可能了。这个例子——可能还有前面的讨论——的不足之处就是存在日期的优先化，似乎文本具有某个内在的意义。作者没有任何权力在某个特殊的时刻把意义纳入某一文本中。

我们继续这一思考。想想这样一个情形：同一文本在不同的读者那里将呈现得不同。对比一下阿吉里斯对《行政行为》的阅读和西蒙对《行政行为》的阅读。阿吉里斯认为西蒙的合理性概念排除了自我实现：“正如他的标题所表明的，西蒙教授一直让合理性和自我实现处于相互排斥的关系。”[1] 西蒙对西蒙的阅读则有所不同：“如果说存在着危险，即在我回答阿吉里斯的标题中使用的‘还是’（or）可以解释为排斥而不是兼容，那我会十分乐意接受使用‘和’甚至‘和/或’这样的用法。”[2] 这里所讲的“回答”的标题是：“组织人：是理性的还是自我实现的？”[3] 现在，当我们再来阅读《行政行为》时，这一差别并非无关紧要。不妨看一下阿吉里斯对西蒙的反驳：“理性，在我看来，不是且从来也不是自由的镣铐。在我的眼中，理性是获得人际交往能力的基础（阿吉里斯，1968年）……真正的镣铐是组织的设计和行政管理，它们不会激发对情感和带有情感的实质性问题的讨论（当它们相关时）。”[4] 阿吉里斯的理解是，理性的人的组织理论，即西蒙的理论，是不充分的，“我们需要一个更复杂、更具人道主义精神的人的模式和更规范的研究”[5]。西蒙的一个主要反驳是，他认为阿吉里斯虚构了“一个称作‘理性的人的组织理论’的稻草人，这意味着忽视了人类行为的动机和情感方面”。后来，在继续他的回应时，西蒙写道：“对此，我只能以一则古代笑话的妙语来回答说：‘你是查理（或克里斯）吗？”[6] 不过，这些读者对西蒙的文本的阅读在许多地方当然会相互重叠。例如，阿吉里斯把那个文本读作是“华丽的”和“古典的”[7]。

我们现在只是描画了对“是谁写就了赫伯特·西蒙的《行政行为》？”这个问题的分析的开头。这一研究是沿着两条路线进行的。一条路线表明，我们可以在各种

---

① 克里斯·阿吉里斯：《组织人：理性与自我实现》，载《公共行政评论》，第33卷，354页，1973（4）。
② 赫伯特·西蒙：《书信》，载《公共行政评论》，第33卷，358页，1973（4）。
③ 《公共行政评论》，第33卷，346页，1973（4）。
④ 阿吉里斯：《组织人：理性与自我实现》，354页。
⑤ 克里斯·阿吉里斯：《理性的人组织理论的局限》，载《公共行政评论》，第33卷，253页，1973（3）。
⑥ 西蒙：《书信》，358页。
⑦ 阿吉里斯：《组织人：理性与自我实现》，354页。

力量和选择（其他文本，因为我们描述的是**文本**）的链条中来考察西蒙的文本，这一链条在出版与发行相关的决策中达到了极致；另一条路线表明，我们可以依据其 192 他已出版的文本的链条来考察这一印成文字的文本。在此我对这些相似的分析的探究没有超出一个基本的认识，既这些分析路线是有用的。如果可以把理论看作一个透镜，通过它，可描画出公共行政的世界（或是把理论看作对构建那一世界的参与），那我们至少可以得出这样一个判断，即这些分析就是透镜的清洁剂——或透镜的调焦者。

解构官僚制的第二个候选对象，要记住，就是这样一个叙事：效率是公共行政实践可行的目标。现在我们的讨论目标就是要说明如何运用这一解构策略，而不是让这一策略自行其是。这也意味着类似的概念，如效率，将被纳入类似的解构分析。

为什么我们要对效率进行解构？有两个理由。首先，一直以来，在官僚制的改革中，实践者都对效率表示了关注。这一关注最近的一次重要表现就是副总统阿尔伯特·戈尔（Albert Gore）的政府工作报告。这一改革报告没有把效率“专一”看作行政的评价标准，就像早先的特赦委员会（the Grace Commission）和早期重要的公共行政改革者们明确认为的那样。不过，正如报告的前言明确地指出的，效率是一个重要的主题：“克林顿政府认为，对于一个新的、与美国人民签订合约为顾客服务的政府而言，对于一个新的保证有效的、讲求效率的和反应迅速的政府而言，效率就是时间。”① 其次，对于效率概念如何才是有效的和如何才能有效地实现效率这一点，人们并不清楚。结果，我们时常认为问题出在政治家和官僚身上，而我们对于官僚攻击者和官僚攻击者的攻击者之间的争论又难以达成一致；就是说，我们可以把这看作语境。另一方面，我们也可以认为问题出在方法的选择上。例如，道文斯和拉基（Larkey）得出的教训就是他们所谓的“大策略的问题”：“过去的许多改革的一个问题，就在于它们采取了一种综合的、策略性的方式。它们常常把目标直接针对政府的所有机构或所有计划，针对最高层的决策。”② 还有一个问题在于我们的效率理论中效率概念的本质；效率概念本身就是无效率。不过再一次，这三个方面可能都存在问题。

（所论及的各方）采用的策略有三个方面：第一，应当重申的是，效率概念是一个社会构成物，且必须指出，这一认识将产生重要的后果。第二，据说效率概念这一社会构成物与现代主义世界的目标具有文化上的联系。效率在文化上注定是一个不可回避的道德概念和特殊形态的概念，我们将对此做出解释。第 193

① 副总统阿尔伯特·戈尔：《从官样文章到结果：创造一个工作效率更高花费更小的政府》（纽约，1993），1页。有关特赦委员会的评论（1984 年 1 月，总统的私人小组对联邦政府的成本管理展开调查），参见乔治·道文斯、帕特里克·拉基：《追求政府效率：从自大到无助》（费城，1986），217～236 页。道文斯和拉基写道：“如果人们能够忘记对公共部门的无理中伤，天真地相信不费力地运用标准的商业方法就可以很快带来巨大的效率回报，那就可以（在特赦委员会中）找到一些有帮助的处方，它们……与我们通过对早期的效率改革经验的分析所获得的教训完全一致。”

② 道文斯、拉基：《追求政府效率》，237～239 页。

三，据称，效率作为这样一个道德概念是不幸的。下面我们将分别讨论这三个论点。

这种批评应属于反对效率评价占绝对主导的重要的公共行政学家的传统。据说，**效率**是这样一个概念，它和相互联系的东西一起构成了实践者和其他从事实践评估的人广泛承认的批判性标准。不过，在有的行政理论中，如新公共行政，这个概念被大打折扣。其他反对者则证明说，还有更重要的第一性的东西，如符合公共利益。针对各种反对者，西蒙说："对把'效率'作为行政活动的指南的各种批评可以说是司空见惯。"① 西蒙提到了马歇尔·迪莫克（Marshall Dimock）引用的一个例子，并接着对那一批评作出了回应。② 瓦尔多也提到了迪莫克，并引用他的批评说，效率"是一个乞丐——它不断地提出问题，直到听者发现使用者所强调的特殊的意思"③。在《行政行为》中，西蒙自己的观点是，"效率作为运用于行政决策的严格标准类似于经济理论中效用最大化的概念"④。

所论的解构策略的第一个方面，就是强调效率概念是一个社会构成物。在《行政国家》中，德怀特·沃尔多提出了一个公式——在讨论第二和第三个方面时会考察它——来调和效率的客观解释与规范解释。他写道："我们提出这样一个公式：描述的或客观的效率观是有效的和有用的，但只能在自觉地坚持的价值框架内。"⑤ 存在一个"客观的"效率观吗？是的，在下面这一意义上人们会做出肯定的回答，即这一观点反映了我们所处的社会世界的客观特征；这一观点不是主观的，因为它反映了公共行政人员工作的社会环境的特征。说根本不存在这样一种客观的效率观，是指效率作为社会世界的构成部分乃是一个给定物。显然，效率是由社会创造的，是第 2 章所讨论的意义上的社会构成物。

这么说似乎有点吹毛求疵，尤其是如果人们接受了逻各斯中心主义的**效率**观点；就是说，它看起来像是无谓之争，如果——与索绪尔和他的传统相反——人们把语言看作仅仅是一种命名。⑥ 索绪尔解释说，每种语言不仅能产生出不同的能指，而且能产生不同的所指。能指，如同上面所讨论的，是语词，如**有效的**、**讲求效率的**、**反应迅速的**；这些都是前面提到的戈尔报告前言的第一段所使用的能指或语词。所指则是能指所指谓的东西。逻各斯中心主义的观点认为，语言总想尽可能保持透明，这样它就不会歪曲以语言为媒介且隐藏在语言背后的实体的认识；就是说，能指不会歪曲所指，后者被认为是独立于能指而存在的。索绪尔的观点则完全不同。正如卡勒（Culler）接着解释的，索绪尔认为，每一语言都以"其独特因而

---

① 赫伯特·西蒙：《行政行为：行政组织中决策过程研究》（纽约，1976），182 页。

② 西蒙引自马歇尔·迪莫克：《公共行政的标准与目标》，见：《公共行政的前沿》，高斯、怀特、迪莫克编，116～133 页。

③ 德怀特·沃尔多：《行政国家：美国公共行政的政治理论研究》（纽约，1948），202 页。

④ 西蒙：《行政行为》，182 页。西蒙的著作有一章讨论效率的标准；"效率"这个词在索引中有八行之多，它是所有四个格言或原则的主题。

⑤ 沃尔多：《行政国家》，203 页。

⑥ 有关索绪尔的讨论，例如，参见乔纳森·卡勒：《费迪南德·德·索绪尔》（伊萨卡，1976）。这一段文字基本上得益于卡勒。

'任意'的方式来把世界组织为概念或范畴"[1]。卡勒以英语中 river（河流）和 stream（小溪）的区别为例，他指出，法语中 fleuve 和 rivière 代表了不同的概念划分。[2] 后来他还说明了 kunst 一词的语义场在 13—14 世纪中高地德语中的变化："在早期阶段，kunst 的意思是较高深的、宫廷方面的知识和技能，与较低下的、技术性的手艺（'list'）相对而言；或是指一技之长，与泛指的智慧（'wisheit'）相对而言。后来，限定这个词的两个主要对立的意义发生了变化，转为世俗的与精神的（'wisheit'）、技术的（'wissen'）与非技术的对立。这是语义场的两种不同的结构关系。"[3] 他还补充说，要真正解释"kunst"一词的语义变化，"必须寻找语言之外的原因（诸如社会变化、心理过程等等），是这些非语言因素机缘巧合，对语义系统发生了作用"[4]。现代的"效率"一词所代表的概念或概念群并不是给定的。人们依据客观的效率观进行思考，乃是出于一种误解。 194

需要反复强调的是，存在一些可能的世界（或者说有些世界可能）并不包括"效率"概念。例如，柏拉图的《理想国》（*Republic*）就描画了这样一个理想的世界；在此指涉的不是柏拉图生活于其中的世界，而仅仅是他所虚构的那个世界。应记住，我们所说的是这样一个国家，在那里，有着三种阶级的明确划分和四种核心的德行。艺术家所具有的德行是节制，有助于平衡所有三个阶级的德行是正义。这些安排似乎是对没有效率观的可能概念系列做的一种充分的切分。没有效率观念的社会在现代也有其例证，例如伊朗。德黑兰国立大学经济与政治科学学院的前任院长阿明·阿里马德（Amin Alimard）在 1994 年 3 月 19 日的一次谈话中说，伊朗语的**效率**（kara-ee）一词是在 20 世纪 50 年代杜撰出来的。这一杜撰乃是对至少 700 年前的波斯文献中出现的一个词（karamad，意思是效率，并应用于农业）的修改。他还说，在法尔斯（Farsi）的干涉时期并没有效率概念。除有限制地运用于农业之外，他解释说，效率概念并不被人常用。

把效率看作社会构成物的一个后果就是，我们作为一个社会在构建和重构所指方面有相当大的自由度。[5] 在一次访谈中，沃尔多解释他的效率观的发展说：

> 一开始，我以一个人道主义者的本能或偏见看待效率。这就是，我批判了效率常常被人非批判地和粗暴地使用的方式，甚至批判了这样一种看法，即认为效率是行政管理的核心价值——这一观念在路德·古立克那里有详尽的阐

---

① 卡勒：《费迪南德·德·索绪尔》，33 页。正如卡勒所说："语言不是简单地把任意的名称安在一组独立存在的概念上……每种语言都有一套不同的所指。"

② 同上，33～34 页。正如卡勒所说："英语中'river'和'stream'的所指只是大小不一样，而法语中的'fleuve'和'rivière'的区别不在于前者必然比后者更大，而在于前者流入大海，后者并非如此。简而言之，'fleuve'和'rivière'并非英语中的所指或概念。"

③ 同上，55～56 页。

④ 同上，56 页。

⑤ 沃尔多：《行政国家》，196 页。沃尔多写道："在最近几年，出现了一种谈论'社会经济'和'社会效率'的趋势，并且这些表达与经济和效率早先更狭义的用法正好形成对比。"又见塞缪尔·哈贝尔：《效率与社会进步：1890—1920 进步时代的科学管理》（芝加哥，1964），前言，10 页。哈贝尔写道："在效率狂热的中心，正是弗雷德里克·泰勒的工业管理程序。狂热的人所突出的效率的四种含义全都包含在泰勒的体系中。"

述。可以这么说，沿着这一道路，我产生了第二种想法。效率被人们过分松散地或不诚实地滥用了，但在许多决策中，人们是顺带才会考虑到效率——或如何产生效率？——而在有些决策中，它则是思考的核心。我的结论是，对效率的思考与价值中立或人类的价值活动有关。①

195 作为一个社会，我们可以以别的东西为目标；也许会存在一个世界，在那里，效率并非所指之一部分。

所说的解构策略的第二个方面，就是要指出效率概念这一社会构成物是与文化关联在一起的。据称，这一概念产生于我们的文化，且是由文化形成的。正如下面将要解释的，作为被构建的东西，它既是规范的规则，又是针对某一特殊的社会治理方式的规范的规则。对于一个由启蒙主义的现代性理想所构建的社会而言，效率在流行的意义上说当然是一个恰当的价值。正如第3章所讨论的，现代主义的心灵模式包括把日益的理性化和人类的逐渐进步和幸福等同为一。在这一情境中，它把价值理解为是投入—产出比的最优化；就促进人类幸福方面的作用而言，效率本身就是理性的。

在后现代性中，人们对效率重新进行了评价，但在一个以相对自由放任的市场经济方式组织起来的社会里，效率概念的用途可能更大。② 可以证明，效率已成为对社会控制有巨大价值的一种活动，在那一情境中，市场是依据非中心化的决策被结构的。在自由的市场经济体系中，主流的微观经济学所假定的动机就是效用的最优化，也可把这翻译为投入与产出之间恰当的关系。更为直接地说，我们需要的是在经济企业中控制他人的活动并对企业合伙人的效率做出评价。在它被理论化为以最佳方式（言到必行）实现组织目的的地方，效率受到企业所有者、所有者的合伙人和顾客的赞赏和奖赏。这一概念强化了政治领袖控制其官僚的特殊“历史”动机。有的政治领袖［如弗雷德里克大帝（King Frederick the Great）］以特殊的理由去强调言到必行的价值。拥护效率概念当然也有更深且可能更基础的动机；例如，“言而必行”的孩子常常会受到家长的表扬，这确实具有心理分析的效能。效率是一种控制手段，这与现代主义（以及其他）的私营企业和公共企业的目标是相一致的。效率可以说不只是效率的问题。

据说，效率是社会控制的语言的一部分——如指令性的词语、短语和句子，其目的在于将要实现的某个目标。正如哈亚卡瓦（Hayakawa）解释他的观点时说的，社会是一个相互协商的网络，这一广泛的网络“本质上是由有关未来事件的陈述所构成的，我们认定，凭自己的努力，这些事件必定能发生”③。效率是哈亚卡瓦所

---

① 布拉克·布朗、理查德·斯蒂尔曼：《寻找公共行政：德怀特·沃尔多的思想与生平》（得克萨斯，1986），158页。

② 沃尔多写道：“效率这个词只是在18世纪中叶至末叶才出现在我们的语言中。我判断，这个概念的出现与融合与上文中提到的现代现象，即动能机器、经济理性、商业精神等有关。”参见沃尔多：“导论：回顾与展望”，《行政国家》，前言，12页。

③ 哈亚卡瓦：《思想与行动中的语言》，第4版（纽约，1978），95页。

谓的“具有集体约束力的指令”的一个例证。[①] 但哈亚卡瓦并没有把效率包括在内（他也没有排除效率）；相反，他的例证是宪法、法律契约、就职宣誓、结婚宣誓、坚信礼、入会式。他解释说，这些指令性言语具有七个方面的特征，或是其中的一个方面，或是所有的方面。效率以自身的方式至少具有其中的五个方面的特征。第一个方面就是具有情感意味的表达在言词和形式上的运用。例如，在法律文件和婚礼中，就常使用古式语言（如愿否、如约等）。在效率的情形中，既指数字的运用，196
也指与机器的效率系数的“科学”或“技术”准确性有关的数字的运用。在一个强调科学的社会里，数字常常带有情感价值；数字的这种特殊运用所具有的附加情感力量，是与前面讲到的技术机器的巨大成功联系着的。第二个方面就是对惩罚的恐惧。没有效率显然就要受到处罚（如薪酬下调、陈述利润与损失、威望降低、失宠）。第三个方面就是基础性的学科，如培训课程。第四个方面是“宴会、舞会和其他娱乐活动”[②]。这与前面的第二个方面有关，如庆祝加薪就是一个小例子，因为在一定意义上说，加薪总是与效率比的攀升联系在一起。第五个方面就是不断的重复。效率的重复就犹如击鼓，美国的有着悠久历史的效率委员会和讨论政府行政管理的方式就是例证。就此而言，效率乃是文化仪式，是我们的现代主义文化文本的一部分。

**效率**不容置疑是一个规范的概念，一个伦理的戒律。效率是强有力的道德现象，不只是沃尔多这么认为。他指出，效率这个概念——一般地被认为是描述性的——“事实上被注入了道德的含义。在相当程度上说，对效率的赞美可看作是新教伦理的世俗化和物质化。效率的信条就是信仰‘强有力的基督教’。”[③] 正如道文斯和拉基指出的，“效率与母性、苹果派、公民参与、预算平衡并排而作为美国价值的基础”[④]。

有的公共行政学家对效率的价值提出了反对意见，这在前面已经提到，但我们不清楚是否所有的反对都是想否定效率观点持久的文化影响力；我们欢迎效率——至少在别的方面。不排除反对的意见，重复一遍，**效率**是现代主义社会的一个具有重要规范价值的概念。之所以如此，一定意义上说，由于在描述行政实践时它是作为一个形容词使用的，因而它典型地被视作是一种表扬或一种认可标志。例如，一般地，说“某某单位值得表扬，因为它缺乏效率”，这肯定是奇怪的。因为有效率而获得表扬是一种极其有意思的文化现象，如同在战争状态对敌人的“效率”的表扬所反映的。

前面已经指出，效率这个概念是与一个重要的文化负载物结合在一起的；它是针对某一特殊的社会治理方式的规范的规则。文化或社会的态度构建了这一概念的形式——以及相关概念的形式，如浪费。看一下社会对待私营和公共部门的不同态度；也可以看一下第 7 章讨论的对待复制的不同态度。有人认为，尽管公共效率

① 哈亚卡瓦：《思想与行动中的语言》，第 4 版（纽约，1978），96 页。

② 同上，97 页。

③ 沃尔多：《行政国家》，193 页。

④ 道文斯、拉基：《追求政府效率》，237 页。

（或浪费）是人们关心的焦点，但效率（或浪费）在私营企业不是一个公共关心
197 的问题。我们如何解释一个统计学的说法，比如说，有90%的餐馆歇业了？尽管对于经营不良可以有各种说法，如因为雇员和其他人受伤，但绝大多数人还是会说，餐馆老板如何使用自己的钱乃是他自己的事。“管好自己的事”，在这种情形下，这种态度有助于构建浪费这样的社会构成物，因为在这种态度中，私人浪费被认为与公共浪费是不同的。可能是这样，也可能不是这样，在这种态度中，很难做到一碗水端平。其中一个后果就是，对这两个部门的效率的比较会受到影响；在这一情形中，政府是唯一无效率的部门。正如纳加塔尼（Nagatani）指出的：“在这两类官僚制中，即政府官僚制和私营/公司官僚制，后者基本上可以通过把自己成功地人性化来逃脱攻击（公司称自己是法人）。政府官僚制会不断地受到猛烈的批评，受到仇视和耻笑。”① 在后面，我们还要考察纳加塔尼举的另一个例子，这个例子表明，私营部门与公共部门之间不同的责任分配构建了我们的效率观。

不应把**效率**仅仅解释为一个直截了当的公式或投入—产出比。沃尔多的解释似乎就是这样的，他的公式就是：“描述的或客观的效率观是有效的和有用的，但只能在自觉地坚持的价值框架内。”② 在他看来，效率只能依据目标，依据参照框架来衡量。他提出了一个目标分层，以调和他所谓的规范的效率观和描述的效率观。他解释说，效率可在人类目标的各个“层面”加以衡量，因为目标在低级层面实际上是一样的，在高级层面则显示出较大的差异性：“只要参照框架明确了，公共行政中的‘效率’研究就是可能的和有用的。”③

有人认为，沃尔多对描述的效率观和规范的效率观区分的可行性持过分的乐观主义。由于效率是一个如此强有力的文化信条，因而仅仅被看作某一目标框架内的“一种”价值的效率，在实践中常常会被认为对绝大多数的框架也有充分的合理性。有的目标框架是如此之异常，以至于不能单单把效率作为道德的充分条件；纽伦堡及后来的军事审判就是例子。不过，将效率作为道德的充分条件的倾向在较少戏剧性但却重要的官僚制情境中较为明显（如“我正在做事”）。

所论的解构策略的第三个方面，就是证明效率作为一个道德概念是不幸的。在此可行的论证思路就是求助于这样一个观念，即一个规范的理想只会激发合乎需要的行为。一个人该如何严肃地对待要求他去做他不愿做的事的指令？有人说，效率是一个模棱两可的概念，它必然会激发不合乎需要的行为。如果效率是一个规范的理想，那么，其含义的多样性必定与规范的保证相冲突。

效率为人所不欲的例子有很多。如果把效率定义为选择最优化的方法去实现某一或更多既定目标，那么，只要那目标是人所不欲的，效率也就是人所不欲的。在
198 那一情境中，无效率会被认为是人所欲的，如果它——比如说——能导致更好的结果。在第10章我们讲了一个二战死亡集中营的例子。在这种情形中，我们会乐意

① 基佐·纳加塔尼：《宏观政治经济学》（牛津，1989），53～54页。
②③ 沃尔多：《行政国家》，204页。

说，“X 是伟大的，因为他选择了无效率”。不过，实际的情形我们并不清楚。那受到赞赏的，可能不是无效率本身，而是破坏秩序方面的勇气，甚至有可能是在这一破坏中体现出来的“效率”。如果 X 是无效率的，而又没有蓄意破坏原计划的目标的意图，那 X 就不可能受到赞赏。当然，我们也可以设想这样的情形，在那里，在达成恶的目标方面的无效率甚至导致了更大的恶；例如，笨手笨脚的行刑助手的无效率可能会也可能不会增加受刑者的痛苦。不过，关键在于，效率不受人欢迎的情形是存在的。

有关效率的那一难题的某些方面是显而易见的，但它的全部重要性却未受到重视。那一难题显而易见的方面是，在公共行政中，效率常常被界定为是把组织要求的任何目标当作既定的；在这种情形中，效率成了组织规定的投入与产出的关系的表达。这一明显重要的方面，在政治—行政的二分法所引发的问题中有所反映，对此我们在第 4 章讨论过了。它还反映在对科学本质的理论化中。如果公共行政纯粹是工具性的（比如说，只关注通过人来完成目标，只关注决策的问题），那公共行政对效率的强调就不受欢迎。一方面，可以说，赫伯特·西蒙在《行政行为》中忽视了这一困难，他写道：“人们随意地承认，效率——作为一个科学难题——主要关心的是‘手段’，而就目的的广泛多样性而言，‘有效’的服务就是效率。但是，仅仅承认评价过程不属于科学的范围，承认目的与手段的统一仅仅是那一决定性的难题的一个方面——这一难题有实际的解决办法——这并不等于承认效率会使人对目的漠不关心。”① 另一方面，西蒙又有力地证明说，科学是一回事，科学的运用是另一回事。比如，以核物理学为类比，物理学家决定如何制造核武器，而社会决定是否大量生产和使用它们。对效率的这种评价会导致对价值中立的科学一般观念的思考。它会导致这样的问题，即——特别——公共行政是否属于道德中立的科学，这又回到了我们在第 5 章讨论过的伦理难题。

**效率**是一个模糊的概念，正如公共行政学家已经认识到的。它可以运用于其运作方式完全不同的实体，也可运用于个体的行为。因而，施塞尔（Schiesl）描述说，是效率的政治学构建了美国的市政改革运动，在那里，政府的效率“被界定为是促进经济增长和发展”，而政府效率的运作又要借助于三个核心的概念，即无党派性、强有力的行政领导和政治—行政的二分。② 沃尔多讨论了词典中有关效率的七八种含义，他认为可把这些含义简约为两个“基本的含 199
义”。他描述说，在公共行政的文献中，效率乃是“‘效能’‘生产’‘能力’的同义词”③。

其他的**效率**理论在评价有效的行为时也遇到了困难。一种主流经济学理论认为效率的定义不应是公司的投入—产出比，不应把公司的投入—产出比等同于公共行政所讨论的投入—产出比，在后者那里，产出是由组织设定的。这一理论提出的效

① 西蒙：《行政行为》，184 页。

② 马丁·施塞尔：《效率政治学：1800—1920 年美国的市政管理与改革》（柏克莱，1977），2～3 页。

③ 沃尔多：《行政国家》，201 页。

率理论不同于X-无效率——第5章讲到的一个概念。[1] 帕累托所讲的效率就是以产出为前提的效率理论的一个例子；依据社会效用的最大化来定义效率则是又一个例子。在第一个例子中，广义来说，经济的无效率是存在的，如果社会中的任何人都能做到利己又不损人。[2] 在第二个例子中，广义来说，社会资源被认为可有效地利用，如果可能的社会生产能够实现的话。我们在第5章说到，在说明经济公平的时候，存在一些根本的困难。[3] 不过，事实上，帕累托的效率观和效用最大化的效率理论都不能保证一个公正的结果；就是说，结果必定是不公正的。

**效率**是一个社会构成物，其模糊性就体现为含义的多样性。正如前面的例子所表明的，要更好地理解这一观点，只需把效率作为与浪费的一个相互关联物来考察[4]；就是说，可以把浪费的多少看作效率程度的一个标尺。对于**浪费**以及**效率**这两个模糊的概念，可从四个方面来认识。我们从私营部门的角度来探讨这一问题，我们认为，私营部门的情形与公共部门有着明显的可比性。

第一，需要记住，在私营部门有大量的情形被看作是浪费，还要记住，有人并不同意把这些情形视作是浪费。这种情况在公共部门并无二致。例如，人们对需求方面的损耗和供给方面的损耗进行了区分。[5] 需求方面的损耗被理解为是无法使经济全负荷地运作。有人说，这一类损耗对于公司而言就不是浪费；另有人说，这类损耗对于社会而言是浪费，只是有着质的不同。供给方面的损耗的例子，如投入的资源的无效利用，既包括各种各样的公司福利（如巨额的职务补贴、对非生产性的合并企业的资源的浪费、欺诈行为，还有政府税收的减免和返还），也包括环境的损耗（环境恶化、周边环境恶化的影响、危险品的生产、歧视、工伤、通过广告宣传产品特色和非价格的竞争），还包括官僚的无效率。[6] 有的人不同意这其中的有些条目（甚至所有条目）。例如，有人说，欺诈行为不是损耗；毕竟，有组织的犯
200 罪难道不是有效率的或无效率的行径吗？又如，有人还说，**危险**的概念太灵活，难以把危险品包括在内。再如，有人还论证说，通过广告来宣传产品的特色，这根本不能算是损耗，如果结果销售和利润真的大大增加了的话。有一种微观浪费，比如说，当顾客为房屋修理负担太多的时候[7]；也有一种宏观浪费，比如当经济没有按应当的方向发展的时候。有人说，顾客（假定这个顾客既非心理上有缺陷，也非年

① 又见哈维·雷本斯坦因：《一般的X－效率理论与经济发展》，纽约，1978。雷本斯坦因在狭义和广义上描述了“X－无效率”。狭义上，他写道（17页）：“当投入没有有效地利用时，实际的产出与最大产出之间的差距可归因于投入是X－无效率的程度的标准。在这一语境中，X－效率与分配的效率形成对比，后者是新古典经济学中一般地认为的效率形式。”

② 有关帕累托的最优化的讨论，参见阿布拉姆斯：《政治分析的基础》。

③ 有关经济公平的本质的其他观点，可参见，例如，阿瑟·肖：《公平与经济分配》，11～132页。

④ 沃尔多：《行政国家》，199页。沃尔多写道：“我们必须停止认定只有一种统一的无效率类型——有多少种弊病，就有多少种无效率。”

⑤ 塞缪尔·鲍尔斯、戴维·戈登、托马斯·威斯科普夫：《荒地之后：2000年的一种民主经济》（纽约，1990）。

⑥ 这些例子是鲍尔斯、戈登和威斯科普夫在《荒地之后》中提出来讨论的；讨论它们的还有马克·格林和约翰·贝利的《挑战隐秘的利润：裁减公司官僚和减少损耗》（纽约，1985）。

⑦ 菲利普·哈特：《消费支出：30%被损耗》，见：《当前经济问题读本》，罗亚尔·布兰迪斯、史蒂文·考克斯编（霍姆伍德，1970）。

老糊涂）为房屋修理负担太多，这是顾客选择的问题；他们说，这是判断失误的结果，而与浪费无关。所谓浪费，就是生产了不良品、滥用了有限的资源、可用资源又利用不足。但有人认为，在一个自由社会，生产“不良品”的观点缺乏逻辑说服力。

第二，所谓浪费，不论在私营部门还是在公共部门，从某一角度说是浪费，从另一角度说不一定是。例如，私营公司认为不是浪费的，在社会看来可能就是浪费。因而，多德（Dowd）说：“大量的土地、资金和自然资源长期地浪费（在军事和有限制的农业与工业生产中，在人为的商品废弃中，在广告和包装中，等等），有的被闲置不用（荒地、关闭的厂房、矿山），其中最重要的是失业的劳动力。”[①] 从私人公司的角度看，这些例子中的各项都算不上是浪费。

第三，在这些情形中，哪些属于浪费，哪些不属于浪费，乃是社会地决定和重构的，在私营部门和公共部门都是如此，例如，在私营部门中，是否属于浪费就是依据成本是否被内部化来决定的。修复露天剥采造成的土地破坏的费用可以内部化为公司的成本，也可以外部化为社会的成本；内部化多少的决定则会影响公司的效率计算及其运作。又如，劳动力成本是社会地构成的，例如，医疗保险的费用可能会内部化由雇主承担，或是外部化由个人、社会或两者共同承担。[②]

第四，损耗报告的模糊性还体现为这样一个事实：当以投入—产出比为基础来评估损耗的时候，损耗的多少就与获得产出的难度有关。当跳高杆从 10 英尺下落到 5 英尺，而其他方面不变的时候，跳高者的效率可能会增强。不过，如果跳高者在两种情形下跳的是同样的高度，那跳高者在第二种情形中真的更有效率吗？在微观的层面说，联邦和其他管理者在年末必须参照年度人事绩效合同对他们的绩效进行评价，他们知道，把目标定得过高是不明智的，因为这样他们的效率比会下降。在宏观的层面说，公共部门与私营部门之间的责任分配是这样的，即公共部门的“跳高杆”定得较高。正如纳加塔尼在谈到责任分配时说的，“公务员所承担的责任远超过他们的能力”[③]。在此，“跳高杆”就是指对经济增长负有责任的政府官僚制；而对于公司而言，尽管其经济活动的范围有限，尽管它们有自己的利益，但即便最大的公司也不用对其公司福利以外的东西负责。纳加塔尼说，公司不用肩负政 *201*
府对经济增长负担的大部分责任，“经验表明，四处活动的个人游说是攫取公共资金最好的策略……今天的政府实际上提供的是免费的、没有差错的保险，以防止各种形式的商业事故；税法允许各种各样的亏损提留和返还，另外还有许多特殊的纳税信用和延期，以作为商业投资和研发开支；失业保险和其他福利计划则是为了保护商业认为合适时裁员下来的工人”[④]。

效率这个模棱两可的概念不仅仅是没有效率。当在规范的意义上将它阐释为一种管理方法时，它就是粗暴的，是有可能误导的；当不按规范意义阐释它时（一定

---

① 道格拉斯·多德：《国家的损耗：运转不良的世界经济》（伦敦，1989）。

② 有关外部性的解释，例如，参见约瑟夫·斯蒂格利茨：《公共部门经济学》（纽约，1986），178～198 页。

③ 纳加塔尼：《宏观政治经济学》，64～65 页。

④ 同上，66 页。

程度上说，这在我们的文化中是可能的)，它便是没有意义的统计资料。通过考察科尔曼（Coleman）的观点可进一步认识到效率的这一模棱两可的特征。科尔曼认为，经济体系的效率概念“只能”在一个特殊的资源分配的范围内来界定。科尔曼称这一特殊的分配为“权利和资源特殊的制度配置”①。他解释说，“如果在某一既定体系中，以某一既定的制度配置方式，所有的外部因素都被内部化，且交易成本减少到零，那这个体系就算是有效率。但是如果以不同的方式把权利分配给具有不同利益的人，那这一体系的‘效率’结果将有所不同，甚至在不考虑交易成本的情况下”②。科尔曼举的一个例子与德国1976年的共同表决法有关。共同表决法——给工人提供了新的权利——要求指挥层的半数成员必须是雇员代表，并要成立工会。科尔曼叙述说，在这个法律颁布之前，亚当·欧佩尔组织（通用汽车的子公司）做出一项决策，要在西班牙建一个工厂，生产一种新型的小车。在德国生产同款车的后果是（一个可能的后果，如果决策是在1976年法律颁布后做出的）：“在新制度的权利配置方式下，在德国生产对公司而言效率更大，而在旧的配置分配下，在西班牙生产效率更大。”③

解构策略本身也要被解构。之所以能被解构，原因在于，这些策略本身也是叙事。例如，在第二个例子中隐含着一个叙事就是：“规范的理想不应模棱两可。”类似地，可以把这扩展到公共行政——例如前面描述过的某些或所有行政报告的性质——也就是说，这一再次解构与行政经验是相适应的。甚至对解构的解构的解构对于行政研究也是有用的。不妨做这样一个设想：如果行政研究的结论在认识论上是令人信服的（即具有权威性，因为它们是“科学的”)，那它们（被认为是对行政
202 实践的一种解构）就是有用的。对解构的解构可比作这样一种探索，即行政研究是可以质疑的。还有，我们在前面已经说过，行政报告若是换一种提交方式，同样是有说服力的。在这个例子中，对解构的解构的解构可比作反对这样一个说法：行政研究的提交方式不可能是科学的，这一事实意味着它们是没有说服力的。

民营化也可以作为例子，这在第7章讨论过了。一定意义上说，民营化实际上是对官僚制的解构。民营化的一条基本原理——必须记住——就是：政府官僚制比私营企业的官僚制更加没有效率。我们也提到了公共选择理论的结论，其中一条就是：一个理性的公共管理者并不必然能提供最佳的产出。我们还提到过一个观点，即供给的压力与缺乏有效的需求约束结合在一起，必然会导致不恰当的产出。还有许多模式中（如道文斯的模式、米格和贝朗热的模式）提到的机构臃肿的事实；在尼斯卡宁的模式中，政府官僚制超大规模的扩展达到了最佳产出的两倍。假定尼斯卡宁的模式“反映的是现实”，一个现代主义的处方可能就是：将规模削减到产出

---

① 詹姆士·科尔曼：《理性组织的性质》，见：《组织研究中交叉学科的视角》，西格瓦特·林登伯格、赫恩·施里德编（纽约，1993)，86页。

② 同上，86页。科尔曼还给最后一句话加了个脚注：“这一事实偶然地会使考斯定理的通常表述失效，这一定理是：权利的分配在不考虑交易成本的情形下不会影响系统的结果。”

③ 同上，88页。科尔曼的第二个例子是有关知识产权的，比较这种情形下的效率——即这些权利被授予了雇员而不是雇主（如在许多大学）——和这种情形下的效率——即这些权利是公司的（3M公司就是他给出的例子）。

的一半，剩余的部分民营化。

以这样一种“宏大”叙事或“特别”的解决方式阐述的民营化是对官僚制的解构。一定意义上说，这一解构可看作解构之解构。这一重复解构的策略乃是基于第 7 章说到的这样一个观点，即民营化作为一种政策是有局限的。政府行政管理的无效率据说不仅与缺乏有效的需求有关，而且与所存在的垄断和专权有关；也就是说，这种无效率不仅取决于需求方面而且取决于供给方面公共部门运作的特征。如果民营化也建立私营部门的垄断和专权来实施公共部门的政府计划，结果也将是无效率。就私营部门管理者追求一己之私利比公共部门管理者更甚而言，民营化的实体只会使这种无效率更严重。重复解构的另一个策略所采取的路线是：一个过分理性的考量必然会因为另一个考量而遭受挫折。我们可以把这一不可避免的冲突描述为是民营化追求经济效益的动机与其他动机如渴望平等之间的冲突。例如，监狱民营化的计划可能（也许不会）更为经济；想象得出来，迫于利润的考虑，平等的问题必定会受到忽视。追求利润的企业总想采用商业策略，以最小的成本来看护犯人或以最小的成本提供服务。当然，重复解构的其他策略也是可行的。[①]

面对在这一框架内提出的一系列论证，对解构的解构的解构对于行政者或政策制定者似乎是有用的。这种重复解构可以有效地帮助政策制定者达到目标，即为根本地削减官僚制的规模和将臃肿的官僚制民营化的决策提供更充足的信息。民营化的例子和行政研究的例子都有助于更清楚地说明多次的重复解构用处何在。另一方面，要认识到无限系列的解构何以是有益的，这更为艰难，因为行政管理者和其他人是生活在一个有限的世界中。实践的关键在于，行政管理者不必等待无限系列的完成；他们就是实践者，不会不习惯不全面的信息和不确定性，以及并非总如我们所愿的世界。不过，这一实践的关键，可以说，并不能改变什么；它不能改变理论的要义。这要义就是，这种无限系列的解构反映了一种后现代视角，即根本就不存在什么基础性的现实。现代主义的阐释认为符号是现实的指涉；它们假定文本有着能被解释的内在意义。解构则认为根本就不存在基础性的现实，文本根本没有什么内在意义，意义是不可确定的。符号之外别无他物。 *203*

不过，有人可能会争辩说，无数次的重复解构算不上是后现代性的石滤试纸。例如，我们在第 8 章提到了一个观点，就是把汉斯-格奥尔格·伽达默尔看作后现代主义者。[②] 麦迪逊归纳了伽达默尔的三个中心论题：“理解事实上就是阐释……所有的理解本质上离不开语言……（以及）文本的理解与它的运用是不可分离的。”[③] 麦迪逊说，与德里达的意义不可确定的观点不同，伽达默尔的观点是，意义的确定是无有止境的。他引用伽达默尔的《真理与方法》(*Truth and Method*)

---

① 不过，这一重复解构的其他策略——不求助于私营市场不完善的结构——有利于证明理性的结果是次优的。例如，有一种策略就是要探究生产民营产品的企业主的自私与民营项目的公共部门主管（或调控者）的自私之间相互结合的合理性。（之所以假定监督是必需的，就因为监督企业主的追求利润的行为是否与民营项目的公共目的相一致是合理的。）

② 例如，参见麦迪逊：《后现代性的解释学：人物与主题》，106、114 页。

③ 同上，109 页。

的原话（“文本或艺术作品的真正意义的发现永远不会完成；它事实上是一个无限的过程。”）。他对伽达默尔的解释是，意义的确定是可能的，因为“读者总是存在于特殊情境中的特殊个体。他依据文本的假设且通过运用文本的假设，借助伽达默尔所说的‘视域融合’，就能获得特殊的、可确定的意义”[①]。他还说：“不同于‘不可确定性’，‘不可穷尽性’针对的不是所有的人类努力永远落空，而是说无限可能的协商、表达和理解。”[②] 当伽达默尔和德里达 1981 年 4 月在巴黎歌德学院的学术会议上第一次进行学术交锋时，人们怀着许多期待。正如所期待的，德里达在会上说，他发现伽达默尔的“生活体验”的观点是“成问题的”阐释的语境。[③] 但是他们回避了他们之间的分歧。达尔马伊尔（Dallmayr）称这是一次“非对话”，而伽达默尔接受了这一描述。[④] 我们也接受这一说法。

是谁写就了赫伯特·西蒙的《行政行为》？我们进行这一解构至少有两个理由，
204 尽管文本没有基本的指涉。基于这两个理由，我们不想说，如果不存在基础性的现实，那就没有什么现实的东西需要讨论。第一个理由是有关我们所居住的世界的，第二个理由是有关引诱的。

首先，如果我们是生活在这样的一个“世界”，在那里，真实与非真实已经内爆，在那里，“世界”是影像流，那我们的分析必定是由此被构建的。尽管罗马帝国已经崩溃，但我们可以在怀旧中去追忆罗马，只是我们再也看不到罗马。我们必须解构虚伪；我们必须适应我们试图言说不可言说之物的处境。政治和政府的环境和特征近五十年在许多重要方面已经改变。例如，政府、政治与官僚制被影像流所淹没。问题在于，为什么公共政策现在仍屈从于在高楼大厦中完成的、如娱乐业一般的政治竞选。[⑤] 后现代意味着任何活动都要在某一语境中来操练，在那里，不仅政治与娱乐业的分界线已经消失，而且影像与生活的界限也不再存在。在这一情境中，极力想回到已成为过去的时代，是不切实际的。而要想理解我们所处的时代，则更需谨慎。

西蒙的《行政行为》的读者生活在什么样的世界里？这个问题是重要的，不仅对于前面已经提到的观点，而且对于迷恋伽达默尔的观点的读者——这一观点把读者描述为（上面所引）“存在于特殊情境中的特殊个体。他依据文本的假设且通过运用文本的假设……就能获得特殊的、可确定的意义”[⑥]。对那一问题做出的一种后现代的回答，可参照让·鲍德里亚有关物体系的观点。[⑦] 在第 9 章，我们提到了

---

① 例如，参见麦迪逊：《后现代性的解释学：人物与主题》，114 页。

② 同上，115 页。

③ 雅克·德里达：《给汉斯-格奥尔格·伽达默尔的三个问题》，见：《对话与解构：伽达默尔-德里达的争论》，迪安·米歇尔费尔德、理查德·帕尔默编（阿尔巴尼，1989），53 页。

④ 弗雷德·达尔马伊尔：《解释学与解构：伽达默尔与德里达的对话》，见：《对话与解构》，75～92 页；汉斯-格奥尔格·伽达默尔：《给达尔马伊尔的信》，见：《对话与解构》，米歇尔费尔德、帕尔默编，93～101 页。

⑤ 这个问题取自 1993 年弗里曼讲座的广告传单；约瑟夫·弗里曼：《政府是好的：公民、参与与权力》（哥伦比亚，1992）。

⑥ 麦迪逊：《后现代性的解释学》，114 页。

⑦ 让·鲍德里亚：《物体系》。

鲍德里亚对 GARAP——一个没有能指（原文如此，应为没有所指——译者注）的符号——的超现实的评论。[1] 鲍德里亚继续那一论题说，对消费对象的需要成为对符号的需要。这表明，广告的目的是要把物品变成符号，这样它们就能成为成功的消费品：

> 实际上，在我们这个高度竞争的体制中，很少有产品能长久地维持技术上的优势。如果我们希望它们能吸引买主，能引起人们情感上的依恋，那体现为对品牌的忠诚度的依恋，那我们就必须给产品注入具有个性意义的色调；赋予它们某个形象，使它们能产生丰富的联想；使它们在众多层次上都有意义。[2]
>
> 要成为消费的对象，物品必须成为符号……因此它和这一具体关系之间，存在的是一种任意的和不一致的非符号关系，而它的一致性，也就是它的意义，来自它和所有其他的物品—符号之间抽象而系统的关系……物品变成了系统中的符号，这种身份转换同时也包含人与人的关系的改变，即人与人的关系变成了消费关系。[3]

我们也是在一个没有所指的符号的语境中来讨论官僚制。想想前面几段提到的那个问题：为什么公共政策总要屈从于在高楼大厦中完成的、如娱乐业一般的政治竞选？

西蒙的《行政行为》是坚固地建立在现代性的框架上的（正如西蒙自己首先同意的），因而把现实原则视作是理所当然的；他所关心的是促进现实的生产，以理 205
性的方式将手段和目的结合在一起，以获得实际的结果。他的指涉对象就是现实；他就处于现实原则的范围之内。现在，后现代性出现了，随之而来的是现实原则的终结。鲍德里亚和其他人现在看到生产的权力被引诱所取代。在鲍德里亚看来，引诱是"世界的基本动力"[4]。在他看来，引诱比权力更有诱惑力，因为它"包容"了权力的实际过程和生产的秩序。引诱不是现实的一部分；在他看来，它是让表象作为一个秘密来流通的东西，是"从话语中提取意义并贬抑话语的真理的东西"[5]。西蒙的《行政行为》针对的不是引诱的世界，主流的公共行政理论也不是。那些相信现实原则的人是看不到表象和引诱的作用的，因而需要一个现实的制衡。

在我们看来，解构之所以能扮演某一角色（不是某一固定的角色），是因为我们和官僚制都是影像和表象旋涡里的一部分。我们可以用解构来探讨那些没有"现实"指涉且是通过影像凸显出来的叙事。问题在于，我们对表象未引起足够的重视；我们总是忽视它们，总想清扫它们，为的是获得所谓的现实。没有对表象给予应有的重视，这不仅是现代公共行政理论的通病，也是其他学科的通病。鲍德里亚

---

① 让·鲍德里亚：《物体系》，10 页。

② 同上，17 页。在那里，鲍德里亚引自马蒂诺：《广告中的动机》，50 页。

③ 同上，22 页。

④ 让·鲍德里亚：《交往的狂喜》，舒泽译（纽约，1988），59 页。

⑤ 鲍德里亚：《论引诱》，149 页。

把精神分析和一般社会理论都算在后一类。正如他所说的：

> 表象绝非毫无意义的东西，而是游戏和机遇的场所，是为消遣提供激情的场所——在此，把符号勾引出来远比真理的出现重要。阐释在寻求隐秘的意义时，忽视和忘却了表象的这一面。这就是为什么阐释一般地总与引诱相对立，为什么每个阐释性的话语如此的没有吸引力。在表象的领域大施淫威的破坏性的阐释不计其数，它对隐秘意义的优先寻求乃是极大的错误。①

鲍德里亚解释说，引诱活动与精神分析区分表层话语与深层话语的活动正好相反："反之，在引诱中，正是表层的话语，正是话语最'表层'的方面，对基本的禁令（意识的或无意识的）发生着作用，为的是消除它，以表象的魅力和陷阱取代它。"②

超现实、引诱的活动、没有指涉物的符号，这些都可根据经济学、政治学和文化进行广泛的描述。例如，有人对缺乏指涉物的交换价值进行了讨论。③ 当某人力图为一块观赏石的价值确证指涉物时，结果总是眩晕——甚至更糟，会把经济学理论看作修辞，正如麦克科罗斯基（见第7章）和其他人所描述的。自由指涉叙事的一个明显例子就是经济领域中由广告的影像所产生的那种叙事："把老虎关进你的
206 笼子"，或"闻香识茶"。在政治行为中也有大量的例子。勒克（Luke）谈到过国家的电子政务、核威慑和既非主体亦非客体的大众。④ 政治成为被这类叙事所淹没的活动；例如，有的电视影像为政客创造的叙事规则。我们必须习惯于看见超现实的情形。我们应认识到，为什么——譬如说——波斯湾战争在我们的有些人看来只有很小的伤亡；我们并未看到伊拉克人伤亡的媒介影像。许多人谈到后现代的文化境遇。⑤ 当我们坐在电视机前的时候，很难想起我们是如何受影像主宰。之所以很难，是因为我们已习惯了这些影像，如同商业广告，它们看起来是自然的一部分。

我们也可以说，是引诱、影像和没有指涉物的符号——尽管不那么具有戏剧性——构建了公共行政的世界。撒谎、操控、掩饰，这些同样是宏观层面的公共行政的管理、领导和其他功能的一部分，如同它们也是政治的一部分。欺骗同样是与上级、下属和公众打交道的惯用伎俩；说一套做一套并非司空见惯的事。"C. Y. A."备忘录或谈话是老于世故的行政管理者的例行公事。为了达到所欲望的目标而打破规则（我们认为规则是可以向其他人解释的）甚至是有胆识的领导者的标志，因为领导者就是指使别人做事的人。不惜一切代价保护自己的地盘是常有的事。奉承政客和有权势的人（比如说，对所报告的问题合法地给予额外的关注）也不是什么新鲜事。所有这些行为都可以避免，如果某人主管的是一个小单位或一个

---

①② 鲍德里亚：《论引诱》，149页。

③ 例如，让·鲍德里亚：《生产之镜》，见：《让·鲍德里亚选集》，98～118页。

④ 蒂莫西·勒克：《旅行的超现实：批判理论对抗信息社会》，见：《今日批判理论》，菲利普·维克斯勒编（伦敦，1991），6～8页。

⑤ 例如，参见塞拉菲纳·巴斯里克：《母亲如何停止抵制并设法喜欢上电视》，见：《今日批判理论》，维克斯勒编，145～164页。

死气沉沉的机构，但是，如果是在规模较大的行政管理中，没有指涉物的影像是很正常的。宏观管理者的行动就像一个政客，尽管她或他认为这两者之间还是有所不同，虽然同样都是领导者。

这些行为都要受到官方的谴责，也应当受到谴责。它们受到谴责，也是因为许多人共有的另一种影像：比做这些事更糟的，就是被困在了这些事中。由于不被认可，所以这些行为都要被否定，或是以其他方式被辩解、被压抑或被取代。例如，它们在官员的道德准则中被否定了。又如，它们以另外的方式被辩解，比如是“为了优质服务”，甚至是“为了公共利益”。它们被压抑和遗忘，这常常要归功于犬儒主义和厌倦感使太多官僚备受折磨。它们被取代和更名，如被说成是公共关系、顾客关系或国会的公关。在政府的某一重要部门工作过的读者可以依据自己的亲身经历提供甚至更好的例子。在阅读理论著作时，我们发现，理论家总是关注大的问题，如水门事件或军备竞赛。实践者并不需要例子；他们本来就生活在例子中间，或者他们在别的人那里也会得到例子。

刚刚给出的解释包含有一个困难，就是它给人一个印象，好像没有指涉物的影像是不好的；这一含义我们还未论及。运用没有任何指涉的影像带来的这一问题由来已久。例如，在柏拉图的《理想国》的理想社会中就出现过类似的问题。[①] 那个伟大的“白色谎言”即金属神话的设计就是为了向柏拉图的理想国表示敬意的，它 207
使人相信统治者是用金子做成的，保护者是银子做成的，艺术家是铁和铜做成的。许多甚至绝大多数没有指涉物的影像并不是坏的，如果人们愿意接受“白色谎言”——或接受责任伦理即从结果计算净收益的伦理。当温斯顿·丘吉尔宣称他的人民将战死沙场，攻克田野、街道和山丘，且“我们决不投降”时，他就正在影像化。那是一个伟大的影像，我们完全可凭借这一激昂的文字称他是伟大的领袖，因为这是他作为战时领袖的工作的一部分。当问及曼哈顿警察分局的局长今天中央公园的骚乱是否是暴乱时，当他明白妄下结论必将导致明天的暴乱时，他知道，谎报是他工作的一部分：“哦，不，那只是极其不祥的征兆。”乔治·奥威尔（George Orwell）的 1984 年“新”话（newspeak）流传已久，但我们被现代性所俘虏，因而时常害怕深究下去。

公仆的这一难以接受的“新”话影像能清楚明白地显示出公仆无效率的顽固影像吗？西蒙的《行政行为》和主流的公共行政理论与实践的确体现出对效率的巨大兴趣；在政治活动和公共活动中，许多人都对此有兴趣。也许，把焦点集中于效率问题要更为安全。也许，公共行政学家和其他人是无意识地用那一关心来掩盖更大、更不确定的影像难题，这一系列的难题还有许多分支，它们涉及我们对政治的理解，涉及对于美国人所理解的政治制度的可能修正。鲍德里亚提到了苏联人神化斯大林主义的必然性，说那是为了防止他们自己认识到革命是虚假的：“仅仅在每个人都有可能反对斯大林主义，尤其是以模仿和反讽这一双重的方式反对它的事实上说，革命是有生命力的。斯大林主义是不朽的，因为它永远在那里遮蔽着这样一

① 《理想国》，第 3 卷，第 10 节。

个事实，即革命、革命的真理根本不存在。它就是这样来保存希望。里瓦罗尔（Rivarol）说：‘人民不需要革命，他们需要的只是奇观。’这就是保存革命的诱惑而不是消除其真理性的唯一方式。”①

解构具有游戏的品质，这与现代主义的楼下运作如公共行政的严密性不相吻合。在此的指涉物（用德怀特·沃尔多的隐喻）就是住在楼上的所有者和他的家庭（可理解为政客）的社会实践，而家佣（可理解为公务员）则在楼下工作和生活。不同于阐释，解构不会承诺“真理”。它玩的是影像，要的是各式各样的洞见。通过对严密性的强化——楼下的佣人能够感觉到——公共行政理论将唤起对已经消失的时代的怀旧病：

> 当现实不再一如往日时，怀旧之情就会给它注入丰富的意义。由此产生了
> 208 数不胜数的起源神话和现实符号；还有第二手的真理、客观性和真实性。还有真实的生活体验的逐步升级；喻象的复活，在那里，客体和实体已经消失。还有现实与指涉的疯狂生产，尤其类似于疯狂的物质生产。在与我们相关联的这个历史时期，拟象就是这样出现的：现实、非现实和超现实的策略。②

不幸的是，佣人有时比他们的主人和女主人对那意味着他们受奴役的往昔时光更多怀旧。应当铲除那一成见。

## 11.3 概　要

解构之所以难以理解，部分是因为现代主义干净的鸽巢容不下它，部分是因为它总想逃避运用描述的陷阱，后者所维护的理解本身恰恰是它要反对的。正如德里达所阐明的，解构既不是一种方法，也不是一种运作；它既不是一种分析，也不是一种批判。我们可以用楼梯策略来描述解构，但也要指出这一策略运用根本上说不能让人满意。在后现代性中，这一困难比比皆是，包括对理性范围的否定和对一切都是可言说的这一观点的否定。

对现代与后现代文本的解构，其实就是对叙事的解构。例如，解构现代主义的文本就是要拆解构成现代性的叙事模式并进而超越那一拆解。这是一种特殊的阅读，这一阅读本身也必须被解构。解构不提供正确的阐释，也不提供不正确的阐释。在后现代主义者看来，意义完全是在语言内部被决定的。

解构官僚制据说可用于拆除构成现代主义公共行政理论和实践的基本结构的叙事。也可用它来拆除构成后现代性的叙事。宏大叙事是解释历史发展的力量；启蒙主义将理性化等同于人类进步的观点就是一个例子。公共行政的理论和实践也是建立在某种叙事之上的。这一章考察了两个例子。一个是有关公共行政理论与客观性的关系的，这一解构所选择的策略就是质疑赫伯特·西蒙的《行政行为》的作者身

---

① 鲍德里亚：《论引诱》，154 页。
② 鲍德里亚：《拟象与仿象》，171 页。

份。第二个叙事是效率是公共行政实践的可行目标。前一个叙事是对现代主义的一个理论基础的阐述，后一个叙事涉及许多实践的构建。解构的重复特征可依据两个公共行政的例子来说明：行政研究和民营化。

这种解构允许人们在后现代情境的特殊条件中更好地理解文本。这一后现代情境是，在那里，现实与表象已经内爆，在那里，官僚制是影像和表象的一部分，在 209
那里，生产的世界被引诱、影像和没有指涉物的符号世界——它们构成了后现代行政的世界——所取代。撒谎、操控、掩饰，可以说是官僚管理和领导的一部分，如同它们是政治的一部分。应记住，为了达到所欲望的结果而进行欺骗和破坏规则乃是有胆识的管理者的标志，奉承政客与有权势者是习以为常的事。如何处理行政中的这种“新”话特征和影像乃是行政人员所关心的中心问题。对往昔时光的怀旧，尽管很正常，却没有什么益处。表象必须被严肃地对待；它们也应被解构。

# 第 12 章



# 后现代性：非地域化

210 非地域化的第一次伟大运动是随着专制国家实施过分语码化而出现的。但是它与另一个伟大运动没有任何可比性，后者是能量流的解语码化引发的。

——德鲁兹、瓜塔里①

后现代性导致了思维方式和思考对象的结构方式的转变。这一转变可运用于公共行政以及其他所有专业和学科。**非地域化**这一概念可用于描述这一变化的主要方面。正如后面将更充分地解释的，**非地域化**意味着对强加于论题和情境研究的语码或格式——进行思考的方式以及结构思考对象的方式——的移除。

非地域化和地域化是德鲁兹和瓜塔里用于分析精神分析和精神分裂分析的两个术语。（德鲁兹和瓜塔里的精神分裂分析在第10章提到过，我们在下一章还会说到它）在对它们的分析中，德鲁兹和瓜塔里谈到了形成和界定欲望流与利比多流的语码；他们的解释依据的是精神分析的语码，在他们看来，这一语码产生了与现代社会的需要相一致的主体。精神分析理论和实践的本质就是以这样一种方式被地域化的，在这一方式中，所论的主体成为“适合于”现代社会的主体。德鲁兹和瓜塔里接着解释说，第一个革命任务就是要与这一语码的格式决裂；所有的编码都是对思维的限定。在论及俄狄浦斯（Oedipus）“这样的权力隐喻”时，他们告知，这一任务就是要从精神病患者那里学会如何破除

① 德鲁兹、瓜塔里：《反俄狄浦斯》，222 页。

权力的影响和建立一种欲望政治学，以摆脱所有的信仰。正如西姆（Seem）进而归纳的，这一“政治学是要通过在所有层面点燃反俄狄浦斯的火力——精神分裂流——来消解权力的神秘化，这些火力能逃脱语码化，打乱语码，在所有方向逃逸：孤儿（没有爸爸—妈妈—我）、无神论者（没有信仰）和游牧者（没有居所，没有地域）”①。现代主义的科学和行动学科，如公共行政理论，其实就是这种地域化过程的参与者。非地域化就是解语码化和解放，这一过程在后现代性中有望能生产出欲望的人。非地域化是对所强加的语码的移除：“因此，据说我们在非地域化的道路上走不了多远：因为你那时已经看不到任何东西——那是一个不可逆的过程。”② 211

正如我们已经指出的，在后现代性中对公共行政的研究非地域化，就是要试着移除那形成我们的观看方式的语码。这一语码或格式乃是由这些东西构成，首先是可能的思维特征，其次是学科的组织结构或对象结构。

## 12.1 思维特征

对于思维特征转变的根本本质，我们在第 9 章和第 11 章讨论认识条件与认识视野在现代性和后现代性中间的变化时已经讲过了。后现代主义者，如德里达，整个地是依据文本来谈论认识的问题。在他们看来，文本之外别无他物，书写的目标就是引发更多的书写。在强调文本之外别无他物的人看来，鲍德里亚把后现代性说成现实与表象之间区分的崩溃，以及他对意义丧失的讨论，根本不值得大惊小怪。我们可以在现实与表象的区分已被抛弃的情境中来探讨这一意义丧失的观点，为此我们要回想一下，在我们的意识中，个体的言语怎么会对我们失去意义。例如，“谋杀”和“爱”这些词在有线电影出现若干年后就有可能丧失其意义；由于广泛的使用，宣誓词也会丧失其意义。我们已临近历史之终结这样的观点在现代主义的公共行政思想家看来甚至更加耸人听闻，因为生产更多新的东西——提升启蒙主义的进步阶梯——乃是现代主义的基本主旋律。元叙事，如人类的解放，遭到后现代性的拒斥。还有对总体化的思维如系统论的拒斥。列奥塔和其他人都谈到了语言游戏不可避免的多元主义和所有话语的地方特征。所有这些令人迷惑的多样性都预示着思考的根本变革，但这并不是思考终结的信号。

总的来说，在后现代性中，公共行政的科学成分，和所有的科学活动一样，已经成为话语。现代意味着“科学要以元话语的指涉来使自身合法化……要明确地使用宏大叙事，如精神辩证法、意义的阐释学、理性或劳动主体的解放、财富的创

---

① 马克·西姆：《反俄狄浦斯》，导论，21 页。西姆的上一句话是：“革命的第一个任务，（德鲁兹和瓜塔里）还说，就是从精神病患者那里学会如何破除恋母情结的束缚和权力的影响，为的是建立一种激进的欲望政治学，以摆脱所有的信仰。”

② 德鲁兹、瓜塔里：《反俄狄浦斯》，321 页。

造……（或）陈述的发送者与接收者之间对规则的一致认同”[1]。“知识的地位随着所谓的后工业时代这样的社会和所谓的后现代时代这样的文化的进入而被改变。”[2]
212 科学成为话语，可以以解构主义的方式来对待。科学成为另一种文本，一种在第11章讨论过的向解构开放的文本。公共行政的“理论化”，尽管它仍被认作是可认识的实体，也在许多方面发生了改变，这在第4章和第8章讨论过了。

在组织理论和构成主义（或自然主义）的探究中，人们尝试对思维作后实证主义的研究。自然主义的方法在其他的许多领域都有运用，如社会工作的研究中。[3]由于“在组织理论的范式和自然主义或经验研究的范式中”出现的范式变革，现在我们有一篇重要的文献就提出了要有“新故事”[4]；伊维纳·林肯和埃贡·格巴的著作就探讨了这一问题，我们将对其做专门的考察。别的人还考察了别的方面和别的表征。[5]非正统的组织理论和自然主义的研究著作是影响公共行政发展的例子，在那里，已经有许多严肃的尝试进一步偏离了韦伯式的理性主义的官僚结构概念，并提出了新的研究技术，这一技术否定科学命题在认识论上的优先地位。在本章的这一部分，我们将探讨这一有意义的非地域化；在接下来的部分，我们要描述非地域化如何随着后现代性的趋势的进一步发展而走向深入。

林肯和格巴依照时代和范式的变化描述了从前实证主义经过实证主义到后实证主义的进程。[6]前实证主义时代——从亚里士多德一直到休谟之前——所提供的东西被不幸地描述为根本缺乏“挑战性的行动和思想”，且“仅仅是更令人兴奋的下一个时代的前兆”[7]。他们定义实证主义时代是“以对科学和科学方法作极端实证主义的评价为特征的哲学大家庭”，并认为它开始于19世纪初，而在20世纪的逻

---

① 列奥塔：《后现代状况》。

② 同上，3页。

③ 发展采取了不同形式。例如，参见凯瑟琳·泰森：《实践者的相关科学研究的新方法：启发性的范式》，载《社会工作》，第37卷，1992（6）。她证明说（552页）：“自1949—1981年一直规定着社会工作研究的实证主义范式已经无法生产出大多数实践者认为有用的成果。……为修正这些不足，社会工作者逐渐地转向了启发性的范式，一种现代的科学哲学研究，这一研究源自当代科学哲学和文化哲学以及认知和语言学研究，它们都赞同把研究看作是一种辩护工具。”

④ 伊维纳·林肯编：《组织理论与研究：范式革命》（贝维利·西尔斯，1985），36页。

⑤ 约翰·凡·马南在他的有关定性方法的文集的导论中写道：“使用定性方法这个标签……至多是一个权宜之计，为的是遮盖力图描述、解码、转译和以其他方式处理在社会界多多少少自然发生的现象不常见的意义的阐释技术。”约翰·凡·马南：《定性方法》（贝维利·西尔斯，1979），9页。关于定性研究，有大量的文献做过讨论；例如，参见凯瑟琳·马歇尔、格雷特切·罗斯曼：《设计定性研究》（加利福尼亚纽布利大街，1989）；或——正如第二章已经引述的——特施：《定性研究》。定性研究不是自动的后现代，也不是自动的后实证主义。许多人是现代主义者。参见戴维·艾尔兰德森、爱德华·哈里斯、巴巴拉·斯克佩、斯特维·阿伦：《自然主义研究：方法指南》（加利福尼亚纽布利大街，1993），前言，10页。正如他们所说的：“自然主义研究不等于定性研究。”

⑥ 伊维纳·林肯、埃贡·格巴：《自然主义研究》（贝维利·西尔斯，1985）；林肯编：《组织理论与研究》。

⑦ 林肯和格巴写道：“在这三个‘范式时代’中，前实证主义时代时间最长，而从现代角度看又最无趣；实际上，实证主义这个标题本身就能说明其缺乏挑衅性的行动和观念。这个时代不过是更激动人心的后一个时代的前兆”（林肯、格巴：《自然主义研究》，18页）。这一描述对这个时代的伟大成就视而不见，正是这一描述，受到科学史家如皮埃尔·杜恒的反驳。后者提出了这样一个观点，即在中世纪的科学思考和现代的科学思考之间根本就不存在大的断裂。

辑实证主义那里获得了“最强有力的支持者”[①]。后实证主义的基本特征“实际上是对实证主义的反驳”[②]。在描述范式和讨论他们相信在组织理论和组织研究中正在发生的革命时，林肯以赞赏的口吻谈到了“绝大多数西方社会借以运作的有关现实的‘地图’发生的七种根本的转变”[③]。这七种转变分别是：从简单到复杂；从等级制到多级制；从机械论到全息照相；从决定论到非决定论；从直接或线性因果关系到相互因果关系；从集成到形态生成；从客观性到透视主义。[④]

“组织理论和组织研究中的新范式”经历了从源自马克斯·韦伯的正统，中经新正统，最后到非正统范式的过程。[⑤] 克拉克（Clark）依据刚刚说的七种转变中被抛弃的方面对正统范式进行了描述，他解释说，在组织理论中占主导地位的理论范式是具有如下特征的理论，即它的“为实现某一活动或目标而自主地构建的行动是 213
一种有意识的、有预见性的、理性的行动”[⑥]。他照搬普费弗尔（Pfeffer）的图表，并在“有目的的、有意识的、针对目标的、理性的”这一标题下列举了期望理论、目标制定、需求理论、工作设计、政治理论、结构的可能性理论、市场方面/交易成本、马克思主义或阶级视角。克拉克的意思是，古典范式是如此之强大，以至于自 1950 年到 1975 年出现的形形色色的组织视角其实都只是未受挑战的古典范式的修正。[⑦] 然而，在他的论文发表的时候，克拉克把否定的时期大大地提前了。[⑧]

非正统的组织理论家则被认为代表着对“目标、理性、连续性、因果关系和有目的的行为理论”的挑战，并且“提出了取代的观点以否认而不是修正古典的观点”[⑨]。在描述非正统的范式时，克拉克承认他得益于卡尔·韦克（Karl Weick），他还引用了韦克在《组织的社会心理学》（*Social Psychology of Organizing*）的结尾的“打油诗”：

我们最珍爱的计划
已成泡影。
我们最快活的城堡
已经坍塌，
因为我们整齐划一的线
后来又整齐划一地倒塌了。[⑩]

---

① 林肯、格巴：《自然主义研究》，19 页。他们写道：“可把实证主义定义为‘以对科学和科学方法做极端肯定的评价为特征的哲学家族’（雷斯，1980，450 页）。”

② 同上，29 页。林肯和格巴还说：“可能不必这么大惊小怪，毕竟，当人们想到后实证主义是对实证主义的失败的一种反动时，同时也会想到它还是一套前摄性的新阐述。”

③ 林肯编：《组织理论与研究》，33 页。林肯提到了彼得·施瓦茨、詹姆士·奥吉尔维的《新范式：思想与信仰的形态变革》中的案例分析 7：价值观与生活方式的设计（门罗大街斯坦福研究院，1979）。

④ 有关这些转变的说明，参见林肯编：《组织理论与研究》，34～36 页。

⑤ 戴维·克拉克：《组织理论和研究中的新范式》，见：《组织理论与研究》，林肯编。

⑥ 克拉克：《组织理论和研究中的新范式》，60 页，引自普费弗尔：《组织与组织理论》（波士顿，1982），7 页。

⑦⑧⑨ 克拉克：《组织理论和研究中的新范式》，76 页。

⑩ 卡尔·韦克：《组织的社会心理学》（阿狄逊-维斯利，1969），108 页，引自皮特·赫尼：《打油诗》（剑桥，1966），17 页。

正如克拉克所解释的，走向非正统范式的运动就包括了上面所讲的七种典型的转变。例如，克拉克强调说，“非正统立场的目标是要培育复杂性和避免简单性”①。在谈到从等级制到多级制的转变时，他指出，以这种方式来思考更为切合实际，在那里，目标是依据行动而定，行动先于意图，问题取决于解决方法，下属“向上司说明工作范围”②。对于向全息照相的影像转变，克拉克说，机械论的隐喻受到了“致命的攻击”，因为它的存在有赖于“理性、连续性和可计算性……而非正统理论家把我们的组织研究和理解引向了无序性”，而且他们还证明了，“继续接受线性因果关系在许多组织理论家看来似乎是为了强调未加证明的简单性”③。林肯把非正统范式中的形态生成论描述成是以巨型废料创造行星和星球的过程——“这些原料部分地是相同的，但其同一性对于新形态的样式提供不了任何暗示。”④ 另一个转变是在调查、研究方法和研究过程方面对客观性的抛弃。正如林肯所说的，“客观性作为经验研究的一种追求，结果证明是一种幻想，一种圣杯，一种幻觉，一种陷阱”⑤。

214 依据这种观点，组织不再被看作理性的、铁板一块的、基本上固定不变的。这一观点与赫伯特·西蒙在《行政行为》中描绘的组织形象形成了鲜明的对比，在后者那里，组织要求个人比他们本然的更为理性。而在韦克看来，“理性远没有我们眼见的那么多。组织是片断的而非铁板一块。组织中固定的片断是极其少的。片断间的联系有着多变的可能性。而正是这些多变的力量的联系产生了模糊性”⑥。韦克所讨论的这些主题是针对组织理论的新范式而言的，他把这些新范式看作“理性的官僚制组织模式的替代”⑦。正如韦克指出的，“这些更新的范式……没有说秩序（在组织中）完全不存在。组织可能是无政府状态，但它们是被组织为无政府状态的。组织是松散地连接在一起的系统。组织借助废料进行决策，但废料桶是有边界的，因而能赋予对象某种结构”⑧。

自然主义的或构成主义的范式，亦即林肯和格巴所说的特殊的后实证主义研究范式，有五条原理。（然而，这一术语首先需要解释。林肯和格巴最初使用的是“自然主义”这个概念，但他们后来决定改用“构成主义”这个标签。⑨ 这两个术语都说得通，不过在这里，自然主义是在广义上使用的）林肯和格巴的原理并没有什么“依据”，因此对这些原理的许多批评可能是隔靴搔痒；就是说，林肯和格巴

① 克拉克：《组织理论和研究中的新范式》，69页。

② 同上，70页。

③ 同上，71、73页。

④⑤ 林肯编：《组织理论与研究》，35页。

⑥⑦ 卡尔·韦克：《非组织系统的秩序源头：组织理论新近的论题》，见：《组织理论与研究》，林肯编，109页。

⑧ 同上。韦克还以一种不常见的足球比赛为例描述了另一种组织观点。他重复了（106页）1976年他说的一个隐喻：“想象你是不常见的英式足球比赛中的一个裁判、教练、球员或观众，比赛场是圆的。周边有几个任意排列的球门，人们可以随时进入或退出比赛，只要他们愿意；他们可以说‘那是我的目标’，只要他们愿意；并且次数不限，只要他们愿意；他们还可以同时有许多目标，只要他们愿意；整个比赛在一个倾斜的场地上进行，比赛看起来很有意思。”

⑨ 埃贡·格巴、伊维纳·林肯：《第四代评估》（纽布利大街，1989），158页。

认为，他们对原理的选择是任意的。正如他们所解释的，“原理（基本信念）是任意的，且可以基于任何理由，即便仅仅是‘为了游戏’”[1]。自然主义范式的第一个原理是：“现实是多样的、构成的和整一的”，这与实证主义的范式恰好相反，后者所思考的现实是“独特的、有形的和片断的”[2]。格巴称这一表述是本体论的[3]，人们可能会反驳说，就他的目标而言，似乎没有必要说现实是多样的。有可能，格巴是想说——例如——由于存在一个广泛坚持的错误信念，即认为衰老在老年是不可避免的[4]，因而存在着两个现实：错误信念的现实和有关老年的“真理”的现实。而与此相对立的观点认为，所存在的只有一个现实，它包括这两种对立信念。（如果 A 和 B 看到同一匹马，A 觉得它长得很漂亮，而 B 却觉得它很丑，那是不是就必须说存在着两匹马?）作为回应，格巴可以利用鲍德里亚的否定现实与表象之区分的理论。他可以说，在后现代性中，不能把影像“仅仅”看作表象。

自然主义的或构成主义的另一个原理——它也引起了许多疑难——是：“自然主义研究是有限价值的研究”[5]，这与实证主义的价值中立的研究目标正好相反。对于在何种程度上可以说组织理论事实上是意识形态的这一点，人们存在着分歧。克莱格（Clegg）和邓克利（Dunkerley）就证明说，组织理论基本上是意识形态的，且与重商学派的意识形态相同。根据他们的观点，这一意识形态维护的是资本 215
主义，认为组织是由理性的技术构建的。雷克斯·唐纳森（Lex Donaldson）反驳克雷格和邓克利的说法，提出自己的观点说：“与贬低意识形态的人的说法相反，在这一研究中没有什么东西内在地是意识形态的……而且，即便偶然地有意识形态的运用，也不足以作为把组织分析简单地归类为意识形态的根据。”[6] 不过，应当强调的是，具有价值中立诉求的研究必然地要把价值具体化，即便那价值仅仅是价值中立。正如在第 6 章已经指出的，主流经济学理论就是一个例证，而且，对于经济公正的问题应被排除在经济分析之外这样一种说法，将其作为一种价值观加以采纳并非完全没有意义。另一方面，对于保守派（自由主义）而言，接受研究应将自由派（保守派）的价值观具体化这样一个观点是有困难的。正如林肯和格巴所解释的：“认识到价值观能够且必定要以如此多样的方式影响到研究，这绝不是杞人忧天。那些最终不得不承认价值观影响的人总是绝望地认为研究总免不了有功利的目的，即使表面上看它得出的不过是一些意见。我们宁可说，它得出的构架也有价值的维度，这些构架是有用的，尽管它们不是绝对的。”[7] 林肯和格巴强调说，研究

---

① 林肯、格巴：《自然主义研究》，36 页。

② 同上，37 页。

③ 埃贡·格巴：《新范式研究出现的语境》，见：《组织理论与研究》，林肯编，82 页。

④ 马西亚·哈里根、罗西玛丽·法默尔：《老龄化的神话与事实》，见：《老年社会工作》，罗伯特·施内德、南希·克罗普夫编（芝加哥，1992），42～43 页。

⑤ 林肯、格巴：《自然主义研究》，37 页。

⑥ 雷克斯·唐纳森：《为组织理论辩护：答批评家》（纽约，1985），103 页。唐纳森讨论了克莱格和邓克利视组织理论为意识形态的观点（94～103 页）。克莱格和邓克利的观点见斯图尔特·克莱格、戴维·邓克利：《组织、阶级和控制》（伦敦，1980）。

⑦ 林肯、格巴：《自然主义研究》，184 页。

的意识形态方面最好是公开的而不是隐秘的。他们还说，最好是承认研究的意识形态本质；在他们看来，“研究总是——重复一遍，总是——要服务于某个社会代理的”[1]。这一观点陷入了第2章所说的视角罗网，它也可运用于自身的研究；它也必须服务于某个社会代理。

自然主义或构成主义范式的其他三个原理与认识者和认识对象、普遍化的可能性和因果联系的可能性的关系有关。自然主义范式强调“认识者和认识对象是相互作用的和不可分离的”，这与实证主义的观点正好形成对比，后者认为认识者和认识对象是相互独立的。[2] 自然主义范式承认“只有时间和语境的限制会影响到假设”（或所谓的“表意陈述”），这与实证主义要得出脱离于时间和语境的普遍论断（或所谓的表形陈述）的目标正好形成对比。[3] 自然主义范式的最后一个原理是：“所有实体都处在自发地相互构建的状态，因此要把因与果区分开是不可能的。”[4] 这与实证主义的说法即“存在着实际的原因，它在时间上要先于结果或是与结果同时发生”正好相反。[5]

从这些原理出发，林肯和格巴推导出了自然主义研究具体运作的14个特征。乍一看，这些特征的排列似乎容易招致缺乏连贯性的指责，因为他们“推导”的一个特征就是：自然主义更喜欢归纳的数据分析而不是推导的数据分析。不过，如果这一特征仅仅是一种偏向，如果这一偏向仅仅指的是数据分析，那也就不存在什么不连贯。林肯和格巴说，这14个特征可“通过它们对支持范式的原理的逻辑依赖，
216 以及……通过它们的连贯性和相互依赖性”来得到证明。[6] 他们还说，“这14个特征揭示了一种协同作用，即一旦选择了其中的一个，其他的就或多或少会顺理成章地出现”[7]。这14个特征是[8]：

1. 自然的背景。研究是在自然的背景或语境中进行。理由就是：我们认为“现实是一个整体，不能脱离其语境来理解”。

2. 以人为工具。把人作为数据收集的第一工具来使用，与之相反的做法，比如说，就是以纸和笔为工具。

3. 运用不言而喻的知识。把不言而喻的（直观的、感觉的）知识看作合法的，再加上命题性的知识。

4. 定性方法。尽量选择“定性方法而不是定量方法（尽管不是绝对排除），因为前者更适合处理多样的（和难以汇总的）现实”。

5. 有目的的取样。避免任意的或有代表性的取样。理由是：我们认为，研究者由此“能扩大数据所表现的范围”。

6. 归纳的数据分析。为什么宁可选择归纳的数据分析，理由是：“它更有可能在这些数据中确定出多样的现实。”

---

① 林肯、格巴：《自然主义研究》，184～185页。

②③④⑤ 同上，37页。

⑥⑦ 同上，39页。

⑧ 同上，39～43页。下文对自然主义研究的各个运作特征的描述就取自这里。

7. 有理有据的理论。更倾向于认为，“有指导意义的实质性理论乃是来自于……数据”。

8. 自然而然的计划。使研究计划“自然地出现（流出、流淌而出、展现），而不是预先地（先行地）构成”。

9. 协商的结果。“对于所获取数据的主要源头的意义和阐释，应和他人协商。”理由是：“研究者力图建构的王是他们的现实构成。”

10. 案例研究报告的模式。更倾向于“案例研究报告的模式（而不是科学的或技术的报告模式）”。

11. 表意性的阐释。“以表意的方式（依据特殊的案例）而不是表形的方式（依据的是类似于规律的普遍论断）”来阐释数据和结论。

12. 试验性地应用。广泛地应用所发现的成果要三思而行。

13. 聚焦的—确定的边界。“以自然而然的关注点（就研究而提出的问题、就评价而做出的评价、就政策分析而做出的政策选择）为基础”来给研究设定边界。

14. 特殊的诚信标准。“常规的诚信标准（内部的和外部的有效性、可靠性和客观性）与自然主义研究的原理和程序不一致。”

在必要的地方，都给出了做出如此选择的理由，但应提示一点，林肯和格巴也提供了其他的许多解释。例如，对自然而然的计划这一特征就是以下面的方式证明的：

> 自然主义研究之所以选择让研究计划自然而然地出现……而不是预先（先 217
> 行地）构成它，是因为预先就对如此众多的多样现实有充分的了解以便做出充分的计划，这是不可想象的；还因为那在研究者与现象的相互作用中出现的东西基本上是无法预先知道的；还因为研究者不可能对可能存在的、相互构建的模式有充分的认识；还因为所涉及的各种各样的价值体系（包括研究者自己的）以不可预测的方式相互作用着，并影响着结果。①

林肯和格巴依据那五个原理给每个运作特征提供了一个基本原则。

通过对组织理论的发展作这一有选择的回顾，呈现给我们一幅画面，显示出尝试考察官僚制的诸多模式，这些模式乃是对韦伯式的理性主义的等级制模式和其他方面的反驳。② 韦伯对官僚制的定义，我们知道，依据的是“参与者之间明确的劳动分工、官员等级制、一整套的负责实施的一般规则、个人的特性和权利与官员的特性和权利的分离、以技术资历为基础的人事安排和参与者把就业视作是自己的职业”③。

---

① 林肯、格巴：《自然主义研究》，41 页。

② 艾特泽尼：《现代组织》，53 页。艾特泽尼在解释韦伯的官僚制的理性结构时从韦伯的《社会与经济组织理论》中引用了这么一句话：“机关组织遵循等级制的原则；就是，每个低一级的机关要受高一级机关的控制和监督。”他还说：“在这一方式中，没有一个机关能逃脱控制。服从并不是把自己交由运气来主宰；而是系统地受到钳制和强制。”

③ 凯瑟琳·伊安内罗：《没有等级制的决策：女性主义对组织理论和实践的介入》（纽约，1992），12 页。她引用的是理查德·司各特的《组织》（英格勒伍德·克里夫斯，1981），68 页。她还说：“正如韦伯所指出的，官僚制这个概念包含了许多组织特征，等级制是其中的一种。然而，可以证明，等级制是官僚制的核心组成部分，权威的管道、交往的体系和执行的指导路线都是围绕它确立的。”

那一后实证主义的画面打开了“反组织”的远景，这是一种后现代的企业安排，与福特公司所象征的垂直组合的大生产等级制完全不同。正如库克（Cooke）所说的：“福特主义的企业组织模式是等级制的、官僚制的、分工的、各司其职的、空间上可分解的，这一模式在当代管理理论中遭到了攻击。其中受到驳斥的是组织的‘机械形象’……而受到拥护的则是所谓的‘反组织’。”[①] 库克描述反组织有四个方面。从内部说，后现代企业是通过内部竞争（他认为施乐、飞利浦和 IBM 采取的就是这种策略）来提供更大的离心化的自主性，并通过诸如抛弃等级制而采用矩阵结构和临时小组安排这样的方法来打破组织僵化。从外部来说，后现代企业被认为采用了策略性的联盟并瓦解了垂直组合，如在日本的丰田汽车城所见到的。日本人的经营方法所代表的企业文化和由待在生产线上的管理者所象征的企业文化都是这一描述的一部分。[②] 还有，由于有计算机来帮助设计，由于有受计算机控制的机械工具，使企业变得更具灵活性，尤其后者更是刺激了可编程的装配线而不仅仅是大生产。正如博格曼（Borgmann）指出的：“范式化的后现代公司是一个由受过良好教育的人组成的小组，他们有充沛的热情，善于发现商机，且能迅速地以高质量的商品和服务打入市场。有远见的合作是后现代公司的第二个本质，这使得它们必然要走向繁荣。”[③]

库克所描述的[④]后现代企业的办公灵活性对公共企业具有直接的启示意义，后
218 者仍受到第 10 章描述的公务员循规蹈矩的限制。灵活性既是职能上的，又是数字上的。职能上的灵活性说的是通才型的技术雇员，在底层管理者和专业人员的工作中，因文字处理技术的影响而发生的改变就体现了这一变化。（例如，秘书现在可以起草例行的合同）数字上的灵活性指的是更多地利用兼职的临时雇员，包括那些零工和短期合同工以及顾问。[⑤]

对构成主义或自然主义的研究进展的描述所提供的那一画面也体现了抛弃追求科学性的重大转向。构成主义或自然主义的研究想要为考察一定语境中的问题制定出一套研究方法，它接受了后现代的一个观念，即科学命题构成的仅仅是一种话语，并不具有提供结果——提供比非科学的话语更可靠的认识真理——意义上的优先性。总之，组织理论和自然主义研究的发展体现了在非地域化方面的重要尝试。当变化也波及“思考对象”时，这些尝试将进一步深入——这是下一部分的主题。

## 12.2 思考对象的结构

非地域化将如何影响公共行政思考的组织结构或对象结构？首先，思考对象的

① 菲利普·库克：《背向未来》（伦敦，1990），143 页。

② 同上，143～153 页。

③ 阿尔伯特·博格曼：《跨越后现代的分界线》（芝加哥，1992），77 页。

④ 库克：《背向未来》，160～163 页。接下来的一段阐述就取自这本书。

⑤ 同上。库克写道（161 页）：“20 世纪 70 年代和 80 年代发达国家打零工的比例普遍增长。增长速度最快的是荷兰，1973—1981 年从 4%增长到 50%，而在南欧国家如希腊和意大利一直保持在 10%左右。”

组织结构乃是一种强有力的、编码那一思维特征的力量——一种地域化的力量。非地域化就是要解放那一思维。其次，非地域化不会导致统一知识的复活。最后，后现代性所期待的非地域化将对各学科间的界限进行内爆。下面我们将分别探讨这三个方面，我们将考察公共行政领域将受到何种影响。

组织结构对公共行政思维特征的影响可用两个例子来说明。重复一遍：这一影响乃是一种编码或地域化。第一，把社会科学领域划分为各个学科，这一事实诱使形形色色的专家总想依据所运用的特殊学科分工来看待问题。正如在第 2 章和第 10 章已经指出的，组织理论家看到的是组织的问题，经济学家看到的是经济的问题，社会学家看到的是社会学的问题，等等。这一例子不可等闲视之。极少有人能够以跨越所有相关学科的视野来看待社会问题。这只要看一下学科变革的呼声，就可以很清楚地看到这一点。凯恩斯在《就业、利息和货币通论》中提供了一个改进经济 219
学科的模式；他之所以能够改变经济学的性质，不仅是因为他的理论恰到好处，而且是因为他的写作用的是当时的经济学家的语言。如果凯恩斯是用主流经济学家所不熟悉的语言来表达同样的思想，他的思想就不大可能受到专业经济学家认真的对待。

要理解这一点，也可以回想一下执着于某一特殊方法所导致的盲点，以及某些特殊学科因局限于一套方法而产生的问题。例如，我们可以问一下，在自然主义或构成主义的方法中（刚刚讨论过），偏向于归纳法是否会限制从运用演绎法中获得见解的机会。举一个例子：我们看一下交易成本经济学通行的观点。在交易成本经济学中（或在市场和等级制研究中），“市场和公司被认为是完成一套相关交易的替代工具。交易是在市场中进行还是在公司内部进行，取决于每一具有交易特征的工具相对的效率。市场和等级制的研究试图解释哪一种交易可以在市场中和在公司内部交叉进行”①。正如威廉森（Williamson）所说的：“市场和等级制的研究试图确定环境的因素，它们和与之相关的人的因素结合在一起，便可解释，在何种情境下，复杂随意的合同条款的起草、实施和执行需要一定的成本。”② 从自然主义的研究来看，从交易成本经济学中不是更难获得有用的见解吗？

第二，批判理论——也就是依据话语的商品化以及它对其生产者的异化——可用于提供另一个例子来说明作为思考对象的组织编码思考之本质的力量。我们在第 11 章讨论赫伯特·西蒙的《行政行为》时使用过这个例子；其一般的观点值得反复强调。还有，我们应记住这样一个说法，即组织理论已经被商品化了，这在前面也已经说过。还有一个类似的说法，就是主流经济理论已经成了一件商品，受到统治集团和其他赞同不干涉主义经济体系的人的支持。（有人更直接地用“收买”这个词替代“获得支持”，但“收买”是一个带有感情色彩的词）对于那些从自由市场体系受益最多的人而言，有主流经济理论的支持，来证明其追求私利的合理性，乃是莫大的快事。有学者来证明——由于对市场失灵和商业循环这样的问题给予了

① 赫恩·施里德：《考斯、哈耶克和等级制》，见：《组织研究的交叉学科视角》，林登伯格、施里德编，43 页。

② 同上，43 页。参见威廉森：《市场与等级制》（纽约，1975），7 页。

适当的关注——需要与自由经济体系并不冲突，因为，如果每个人确实都想改善整个共同体的生活境况，那么不可见的手就可以确保那想从邻居那里榨取钱财的每个个体实际上是在为改善共同体的生活境况做出贡献，就是说，使共同体的生活境况比本来的状态更好，这样的证明当然令人愉快。公共行政理论也可被编码为一个商
*220* 品，一个具有这样的本质的商品：它从统治集团那里获得支持。公共行政理论对于这些集团是有用的，如果它能将思考公共行政的方式编码为——比如说——一种楼下工作的理论，一种如何以更有效的方式来完成工作的理论。可以理解，这一理论当然会支持那样一种看待事物的方式，即如何使仆人更有效率和更有效地工作；它还是一种受到楼上的人支持的商品。成功的商品化总是使产品从其生产者那里异化出来，因为后者必须付出与商品所代表的语码相符合的心智努力。如果那商品就是公共行政理论，如果这一商品能把考察公共行政问题的某一方式编码为可被人们接受的东西，那么公共行政理论的生产者就会因为他所兜售的商品而受到限制。换句话说，公共行政已经被地域化了。

思考对象的结构的非地域化会导致统一知识的复活吗？思考对象的后现代转变的一个根本特征就体现在：现代性的知识建构的概念框架在后现代性中被抛弃了。这一转变的方向在德鲁兹和瓜塔里对知识的树状模式和根茎模式的对比中可以看到。① 树状描述就反映在这样一个事实中，即西方传统的知识是以树的形状被理论化的；树状意味着具有树的特征或形状。知识以层级方式被分为分支和分支的分支。知识有一个本质性的根源，知识存在着统一性。我们可以感觉到，当哲学以某一特殊科学的形式从树干滑向枝杈并建立起自己的围墙防范外来者的侵犯的时候，这一隐喻便站不住脚了。不过，当我们试图维护那一树的隐喻，希望哲学仍保持其树干的地位的时候，我们其实是在向那一隐喻表示我们的敬意。德鲁兹和瓜塔里把这一模式和根茎模式作比较，后者是后现代条件下的一种思考知识的方式。植物的根茎是一种类似于树根的、典型地向水平方向展开的根茎，它或是沿着地表或是在地底下发展，向下长出树根，向上长出树干。德鲁兹和瓜塔里以其对卡夫卡（Kafka）的研究来谈论根茎：“卡夫卡的著作是一个根茎，一个洞穴。城堡有多个入口，其进入规则和功能不为人知。在《美国》（*Amerika*）一书中的旅馆有数不清的正门和侧门，还有数不清的门卫守卫着；甚至有的出口和入口根本就没有门。”② 根茎模式把信息非中心化为不同的语言；它破坏了根和二元；它生产的是多样性的差异。

正如在第 4 章所说的，知识的日益专业化和分支学科的繁荣乃是现代性的特征。这一潮流在 19 世纪达到顶峰。克莱因（Klein）描述“现代意义上的学科”乃
*221* 是 19 世纪的产物，并把它和“现代自然科学的发展、知识的普遍‘科学化’、工业革命、技术进步和农民暴动”联系在一起。③ 克莱因还指出，随着现代大学的发

① 例如，参见吉勒斯·德鲁兹、费立克斯·瓜塔里：《千高原》（明尼阿波利斯，1987）。

② 吉勒斯·德鲁兹、费立克斯·瓜塔里：《卡夫卡：走向一种小文学》，达纳·波兰译（明尼阿波利斯，1986），3 页。

③ 朱丽叶·汤普森·克莱因：《交叉学科：历史、理论与实践》（底特律，1990），21 页。

展，学科受到工业对专家需求的刺激，受到学科招生的刺激，受到某些领域极其昂贵的设备的刺激。正如弗莱克斯纳（Flexner）所说："美国高等教育的课程的历史乃是越来越分化和专业化的历史。"[1] 这一情形现在被原子化了。学术（事实上）处于虫穴式的状态，这一修辞性的说法触及了些许事实，每个专业都是一个虫穴，专家在里面工作，不仅不参照其他（如果有的话）相关的虫穴，而且对那些在同一领域打洞的蛀虫的存在一无所知。这一情形也是复杂的和不平坦的。这从——例如——人们在高度语码化的领域和较少语码化的领域、高范式领域和低范式领域、面窄的专业和面广的专业、成形的科学和形成中的科学、常识的领域和非常识的领域、结盟的学科和不结盟的学科之间作的区分中可以看出。[2] 例如，物理学就被划入高范式的一类，社会学就被看作低范式的学科。只存在范围而不存在二分这一事实使得人们把公共行政归类为较少语码化的、面宽的、形成中的、常识的和非结盟的。现代主义的整一性视角在社会科学这样的知识部门很少出现，在当下的观点看来，社会科学的各专业是相互钳制的。

不仅分支学科空前繁荣，而且交叉学科的研究也日益高涨，后者作为一种反向运动已引发了所谓的交叉学科群。[3] 在整个现代时期，对知识分化的关注一直存在，也不断有人呼吁恢复已失去的统一性；培根、笛卡儿、法国百科全书派、康德、黑格尔、孔德（Comte），这些人都关心这个问题。[4] 不过，20 世纪也出现了各种各样的交叉学科的尝试。有关这些尝试的历史，可参看本章前面引用过的克莱因和弗莱克斯纳这些人的著作。交叉学科研究已被运用于许多学科的实用方面，如基础教育、专业教育、研究人员培训、基础研究和应用研究。其发展模式因国家而异，动机也是纷杂不一；因学生、教师、研究者、大学体制、科学兴趣的需求而各有不同。[5] 在美国和其他地方的发展包括对国家和其他组织的描述［如 20 世纪 20 年代的社会科学研究会（the Social Science Research Council）、1948 年成立的综合教育基金会（the Foundation for Integrative Education）、国家科学基金会（the National Science Foundation）的规划］，对相对来说比较少的重点大学的交叉学科的描述（如格林湾的东安吉利亚和威斯康星大学）。还包括对受外部驱动的发展（如源自于二战的曼哈顿计划）和受内部驱动的发展（如源自于理论综合的结构主义和一般系统论）的描述。20 世纪六七十年代，交叉学科研究尤其引起了人们广泛的 222

① 汉斯·弗莱克斯纳：《高等教育中的课程、学科和交叉学科》，见：《交叉学科与高等教育》，约瑟夫·考克尔曼斯编（宾夕法尼亚，1979），93 页。

② 有关这一列表和其他区分，参见克莱因：《交叉学科研究：历史、理论与实践》，104～105 页。例如，她还提到了严密的学科（例如生物学）、前学科（如行为科学）和非学科的活动（如伦理学）这样的区分（图尔明的区分）。高度语码化的学科（如数学）和较少语码化的学科（如社会科学）的区分来自汤普森、哈维克斯和阿维里。高范式的学科（如化学）和低范式的学科（如政治科学）的区分来自洛达尔和戈登。面狭的学科和面广的学科的区分来自鲍曼。以成形的科学与形成中的科学（如生命科学）的区分来自怀特利。常识的领域和非常识的领域的区分来自罗斯。引文见克莱因：《交叉学科研究：历史、理论与实践》，215 页。克莱因把人类学算作学科结盟的例子。

③ 教育研究与创新中心（CERI）：《交叉学科研究：大学教学与研究的问题》（巴黎，1972），35 页。

④ 克莱因：《交叉学科研究：历史、理论与实践》，20～21 页。

⑤ CERI：《交叉学科研究：大学教学与研究的问题》（巴黎，1972），48～51 页。

兴趣并获得广泛支持。对此已有文献进行了描述。正如克莱因所报告的：“屈宾(Chubion)、罗西尼（Rossini)、波特（Porter）汇编的交叉学科重要问题研究文献时间跨度有三十几年，1951 年还只有一篇论文……然而在 1969 年之后，文献数量迅速增加；1969 到 1972 年增加了两倍，接着 1973 至 1977 年增加了 120%，在 1978 至 1982 年又增加了 95%。”① 文献的性质也有变化：“自 1970 年以来，学者们更多关注的是设计与管理交叉学科的课程和研究计划的问题，还有不同学科间的关系导致的实际的和哲学的后果、交叉学科的问题解决机制、交叉学科的理论和方法的本质。其发展势头是不容否认的。”②

复活已失去的知识统一性，这一动机的主要旨趣就在于跨学科研究。根据利特尔（Little）和哈斯（Haas）的说法，“一个跨学科的科学必须跨越几个传统科学，而同时又要对知识体提供综合的、一体的和更丰富的理解。”③ 事实上，连术语和含义的数量也大大增加，因为交叉学科的含义极其广泛。1970 年教育研究与创新中心（the Centre for Education Research and Innovation）在尼斯的年会提出要认识到：单一学科（a discipline）是指可被理论化为“一个特殊的、可传授的知识体，它有自身的学术背景、培训方法、研究方法和研究领域”；诸学科研究（multidisciplinarity）是指“各种学科的并置，有时没有任何明显联系”；多学科研究（pluridisciplinarity）是指多个相关学科的并置，如数学和物理学；交叉学科研究（interdisciplinarity）则是对两种甚至更多学科间的相互作用的描述。④ 报告还指出：“这一相互作用既包括简单的思想交流，也包括有组织的概念、方法、程序、认识论、术语、数据，以及研究和教育的组织在广泛领域的相互结合。”而跨学科研究(transdisciplinarity）则是“为一系列学科提出一个共同的公理性体系”⑤。后者的一个例子就是人口生物学：“人口生物学家共有的理论视角和培训经验乃是以进化生物学、遗传学、人种变迁的统计学、环境适应理论、人类生命周期理论等为基础的，并且还必须要了解人类行为与生物学的相互作用是如何促进个体和人口的适应能力的。”⑥ 又如材料科学；这是“一门新兴的综合学科，是冶金学、陶瓷学、固体物理学、化学的混合体。这是一门新兴的学术性学科……是学科混合而不是分化的产物”⑦。不过，后现代主义对于想复活大全式的跨学科的统一知识的企图发出的讯息是，这一企图被误导了。知识是一个根茎。

在树状的知识隐喻被抛弃的情境下，人们希望公共行政的结构和领域不再以现在的方式存在。每一特殊的社会科学和行动学科也都是如此。由于没有了依次排列
223 的分支，独立的学科也就不存在了。各学科混杂在一起，融合为根茎状。

①② 克莱因：《交叉学科研究：历史、理论与实践》，38 页。

③ 迈克尔·利特尔、杰尔·哈斯：《人口生物学：跨学科的科学》（纽约，1989），3 页。

④ CERI：《交叉学科研究：大学教学与研究的问题》，25 页。又见克莱因：《交叉学科研究：历史、理论与实践》，17～73 页。

⑤ CERI：《交叉学科研究：大学教学与研究的问题》，25 页。

⑥ 利特尔、哈斯：《人口生物学》，4 页。

⑦ 鲁斯图姆·罗伊：《大学的交叉学科研究：不可理喻的梦想》，见：《交叉学科研究与高等教育》，考克尔曼斯，174 页。

在第 9 章我们提到，后现代性的后果已被所有的学科而不仅仅是公共行政学感觉到了。巴里·斯马特（Barry Smart）在谈到后现代性对社会学的影响时说：

对于经验社会学而言，客观需要必定会导致寻求“运用新社会的技能……或新技”（1988：119），以对抗国家对社会管理知识兴趣的下降。第二种类型即“阐释社会学”有两种形式：一种还保留有社会关联的痕迹，因为它关心的是通过理解“异化”的形式和经验来丰富某个社会自身的传统，鲍曼（Bauman）的所谓潜在的顾客一直都存在，就是这种形式的一个成果。“阐释社会学”的第二种变体可以说是无奈之举，在社会对社会学的兴趣下降时，它为人们出于私心退回到自己的自留地做貌似公正的巡查提供了机会和合法性。最后一种形式就是后现代主义社会学，它指责社会关联的观点，寻求使“不透明的东西透明化”，这一把国家从那一领域撤退出来的策略，有效地把社会学的话语构建成了一个潜在的批判力量和/或强有力的“主观力量”——这正是人们所熟悉的解放的社会学的形象。①

这一解释有些细节有误。就某一方面说，对于“巡查自己的自留地”在后现代情境中是如何发生的，它说得并不明确——在那里，自留地所有者的体制已经终结；后现代性意味着我们的现代主义者对所谓的“社会”问题使用的不加考察的研究方式的终结。斯马特赞同地引用鲍曼的话说：“社会学的后现代危机……是‘司空见惯’这样的解释策略所看不到的，因为游戏和顾客已经发生了变化。”② 不过，其变化的范围和特征决不只是分支学科的终结这么简单，也不只是基础完结的问题。随着思考被非地域化，认识活动的本质也将发生改变。

在后现代性中，公共行政理论若继续维系目前的状态，必定要走向凋谢。人为的学术划界的时代已经过去。③ 正如福斯特（Foster）提到的，“后现代主义激发了这样一种观点，认为各个领域和专业学科都是一些划分现实的策略和惯例，是集团之间权力斗争的结果。后现代主义决意依据差异进行思考，这是对专家们的自足领域或独立领域的一种怀疑主义”④。

后现代性所意味着的非地域化不只是在学术边界内爆的方面。它还意味着所知的公共行政理论和理论化的方式的终结。后现代性还常常被说成是意味着逻各斯中心主义的在场形而上学的终结，是表征的终结，是主体所表征的现存世界的终结。 224
它还被描述为是对理性和精神这样的宏大叙事的抛弃，是哲学和历史的终结。

围墙已成过去；商品已成过去。我们所理解的那种官僚制也已成为过去。在文本的世界中，有的只是多样化的书写，但思维方式是根茎的、非线性的和游牧式

① 巴里·斯马特：《现代性、后现代性与当代》，见：《现代性与后现代性理论》，拜扬·特纳编（加利福尼亚纽布利大街，1990），26 页。鲍曼的引文指的是鲍曼的《存在一种后现代社会学吗?》，载《理论、文化与社会》，第 5 卷，1988（2/3）。

② 斯马特：《现代性、后现代性与当代》，26 页。

③ 有关对“学科与交叉学科持续的修辞对立”的警告，参见克莱因：《交叉学科研究：历史、理论与实践》，105 页。她描述这一对立是“一个过分简单化的二分，这一二分模糊了必会发生的更细微的相互影响”。

④ 福斯特编：《反美学：后现代文化》（华盛顿，1983）。

的。这是一个非地域化的世界。我们没有一个专属公共行政理论的独特语言。

我们也可通过别的途径来探讨公共行政“自留地”（patch）的非地域化，亦即通过考察福柯对批判的评论。**批判**是一种评价的态度，福柯将其描述为“不受控制的艺术”。福柯解释说，批判是一种运动，主体有权以此借助“一种自觉的不服从、有意识的不服从的艺术”来发现真理。① 福柯追溯他的批判观的历史，从宗教改革的反对者，到绝对主义的批评家，到启蒙运动的思想家，等等。在他看来，这种批判发展到启蒙时代便是要求每个人运用自己的理性。这是一种自别人那里继承来的“对所有理论的绝对怀疑主义”。米勒对这一观点做出了如下的解释：

> 康德之后，实际上可能是尼采最贴切地描述了福柯本人所理解的“启蒙的问题”。尼采在康德的论文发表一百多年后写道，哲学家们“不再把理论当作恩赐来接受，也不仅仅是将它们纯洁化和粉饰一新，而是首先使用和创造它们，呈现它们，使它们变得有说服力。从此，人们一般地对自己的理论都深信不疑，仿佛它们是来自某个神奇之地的神奇产业”。但是这一确信必定会被不相信所取代：“毕竟，那所需要的东西”——这正是尼采的“认知意志”发现其真正的天命之所在——“正是对所有理论的绝对怀疑主义”，因而也就是“批判”②。

所谓主体运用自己的理性，一定意义上说，就是指要拒斥一切继承来的理论；这一拒绝归顺的主体应拒斥所有的格式。换句话说，思考被非地域化了。

这些观点与现代主义公共行政的观点可谓是水火不容，后者对认识对象的结构、对实用的和可预测的结构有着特别的偏爱——对现代性有着特别的偏爱。因而，记住树状知识模式不可能是最好的模式是有益的；就是说，在另一种系统中可以获得更好的结果。为了更好地理解这一点，可以比较一下学术的知识之树（现代主义的树状模式）和提供医生服务的结构。受经济体制、医学条件等因素的驱使，医生越来越专业化。其中一个困难就是，我们总是鼓励病人——他只能选择他和保险公司负担得起的医院——进行自我诊断和选择专科医生看病；相对而言，极少有医生在一般治疗或家庭护理方面也很专业。结构社会科学知识的树状模式采取的就是医生系统的原则，甚至走得更远。它所提供的专家有：公共行政学家、教育学
225 家、社会学家、经济学家、社会工作者、城市研究专家、休闲科学家、司法审判员等。但是，自行其是的人除外，在一般实践中，这些专家的学术领域——或思维模式——根本不等同。他们根本没法做整一性的研究。

enceinte 这个词最适合于象征性地说明现代知识的建立、认识的对象在后现代

---

① 选自“Qu'est-ce que la critique?”，载《法国哲学学会简报》，第 84 卷，39 页，1990（2），引自米勒：《米歇尔·福柯的情感世界》，302 页。米勒写道：“正如福柯总结这一长期的历史发展时说的，‘我认为，批判是赋予主体发现真理的权利的运动’，通过练习‘一种自觉的不服从，一种有意识的不服从的艺术’。”

② 米勒：《米歇尔·福柯的情感世界》，303 页。又见 301～304 页，对这段文字的解释就来自此，它提供了对福柯的“批判”观点更全面的归纳。对福柯的“批判”观的描述也可在克里斯托弗·诺里斯那里找到，参见《“什么是启蒙？”——福柯所理解的康德》，见：《剑桥福柯指南》，古丁编，174～175 页。

性面前所面临的两难。enceinte 这个词取自法语，至少有两个含义。作为形容词，它有妊娠之意，作为名词，它有围墙、围廓或用围廓把某地圈起来之意。对于现代与后现代之间的张力关系，随着有组织的认识结构的内爆，enceinte 象征着那一两难。每个知识分支、每个专业都孕育着一系列令人迷惑的和卷帙浩繁的学术成果；另外，专业化内又有专业化，每一个都孕育着丰富的文献和成果。知识的迅速积聚超过了旧的思维方式的处理能力，而新的方法又没有出现。每个专业要知道太多的东西，甚至在社会科学中也是如此。每个专业也是一个被围廓的区域，专家们在里面守护着自己的领地。防御不仅仅是社会的，不仅有协会和认可机构的协助，而且还是语言的；思想的穿透力取决于它们所采取的正确形式和正确的语言。确实，公共行政和其他社会行动学科的漏洞比已经比较完备的学科要多得多，但围墙仍在。我们想孕育更多的结果；我们想有我们的围墙。

## 12.3 概 要

在后现代性中，所有的知识在性质和组织方面都被非地域化了。这一情形在公共行政和其他学科中也都同样适用。那被强加于我们的认识的诸假设的格式或语码都要被移除。

当进入后实证主义情境的深远影响为思考和研究所意识到时，非地域化也就被实现了。当科学被视作众多话语中之一种时，思考的本质也就发生了变化。在后现代情境中，科学研究失去了其作为认识论上优先的信息提供者的地位。这一点通过考察后实证主义的工作可以看到，这一工作所依据的就是组织理论和构成主义（或自然主义）的研究。

思考对象的结构变化将推进非地域化的过程。我们必须对地域化手法的局限有所认识。后现代主义的交叉学科研究和跨学科研究力图恢复已失去的知识统一性的企图受到了误解。然而，随着人为的学术边界时代的完结，后现代性也鼓吹学科自 226
足性的终结。公共行政的结构随着学科与分支专业之间的围墙的倒塌而倒塌。这一组织变化在德鲁兹和瓜塔里的树状模式与根茎模式的比较中可以看到。现代主义的树状模式——思考的是知识的统一性和根源——按层级方式把知识划分为各个分支和亚分支。根茎模式则把信息非中心化，摧毁了根源，生产多样化的差异。

在后现代性中，公共行政和所有其他学科的非地域化指的是研究性质的变化。知识的条件和可能性发生了改变。后现代性意味着逻各斯中心主义的在场形而上学的终结。“理论化”被视作是暂时的，因为后现代性意味着表征的终结、宏大叙事的终结和历史的终结。正如许多后现代主义者所说的，本文之外别无意义。

新的情境已经出现，公共行政领域也处在其中。组织理论和经济学的某些发展暗示了在理解非层级的和解官僚化的安排方面的问题。作为不受控制的艺术的批判的深刻意义则是另一个例子。

# 第 13 章



# 后现代性：他在性

227 解构即是正义。

——德里达①

解构看起来不是要“解决”正义的问题，而实际做的就是这个，尽管只能躲躲闪闪地，而不能直接地解决。

——德里达②

就自我不是被给予我们的这一观点而言，我认为，只有一个实际的后果，那就是我们必须把自己造就为一件艺术品。

——福柯③

我认为《反俄狄浦斯》(*Anti-Oedipus*)(其作者应该会原谅我)是一本伦理学著作，是很长一段时间以来用法语写作的第一部伦理学著作。

——福柯④

由于其是公共行政行为的一个组成部分，所以，对于后现代对待

① 雅克·德里达：《法的力量：“权威的神秘基础”》，见：《解构与正义之可能》，德鲁西拉·科内尔、米歇尔·罗森费尔德、戴维·格雷·卡尔逊编（纽约，1992）。

② 同上，10页。

③ 米歇尔·福柯：《论伦理学的谱系》，见：《米歇尔·福柯：超越结构主义和解释学》，胡伯特·德雷弗斯、保罗·拉比诺编（芝加哥，1983），237页。

④ 米歇尔·福柯：《反俄狄浦斯》，前言，13页，德鲁兹、瓜塔里著。

他在性的态度所隐含的批判性含义，必须予以梳理。他在性关涉的是“道德的他者”，而且显然，每个行政活动都直接或间接地会影响他人，例如影响委托人、下属、上司甚至旁观者。在现代主义西方哲学中，“他者”基本上是一个认识论问题，包括诸如“他人的心灵的问题”或“主体间性的问题”。正如约翰逊补充说明的：“‘他在性’这个词使哲学的关注点从‘认识论的他者’转向了具体的‘道德他者’的实践活动——政治的、文化的、语言的、艺术的和宗教的。这与从现代哲学的认识问题转向后现代主义哲学的离心化的哲学运动是一致的。”[1] 由于缺乏一个效率动机，道德问题便成为行政管理者更为关切的问题；就是说，如果仅仅对效率的需求还不足以让人履行职责，那该要什么样的推动力？行政者在与他人的关系中该如何行动？

后现代对待公共行政的伦理态度的批判性含义在“反行政”的口号中有简洁的体现。就是说，后现代的伦理态度意味着，任何行政活动都应是其计划的实施，但 228
必须以这样一种精神来实施，在那里，行政能力同时要用来否定行政—官僚的权力。要理解这种反行政的意思，可看一下本章重点说明的几个方面。这种总论式的说明可能压缩了许多东西；对一般原理、具体论证和术语的讨论在本书的布局中可以看到。这一章首先解释了福柯对他所谓的“存在于我们所有人当中的法西斯主义”[2] 的批驳。我们一上来就说明了这种态度，然后有选择地讨论了后现代的他在性观点的四个特征。这些特征分别是：向他者的开放、对差异性的偏爱、对元叙事的反对和对已建立的秩序的颠覆。德里达的“解构即是正义”的观点，其所涵指的东西可以看作是对这每一个特征的说明。[3] “向他者的开放”的含义在“反行政”这个标题下可获得最有力的表达。有人解释说，开放性不只是意味着公共行政的实践应以反权威这样的方式来建构和执行；也不只是意味着要引入以服务为导向的态度。开放性据称还意味着行政管理应尽力向共同体开放其所有的决策。本书的解释是，开放性还意味着需要真正的无政府主义。与这种无政府主义相平行，开放性还应是以地方共同体的行动为主的微观政治的发展。

后现代的他在性观点的第二个特征就是对差异性的偏爱。这一特征意味着对收编一系列视角的偏爱。进而，这一章还要说明，这一特征意味着反行政可采取这样的形式，如反对那所谓的行政各就各位，也就是，按组织和类别把雇员和公民类型化。对元叙事的反对意味着这一意义上的反行政：允许行政人员成为元叙事和不切实际的基础的解构者。有人指出，行政人员应解构行政权威的神秘基础，使公共行政成为一种没有限制的“暴力”。这一特征也激发了那所谓的拥护试验的行政的发展。第四个特征对于反对现存的建制至关重要。反行政就体现在所谓“反建制”的机构的可行性中。

我们在第 10 章承诺说，我们将回到后现代性对于公共行政的谋划所意味着的

[1] 盖伦·约翰逊：《梅洛-庞蒂的本体论与他在性》，前言，19 页，约翰逊、史密斯著。

[2] 福柯：《反俄狄浦斯》，前言，13 页。斯蒂芬·怀特：《政治理论与后现代主义》（纽约，1991），76 页。

[3] 德里达：《法的力量》，10 页。

变革的问题。据说这些变革意味着行政应以我们所呼吁的反行政的方式来发挥它的功能。这一反行政的态度瞄准的是弱化行政和行政人员的范围和作用。第 10 章到
229 第 13 章的主题表明我们正在走向这一目标；这每一个主题都指向反行政。第 10 章表明，想象意味着向形象的转变。如果培养行政骨干的目标仍是有效的，那就意味着，对骨干的培养应集中于由想象力所提供的技能和机会。补充地说，这一骨干的目标就是反行政。第 11 章表明，公共行政的这一谋划应强调解构的时机和技能。这一努力包括解构作为这一公共行政谋划之观念基础的叙事；还包括解构将想象力等同于人类进步的叙事；当然也包括解构反行政的叙事。第 12 章表明，所有的研究和实践都应被非地域化。这一努力意味着，那些施政者应准备打一场不会终止的战斗，去打破理论格式的局限，而公共行政学科，和其他学科一样，就构成了这样的一个格式。行政管理的实践也给实践者构成了这样的一个格式。后现代的行政管理者可能应是这样一种人，他有能力实践和发展反行政的旨趣。在行政者存在着的意义上说，后现代性似乎把公共行政的谋划引向了对 NASPAA 的多元创造的观点的极度重视和发展。这一发展的方向应是反思性语言范式的态度，且直接指向反行政。

## 13.1 反法西斯主义

乍一看，伦理学与后现代性似乎格格不入，在本章所引的题头词中，福柯所谓“其作者应该会原谅我”这句话就反映了这一点。鲍德里亚的碎片阶段——在那里，价值没有任何指涉——的理论也启发了这一观点。德里达在 20 世纪 80 年代的白色写作尝试“更清楚地说明‘伦理—政治责任’的意识与解构是相兼容的”①。确实，在后现代主义中，有许多犬儒主义和决定论的成分。尽管其旨趣主要地不在于伦理学，但后现代性的确有一种道德力量，后现代性的他在性有着道德的含义。福柯对《反俄狄浦斯》为什么和如何是一部伦理学著作的解释就是对后现代性与伦理学的这一关系问题作的一种回应：

> 人们应如何让自己远离法西斯主义，甚至（尤其）当人们相信自己是一个革命军人的时候？我们该如何使我们的言语和行为、我们的心灵和享乐摆脱法西斯主义？我们该如何刺探出我们的行为中根深蒂固的法西斯主义？基督教的道德主义者在灵魂深处找到了情欲的踪迹。德鲁兹和瓜塔里以他们的方式在身体中搜寻到了法西斯主义的蛛丝马迹。作为献给圣弗朗西斯·德萨烈（Saint Francis de Sales）的一份薄礼，可以说，《反俄狄浦斯》就是一部《非法西斯主义的生活导论》（*Introduction to the Non-Fascist Life*）。②

这一例子乃是对福柯被授予后现代主义者称号的反驳。这让我们想起鲍德里亚一部著

① 斯蒂芬·怀特：《政治理论与后现代主义》（纽约，1991），76 页。

② 福柯：《反俄狄浦斯》，前言，13 页。

作：《忘记福柯》(*Forget Foucault*)。这个例子也是对把德鲁兹和瓜塔里称作后现代主义者的反驳。例如，瓜塔里就批评后现代主义是保守主义和犬儒主义。① 不过，后现 230
代性不是整齐划一的；我们可以把这些作者看作后现代主义者。

后现代伦理学似乎不为人们所熟悉。其立场不是行动主义的，不是说教的，也不是独断的，由于我们具有的中世纪和后中世纪的基督教背景，我们总把这些特征视作是习以为常的。尤其是，正如福柯所认识的希腊伦理学：它所处理的东西与美学尤其是自我规定紧密地联系在一起。后现代主义反对总体化的诉求。然而，它尤其强调对宏观理论、理性、共识和社会体制的拒斥。它更热衷于断片、差异、异质性、边界的内爆和正典的抛弃。它倾向于关注自我。它的兴趣点在于把自我和特殊的亚主题如女性主义和民粹主义联系在一起。它有许多东西我们可以用作投入物来考察我们的生活，来决定我们对他在性的态度。它有许多投入物可用来考察后现代有关行政者的观点。

听一听福柯从《反俄狄浦斯》中提炼的后现代的伦理律令。“公共行政”这个短语可以替代在这些律令中出现的“政治”一词。每一个律令似乎都是在对公共行政者言及运作的意义。看一下这条律令：“不要迷恋权力”。我们可以把它翻译为：“不要迷恋控制”。

在为《反俄狄浦斯》写的前言中，福柯解释说，与各种形式的法西斯主义相反的生活总包含有某些原则。他写道，如果他“要把这部伟大之作改写成一个日常生活手册或指南”，他将把它的思想归纳为七条原则：

1. 使政治行为摆脱所有统一的和总体化的偏执狂。

2. 通过繁殖、并置和分裂，而不是通过再分和金字塔式的层级化来展示行动、思想和欲望。

3. 使忠诚退出陈旧的否定性范畴（法律、界限、阉割、缺失、空白），西方思想一直以来就是据此坚持把神圣看作权力的形式和通向真实的道路。我们更倾向于那肯定和多样的东西，倾向于差异高于一致、流动高于统一、机动排列高于体系。

4. 不要认为哀兵必勇，尽管为之战斗的东西是己所不欲的。

5. 不要用思想去证明政治实践的真理；也不要用政治行动去怀疑——仅仅在思想上——思想路线。

6. 不要依靠政治来恢复个体的“权利”，就像哲学所界定的那样。个体乃是权力的产物。所需要的是借助多样化和置换、借助相异者的联合来“解个体化”。群体并不是统一等级化的个体的有机纽带，而是解个体化的恒久推动器。

7. 不要迷恋权力。②

如果人们发觉他们被指控为具有法西斯主义色彩，他们一定会火冒三丈，尤其是讲英语的人，因为他们常常认为法西斯主义只是某一个国家的病态——但不是他们的

① 费立克斯·瓜塔里：“后现代的死胡同”，《动漫艺术》，40～41 页，1986 年 5—6 月（128）。

② 福柯：《反俄狄浦斯》，前言，13～14 页。

231 国家。而使用一个替代的短语（如“渴望权力”）就不会像使用“法西斯主义”这个词那样引起抗议。即使使用“法西斯主义”这个词不一定会招致抗议，也最好是换另一个说法。福柯用他的术语来意指“在我们所有的人当中、在我们的头脑中、在我们的日常行为中，都存在一种法西斯主义，它使我们热衷于权力，欲望那主宰和剥削我们的东西”①。不过，福柯使用的是“法西斯主义”这个术语，因此我们不应回避它。福柯归纳了七点，其意图是要铲除法西斯主义。我们可以扩展他的思想，将我们选择成为行政者并通过治理他人的实践来进一步激励这一选择的行为描述为一种法西斯主义。“我们该如何使我们的言语和行为、我们的心灵和享乐摆脱法西斯主义？我们该如何刺探出我们的行为中根深蒂固的法西斯主义？”②

## 13.2 开放性

反法西斯主义乃是后现代的他在性观点的一个显著方面，这个方面有些什么与众不同的特征呢？上面所说的四个特征中的第一个便是“向他者开放”。此处是依据后现代的论述来考察这一开放性，这些论述谈论的是“我”的文本的非优先性地位、文本传统的去正典化和伦理行为的自我设计动机。

正如将要说明的，不论从个体还是从集体的方面说，这些特征对公共行政的实践和程序、决策、行政与其公众的结构性关系、行政人员的道德动机都有着重要的意义。向他人开放，从某一方面说，意味着公共行政的实践应作为一种反权威的活动来构建和实施。它意味着，公共行政的实践、程序和实施行为应不同于艾特泽尼描述20世纪50年代的特征时所说的那种精神。正如艾特泽尼所说：

> 在50年代，绝大多数的时候，我们有一整套比较明确的价值可理直气壮地向绝大多数美国人宣传。这些价值常常是被区别地对待的……它们至少也有一点点权威主义。当你的医生告诉你需要手术时，你决不会想到问有没有别的选择。当你的老板命令你努力工作的时候，你决不会提醒说日本人要他们的工人参与决策。当你的牧师、你的顶头上司或父亲说话时，他的话就有权威。确实，这些角色的权威通常都会不受质疑地被遵从。③

这一描述表明，向他者开放，严格来说，在官僚制的重构中还大有余地。

解构提醒我们不要赋予“我的文本”和“他人的文本”以优先地位，它部分地具有和福柯对存在于我们所有人当中的法西斯主义痛斥同样的意义。正如德里达所说，“解构即是正义”④。（作为一句旁白，德里达说这句话的语境是：“正义本身，
232

①②福柯：《反俄狄浦斯》，前言，13页。

③ 阿米泰·艾特泽尼：《共同体的精神：权利、责任和社群主义机构》（纽约，1993），23页。

④ 德里达：《法的力量》。有这样一个观点（前言，11页）认为：“对于德里达式的解构，我们可以，实际上也应该看作一种伦理需要——假定我们是在伊曼纽尔·列维纳斯所赋予的特殊意义上来理解伦理学”，参见西蒙·克里特切利：《解构的伦理学：德里达与列维纳斯》（剑桥，1992）。

如果说存在这么个东西，是外在于法律的，是不可解构的。解构本身亦是如此，如果说存在这么个东西。解构即是正义。”）换句话说，在人与他者的关系中，根本就不应存在福柯所讲的法西斯主义；我的文本决不具有高于读者的意义，反之亦然。德里达的话可理解为是指，我们的他在性（正义即是与他者的道德关系的问题）的实践应该像在解构性的阅读中所做的那样，以同样无休止的试验或无有终结的方式来进行。

解构不会赋予文本或言说方式优先权。可以看一下整体的语言。托多洛夫(Todorov)告诉我们哥伦布第一次遇到印第安人时所说的话：“如果大人愿意，在我出发的时候，我会从殿下这里带走六个人，这样他们就能学会讲话。”① 这个例子不是一个与世隔绝的情境。他者的语言，如那些来自非洲的人所讲的语言，被富有特色的洋泾浜式的英语边缘化了。弗雷克斯（Frakes）描述依地语在启蒙时期和别的时候就已经被认为没落了或正在没落，有的时候被看作一种方言，一种洋泾浜式的没落，甚至是一种用词不当。② 正如弗雷克斯解释的：

> 事实上，这种情形很容易理解：不是因为依地语真的没落了，成了混杂的语言，而是因为很容易出现这样的情形：比较历史语言学的材料，尤其是19世纪末20世纪初所认识到的材料过于简单……这类研究对于诺曼人征服后的几百年间盎格鲁-萨克森语的“混杂化”、对于丹麦统治时期的挪威语的“混杂化”……还有马耳他语的“混杂化”等等，都有丰富的材料。但是，实际上，这些语言的混杂化很少是真正的“混杂化”……依地语作为一种他者语言的边缘化……有着悠久的传统，例如在此处所讲的时期之前即“现代”文学和语言分析时期开始之前非犹太的欧洲人的书信中就已经出现了。③

不过，要记住，**文本**这个术语不仅指整体的语言，而且指语言内的文本。生活也是文本或叙事。

由于文本或叙事不会植入意义，还由于作者的观点可以被解构，后现代的这一态度激励了向他者文本的开放。列奥塔描述一个文本试图主宰另一个文本是一种过剩。④ 在列奥塔看来，他在性的形式可通过自由的契约性安排来确定。在不受这种安排控制的情境中，列奥塔所说的正义就是指承认“各种不可移译的和相互关联在一起的语言游戏的自足性和特殊性；一个普遍的规则不过就是一个规则：‘让游戏继续下去……让我们和平地游戏下去’”⑤。列奥塔的普遍陈述整个地缺乏金律这样的论设所具有的特殊性；“和平地游戏”就是向一系列阐释的开放。其他的绝大多数后现代思想家也都没有那种特殊性。被认作利他主义的活动有着极其广泛的多样 233

---

① 泽维坦·托多洛夫：《美国的征服》（纽约，1987），30页，引文见乌尔克·高克贝克：《理解他在性：相对主义与普遍主义之间的外国文学》，《文学史中的理论问题》，戴维·帕金斯编（剑桥，1991），155页。

② 杰罗尔德·弗雷克斯：《阐释的政治学：古依地语研究中的他在性与意识形态》（阿尔巴尼，1989），17页。

③ 同上，15页。

④ 让-弗朗西斯·列奥塔、让-罗普·特鲍德：《公正的博弈》，瓦拉德斯·高德泽希译（明尼阿波利斯，1985）。

⑤ 阿尔布莱西特·维尔默：《现代性的延续》，戴维·米德格利译（剑桥，1991），42页，引自列奥塔：《后现代状况》，131页。

性，从单纯的尊重到积极的投入。[①] 列奥塔的处方为这样一个问题打开了方便之门，即我们需要什么样的行动。

我们已经以各种改革和姿态，如寻找这样的公共机构，有人称之为以顾客为重，有人称之为以服务为主，有人还称之为一种乐于助人的态度，朝着向他者文本的开放迈出了有限的一步。但缺点也是显而易见的，例如在各种行政安排——为实现这些类似的目标——的实施中。当然希望总是存在的，一时的风尚毕竟只是特例，诸如全面质量管理这样的措施的拥护者肯定同意这一点。不过，正如在第 6 章所讨论的，行政管理的历史充满了计划最终落空的记录，这些计划在开始似乎很有前途，也很受欢迎。这一失败史的原因之一就在于这样一个事实，即改革总是浅尝辄止。机构的真正顾客并不是在服务窗口排队等候的人，而是立法机关或其他创办和资助机构的实体。以顾客为重的改进计划之所以总是失败，是因为这些计划是在官僚与顾客间存在权力的不平等这一基本情境的语境内设计的。要想逆潮流而上，就需要改进计划，谋求成功。对这一不平等进行理论化的一种方式，就是把它理解为从不仁慈的家长式统治向仁慈的家长式统治——尽管仁慈但归根结底仍是家长式——的转变。另一个理论化的方式就是把不平等理解为官僚垄断——仍是垄断，但力图使其顾客感到幸福（也更有忍耐力）。实施这种改进计划的尝试是值得称赞的，但不能指望这些计划坚持长久。一个希望实现“开放的文本”态度的机构必须为此付出更多努力。它应当寻求对文本的传统非正典化。

后现代主义想对已确立的学术和文化传统施以非正典化。西方哲学传统就是其中之一，这一传统自泰勒斯开始，有柏拉图、亚里士多德、笛卡儿、斯宾诺莎、莱布尼茨（Leibniz）、休谟、康德和黑格尔这些人的文本。还有西方文学传统，如英国文学传统中就有乔叟（Chaucer）、弥尔顿（Milton）、莎士比亚、斯威夫特（Swift）、济慈、柯勒律治（Coleridge）、拜伦（Byron）和狄更斯。在后现代性中，任何文本都没有优先的地位。同样地，非文学的文本如艺术作品也没有优先的地位；所谓高雅的艺术文化也不存在。认为这些传统没有优先地位，这的确很让人不爽。

要把某些文本传统优先化，这代价是很高的，因为它必须要否定那被排除的传统并把自己限制在已建立的文本传统中。可以看一下经济学的正典。这一正典的范围包括古典经济学家、新古典经济学家、凯恩斯主义者等。运用这一正典的结果便是，主流经济理论本质上只是以一个基本的方法来解释经济现象。那被排除在外的
234 都属于末流，如制度主义者、马克思主义者和强调人力资本的经济学家。凡是把经济学家看作经济哲学家而不是主流的“经济物理学家”和“纠缠于数字的人”，就要被排除出局。凡是不能以数字或特殊的数字来把握的东西，就要从经济政策制定中被排除出去。（例如，这让我们想起，国民生产总值就不包括我们所评价的一切，

① 参见第 7 章论利他主义时引用的奎因的话（奎因：《本质》，3～4 页）：“利他主义既包括消极地尊重他人利益，也包括积极地投身于他人利益并因而损害自己的利益。还包括从很少损害他人利益到根本不损害他人利益。到底该怎么说它呢？”

如环境的改善）从经济科学中被排除出去的，还有一种真实的历史感，正是这一历史感，使得亚当·斯密没有强行得出他本人还未认识到的狭窄范畴。那些被排除在外的人体验到一种失落感，而主流也因为对他们的排除而失去了什么。

在行动学科如公共行政理论中将文本正典化的代价似乎很小，因为这一学科并不是——比如说——作为经济学来界定和发展的。但是，看一下第 3 章到第 8 章描述的现代主义传统。现代主义阐释其信息的方式之一，就是把现代主义的理性化看作是一种束缚，一种限制的力量。其成就——和整个启蒙主义的谋划一样——是显著的。不过，且不说其肯定性的方面，我们可以辩解说，官僚制的问题依然存在。在此的目标不是要指出现代主义公共行政理论的局限；而仅仅是想说，讨论文本的非正典化，例如已经确立的公共行政传统中的那些文本，并不是无理取闹。

我们认为，公共行政者应力图对其实践非正典化。后现代的实践不会特别地依赖政策制定和行政管理方面的专家；就是说，机构应当让自己的文本、它们的思维和决策方式去面对公民的文本。政府中的许多人力图使官僚制去承受外界的影响。其中有些重要的尝试就是想让外界共同参与决策，但只有很少的真正尝试希望外界整个地参与行政机构的决策。模范城市计划就是尝试让公民参与到行政决策过程的一个例子。不过，在这个计划中，公民的参与主要地局限于增选、评议和社会教育(或治疗)。结果证明，要成功地行使共同体的权力是十分困难的。

将公共行政的实践非正典化——在向共同体开放决策的所有方面这一意义上说——是后现代性的题中应有之义。这一努力赞同基于共同体的权力的公民参与理论所代表的态度。甚至比增选走得更远，机构进而想建立公民选举区以保证计划的实施。甚至比评议走得更远，机构进而想告知公民和收集他们的意见。甚至比教育和社会治疗走得更远，机构进而还想培训公民和树立他们的自信心。为了共同体的利益，共同体的权力策略就是介入政府权力的基本再分配。这一想法在模范城市计划中被理论化了，这一计划由两个基本途径组成。作为共同体的权力策略，其中的一个途径瞄准的是提升政府机构的责任感；另一个途径则是想在共同体的基础上建立独立的政治权力。正如模范城市管理一揽子计划书指出的：

> 一条途径的目标是使地方政府机构更负责任和更民主。这一途径通常包括 235
> 让公民的意见出现在政策联席会上。在共同体和官方负责计划的人之间，必须有正式协商的权力共享。另一个途径的目标在于以低收入地区为基地建立独立的政治权力。这一途径假定，只有通过控制计划或机构的每一方面，共同体才能获得其真正的资源共享。这一途径的目标就在于建立独立的街区增选和公民管制。①

对公共行政实践的这一非正典化说起来很容易；其革命性的影响可通过思考实践的非正典化在职能领域如情报收集和警察部门将意味着什么来加以衡量。②

---

① 住房与市区开发部：《模范城市公民组织的行政方面》，载《模范城市管理系列》，布勒丁，第 6 期（华盛顿，1971），2 页。

② 有关开放性和警察管理的讨论，法默尔：《控制犯罪》，164～169 页。

共同参与决策——尽管困难——可以为组织改革所利用。可以说，像等级制这样的东西——由于其内在的权力至上因素——不像一般的组织那样容易接受这种参与。可以说，在第12章讨论过的非正统的组织理论更容易接受这种决策参与。中心化和等级制的决策，或者说中央政府的决策，也不太容易接受这种共同参与。

福柯的思想还暗示了一个动机，可以指导在这一非正典化和其他的过程中后现代的官僚制；其中一个启示不仅来自公民参与的要求（如在模范城市计划中）的外部强力，而且来自官僚制本身的自我设计活动。这一思想看起来比较怪异；它包括了这样一个意思，即官僚制应把共同体的参与当作将自身造就为一件艺术品的过程的一部分。我们还是回到福柯那里，来理解这一活动的意思。

福柯还真的间接地谈到过他在性，但他关注的焦点是“我”（参见本章章首的引文）。福柯在“论伦理学的谱系”一文中说，一旦认识到自我不是给定的，我们就能把自己造就为一件艺术品；也就是说，我们既是艺术作品，又是艺术家。[①] 对于我们而言，我们的本质和我们的行动方式不是被决定的，因而我们有绝对的自由去设计自己，把我们自己造就为一件艺术品。福柯解释了这一自我创造与萨特的存在主义的区别：“我认为，从理论的角度看，萨特避免了把自我看作被给予的某物的观点，但他通过道德的真实性理论，又回到了我们只能成为我们自己——成为真实的我们的真实的自我——的思想。我认为，对于萨特的言论，唯一可接受的实际后果就是把他的理论见解和创造性的实践——而不是真实性的实践——联系在一起。”[②] 福柯反复描述了他的立场与萨特的立场之间的不同。他解释说，萨特所讲的创造活动指的是与具有真实性或非真实性形式的人自身的关系。福柯解释说，他不需要作者与其自身的关系。相反，他“是把人不得不成为他自己这种关系和创造活动联系在一起”[③]。自我的创造——对构建我的文本的选择——才是根本的。这不是发现我的“真实自我”的问题，也不是认识我自身的问题。

236 我们可以看一下审美与非审美的关系[④]；有的人关心的是美的东西的感觉，另一些人关心的是感觉的丧失。通过考察福柯在“论伦理学的谱系”中对希腊人和其他民族的伦理学的评述，我们可以更好地理解他所说的意思。福柯并没有建议我们回到希腊人的时代。不过，他解释说，希腊人伦理学的首要目标是美学，希腊人的伦理学是极少数精英的选择的问题。选择的理由是“过美的生活的意志，是把美的生活留在其他人的记忆里的意志”[⑤]。没有人愿意按章办事。相反，每个人都愿意接受美的生活；这是一种个人选择。福柯把这一伦理学类型和目标在于规范化的伦理学类型相比照。他指出，在我们的社会里，艺术只与客体而不与个体或生活相关；那被称作艺术家的专业人士所从事的乃是专业活动。福柯问道：“但是每个人

---

① 福柯：《论伦理学的谱系》。

②③ 同上，237页。

④ 在完成本书后，我高兴地注意到还有一个人对这一词源细节给予了关注。某一机构内部的出版物有这样一个评论：“我时常为这一词源学的事实感到兴奋，即审美……是非审美的对立面。这意味着，如果说医生是把人非审美化，那艺术家就是把人‘审美化’”[伊丽莎白女王：《审美与非审美》，见：《V.C.U. 教学》(1993)，24页]。

⑤ 福柯：《论伦理学的谱系》，230页。

的生活都不能变成艺术品吗？为什么灯或房子是艺术品，而我们的生活却不是？”[①]

自我创造——来自自我创造的行动——对于他在性具有明显的意义。现在我们所处的位置可以更好地理解福柯有关存在于我们所有人当中的法西斯主义的本质的观点。这是某个与“我”有关的东西；它就在我们的心中和日常行为中。福柯描述说——正如前面已经提到的——“在我们所有的人当中、在我们的头脑中、在我们的日常行为中，都存在一种法西斯主义，它使我们热衷于权力，欲望那主宰和剥削我们的东西。”[②] 法西斯主义本身是一个丑陋的自我，一个非美学的自我。

福柯论述他在性的路线提出了许多问题。就某一方面说，它倾向于中心化的主 237
体——倾向于把那个“我”优先化。这一优先化的方式与基督教肯定地和儒家否定地表达金律和银律来使“我”优先化的方式并非一回事，但在一定意义上说有类似之处。己所欲，施于人，己所不欲，勿施于人；不论是丑陋还是美丽，是圣洁还是法西斯主义，我都选择我认为他人也会选择（在我看来）的东西以成其为我。有的思想家，例如康德，指出，为避免支持恶，金律就需要善的意识。同样地，我们在此的理解是把福柯有关法西斯主义的言论看作“善的意识”的对等物，看作一种审美观。还有，这一福柯式的他在性路线似乎是把“我”和“他者”当作给定物来在两者之间进行二分。在此能把我—你关系阐释为是一种基本的对立吗——这一对立与其他形而上学的对立（如表象与现实之间的对立）相类似，它们都是后现代性所极力反对的？

德鲁兹和瓜塔里在《反俄狄浦斯》中的观点——福柯对这本书盛赞不已——有一个长处，就是它克服了这些可能的困难。德鲁兹和瓜塔里谈到了限制动力无意识的自我的瓦解。他们解放了身体并把主体离心化。正如他们所说的：

> 精神分裂分析的任务，就是要持久不息地拆解自我和自我的前设，解放被它们所封闭和压抑的前个人的独特性；调动能够转换、接受或阐释的能量流；在同一性的条件底下建立起不断深入且越来越强烈的分裂和破裂；集合欲望机器来使每个人具有反分裂的力量，使每个人能够和他人聚集在一起。[③]

这种离心化对他在性产生了重要的后果。乌尔克·高克贝克（Ülker Gökberk）在思考**外国文学**（Ausländerliteratur）以及西方文化与非西方文化的互动时所做的区分可以说明这些后果。比较文学是存在倾向性的，莫什在谈论跨文化研究的有限价值（见第 4 章）时就反映了类似的倾向。在我—你关系中，“我”处在优先地位。进而，我们还可以看看康拉德（Conrad）和卡夫卡这样的作家所遭遇的“后文化”倾向，他们以非本土的语言实现了伟大的写作。高克贝克引用克利福德（Clifford）的话，后者解释说，康拉德是伟大的英语作家，而英语是他的第三语言：“他的写作生涯，他一直作为一个英语作家的传奇故事，为人种学的主体性研究提供了一个范例；他运用一种感觉结构持续地在不同语言间进行互译，他深刻地意识到习俗的

① 福柯：《论伦理学的谱系》，236 页。

② 同上，前言，13 页。

③ 德鲁兹、瓜塔里：《反俄狄浦斯》，362 页。

任意性，意识到一种新的世俗相对主义。”[1] 高克贝克相信对康拉德的这一阐释可以证明为什么“流放者——写作上的——可以作为认识相对性或他在性最有效的范式”[2]。正如高克贝克所解释的，德鲁兹和瓜塔里在其卡夫卡研究中也描述了外在性对语言的这一解放作用。德里达用同样的语言讨论了正义。正如他所说，“用他者的语言向他人表达自己，这似乎就是所有可能的正义的唯一条件”[3]。他写道，这一条件意味着需要运用某一语言的相同习语，在那一语言中，所有受其影响的人都是在做其应该做的，如法律制定者、被审判者和审判者、证人和其他旁观者。他补充说：“然而，掌握习语方面的能力在此有着微妙或细微的差异，当共同体的所有成员并不完全享有相同的习语时，便会出现非正义的暴力。”[4]

主体的离心化对于公共行政人员有着同样的意义，后者因其工作的性质而被扔进一个总要被中心化的位置。看一下离心化对于写作和阅读官僚文本过程中出现的官腔的意义。在卡夫卡研究中，德鲁兹和瓜塔里问道：“今天有多少人生活在不属于他们自己的语言之中？对于他们被迫使用的第一语言，他们自己甚至不再了解、还不了解或者说不甚了解吗？”[5] 一个能够按规定交纳所得税的木匠不能算是在用自己的语言写作，或者说，用自己的语言登录税额和对指令作出回应。这个木匠对第一语言即他不得不使用的官样语言根本不了解。在同一段落的后面，德鲁兹和瓜塔里提出了一个问题，这个问题同样可以拿来提问中心化的公共行政者或征收所得税的官员：“在与自己的语言的关系问题上，如何才能成为一个游牧者、一个移民、一个吉普赛人？”[6] 把这一问题翻译一下，就是：公共行政者如何成为自己的语言、公共行政理论的语言和官话的外在者？德鲁兹和瓜塔里给出了一个卡夫卡式的回
238 答，我们可以在想象中把“婴儿”换作现代主义公共行政理论的语言，把“难关”换作后现代性：“卡夫卡回答说：从摇床中把婴儿偷走，渡过难关。”

让公民介入决策过程对于真正的向他者开放而言还不够。后者还意味着不仅要让共同体介入自上而下的计划实施，而且要让它去做自己想做的事，甚至当它的愿望与“来自上面的计划”或行政者的专业判断相冲突时。今天的社会秩序有很多都利用了无政府主义。在第7章我们举例说明了警察工作——甚至在今天——是如何在无政府主义的基础上由公民自己来执行的。我们应当还记得，在那里，所问的问题是，为什么人们会排队等候公共汽车（在他们应当的地方）。从维护秩序的角度看，引人注目的一点是，他们排队等候是出于自己的意愿；他们是自我的警察。正是在这个意义上，反行政的行政，随着它的规模逐渐缩小，应尽力利用无政府主义的安排来实施目标。然而，若仅仅就量的大小来说，就需要一种激进的无政府主义；这种无政府主义是反行政的逻辑必然。

与这种无政府主义相平行，必定是以地方共同体的方式行动的微观政治的发

---

① 詹姆士·克利福德：《文化的困境》（剑桥，1988），95～96页，引文见高克贝克：《理解他在性》，168页。

② 高克贝克：《理解他在性》，168页。

③ 德里达：《法的力量》，17页。

④ 同上，18页。

⑤⑥ 吉勒斯·德鲁兹、费立克斯·瓜塔里：《卡夫卡：走向一种小文学》，19页。

展。地方公民的授权乃是一个理想；中心化和等级化的决策，有人认为，与后现代性是水火不容。在共同体以其多样的方式自觉地振作起来之前，官僚制还不能放弃其责任。共同体必须自主决策，尽管到目前为止决策还是别人在做，如政府官僚和私营企业官僚；例如，政府服务的水平和形态应由地方一级决定。我们不清楚共同体的这一授权过程能否采取艾特泽尼这样的社群主义者提出的形式。他认为变革对于"维护道德的、社会的和政治的环境"是必要的，他还认为心灵的变革乃是最基础的变革；还有社会关系的革新和公共生活的改革。正如他所说的，心灵的变化"是最基础的。没有更强有力的道德声音，公共权威就负担过重，市场就无法运转。没有道德的承诺，人们的行动就不会兼顾各方。在最近几年，我们当中有许许多多的人不太情愿相互提出道德诉求。这是一种错误的想法，因为它觉得我们都想摆脱政府控制，我们也应该摆脱对公众的责任，不要关心共同体"[①]。向他者开放不仅需要官僚制的变革，而且需要社会的变革。

## 13.3 差异性

后现代的他在性观点的第二个特征就是对文本差异性的偏爱。强调文本不存在优先的意义的解构活动极其自然地导致了文本的多元化和多样化。列奥塔以一个不同的例子谈到了叙事多样化和抛弃作者中心论的必要性。后者导致的就是异质性和 239
倾听。[②]

公共行政学科已经介入了差异性的论争。对于它已取得的成就与人们的需求之间的关系，大家并未达成一致；这是一个反复无常的主题。从实践的方面和它对政治环境的回应而言，已经在人事实践和比例等方面发生了引人注目的变化（尽管有人说"太少"）。警察部门就被认为是一个象征；非洲裔美国人和妇女在美国警察部门的百分比，包括担任比较高的职位，在过去的四分之一世纪里确实有明显的增长。与政治方面的刺激相比较，来自公共行政理论内部的作用可能要小一些。然而，贡献也确实存在。例如，强调代议制和公共行政人员的重要作用的新公共行政在为各种机构——如模范城市计划（前面已经提到过）和社会福利组织——制定计划方面就出了一份力，这些机构都力图让公民介入行政管理。公共行政是一个语境，在那里，对古老的和现实的错误的分析——例如女性主义的问题、种族的问题以及类似的受到真正挑战的问题——可以被后现代性利用来讨论某些可行的见解的用途。从否定的方面说，一些对差异性的问题感兴趣的人声称后现代主义缺乏总体化的范畴是一个障碍。自称女性主义者的南希·弗雷泽（Nancy Fraser）就是一个例子（见下面的引文）。

从肯定的方面说，可看一下人民作为文本的问题。我的生活是一个文本；我是

---

① 艾特泽尼：《共同体的精神》，247 页。

② 有关列奥塔的观点，见列奥塔：《后现代状况》；列奥塔、特鲍德：《公正的博弈》。

一个文本。你的生活也是一个文本，你也是一个文本。不过，它们都不是能以某一种方式阅读的文本，不是能被纳入某一个纯粹的范畴的文本。A 的文本可被 A 的同伙以某种方式阅读；后者可以把 A 读作 x 或 y。也可以为 A 的孩子、A 的同事等以不同的方式阅读。每一个都试图把 A 的文本纳入某一范畴以便于做理论上的处理。但是 A 知道她的文本不能被整齐地分门别类。对于，比如说，“女人”这个范畴也同样如此。南希·弗雷泽和其他人指出，没有谁是纯粹的女人，因为社会身份是多元的，是在历史语境中由话语建构的，是随时间而变化的。正如弗雷泽所说的：

> 因而，没有谁是纯粹的女人；例如一个人可以是一个犹太中产阶级的白种女人，一个哲学家，一个同性恋者，一个社会主义者，一个母亲。而且，由于每个人都是在多元化的语境中行动，因而构成每个个体的社会身份的不同描述总是会消逝在焦点之中或焦点之外。因而，一个人不会总在同一层面上是一个女人；在某些语境中，一个人的女性身份主要地体现在对其行动的描述中；在别的语境中，它则是外表的和潜在的。最后，事实上，人的社会身份不是一劳永逸地被构建的。①

由此，她指出，女性主义政治学对话语理论的一种运用就是“在其社会—文化的复
240 杂性中，在对性别身份静态的、唯一可变的本质主义观点解神秘化的过程中理解社会身份”②。根据这一思路，再说某人“是真正的女人”就是不正确的，如同说某个人“是真正的男人”也不正确一样。

对人的这一认识与公共行政伦理学的理论和实践有关。现代官僚制依据效率与效力来为职业分工辩护。③ 不过，官僚制的部分祸根就在于程式化或各就各位的倾向，就是说，官僚们——尽管出现过组织人道主义运动——首先被看作组织的成员并被分门别类各司其职。在庞大的官僚制中，受雇作为二级会计师的人从此就被认为具有二级会计师的所有能力和局限；一个教区牧师就被认为只具有指定的用处，只有在例外的情况下他才有可能成为三级会计师。一个经济学家就只是一个经济学家；他不会是一个艺术家，除非在业余时间。看一下处于组织语境中的人和规划，在那里，组织单位首要地是类型化的，当组织不打算消除组织内部的障碍而只是想对这些障碍有所抑制时，就可以看到这种类型化的症候。类型化又被称作是程式化，这一概念是从表演术语中借来的。例如，约翰·韦恩（John Wayne）的角色使得他常常被程式化为一个猛男。同样地，一个会计师就只是一个会计师而不会是别的。后现代性被认为可以为这一行政各就各位的伦理学和效力作出说明；后现代性的反行政将打破这种程式。

---

① 弗雷泽引证伊丽莎白·斯佩尔曼的《非本质的妇女》（波士顿，1988）和德尼斯·赖利的《我是那个名字吗？女性主义与历史中的‘妇女’范畴》（明尼阿波利斯，1988）。

② 南希·弗雷泽：《女性主义政治中法国话语理论的使用和滥用》，见：《今日批判理论》，菲利普·维克斯勒编（伦敦，1991），99 页。

③ 有关对社会分工的辩护，参见柏拉图的《理想国》，德斯蒙德·李译（纽约，1955）。

## 13.4　反元叙事

后现代的他在性观点的第三个特征可表述为后现代性对元叙事的反对。可以说，后现代性“对元叙事没有任何信任”①。第 11 章所讨论的宏大叙事和叙事就是元叙事的例子。元叙事包括为现代性的谋划的最终源头提供证明。由于反元叙事，我们再也无法为正义建立基础，而伦理学的根本的和神秘的支配力也将不存在。元伦理学在其整个历史中的主要任务就是为伦理学建立基础和提供终极的证明。在后现代主义者看来，这一探究本身是白费力气；在他或她看来，建立不容置疑的基础有害无益。正如德里达所说的，“在这方面，不要有别的念头，不断地对我们围绕着正义的概念的、理论的或规范的机器的源头、根基和范围进行质询，从解构的方面说，根本不是要把对正义的兴趣中立化，不是要消除对正义的感觉”②。铲除某个东西的根基并不是要贬低它；在后现代主义者看来，冒牌根基是衰弱的表现，如其所是地面对事实才是紧要的。

威施格罗德（Wyschogrod）区分了两种伦理学，一种关心的是他在性，一种 241
“依靠”的是某种善的学说。她写道，后现代主义的一支所关心的“便是他在性，这一古老的用于他者的概念现在一般地用来指人的他者性”③。她指出，提供不了基础的伦理学可以说一无用处，她问道，后现代伦理学是否不必“为自己的观点提供根据，提供能指导道德思考和道德选择的根基”？她的回答是提供他在性，但又否认“他者”是理论基础：“作为对后现代主义是否需要理论基础这个问题的回答，这个他者，这个道德存在的试金石不是一个理论基础，但却是一种生活力量。”④

由于反对元叙事与神秘的基础，因此解构——以及谱系学——就其是对预设的根据地或基础的铲除而言，即是正义。权威的神秘基础对于现代主义公共行政思想家而言是重要的。正如我们在第 5 章指出的，有人认为行政人员的伦理责任就是守法。有人认为行政管理是建立在履行公共利益或实施民选代表的人民意志的义务之上的。这些思考的共同点就在于都迫切想要确立和阐明一个毋庸置疑的基础。解构则是要对这些和其他基础进行解神秘化，以显示公共行政的行为是无须理由的暴力。正如德里达评论法律时说的，“由于权威的根源、基础或根据——依据定义——不能依靠自身以外的任何东西，因而它们本身就是无须理由的暴力”⑤。

将正义强加于他人的行动主义观点是德里达所不容的：“正义仍然是且不过是将要到来之物，它是一种存在，是一种将要到来之物，是将要到来的不可简约的事

① 列奥塔：《后现代状况》，前言，24 页。
② 德里达：《法的力量》，20 页。
③ 伊迪丝·威施格罗德：《圣徒与后现代主义：修正道德哲学》（芝加哥，1990），前言，20 页。
④ 同上，21 页。
⑤ 德里达：《法的力量》，14 页。

件的维度本身。”德里达接着还说，“正义作为他在性的经验是不可表达的”①。他更为强调的是避免非正义而不是提供正义。这一态度也反映在反对把正义和伦理学简约为规则的观点中。福柯的将自我造就为艺术品的观点就反映了这一点。德里达对法律的讨论也明确地包含有这种思想。他写道：“超出法律和计算的正义……是不可表达的（是超出可决定物的东西）。”②

受这些态度影响的公共行政对提出正当的解决方法和发现可行的规则很少关心。简单地提出正当的解决方法和规则，从某一方面看，乃是不受欢迎的暴力形式；是把某一文本的意义强加到另一文本之上。正如德里达表述的，“‘也许’，人们总是喜欢对正义说也许”③。在关心实施正义的公共行政和关心消除非正义的公共行政之间，我们真的无法做出区分吗？对此持怀疑主义态度的人是可以理解的。与肯定形式的和否定形式的金律一样，消除非正义和实施正义在逻辑上是相等的。
242 不过，各自的含义还是有差别。当它指的是实际的行政世界时，含义上的差别可能会导致实质上不同的结果。例如，警察力量就是要实施正义，而在里约热内卢却更有可能是要处罚街头的不法少年和对三级犯罪实施责罚；一个以消除非正义为主的机构可能会有一种铲除不公正的微观政治学的迫切倾向。类似的论证也适用于行政试验的观点。目前的行政管理方法总是避免任何试验。例如人们认为警察的任务就是维护治安；类似的诉求也可用于职能部门的行政管理，如征税、外交事务、街道整治、环境保护。行政者的任务就是通过运用他们的项目规划能力以及他们的行政或管理能力来掌管局势。这种“掌管”——例如——在项目管理者的标准工作中有所反映，这一工作就是指挥、协调和控制所委派项目的所有活动与人事。我们怎么样才能有一种在试验的基础上运作的行政管理？这不是一挥而就的；例如，我们不能说行政者仅仅是信息的协调者而不是指挥者。行政试验的问题与公共行政理论常常关心的问题不是一回事；也许它们应当是一回事。它是反行政的一个方面。

## 13.5 颠覆已有的秩序

后现代性和他在性的第四个特征就是德里达和其他后现代主义者（如列奥塔）对已建立的正义建制和实践的反对。这一反对是与反对非正义而非倡导正义的偏向联系在一起的。德里达说，我们不能直接谈论正义，也不能体验正义。在本章题头的那段引文的后面，德里达接着说：“间接说来，正是在这个时刻，我想要说明的是：我们不能直接谈论正义，使正义理论化或对象化，说‘这就是正义’，甚至更少见的‘我就是正义’，而同时又不会背叛正义，尽管这不合规律。”④ 对已建立的建制性实践的反对在人们对 1968 年事件的反应中有所体现，而对传统的道德理论

① 德里达：《法的力量》，27 页。
② 同上，28 页。
③ 同上，27 页。
④ 同上，10 页。

家的反对则在各种著作中都有体现。①

应该补充说一句，人们常常把后现代性描述为一种新保守主义力量。哈贝马斯就把他自己的理性的进步论思想与他认作新保守主义的福柯、德鲁兹和列奥塔的思想进行对比。在他看来，他们的确配得上这个称呼，因为他们根本无法从理论上证明有什么东西可取代当代资本主义的现状。后现代的伎俩乃是微观政治学，是对依赖元叙事的一种坚决抵制（前面我们已经提到了这一点）。例如它更偏向于共同体的动议权而不是国家的解决。

行政机构本质上是拥护行政建制的。当然，也有例外的情形。例如，军队从事的实际上是你死我活的战斗，与政治体制不相容的代理人受到排斥（例如民主制中 243
的专制统治）。不过，从行政世界的方面说，征税机构与其他所有的这类机构是联系在一起的；消防机构、应急机构、劳教机构、外交机构等的情形也是如此。建制当然会拥护建制和它自己的计划，其他的东西也一样。但是，如果说出于一种道德紧迫性要求其成为反行政的东西，那行政世界会是什么样子？

反实践者的这一态度在托马斯·萨斯（Thomas Szasz）著名的《精神疾病的神话》（*The Myth of Mental Illness*）一书中有很好的说明。精神病教授萨斯在他的书中探讨了这样一个主题："精神疾病是一个神话"②。他写道："在我看来，尽管精神疾病的理论有重要的历史价值——因为它就源自医学和精神病学的历史同一性——但它并没有得出理性的认识。"③ 正如一位评论者指出的，这位精神病家可能"不同于其他人的地方就在于，他提醒美国公众要注意一个过度精神病化的社会的潜在危险"④。在建制问题中采取类似的"反"态度应当是有帮助的。这样一种态度所针对的是建制的程序，这与萨斯相类似。另外，它还针对建制本身，针对所有类似的建制，由此而形成一个反建制的建制。

这种反建制的活动该如何运作？一个策略就是把关注焦点集中于潜在的意图，尤其是在那存在控制性意图的地方。从福柯的反对存在于我们所有人当中的法西斯主义的角度说，控制乃是一种恰当的选择。例如看一下社会工作机构。所谓的"反"态度可体现为对这样一个标准观念的反抗，即——依据国家社会工作者协会(the National Association of Social Workers) 提出的定义的阐释——社会工作是提高和恢复社会运转能力的一种专业活动，或者说，是依据生物—心理—社会的发展与运作来帮助个体和群体的活动。更确切地说，这些持有"反"态度的专家强调的是决定这一表面目的的潜在意图的可能性。他们可以以托马斯·萨斯批评精神疾病概念的精神和德鲁兹与瓜塔里在《反俄狄浦斯》中针对精神病实践提出的非地域化批评的精神来作出反应。⑤ 他们甚至把焦点集中在社会工作实践如何能间接地为社

① 德里达：《法的力量》，10页。又见列奥塔：《后现代状况》；列奥塔、特鲍德：《公正的博弈》。

② 托马斯·萨斯：《精神疾病的神话：人格行为理论的基础》（纽约，1961），前言，10页。

③ 同上，9页。萨斯还说："尽管精神疾病在19世纪是一个有用的概念，但在今天它已毫无科学价值，且对社会有害。"

④ 同上，封面。

⑤ 参见第12章第2段。

会权力集团（或一般社会）所利用，以作为控制反常的个人或群体的方法[1]；就是说，社会工作者可能会被误用作维护秩序的目的。这些专家认为，试图为个体或社会规定出恰当的和规范的行为——类似于《反俄狄浦斯》对精神病的指控——这种尝试就类似于警察或社会控制的形式。规范化不仅是一种帮助，而且本身就是一种控制。[2] 在这一方面，我们可以采取一种反程序和一种反建制的态度，而同时还能提供服务，但要说明的是，服务的本质必然地要为“反”态度所修正。在这个例子中之所以强调“专家”这个概念，这不仅因为社会工作者就是专家，而且因为
244 “反”实践的具体细节的提出和实施都要靠勇敢的专家。我们也可以给出其他的许多例子，如在教育社会化过程出现的控制。

如果劳教机构对劳教的运作和机构有所怀疑，那它们该如何作为？如果税收管理者的道德前设对征税的建制和所有税收机构有所怀疑，那他们该如何运作？如果外交官觉得具有反对外交建制的道德紧迫性，那他们又该如何作为？这一后现代的强调将为他在性赋予建制一个不同的侧重点。

依据他在性对后现代性所做的这一不全面的解释强调的是游戏的、试验的和开放的特征。之所以做这样的选择，是因为这些方面对于加深对公共行政语言的认识有特别的意义。然而，也可以强调其他的后现代态度。一种就是具有悲观主义倾向的态度，这是一种如临深渊的态度。并不是所有的后现代态度都只限于后现代主义者。因而，在叔本华的世界中也存在悲观主义的倾向；在弗洛伊德的死亡本能学说中也存在走向深渊的倾向。一个后现代的态度应包括对人类状况的否定性的敏锐感觉；它拥抱这一状况。这一态度导致了一系列的伦理倾向，强调在深渊的裂隙处寻找眩晕的感觉。

## 13.6 概 要

后现代性意味着一种道德立场，这一立场与后现代性中的官僚制有着关联。后现代的伦理态度对公共行政产生的意义深远的结果在“反行政”的口号里有简明的体现。

后现代性意味着公共行政的所有谋划都应改变。这些改变源自这样一个事实，即所有后现代行政都应把目标瞄准其职能的实施，且是以我们称作反行政的方式。不过，我们没法给出一个处方，因为这种反行政也必须向解构开放。从第 10 章到

---

① 有人，如阿伯特，解释说：“每个社会都为了保护统治阶级不受社会下层的骚扰而把自己组织起来。”这一观点也见于伊纳·泰勒、保罗·瓦尔顿、杰克·扬：《新犯罪学》，见：《犯罪与正义》，第 1 卷，雷恩·拉德兹诺威泽、马温·沃尔夫冈编（纽约），652 页。不过，后现代的转向否认了宏大叙事。

② 有关福柯的立场的特征，参见约翰·卡普托、马可·约特：《福柯与建制批判》（大学城，1993），7 页。卡普托和约特写道：“精神病医生和心理学家、审讯专家和社会工作者、忏悔神父和精神指导者：所有这些人都在创造他们所运用的知识。他们创造他们所需要的知识，为的是使个体正常运转。他们不是发现而是发明；他们不是‘解放’而是‘生产’。”

第 13 章的内容表明我们的研究指向的就是这一反行政。第 10 章表明，想象意味着向形象的转化，这一努力的目标应包括反行政。第 11 章表明，这一谋划强调的是解构的时机和技巧。这一谋划包括解构将想象等同于人类进步的叙事。第 12 章表明，所有的研究和所有的实践都应被非地域化。公共行政学科，和其他学科一样，建构了一种格式。后现代行政者可能是实践和发展反行政的意义的专业人才。后现 245 代性似乎想让所有这类公共行政的谋划都指向对 NASPAA 的多元创造观点更为激进的强调和发展。这一发展的方向就是反思性语言范式的态度和走向反行政的态度。

反行政的本质可通过讨论后现代对待他在性的态度的四个方面得到说明。这些方面是：向“他者”的开放、偏爱差异性、反对元叙事和颠覆已建立的秩序。在这一章，我们的论述一开始就说明了福柯对他所谓的“存在于我们所有人当中的法西斯主义”作的雄辩的批判。

第一个方面即向他者开放意味着公共行政的实践应这样来建构和实施，即它就是反权威主义；它还意味着鼓励以服务为主的态度。这一态度意味着行政管理应力图使其所有的决策向共同体开放，不应把官僚文本的玩意强加于他人。它还意味着需要一种实质的无政府主义，后者是伴随着以地方共同体的方式来行动的微观政治的发展而形成的。

第二个方面就是对差异性的偏爱和承认没有优先的意义存在。公共行政的实施应力图避免各就各位和类型化。

第三个方面就是反对元叙事。就行政管理者是元叙事和不切实际的基础的解构者而言，反对元叙事意味着反行政。反对元叙事意味着正义根本不存在基础，道德控制根本不存在基础。运用于公共行政的思维，就是要探究实施正义与消除非正义之间不同的实践关联。我们还问到这样一个问题，即是否要提出一种在试验基础上运作的行政管理。

第四个方面是颠覆已有的建制的紧迫性。绝大多数的行政本质上是拥护行政建制的。我们讨论了实施一种反建制的行政管理方法的可行性。

现在，我们已探讨了想象、解构、非地域化和他在性。把这四个方面结合在一起，就意味着超出现代主义的心灵模式所设置的限制来思考公共行政的时机其实是存在的。

# 第 14 章



# 跋

246 本研究将反思性语言范式运用于后现代和现代框架，乃是为了摆脱对公共官僚制和公共行政做单向的和歪曲的理解，摆脱我们每个人视作理所当然的认识。由于我们的考察是反思性的，由于我们承认公共行政“事实”的社会构成性，通过现代性和后现代性这两个完全相反的视角来看待官僚制，我们的认识所提供的就不只是两种角度。把那两种视角结合在一起，就能为反思公共行政和官僚制的实践的过程提供更深入的理解。这些语境（或透视角度）的运用有助于我们粉碎我们的时代某些根深蒂固的偏见。为此，我们谈到了一种语言范式，在那里，现代性和后现代性都是一些方言。第 2 章就是这一范式的一个导言。

现代主义的一个偏见——但并非必然地无效——就是采取“怎么做是正确的?”这样的研究方式。这一研究方式就是提问：什么样的东西（现代性还是后现代性）是真正的历史语境，因而可为公共官僚制的研究提供结论。其逻辑如下：如果后现代性是正确的（或是无意义的），那可用于公共行政理论的东西就应当是 X（或只能是它之前的东西）。不过，基于相同的基础，对另一种可能性保持开放的态度也是有帮助的，因为我们所处的情境并不都是或者一或者的情形，我们总是生活在既有现代又有后现代特征的情境中。对此可参见我们在第 3 章和第 9 章对现代性和后现代性的解释。

不论现代性—后现代性的视角是历史时期的问题还是人类处境的不同趋势的问题，在这本书中，它们分别意指着现代性和后现代性的心灵模式，是它们为观察社会地建构的公共行政现象提供了有用的透视角度。多样透视角度的存在意味着有多样的认知，而承认认知的差异是重要的。不过，这不包括有多样的现实存在。我们没有必要急忙地去假设一个新的现实。“超越”现代性意味着承认现代性将走向死胡同，但随“超越”现代性而来的种种好处并不意味着就要抛弃现代性的心灵模式所获得的所有洞见和贡献。如果把现代性理解为是一个时代的心灵模式，那它就处在那所谓的最辉煌时代的前 247
沿；因而完全否认其富有特色的话语必定是一种短视。反思性的语言范式所要求的——正如我们在第 2 章讨论的——仅仅就是思考应依据“仿佛”的方式进行。这意味着，这一范式的运用确实能加强公共行政的语言的力量。

对于本研究应从四个方面加以反思，尽管它们并不能构成对本书的归纳。不过，我们在每一章的末尾都有一个概要。前两种反思是有关现代主义公共行政理论的方言的，它们表明，第 2 章阐述的不够严谨的一般假设结果被证明乃是考察现代主义公共行政理论的有效（尽管不是唯一的）方式。第三种反思与后现代性的方言有关，第四种是有关公共行政的语言的。

首先，现代主义公共行政理论实际上正面临着走进死胡同的结局。它已经产生的东西以及它所能够提供的更多东西理应得到高度评价；它还能产生更多东西。但是现代主义公共行政作为科学、作为技术、作为企业和作为阐释——本身——遭遇了公共行政理论一直在拼命抵抗的死胡同。现代主义的认识论计划被证明是有问题的，现代主义的公共行政方言是有局限的。对此可参见第 3、5、6、7、8 章。

其次，美国公共行政理论还受到其特殊主义的进一步束缚。当然它已经产生了有意义的结果，但美国公共行政理论还是受到其各个形容词的局限。可参见第 4 章的论述。

再次，后现代视角对于针对公共官僚制的思考的本质提供了一个革命性的前景和困难。这一视角要求我们去思考一个没有确定性、没有虚假幻觉的世界（和公共行政）的后果。这一思考可看作一种治疗，如果愿意的话。不过，治疗也好，思考也好，都是革命性的，因为它要求每个分析者去进行自己的征程，还因为它导致的不是进一步的确定性，不是进一步的虚假幻觉；在后现代主义者看来，文本之外别无意义。我们可以回想一下那样一个语境，里面有超现实，有元叙事和意义的丧失。后现代视角对缺乏耐心的思考者没有吸引力，对坚持二分法的思考者以及喜欢《克利夫斯笔记》（*Cliffs Notes*）的思考者也没有吸引力。它能为公共行政的语言提供重要的——尽管很困难——洞见。这些实验性的洞见关心的是公共行政语境的本质以及诸如想象、解构、非地域化和他在性这些重要功能的特征。对此可参见第 9、10、11、12 和 13 章。后现代的透视角度能为解官僚化的观念和反行政的观点补充新鲜血液。

最后，后现代主义公共行政的语言，与其现代主义的表现形式不同，不会走向 248
死胡同。然而，除非现代主义根深蒂固的偏见能有所松动，否则理论家们也不大可能找到超越那明显的死胡同的道路。在一个话语多样化的时期，我们应当讨论为何任何文本都不具有优先性。我们不必否认现代性和后现代性的文本；相反，应恰当地理解它们的贡献。

公共行政的研究和实践越来越成为有意识（有自我意识）的思维活动。为此，通过进一步深入其他领域——例如，更深地进入到哲学和社会理论，更灵活地进入经济学——来使自己变得更有自我意识，这对理论家是有帮助的。这一努力是永远有用的。不过，我们首先需要的是一种意识，一种因我们无意识的心灵模式的控制松动而来的意识。思考可通过运用、然后超越我们所谓的反思性语言范式来向前推进。我们借以思考的语言构建着我们所看到的世界，而我们要想逃避这一构建（如果我们能够逃避），最好的办法就是多样地运用完全不同的方言。这样，公共行政的思考就有更多机会成为我们一直希望的东西。这样，就有可能发生彻底的变革。

# 参考文献



Abrams, Robert. *Foundations of Political Analysis: An Introduction to The Theory of Collective Choice*. New York: Columbia University Press, 1980.

Agor, Weston H. *Intuition in Organizations: Leading and Managing Productively*. Newbury Park, Calif.: Sage, 1989.

Argyris, Chris. "Some Limits of Rational Man Organizational Theory." *Public Administration Review* 33, no. 3 (1973): 253–267

____. "Organization Man: Rational and Self-Actualizing." *Public Administration Review* 33, no. 4 (1973): 346–353.

Argyris, Chris, and David A. Schon. *Organizational Learning: A Theory of Action Perspective*. Reading, Mass.: Addison-Wesley, 1978.

Arrow, Kenneth J. *Social Choice and Individual Values*. Rev. ed. New York: John Wiley, 1963.

Arthur, John, and William H. Shaw. *Justice and Economic Distribution*. 2nd ed. Englewood Cliffs, N.J.: Prentice Hall, 1991.

Avens, Roberts. *Imagination: A Way Toward Western Nirvana*. Lanham, Md.: University Press of America, 1979.

Barnard, Chester I. *Functions of the Executive*. Cambridge: Harvard University Press, 1938.

Baudrillard, Jean. *Jean Baudrillard: Selected Writings*,

ed. Mark Poster. Stanford: Stanford University Press, 1988.

____. *America*. Trans. Chris Turner. London: Verso, 1989.

____. *Revenge of the Crystal: Selected Writings on the Modern Object and its Destiny*. Trans. Paul Foss and Julian Pefanis. London: Pluto Press, 1990.

____. *Seduction*. Trans. Brian Sugir. New York: St. Martin's Press, 1990.

Baum, Howell S. *The Invisible Bureaucracy: The Unconscious in Organizational Problem Solving*. New York: Oxford University Press, 1987.

Bauman, Zygmunt. *Hermeneutics and Social Science: Approaches to Understanding*. London: Hutchinson, 1978.

Benedict, Ruth. "Anthropology and the Abnormal." *The Journal of General Psychology* 10 (1934): 59-82.

Berger, Peter L., and Thomas Luckman. *The Social Construction of Reality: A Treatise in the Sociology of Knowledge*. Garden City, N. Y.: Doubleday, 1966.

Berman, Marshall. *All that is Solid Melts into Air: The Experience of Modernity*. New York: Simon and Schuster, 1982.

Best, Steven, and Douglas Kellner. *Postmodern Theory*. New York: Guilford Press, 1991.

Bleicher, Josef. *Contemporary Hermeneutics: Hermeneutics as Method, Philosophy and Critique*. London: Routledge and Kegan Paul, 1980.

Borgmann, Albert. *Crossing the Postmodern Divide*. Chicago: University of Chicago Press, 1992.

Boyd, Richard, Philip Gasper, and J. D. Trout. *The Philosophy of Science*. Boston: MIT press, 1991.

Breton, Albert. *The Economic Theory of Representative Government*. Chicago: Aline, 1974.

Brubaker, Rogers. *The Limits of Rationality: An Essay on the Social and Moral Thought of Max Weber*. London: George Allen and Unwin, 1984.

Buchanan, Allen. "Efficiency Arguments For and Against the Market." In *Justice and Economic Distribution*, 2nd ed., ed. John Arthur and William H. Shaw. Englewood Cliffs, N. J.: Prentice Hall, 1991.

Buchanan, James M. *The Supply and Demand of Public Goods*. Chicago: McNally, 1968.

Bunge, Mario. "Philosophy of Science and Technology." *Treatise on Basic Philosophy*, vol. 7. Dordrecht, The Netherlands: R. Reidel, 1985.

Burchell, Graham, Colin Gordon, and Peter Miller, eds. *The Foucault Effect: Studies in Governmentality*. Chicago: University of Chicago Press, 1991.

Cascardi, Anthony J. *The Subject of Modernity*. New York: Cambridge University Press, 1992.

Chambliss, Joseph J. *Imagination and Reason in Plato, Aristotle, Vico, Rousseau and Keats: An Essay on the Philosophy of Experience*. The Hague: Martinus Nijhoff, 1974.

Churchman, C. West. *The Systems Approach*. New York: Dell, 1983.

Committee on Standards of Official Conduct. *House Ethics Manual*. Washington, D. C.: USGPO, 1992.

Cooke, Philip. *Back to the Future*. London: Unwin Hyman, 1990.

Cooper, Terry L. *The Responsible Administrator: An Approach to Ethics for the Administrative Role*. San Francisco: Jossey-Bass, 1990.

Cooper, Terry L., and N. Dale Wright, eds. *Exemplary Public Administrators: Character and Leadership in Government*. San Francisco: Jossey-Bass, 1992.

Cornell, Drucilla, Michel Rosenfeld, and David Gray Carlson, eds. *Deconstruction and the Possibility of Justice*. New York: Routledge, 1992.

Culler, Jonathan. *Ferdinand de Saussure*. Ithaca: Cornell University Press, 1976.

Cyert, Richard M., and James G. March. *A Behavioral Theory of the Firm*. Englewood Cliffs, N. J.: Prentice-Hall, 1963.

Deleuze, Gilles, and Félix Guattari. *Anti-Oedipus: Capitalism and Schizophrenia*. Trans, Robert Hurley, Mark Seem, and Helen Lane. New York: Viking Press, 1977.

____. *Kafka: Toward a Minor Literature*. Trans. Dana Polan. Minneapolis: University of Minnesota Press, 1986.

____. *A Thousand Plateaus*. Minneapolis: University of Minnesota Press, 1987.

Denhardt, Kathryn G. *The Ethics of Public Service: Resolving Moral Dilemmas in Public Organizations*. New York: Greenwood Press, 1991.

Denhardt, Robert B. *In the Shadow of Organization*. Lawrence: Regents Press of Kansas, 1981.

____. "Toward a Critical Theory of Public Organization." *Public Administration Review* 41, no. 6 (1981): 628–635.

____. *Theories of Public Organization*. Monterey, Calif.: Brooks/Cole, 1984.

Denhardt, Robert B., and Kathryn G. Denhardt. "Public Administration and the Critique of Domination." *Administration and Society* 11, no. 1 (May 1979): 107–120.

Derrida, Jacques. *Of Grammatology*. Trans. G. Spivak. Baltimore: Johns Hopkins University, 1976.

____. *Writing and Difference*. Trans. Alan Bass. Chicago: University of Chicago Press, 1978.

____. *Dissemination*. Trans. B. Johnson. Chicago: University of Chicago Press, 1981.

____. *Positions*. Trans. Alan Bass. Chicago: University of Chicago Press, 1981.

____. "Force of Law: The 'Mystical Foundation of Authority.'" In *Deconstruction and the Possibility of Justice*, ed. Drucilla Cornell, Michel Rosenfeld, and David Gray Carlson. New York: Routledge, 1992.

Diamond, Michael A. "Organizational Identity: A Psychological Exploration of Organizational Meaning." *Administration and Society* 20, no. 2 (August 1988): 166-190.

Diwan, Romesh, and Chandana Chakraborty. *High Technology and International Competitiveness*. New York: Praeger, 1991.

Doswell, Andrew. *Office Automation: Context, Experience and Future*. Chichester, U. K.: John Wiley, 1990.

Downs, Anthony. *Inside Bureaucracy*. Boston: Little, Brown, 1967.

Dunleavy, Patrick. *Democracy, Bureaucracy and Public Choice*. Englewood Cliffs, N. J.: Simon and Schuster, 1992.

Dunn, William N., and Bahman Fozouni. *Toward a Critical Administrative Theory*. Beverly Hills: Sage, 1976.

Durbin, Paul T., ed. *Research in Philosophy and Technology*, vol. 1, Greenwich, Conn.: JAI Press, 1978.

Etzioni, Amitai. *Modern Organizations*. Englewood Cliffs, N. J.: Prentice-Hall, 1964.

____. *The Spirit of Community: Rights, Responsibilities, and the Communitarian Agenda*. New York: Crown Publishers, 1993.

Farmer, David J. *Civil Disorder Control: A Planning Program of Municipal Coordination and Cooperation*. Chicago Public Administration Service, 1968.

____. *Crime Control: The Use and Misuse of Police Resources*. New York: Plenum Press, 1984.

____. *Being in Time: The Nature of Time in Light of Mc Taggart's Paradox*. Lanham, Md.: University Press of America, 1990.

Felts, Arthur. "Organizational Communication: A Critical Perspective." *Administration and Society* 23, no. 4 (February 1992): 495-513.

Feyerabend, Paul. *Against Method*. London: New Left Books, 1975.

Formaini, Robert. *The Myth of Scientific Public Policy*. New Brunswick, N. J. : Transaction Publishers, 1990.

Foster, Hal, ed. *The Anti-Aesthetic: Essays on Postmodern Culture*. Port Townsend, Wash. : Bay Press, 1983.

Foucault, Michel. *The Order of Things: An Archaeology of the Human Sciences*. Trans. Alan Sheridan-Smith. New York: Random House, 1966.

____. "On the Genealogy of Ethics." In *Michel Foucault: Beyond Structuralism and Hermeneutics*, ed. Hubert L. Dreyfus and Paul Rabinow. Chicago: University of Chicago Press, 1983.

Frankel, Boris. *The Post-Industrial Utopians*. Cambridge: Polity, 1987.

Freud, Simund. *Beyond the Pleasure Principle*. New York: W. W. Norton, 1961.

____. *Civilization and its Discontents*. Trans. James Strachey. New York: W. W. Norton, 1961.

____. *The Interpretation of Dreams*. New York: Modern Libray, 1978.

Friedman, Milton, Homer Jones, George Stigler, and Allen Wallis, eds. *The Ethics of Competition and Other Essays*. Freeport, N. Y. : Books for Libraries Press, 1935.

Gadamer, Hans-Georg. *Truth and Method*. New York: Seabury Press, 1975.

____. "The Hermeneutics of Suspicion." In *Hermeneutics*, ed. Gary Shapiro and Alan Sica. Amherst: University of Massachusetts Press, 1984.

____. "Text and Interpretation." In *Dialogue and Deconstruction*, ed. Diane Michelfelder and Richard Palmer. Albany: SUNY Press, 1989.

Gawthrop, Louis. *Public Sector Management, Systems, and Ethics*. Bloomington: Indiana University Press, 1984.

Gergen, Kenneth J. *Toward Transformation in Social Knowledge*. New York: Springer-Verlag, 1982.

Gramsci, Antonio. *Selections from the Prison Notebooks of Antonio Gramsci*. Ed. Quinton Hoare and Geoffrey Smith. New York: International Publishers, 1972.

Griffin, David Ray. *Founders of Constructive Postmodern Philosophy*. Albany: SUNY, 1993.

Guba, Egon G., and Yvonna S. Lincoln. *Naturalistic Inquiry*. Beverly Hills: Sage, 1985.

Gulick, Luther, and Lyndall Urwick, eds. *Papers on the Science of Administration*. New York: Institute of Public Administration, 1937.

Habermas, Jürgen. *Knowledge and Human Interest*. London: Heinemen, 1971.

____. *The Structural Transformation of the Public Sphere*: *An Inquiry into a Category of Bourgeois Society*. Trans. Thomas Burger and Frederick Lawrence. Cambridge: MIT Press, 1989.

____. *The Theory of Communicative Action*. Vol. 1, *Reason and the Rationalization of Socity*, and vol. 2, *Lifeworld and System*: *A Critique of Functionalist Reason*. Trans. Thomas McCarthy. Boston: Beacon Press, 1984 and 1987.

Hall, Calvin S., and Gardner Lindzey. *Theories of Personality*. New York: Jonh Wiley, 1957.

Harmon, Michael M. *Action Theory for Public Administration*. New York: Longman, 1981.

Harmon, Michael M., and Richard T. Mayer. *Organization Theory for Public Administration*. Boston: Little, Brown, 1986.

Heidegger, Martin. "The Age of the World Picture." *The Question Concerning Technology and Other Essays*. Trans. William Lovitt. New York: Harper and Row, 1977.

Heilbroner, Robert L. *The Nature and Logic of Capitalism*. New York: W. W. Norton, 1985.

Henderson, Ernest F. *Symbol and Satire in the French Revolution*. New York: G. P. Putnam's Sons, 1912.

Hoesterey, Ingeborg, ed. *Zeitgeist in Babel*: *The Postmodernist Controversy*. Bloomington: Indiana University Press, 1991.

Honkapohja, Seppo, ed. *The State of Macroeconomics*. Oxford: Basil Black-Well, 1990.

Horkheimer, Max. *Eclipse of Reason*. New York: Seabury, 1974.

Horkheimer, Max, and Theodor Adorno. *Dialectic of Enlightenment*. Trans. John Cumming. New York: Seabury, 1972.

Horwitz, Robert H., ed. *The Moral Foundations of the American Republic*. Charlottesville: University Press of Virginia, 1977.

Hubbell, Larry. "Four Archetypal Shadows: A Look at the Dark Side of Public Organizations." *Administration and Society* 24, no. 2 (August 1992): 205–223.

Hummel, Ralph. *The Bureaucratic Experience*, 3rd ed. New York: St. Martin's Press, 1987.

____. "The Rise of Managerial Realism: Applied Phenomenology-A Symposium." *Public Administration Quarterly* 14, no. 1 (Spring 1990).

Iannello, Kathleen P. *Decisions Without Hierarchy*: *Feminist Interventions in Organization Theory and Practice*. New York: Routledge, 1992.

Jencks, Charles. *What Is Post-Modernism*? New York: St. Martin's

Press, 1986.

____. *Post-Modernism: The New Classicism in Art and Architecture*. New York: Rizzoli, 1987.

Johnson, Lynn G. *The High-Technology Connection: Academic/Industrial Cooperation for Economic Growth*. Washington, D. C.: Association for the Study of Higher Education, 1984.

Katsiaficas, George. *The Imagination of the New Left: A Global Analysis of 1968*. Boston: South End Press, 1987.

Katz, Daniel, and Robert L. Kahn. *The Social Psychology of Organizations*. New York: John Wiley, 1966.

Klein, Julie Thompson. *Interdisciplinarity: History, Theory, and Practice*. Detroit: Wayne State University Press, 1990.

Knapp Commission to Investigate Allegations of Police Corruption and the City's Anti-Corruption Procedures. *Commission Report*. New York: George Braziller, 1973.

Knight, Frank H. "Ethics and the Economic Interpretation." *The Quarterly Journal of Economics* 36 (1992): 454–481. Reprinted in *The Ethics of Competition and Other Essays*, ed. Milton Friedman, Homer Jones, George Stigler, and Allen Wallis. New York: Books for Libraries Press, 1935.

Kolb, David. *The Critique of Pure Modernity: Hegel, Heidegger and After*. Chicago: University of Chicago Press, 1986.

Kuhn, Thomas. *The Structure of Scientific Revolutions*, 2nd ed. Chicago: University of Chicago Press, 1970.

Lan, Khiyong, and David H. Rosenbloom. "Public Administration in Transition?" *Public Administration Review* 52, no. 6 (November-December 1992).

Landau, Martin. "Redundancy, Rationality, and the Problem of Duplication and Overlap." *Public Administration Review* 29, no. 4 (1969): 346–358.

Laplanche, Jean. *Life and Death in Psychoanalysis*. Baltimore: Johns Hopkins University Press, 1976.

Laplanche, Jean, and Jean Baptiste Pontalis. *The Language of Psycho-Analysis*. New York: W. W. Norton, 1973.

Lash, Scott. "Modernity or Modernism? Weber and Contemporary Social Theory." In *Max Weber, Rationality and Modernity*, ed. Scott Lash and Sam Whimster. London: Allen and Unwin, 1987.

Laver, Michael. *The Politics of Private Desires*. New York: Penguin Books, 1981.

Lawson, Hilary. *Reflexivity: The Post-modern Predicament*. London: Hutchinson, 1985.

Leff, Gordon. *The Dissolution of the Medieval Outlook: An Essay on Intellectual and Spiritual Change in the Fourteenth Century*. New York: New York University Press, 1976.

Lerner, Allan W. "There Is More Than One Way To Be Redundant." *Administration and Society* 18, no. 3 (1986): 334–359.

Lewis, Carol W. *The Ethics Challenge in Public Service: A Prolbem-Solving Guide*. San Francisco: Jossey-Bass, 1991.

Lieberman, Philip. *The Biology and Evolution of Language*. Cambridge: Harvard University Press, 1984.

Lincoln, Yvonna, ed. *Organizational Theory and Inquiry: The Paradigm Revolution*. Beverly Hills: Sage, 1985.

Lindblom, Charles. "The Science of 'Muddling Through.'" *Public Administration Review* 19, no. 2 (1959): 79–88.

Lyotard, Jean-Francois. *The Postmodern Condition: A Report on Knowledge*. Trans. G. Bennington and B. Massumi. Minneapolis: University of Minnesota Press, 1984.

____. "Rewriting Modernity." *SubStance* 54 (1987): 8–9.

Lyotard, Jean-Fraçois, and Jean-Loup Thébaud. *Just Gaming*. Trans. Wlads Godzich. Minneapolis: University of Minnesota Press, 1985.

Madison, Gary, B. *The Hermeneutics of Postmodernity: Figures and Themes*. Bloomington: Indiana University Press, 1988.

Mahler, Julianne. "The Quest for Organiaztional Meaning: Identifying and Interpreting the Symbolism in Organizational Stories." *Administration and Society* 20, no. 3 (November 1988): 344–368.

March, James G. *Decisions and Organizations*. Oxford: Basil Blackwell, 1988.

Martin Daniel W. "Déjà Vu: French Antecedents of American Public Administration." *Public Administration Review* 47, no. 4 (1987): 298–301.

____. *The Guide to the Foundations of Public Administration*. New York: Marcel Dekker, 1989.

McCloskey, Donald N. *The Rhetoric of Economics*. Madison: University of Wisconsin Press, 1985.

McCurdy, Howard. *Public Administration: A Bibliography*. Washington, D. C.: American University, 1972.

McTaggart, John. *The Nature of Existence*. Vols. 1 and 2. Cambridge: Cambridge University Press, 1921 and 1927.

Michelfelder, Diane, and Richard E. Palmer, eds. *Dialogue and Deconstruction: The Gadamer Derrida Encounter*. Albany: SUNY, 1989.

Miller, James. *The Passion of Michel Foucault*. New York: Simon and Schuster, 1993.

Mitcham, Carl, and Robert Mackey, eds. *Philosophy and Technology*. New York: Free Press, 1972.

Morgan, Gareth, ed. *Beyond Managerial Method: Strategies for Social Research*. Beverly Hills: Sage, 1983.

____. *Riding the Waves of Change: Developing Managerial Competencies for a Turbulent World*. *San Francisco*: Jossey-Bass, 1988.

____. *Imaginization: The Art of Creative Management*. Newbury Park, Calif.: Sage, 1993.

Morrow, William L. *Public Administration: Politics and the Political System*. New York: Random House, 1975.

Mosher, Frederick C. *American Public Administration: Past, Present and Future*. University: University of Alabama Press, 1975.

Mueller, Dennis C. *Public Choice* Ⅱ. New York: Cambridge University Press, 1989.

Nagatani, Keizo. *Political Macroeconomics*. Oxford: Clarendon Press, 1989.

NASPAA Ad Hoc Committee. *Report of the Ad Hoc Committee on the Future of public Service Education and Accreditation*. Chicago: NASPAA, 1992.

Niskanen, William A. *Bureaucracy and Representative Government*. Chicago: Aldine-Atherton, 1971.

Oldroyd, David. *The Arch of Knowledge*. New York: Methuen, 1986.

Ormiston, Gayle L., and Alan Schrift. *The Hermeneutic Tradition*. Albany: SUNY, 1990.

Osborne, David E., and Ted Gaebler. *Reinventing Government: How the Entrepreneurial Spirit Is Transforming the Public Sector*. Reading, Mass.: Addison-Wesley, 1992.

Ostrom, Vincent. *Intellectual Crisis in American Public Administration*. University: University of Alabama Press, 1973.

Ozouf, Mona. *Festivals and the French Revolution*. Cambridge: Harvard University Press, 1988.

Payad, Aurora. *Organization Behavior in American Public Administration: An Annotated Bibliography*. New York: Garland Publishing, 1986.

Popper, Karl. *The Logic of Scientific Discovery*. New York: Harper, 1959.

Quine, Willard V. *Quiddities: An Intermittently Philosophical Dictionary*. Cambridge: Harvard University Press, 1987.

Rabin, Jack, and James S. Bowman, eds. *Politics and Administration: Woodrow Wilson and the Study of Public Administration*. New York: Mercel Dekker, 1984.

Rabin, Jack, W. Bartley Hildreth, and Gerald J. Miller, eds. *Handbook of Public Administration*. New York: Marcel Dekker, 1989.

Rachels, James. *The Elements of Moral Philosophy*. New York: Random House, 1986.

Rhoads, Steven. *The Economist's View of the World: Governments, Markets and Public Policy*. Cambridge: Cambridge University Press, 1985

Ricoeur, Paul. *Freud and Philosophy: An Essay on Interpretation*. New Haven: Yale University Press, 1970.

Rivlin, Alice. *Systematic Thinking for Social Action*. Washington, D. C.: The Brookings Institution, 1972.

Rizzo, Ann-Marie, and Dolores Brosnan. "Critical Theory and Communication Dysfuntion: The Case of Sexually Ambiguous Behavior." *Administration and Society* 22, no. 1 (May 1990): 66-85.

Robbins, Lionel. *An Essay on the Nature and Significance of Economic Science*. London: Macmillan, 1962.

Rockmore, Tom, and Beth J. Singer. *Antifoundationalism Old and New*. Philadelphia: Temple University Press, 1992.

Rohr, John A. *Ethics for Bureaucrats: An Essay on Law and Values*, 2nd ed. New York: Marcel Dekker, 1989.

Rorty, Richard. *Philosophy and the Mirror of Nature*. Princeton: Princeton University Press, 1979.

____. *Consequences of Pragmatism*. Minneapolis: University of Minneapolis Press, 1982.

Rose, Margaret A. *The post-Modern and the Post-Industrial: A Critical Analysis*. Cambridge: Cambridge University Press, 1991.

Rosenberg, Alexander. *Philosophy of Social Science*. Boulder: Westview Press, 1988.

Russell, Clifford S., ed. *Collective Decision Making: Applications from public Choice Theory*. Baltimore: Johns Hopkins University Press, 1979.

Samuelson. Paul A., and William D. Nordhaus. *Economics*, 13th ed. New York: McGraw-Hill, 1989.

Sartre, Jean-Paul. *Imagination*. Ann Arbor: University of Michigan Press, 1962.

Schiesl, Martin J. *The Politics of Efficiency: Municipal Administration and Reform in America 1880—1920*. Berkeley: University of California Press, 1977.

Shapiro, Gary, and Alan Sica, eds. *Hermenentics*. Amherst: University of Massachusetts Press, 1984.

Shils, Edward. *Tradition*. Chicago: University of Chicago Press, 1981.

Simon, Herbert A. *The Sciences of the Artificial*. Cambridge: MIT Press, 1969.

____. *Administrative Behavior: A Study of Decision-Making Processes in Administrative Organization*. 3rd ed. New York: Free Press, 1976.

Simon, Herbert, and James. G. March. *Organizations*. New York: Wiley, 1958.

Tesch Renata. *Qualitative Research*. New York: Falmer Press, 1990.

Thurow, Lester. *Head to Head: The Coming Economic Battle Among Japan, Europe and America*. New York: William Morrow, 1992.

Truzzi, Marcello. *Verstehen: Subjective Understanding in the Social Sciences*. Reading, Mass.: Addison-Wesley, 1974.

Turner, Bryan S. *Theories of Modernity and Postmodernity*. Newbury Park, Calif.: Sage, 1990.

Turner, Stephen P., and Regis Factor. *Max Weber and the Dispute over Reason and Value*. London: Routledge and Kegan Paul, 1984.

Vattimo, Gianni. *The Transparent Society*. Trans. David Webb. Baltimore: Johns Hopkins Press, 1992.

Waldo, Dwight. *Public Administration in a Time of Turbulence*. Scranton: Chandler Publishing, 1971.

____. *The Enterprise of Public Administration*. Novato, Calif.: Chandler and Sharp, 1980.

____. *The Administrative State: A Study of the Political Theory of American Public Administration*, 2nd ed. New York: Holmes and Meier, 1984.

Wamsley, Gary L., Robert N. Bacher, Charles T. Goodsell, Phil S. Kronenberg, John A. Rohr, Camilla M. Stivers, Orion White, and James F. Wolf. *Refounding Public Administration*. Newbury Park, Calif.: Sage, 1990.

Weber, Max. "Science as Vocation." In *From Max Weber*, ed. Hans H. Gerth and C. Wrighe Mills. New York: Oxford University Press, 1946.

____. *The Methodology of the Social Sciences*. Ed. Edward A Shils and Henry A. Finch. New York: Free Press, 1949.

____. *The Protestant Ethic and the Spirit of Capitalism*. Trans. Talcott Parsons. New York: Scribner, 1958.

____. *Economy and Society*. Ed. Guenther Roth and Claus Wittich. Berkeley: University of California Press, 1968.

Weick, Karl E. *The Social Psychology of Organizing*. Reading, Mass.: Addison-Wesley, 1969.

Wellmer, Albrecht. *The Persistence of Modernity*. Trans. David Midgley. Cambridge: MIT Press, 1991.

Wexler, Philip, ed. *Critical Theory Now*. London: Falmer Press, 1991.

White, Alan. *The Language of Imagination*. Oxford: Basil Blackwell, 1990.

White, Elliot, and Joseph Losco. *Biolgy and Bureaucracy: Public Administration and Public Policy from the Perspective of Evolutionary, Genetic and Neurobiological Theory*. Lanham, Md.: University Press of America, 1986.

White, Jay. D. "On the Growth of Knowledge in Public Administration." *Public Administration Review* 46, no. 1 (1986): 15-22.

____. "Action Theory and Literary Interpretation." *Administration and Society* 19, no. 3 (1987): 346-366.

White, Stephen K. *Political Theory and Postmodernism*. New York: Cambridge University Press, 1991.

Wildavsky, Aaron. *The Politics of the Budgetary Process*. Boston: Little, Brown, 1964.

Wisdom, John O. *Philosophy of the Social Sciences: A Metascientific Introduction*. Aldershot, U. K.: Avebury, 1986.

____. *Challengeability in Modern Science*. Aldershot, U. K.: Gower, 1987.

Wood, David, and Robert Bernasconi eds. *Derrida and Différance*, Evanston: Northwestern University Press, 1988.

Wren, Daniel. *The Evolution of Management Thought*, 3rd ed. New York: John Wiley and Sons, 1987.

Wyschogrod, Edith. *Saints and Postmodernism: Revisionimg Moral Philosophy*. Chicago: University of Chicago Press, 1990.

# 索　引

# 人大版公共管理类翻译（影印）图书

## 公共行政与公共管理经典译丛

| 书名 | 著译者 | 定价 |
|---|---|---|
| 公共管理名著精华："公共行政与公共管理经典译丛"导读 | 吴爱明　刘晶　主编 | 49.80元 |
| 公共管理导论（第四版） | ［澳］欧文·E. 休斯　著<br>张成福　马子博　等　译 | 48.00元 |
| 政治学（第三版） | ［英］安德鲁·海伍德　著<br>张立鹏　译 | 49.80元 |
| 公共政策分析导论（第四版） | ［美］威廉·N. 邓恩　著<br>谢明　等　译 | 49.00元 |
| 公共政策制定（第五版） | ［美］詹姆斯·E. 安德森　著<br>谢明　等　译 | 46.00元 |
| 公共行政学：管理、政治和法律的途径（第五版） | ［美］戴维·H. 罗森布鲁姆　等　著<br>张成福　等　译校 | 58.00元 |
| 比较公共行政（第六版） | ［美］费勒尔·海迪　著<br>刘俊生　译校 | 49.80元 |
| 公共部门人力资源管理：系统与战略（第六版） | ［美］唐纳德·E. 克林纳　等　著<br>孙柏瑛　等　译 | 58.00元 |
| 公共部门人力资源管理（第二版） | ［美］埃文·M. 伯曼　等　著<br>萧鸣政　等　译 | 49.00元 |
| 行政伦理学：实现行政责任的途径（第五版） | ［美］特里·L. 库珀　著<br>张秀琴　译　音正权　校 | 35.00元 |
| 民治政府：美国政府与政治（第23版·中国版） | ［美］戴维·B. 马格莱比　等　著<br>吴爱明　等　编译 | 58.00元 |
| 比较政府与政治导论（第五版） | ［英］罗德·黑格　马丁·哈罗普　著<br>张小劲　等　译 | 48.00元 |
| 公共组织理论（第五版） | ［美］罗伯特·B. 登哈特　著<br>扶松茂　丁力　译　竺乾威　校 | 32.00元 |
| 公共组织行为学 | ［美］罗伯特·B. 登哈特　等　著<br>赵丽江　译 | 49.80元 |
| 组织领导学（第七版） | ［美］加里·尤克尔　著<br>丰俊功　译 | 78.00元 |
| 公共关系：职业与实践（第四版） | ［美］奥蒂斯·巴斯金　等　著<br>孔祥军　等　译　郭惠民　审校 | 68.00元 |
| 公用事业管理：面对21世纪的挑战 | ［美］戴维·E. 麦克纳博　著<br>常健　等　译 | 39.00元 |
| 公共预算中的政治：收入与支出，借贷与平衡（第四版） | ［美］爱伦·鲁宾　著<br>叶娟丽　马骏　等　译 | 39.00元 |
| 公共行政学新论：行政过程的政治（第二版） | ［美］詹姆斯·W. 费斯勒　等　著<br>陈振明　等　译校 | 58.00元 |
| 公共部门战略管理 | ［美］保罗·C. 纳特　等　著<br>陈振明　等　译校 | 49.00元 |
| 公共行政与公共事务（第十版·中文修订版） | ［美］尼古拉斯·亨利　著<br>孙迎春　译 | 68.00元 |
| 案例教学指南 | ［美］小劳伦斯·E. 林恩　著<br>郄少健　等　译　张成福　等　校 | 39.00元 |
| 公共管理中的应用统计学（第五版） | ［美］肯尼思·J. 迈耶　等　著<br>李静萍　等　译 | 49.00元 |
| 现代城市规划（第五版） | ［美］约翰·M. 利维　著<br>张景秋　等　译 | 39.00元 |
| 非营利组织管理 | ［美］詹姆斯·P. 盖拉特　著<br>邓国胜　等　译 | 38.00元 |

| 书名 | 著译者 | 定价 |
| --- | --- | --- |
| 公共财政管理：分析与应用（第六版） | ［美］约翰·L. 米克塞尔　著<br>白彦锋　马蔡琛　译　高培勇　等　校 | 69.90 元 |
| 公共行政学：概念与案例（第七版） | ［美］理查德·J. 斯蒂尔曼二世　编著<br>竺乾威　等　译 | 75.00 元 |
| 公共管理研究方法（第五版） | ［美］伊丽莎白森·奥沙利文　等　著<br>王国勤　等　译 | 79.00 元 |
| 公共管理中的量化方法：技术与应用（第三版） | ［美］苏珊·韦尔奇　等　著<br>郝大海　等　译 | 39.00 元 |
| 公共部门绩效评估 | ［美］西奥多·H. 波伊斯特　著<br>肖鸣政　等　译 | 45.00 元 |
| 公共管理的技巧（第九版） | ［美］乔治·伯克利　等　著<br>丁煌　主译 | 59.00 元 |
| 领导学：理论与实践（第五版） | ［美］彼得·G. 诺斯豪斯　著<br>吴爱明　陈爱明　陈晓明　译 | 48.00 元 |
| 领导学（亚洲版） | ［新加坡］林志颂　等　著<br>顾朋兰　等　译　丁进锋　校译 | 59.80 元 |
| 领导学：个人发展与职场成功（第二版） | ［美］克利夫·里科特斯　著<br>戴卫东　等　译　姜雪　校译 | 69.00 元 |
| 二十一世纪的公共行政：挑战与改革 | ［美］菲利普·J. 库珀　等　著<br>王巧玲　李文钊　译　毛寿龙　校 | 45.00 元 |
| 行政学（新版） | ［日］西尾胜　著<br>毛桂荣　等　译 | 35.00 元 |
| 比较公共行政导论：官僚政治视角（第六版） | ［美］B. 盖伊·彼得斯　著<br>聂露　李姿姿　译 | 49.80 元 |
| 理解公共政策（第十二版） | ［美］托马斯·R. 戴伊　著<br>谢明　译 | 45.00 元 |
| 公共政策导论（第三版） | ［美］小约瑟夫·斯图尔特　等　著<br>韩红　译 | 35.00 元 |
| 公共政策分析：理论与实践（第四版） | ［美］戴维·L. 韦默　等　著<br>刘伟　译校 | 68.00 元 |
| 公共政策分析案例（第二版） | ［美］乔治·M. 格斯　保罗·G. 法纳姆　著<br>王军霞　贾洪波　译　王军霞　校 | 59.00 元 |
| 公共危机与应急管理概论 | ［美］迈克尔·K. 林德尔　等　著<br>王宏伟　译 | 59.00 元 |
| 公共行政导论（第六版） | ［美］杰伊·M. 沙夫里茨　等　著<br>刘俊生　等　译 | 65.00 元 |
| 城市管理学：美国视角（第六版·中文修订版） | ［美］戴维·R. 摩根　等　著<br>杨宏山　陈建国　译　杨宏山　校 | 56.00 元 |
| 公共经济学：政府在国家经济中的作用 | ［美］林德尔·G. 霍尔库姆　著<br>顾建光　译 | 69.80 元 |
| 公共部门管理（第八版） | ［美］格罗弗·斯塔林　著<br>常健　等　译　常健　校 | 75.00 元 |
| 新公共服务：服务，而不是掌舵（第三版） | ［美］珍妮特·V. 登哈特　罗伯特·B. 登哈特　著<br>丁煌　译　方兴　丁煌　校 | 39.00 元 |
| 议程、备选方案与公共政策（第二版·中文修订版） | ［美］约翰·W. 金登　著<br>丁煌　方兴　译　丁煌　校 | 49.00 元 |
| 政策分析八步法（第三版） | ［美］尤金·巴达克　著<br>谢明　等　译 | 待出 |
| 新公共行政 | ［美］H. 乔治·弗雷德里克森<br>丁煌　方兴　译　丁煌　校 | 23.00 元 |
| 公共行政的精神（中文修订版） | ［美］H. 乔治·弗雷德里克森　著<br>张成福　等　译　张成福　校 | 48.00 元 |

| 书名 | 著译者 | 定价 |
| --- | --- | --- |
| 官僚制内幕（中文修订版） | [美] 安东尼·唐斯　著<br>郭小聪 等　译 | 49.80 元 |
| 民营化与公私部门的伙伴关系 | [美] E.S. 萨瓦斯 | 59.00 元 |
| 后现代公共行政：话语指向（中文修订版） | [美] 查尔斯·J. 福克斯 等　著<br>楚艳红 等　译　吴琼　校 | 38.00 元 |
| 公共行政的合法性：一种话语分析（中文修订版） | [美] O.C. 麦克斯怀特　著<br>吴琼　译 | 45.00 元 |
| 公共行政的语言：官僚制、现代性和后现代性（中文修订版） | [美] 戴维·约翰·法默尔　著<br>吴琼　译 | 56.00 元 |
| 领导学 | [美] 詹姆斯·麦格雷戈·伯恩斯　著<br>常健　孙海云 等　译　常健　校 | 69.00 元 |
| 官僚经验：后现代主义的挑战（第五版） | [美] 拉尔夫·P. 赫梅尔　著<br>韩红　译 | 39.00 元 |
| 制度分析：理论与争议（第二版） | [韩] 河连燮　著<br>李秀峰　柴宝勇　译 | 48.00 元 |
| 公共服务中的情绪劳动 | [美] 玛丽·E. 盖伊 等　著<br>周文霞 等　译 | 38.00 元 |
| 预算过程中的新政治（第五版） | [美] 阿伦·威尔达夫斯基 等　著<br>苟燕楠　译 | 58.00 元 |
| 公共行政中的价值观与美德：比较研究视角 | [荷] 米歇尔·S. 德·弗里斯 等　主编<br>熊　缨　耿小平 等　译 | 58.00 元 |
| 公共决策中的公民参与 | [美] 约翰·克莱顿·托马斯　著<br>孙柏瑛 等　译 | 28.00 元 |
| 再造政府 | [美] 戴维·奥斯本 等　著<br>谭功荣 等　译 | 45.00 元 |
| 构建虚拟政府：信息技术与制度创新 | [美] 简·E. 芳汀　著<br>邵国松　译 | 32.00 元 |
| 突破官僚制：政府管理的新愿景 | [美] 麦克尔·巴泽雷　著<br>孔宪遂 等　译 | 25.00 元 |
| 政府未来的治理模式（中文修订版） | [美] B. 盖伊·彼得斯　著<br>吴爱明 等　译　张成福　校 | 38.00 元 |
| 无缝隙政府：公共部门再造指南（中文修订版） | [美] 拉塞尔·M. 林登　著<br>汪大海 等　译 | 48.00 元 |
| 公民治理：引领 21 世纪的美国社区（中文修订版） | [美] 理查德·C. 博克斯　著<br>孙柏瑛 等　译 | 38.00 元 |
| 持续创新：打造自发创新的政府和非营利组织 | [美] 保罗·C. 莱特　著<br>张秀琴　译　音正权　校 | 28.00 元 |
| 政府改革手册：战略与工具 | [美] 戴维·奥斯本 等　著<br>谭功荣 等　译 | 59.00 元 |
| 公共部门的社会问责：理念探讨及模式分析 | 世界银行专家组　著<br>宋涛　译校 | 28.00 元 |
| 公私合作伙伴关系：基础设施供给和项目融资的全球革命 | [英] 达霖·格里姆赛 等　著<br>济邦咨询公司　译 | 29.80 元 |
| 非政府组织问责：政治、原则与创新 | [美] 丽莎·乔丹 等　主编<br>康晓光 等　译　冯利　校 | 32.00 元 |
| 市场与国家之间的发展政策：公民社会组织的可能性与界限 | [德] 康保锐　著<br>隋学礼　译校 | 49.80 元 |

| 书名 | 著译者 | 定价 |
|---|---|---|
| 建设更好的政府：建立监控与评估系统 | ［澳］凯思·麦基　著<br>丁煌　译　方兴　校 | 30.00 元 |
| 新有效公共管理者：在变革的政府中追求成功（第二版） | ［美］史蒂文·科恩　等　著<br>王巧玲　等　译　张成福　校 | 28.00 元 |
| 驾御变革的浪潮：开发动荡时代的管理潜能 | ［加］加里斯·摩根　著<br>孙晓莉　译　刘霞　校 | 22.00 元 |
| 自上而下的政策制定 | ［美］托马斯·R. 戴伊　著<br>鞠方安　等　译 | 23.00 元 |
| 政府全面质量管理：实践指南 | ［美］史蒂文·科恩　等　著<br>孔宪遂　等　译 | 25.00 元 |
| 公共部门标杆管理：突破政府绩效的瓶颈 | ［美］帕特里夏·基利　等　著<br>张定淮　译校 | 28.00 元 |
| 创建高绩效政府组织：公共管理实用指南 | ［美］马克·G. 波波维奇　主编<br>孔宪遂　等　译　耿洪敏　校 | 23.00 元 |
| 职业优势：公共服务中的技能三角 | ［美］詹姆斯·S. 鲍曼　等　著<br>张秀琴　译　音正权　校 | 19.00 元 |
| 全球筹款手册：NGO 及社区组织资源动员指南（第二版） | ［美］米歇尔·诺顿　著<br>张秀琴　等　译　音正权　校 | 39.80 元 |

## 公共政策经典译丛

| 书名 | 著译者 | 定价 |
|---|---|---|
| 公共政策评估 | ［美］弗兰克·费希尔　著<br>吴爱明　等　译 | 38.00 元 |
| 公共政策工具——对公共管理工具的评价 | ［美］B. 盖伊·彼得斯　等　编<br>顾建光　译 | 29.80 元 |
| 第四代评估 | ［美］埃贡·G. 古贝　等　著<br>秦霖　等　译　杨爱华　校 | 39.00 元 |
| 政策规划与评估方法 | ［加］梁鹤年　著<br>丁进锋　译 | 39.80 元 |

## 当代西方公共行政学思想经典译丛

| 书名 | 编译者 | 定价 |
|---|---|---|
| 公共行政学中的批判理论 | 戴黍　牛美丽　等　编译 | 29.00 元 |
| 公民参与 | 王巍　牛美丽　编译 | 45.00 元 |
| 公共行政学百年争论 | 颜昌武　马骏　编译 | 49.80 元 |
| 公共行政学中的伦理话语 | 罗蔚　周霞　编译 | 45.00 元 |

## 公共管理英文版著作

| 书名 | 作者 | 定价 |
|---|---|---|
| 公共管理导论（第四版） | ［澳］Owen E. Hughes<br>（欧文·E. 休斯）　著 | 45.00 元 |
| 理解公共政策（第十二版） | ［美］Thomas R. Dye<br>（托马斯·R. 戴伊）　著 | 34.00 元 |
| 公共行政学经典（第五版） | ［美］Jay M. Shafritz<br>（杰伊·M. 莎夫里茨）等　编 | 59.80 元 |

| 书名 | 作者 | 定价 |
| --- | --- | --- |
| 组织理论经典（第五版） | ［美］Jay M. Shafritz<br>（杰伊·M. 莎夫里茨）等 编 | 46.00 元 |
| 公共政策导论（第三版） | ［美］Joseph Stewart，Jr.<br>（小约瑟夫·斯图尔特）等 著 | 35.00 元 |
| 公共部门管理（第九版·中国学生版） | ［美］Grover Starling<br>（格罗弗·斯塔林） 著 | 59.80 元 |
| 政治学（第三版） | ［英］Andrew Heywood<br>（安德鲁·海伍德） 著 | 35.00 元 |
| 公共行政导论（第五版） | ［美］Jay M. Shafritz<br>（杰伊·M. 莎夫里茨）等 著 | 58.00 元 |
| 公共组织理论（第五版） | ［美］Robert B. Denhardt<br>（罗伯特·B. 登哈特） 著 | 32.00 元 |
| 公共政策分析导论（第四版） | ［美］William N. Dunn<br>（威廉·N. 邓恩） 著 | 45.00 元 |
| 公共部门人力资源管理：系统与战略（第六版） | ［美］Donald E. Klingner<br>（唐纳德·E. 克林纳）等 著 | 48.00 元 |
| 公共行政与公共事务（第十版） | ［美］Nicholas Henry<br>（尼古拉斯·亨利） 著 | 39.00 元 |
| 公共行政学：管理、政治和法律的途径（第七版） | ［美］David H. Rosenbloom<br>（戴维·H. 罗森布鲁姆）等 著 | 68.00 元 |
| 公共经济学：政府在国家经济中的作用 | ［美］Randall G. Holcombe<br>（林德尔·G. 霍尔库姆） 著 | 62.00 元 |
| 领导学：理论与实践（第六版） | ［美］Peter G. Northouse<br>（彼得·G. 诺斯豪斯） 著 | 45.00 元 |

**更多图书信息，请登录 www.crup.com.cn/gggl 查询，或联系中国人民大学出版社政治与公共管理出版分社获取**

地址：北京市海淀区中关村大街甲 59 号文化大厦 1202 室
邮编：100872
电话：010－82502724
传真：010－62514775
E-mail：gggllcbfs@vip.163.com
网站：http：//www.crup.com.cn/gggl

The Language of Public Administration: Bureaucracy, Modernity, and Post-modernity by David John Farmer

The University of Alabama Press
Tuscaloosa, Alabama 35487-0380

**图书在版编目（CIP）数据**

公共行政的语言：官僚制、现代性和后现代性/（美）戴维·约翰·法默尔（David John Farmer）著；吴琼译．—修订本．—北京：中国人民大学出版社，2017.5
（公共行政与公共管理经典译丛）
“十三五”国家重点出版物出版规划项目
ISBN 978-7-300-24299-6

Ⅰ．①公… Ⅱ．①戴…②吴… Ⅲ．①行政学-研究 Ⅳ．①D035-0

中国版本图书馆 CIP 数据核字（2017）第 057702 号

公共行政与公共管理经典译丛
“十三五”国家重点出版物出版规划项目
**公共行政的语言：官僚制、现代性和后现代性（中文修订版）**
［美］戴维·约翰·法默尔（David John Farmer）著
吴 琼 译
Gonggong Xingzheng de Yuyan：Guanliaozhi，Xiandaixing he Houxiandaixing

| | | | |
|---|---|---|---|
| **出版发行** | 中国人民大学出版社 | | |
| **社　　址** | 北京中关村大街 31 号 | **邮政编码** | 100080 |
| **电　　话** | 010－62511242（总编室） | | 010－62511770（出版部） |
| | 010－82501766（邮购部） | | 010－62514148（门市部） |
| | 010－62515195（发行公司） | | 010－62515275（盗版举报） |
| **网　　址** | http://www.crup.com.cn | | |
| | http://www.ttrnet.com（人大教研网） | | |
| **经　　销** | 新华书店 | | |
| **印　　刷** | 三河市汇鑫印务有限公司 | | |
| **开　　本** | 185 mm×260 mm　16 开本 | **版　　次** | 2017 年 5 月第 1 版 |
| **印　　张** | 18.75 插页 2 | **印　　次** | 2017 年 5 月第 1 次印刷 |
| **字　　数** | 396 000 | **定　　价** | 56.00 元 |